中國社會科學院創新工程學術出版資助項目

商金文編

嚴志斌 編著

中国社会科学出版社

圖書在版編目(CIP)數據

商金文編/嚴志斌編著.—北京：中國社會科學出版社，2016.9
ISBN 978-7-5161-9124-8

Ⅰ.①商…　Ⅱ.①嚴…　Ⅲ.①金文—匯編—中國—商代
Ⅳ.①K877.33

中國版本圖書館CIP數據核字(2016)第245097號

出 版 人　趙劍英
責任編輯　郭　鵬
責任校對　鄧雨婷
責任印製　李寡寡

出　　版　中国社会科学出版社
社　　址　北京鼓樓西大街甲158號
郵　　編　100720
網　　址　http://www.csspw.cn
發 行 部　010－84083685
門 市 部　010－84029450
經　　銷　新華書店及其他書店

印刷裝訂　北京君昇印刷有限公司
版　　次　2016年9月第1版
印　　次　2016年9月第1次印刷

開　　本　880×1230　1/16
印　　張　38.5
字　　數　415千字
定　　價　298.00圓

目　錄

凡　例

一、　本字編收器截至 2007 年。所收銅器銘文主要來自以下三書：中國社會科學院考古研究所：《殷周金文集成》，中華書局 1984—1994 年版。

劉雨、盧岩：《近出殷周金文集錄》，中華書局 2002 年版。

劉雨、嚴志斌：《近出殷周金文集錄二編》，中華書局 2010 年版。

二、　本字編中的著錄號，僅出數字的皆採自《殷周金文集成》；英文字母所指 J 爲《近出殷周金文集錄》；E 爲《近出殷周金文集錄二編》。

三、　本字編分“正編”“合文”與“附錄”三部分。正編字頭略依《說文》順序，分別部居。隸定諸字，列於各部字後。附錄收錄不便隸定諸文。

四、　本字編收錄銅器銘文，基本按年代早晚排列。文中所用皆是簡稱，具體所指如下：

中商，指中商時期，盤庚以前。

一期，相當于盤庚、小辛、小乙時期；

二期，相當于武丁、祖庚、祖甲時期；

三期，相當于廩辛、康丁、武乙、文丁時期；

四期，相當于帝乙、帝辛時期。

商末周初，指帝辛至周初（武、成時期）。

四期或周早，指帝乙至成王時期。

具體銅器的斷代意見參見嚴志斌《商代青銅器銘文分期斷代研究》，社會科學文獻出版社 2012 年版。

五、　本字編以收字爲主旨，故能拆分爲單字者皆盡量拆分。但由於商代銅器銘文書寫與組合上的一些特殊性，如常作對稱性重複布置，或框以亞形，筆者的拆分或有不當，請識者諒之。

六、　本字編附有字頭總表、部首檢索、自然檢索與筆畫檢索，以供檢索。

正　编

001 一

肄作父乙簋 4144 四期

六祀邲其卣 5414 四期

作冊般黿 E967 四期

馭卣 5380

𢾅宋卣 5373

一胄 11893

002 元

狽元作父戊卣 5278 商末周初

003 天

天鼎 992 一期

天鼎 991 二期

天觚 J680 二期

天丙爵 8144 二三期

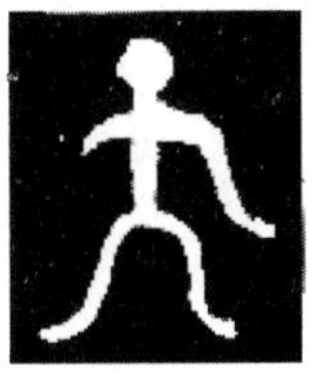

行天父癸卣 5093 二三期

天戈 10628 二三期

天戈 10629 二三期

天戈 10630 二三期

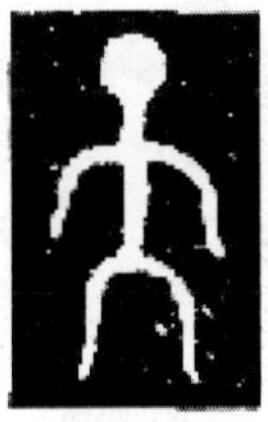

天簋 2912 三期

	 天卣 4769 四期	 天爵 7324 四期		 天卣 J544	 天觚 6545
 父丙卣 208 三四期		 天父癸鼎 1667	 天己丁簋 3233	 天尊 5441	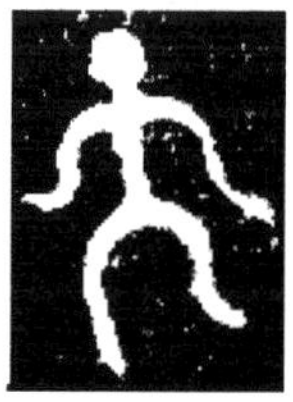 天曹父癸爵 8956
 天父己鼎 1602 四期	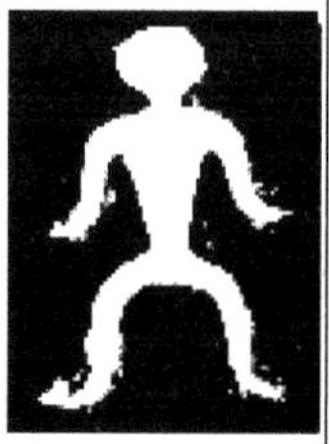 天父辛卣 4976 四期	 天簋 2913	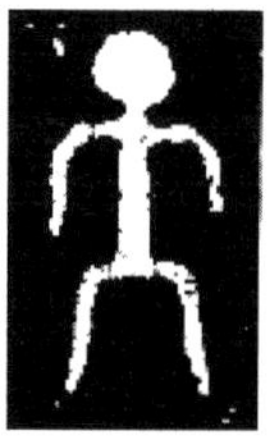 天卣 4772	 天父戊尊 5640	 天犬壺 9489
 天[illegible]御尊 5687 四期	 天觚 J679 四期	 天簋 2914		 天觚 6543	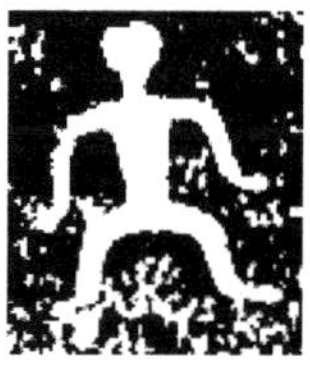 子天父丁罍 9798
 天簋 J365 四期	 天冊父己觚 7240 四期	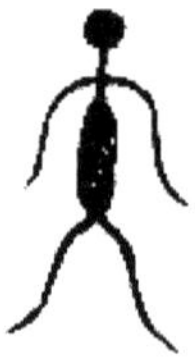 天己簋 3067	 天冊父癸卣 5173	 天觚 6544	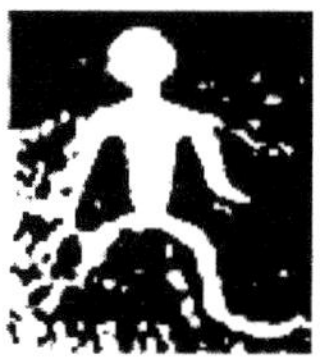 子天▲單勺 E906

天戈 10631

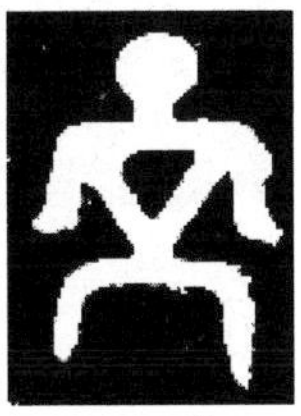
天丮戈
10850

天父丁鼎
1590

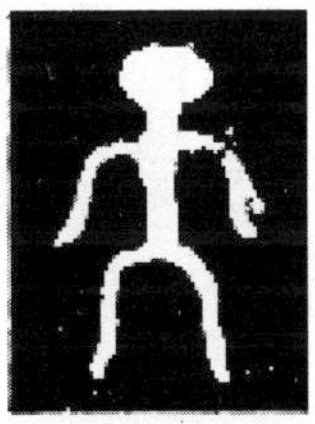
天冊父己鼎
1822

天父乙卣
4908

天父乙卣
4909

天爵 7325

天爵 7326

亞天爵
8143

敎天爵
8141

戈天爵
8142

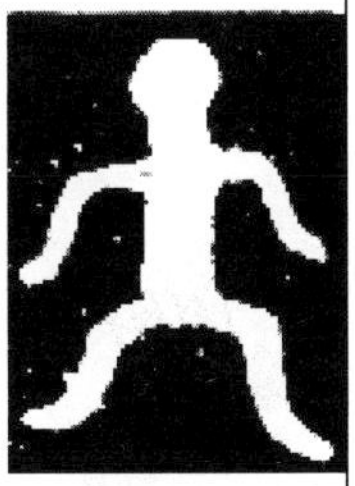
天乚爵
8153

天父乙爵
8376

天父辛爵
8598

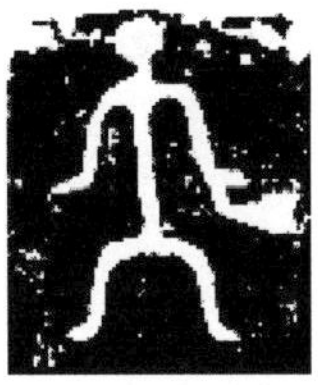
天父癸爵
8668

004 上

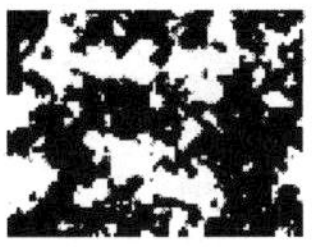
小子䍙簋
4138 四期

005 帝

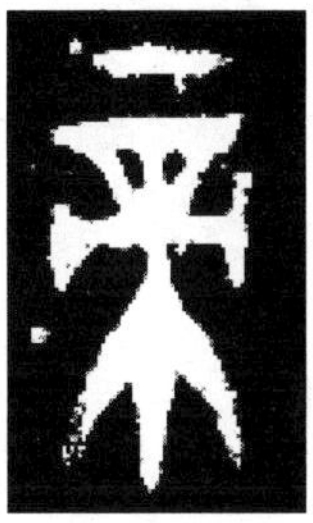
四祀𨛭其卣
5413 四期

盂鼎 J306
四期

盂鼎 J307
四期

[illegible]方鼎 E314
四期

006 旁

亞旁罍 4754 三期

007 示

示觚 6800 二期

示丁觚 653 二期

交示觚 6924 二期

亞干示觚 J750

示甲爵 7999 二期

亞禽示辛斝 9238 四期

⿱旗皿示己卣 5265 四期

飲示爵 8159

亞干示爵 8785

示卣 4797

亞示作父己觶 6484

008 祝

作冊祝鬲 J253 四期

祝冊爵 J849 四期

009 祀

小臣缶鼎 2653 四期

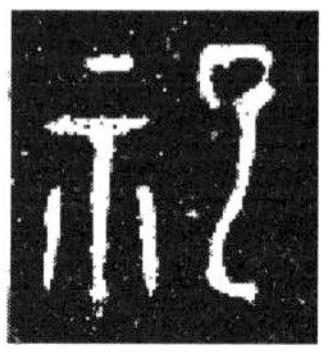
⿰糸聿作父乙簋 4144 四期

小臣俞尊 5990 四期

二祀邲其卣 5412 四期

四祀邲其卣 5413 四期

010 祖　011 三　012 王

六祀邲其卣
6414 四期

宰椃角 9105
四期

小臣邑斝
9249 四期

亞魚鼎
J339 四期

寢孳方鼎
E311 四期

[illegible]方鼎 E314
四期

戍铃方彝
9894 四期

嶲卣 5397
四期

象祖辛鼎
1512

見且字條下。

文嫊己觥
9301 四期

作冊般鼋
E967 四期

作冊般甗
944 四期

小臣缶鼎
2653 四期

戍甬鼎
2694 四期

戍嗣鼎
2708 四期

尹光鼎
2709 四期

 寢蔑鼎 2710 四期		 [illegible]方鼎 E314 四期	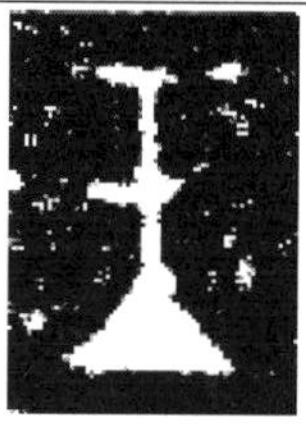 寢魚簋 J454 四期		 宰甫卣 5395 四期
	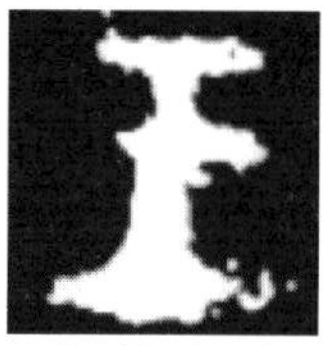 寢孳方鼎 E311 四期				
 作冊豊鼎 2711 四期	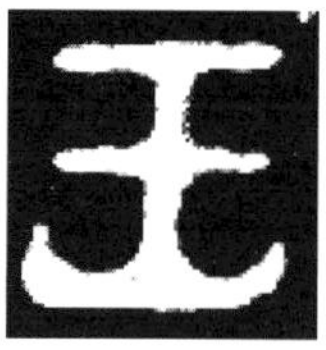	 亞古作父己 簋 3861	 王作姒弄卣 5102 四期		
		 卯簋 3975 四 期			
 亞魚鼎 J339 四期		 肄作父乙簋 4144 四期	 [illegible]作母乙卣 5367 四期		 嶲卣 5397 四期

		 寢魚爵 9101 四期	 宰椃角 9105 四期		 乙未鼎 2425
 二祀邲其卣 5412 四期	 六祀邲其卣 5414 四期	 姒瓦爵 9098 四期		 王屮女叡方 彝 J994 四 期	 小子[illegible]鼎 2648
			 小臣邑斝 9249 四期		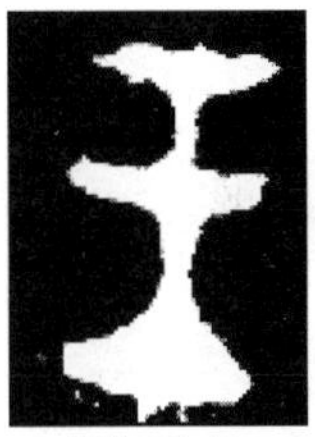 亞受鼎 2594
		 箙亞作父癸 角 9102 四 期	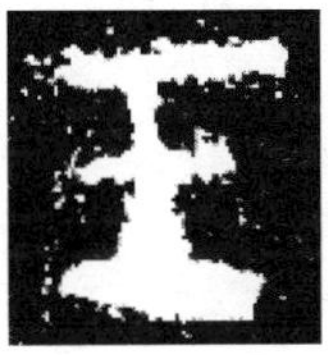 劦作父丁罍 9821 商末 周初	 作冊般黿 E967 四期	 巂敝簋 3940
 四祀邲其卣 5413 四期	 小臣俞尊 5990 四期		 戍鈴方彝 9894 四期		 寢孜簋 3941

	013 皇	014 玉	015 璧	016 琮	017 璋
 小臣系卣 5378 四期   小臣系卣 5379 四期  馭卣 5380	  亞寞皇祈卣 5100 三四期  皇戈 10670   皇鉞 11724	 嶲㪿簋 3940  玉冊父丁爵 8910  玉冊父丁爵 8911	 𢻻束卣 5373	  六祀邲其卣 5414 四期	 嶲㪿簋 3940

018 玨

嶲□簋 3940

019 中

中方盉 9316 二期

亞□止鐃 J114 三期

亞□止鐃 J115 三期

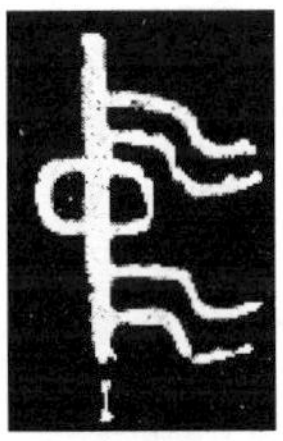

亞□止鐃 J116 三期

中鐃 367 四期

中鐃 368 四期

中鐃 369 四期

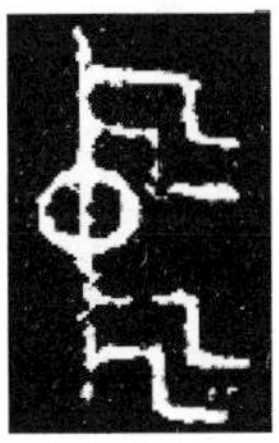

中鐃 370 四期

中鐃 371 四期

大中祖己觚 7215 四期

□中祖觶 6213

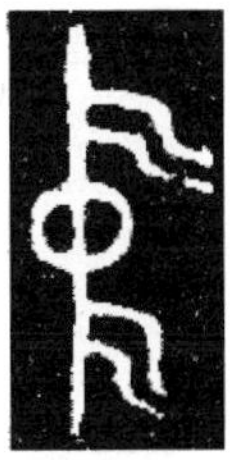

中爵 7716

中父乙爵 8414

中戈 10779

020 串

串父癸鼎 1693 四期

串父辛簋 3203 四期

串父辛簋 3204 四期

串斝 9150 四期

串爵 7714

串爵 7715

串父甲爵 8369

021 中

中父己爵
8547 二期

中戈 J1063
二三期

022 芺

旅芺父辛尊
5926 四期

023 莀

寢莀鼎
2710 四期

024 若

亞若癸鼎
2400 四期

亞若癸鼎
2401 四期

亞若癸鼎
2402 四期

亞若癸簋
3713 四期

亞若癸觚
7308 四期

亞若癸觚
7309 四期

亞若癸方彝
9886 四期

亞若癸方彝
9887 四期

亞若癸戈
11114 四期

亞若癸尊
5938

亞若癸觶
6430

亞若癸尊
5937

亞若觥
9253

025 莑	026 莫	027 小		028 八	029)(
 莑鼎 1136	 彭莫父乙觚 7264 四期	 小子父己鼎 1874 二期  小子作父己 鼎 2015 四 期  小子作父己 鼎 2016 四 期  小臣缶鼎 2653 四期  小子䍙簋 4138 四期	  小子作母己 卣 5176 四 期 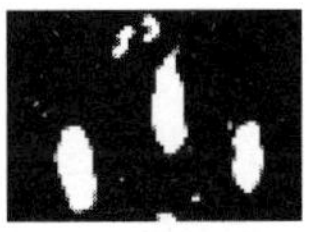 小子作母己 卣 5175  小子罤鼎 2648 餘見小子、 小臣等合文 條下。	 八冑 11899	 子)(父丁爵 8443 三四 期  犅伯䜍卣 E546 四期 )(盾父庚觚 J752 四期 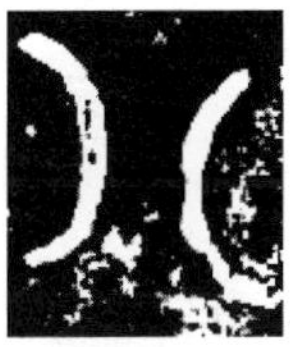 劦冊)(辛鼎 1941  馭卣 5380

030 公	031 曾	032 采	033 牛		034 犅
 執公父丁卣 5074 四期	 曾[illegible]中見觚 E683 四期  曾[illegible]爵 E782	 采作父乙卣 5205 三四期	  牛卣 4790 二三期（此字可能並非牛字）  牛簋 2973 四期 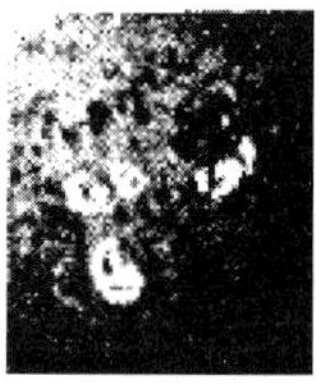 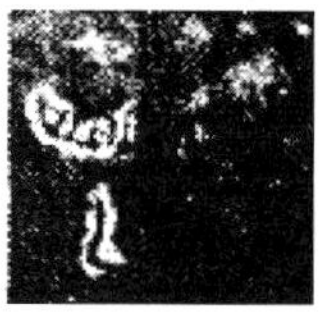 牛卣 E488 四期	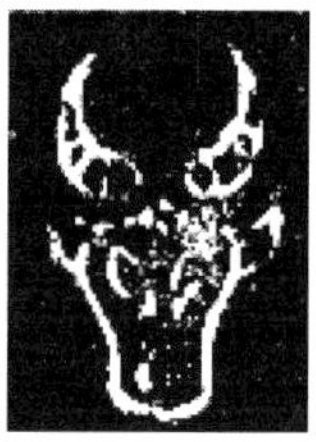 牛鼎 1103	  犅伯[illegible]卣 E546 四期

035 牽	036 牢	037 告		
 牽觚 6578	 牢爵 7516 二期	 婦羊告鼎 1710 二期	 告宁觚 7005 三期	 告宁鼎 1368 四期
		 告冊卣 4872 二期	 告宁觚 7006 三期	 亞告卣 4820 四期
		 告觚 6642 二 期	 亞告鼎 1411 三期	 告田觶 6191 四期
		 亞告觚 6972 二期	 告祖爵 E746 三期	 告觚 6643 四 期
		 亞告簋 3094 三期	 亞告爵 J828 三四期	 告宁爵 8265 四期

			038 口	039 吹	040 名
 竹[宀亞]父戊方彝 9878 四期	 告宁父戊觶 6398	 告宁爵 8264	 口尊 5452	 吹戈 J1065	 名爵 7702
 竹[宀亞]父戊方彝 9879 四期	 告爵 7579	 告□爵 8266	 刀口爵 8247		
 告田父乙卣 5347 商末周初	 亞告爵 7828	 戈告戈 10859	 宁未口爵 8801		
 告田鼎 1482	 亞告鼎 1410				
 告田鼎 1483	 田告父乙卣 5056				

041 君

子⿱鬲冉君⿱妻皿鼎
1910 四期

小子省卣
5394 四期

042 召

四祀邲其卣
5413 四期

戍鈴方彝
9894 四期

043 咸

作冊般甗
944 四期

咸妣癸尊
5613 四期

婦⿰酉卩咸簋
3229 商末周初

咸媟子作祖丁鼎 2311

咸父乙簋
3150

咸爵 7641

044 右

右盉 9317
二期

又条下重见

045 周

周免斝
9190
二三期

周⿱北八天父乙爵 J900
三期

周免爵
8155

周免爵
8156

周免觚
7012

046 唐

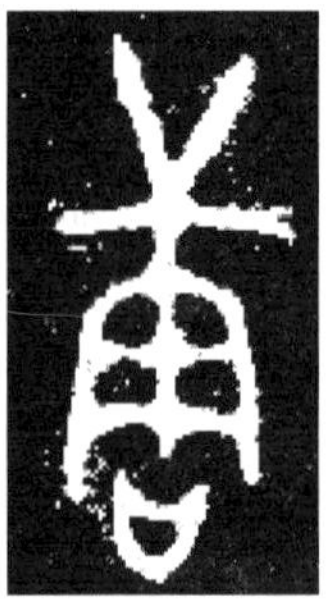
唐子祖乙觶 6367

唐子祖乙爵 8834

唐子祖乙爵 8835

唐子祖乙爵 8836

047 各

尹光鼎 2709 四期

宰椃角 9105 四期

048 由

由鐃 J110 二期

由觚 2332 二期

子由爵 E735 二期

劦卣 E540 四期

劦卣 E541 四期

劦卣 E542 四期

王罍 9821 四期

049 單

子▲單爵 8760 二三期

單光觚 7018

子天▲單勺 E906 三四期

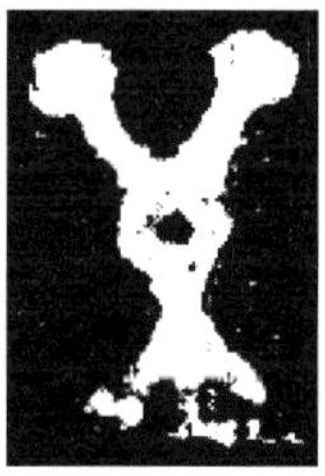
子▲單爵 8761

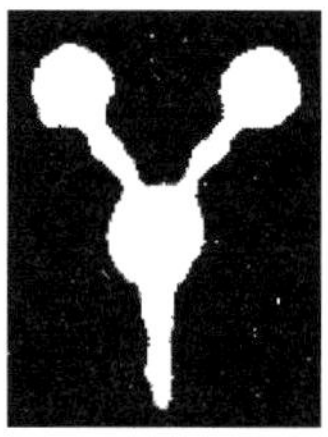
單父丁斝 9212 四期

單光爵 8163

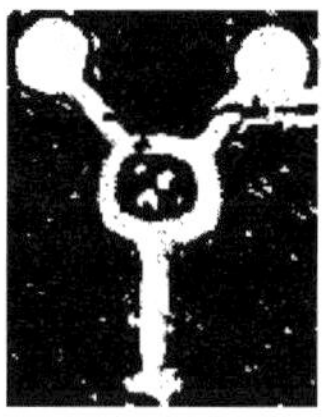
南單冓觚 7191 四期

單竝爵 8180

冬臣單觚 7203 四期

南單觚 7014

	050 止	051 歸	052 ⿴亞止	053 ⿷匚止	054 ⿰止止
 子[illegible]單箕 E969	 止爵 7470	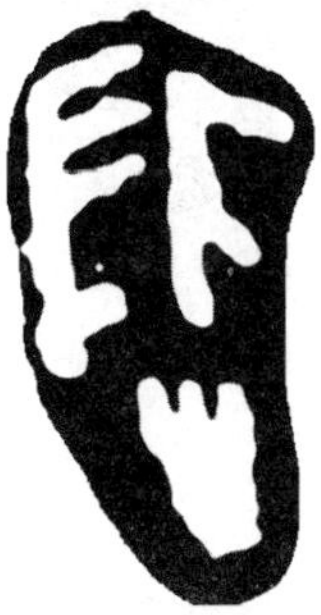 亞[illegible]父丁鼎 E229 四期	 ⿴亞止爵 7476 三期	 [illegible]冊父庚鼎 E244 三期	 ⿰止止盤 E913 二期
	 子[illegible]止簋 3234			 [illegible]冊父庚⿷匚止觚 7266 三期	
	 亞止方罍 9769 商末周初		 ⿴亞止卣 4744	 ⿷匚止冊父乙觚 7244	

055 ⿱⿰止止⿰止止	056 ⿱止⿰止止	057 登		058 步	059 徙
 盾⿱⿰止止⿰止止爵 8202	 ⿱止⿰止止爵 E717 二期	 登爵 7478	 亞登兄日庚觚 7271 四期	 步爵 7473 二期	 徙簋 2950 二期
		 登串父丁觶 6443	 亞登簋 3105	 子步祖辛尊 5716 四期	 徙鼎 1063 二期省行作
		 黄登鼎 1491		 子步父乙尊 5726 四期	 徙斝 9133 二期
		 登屰方罍 9771 商末周初		 步觚 6632	 徙觚 J693 二期
				 步爵 7473	 徙爵 7475 二期

060 此　061 正

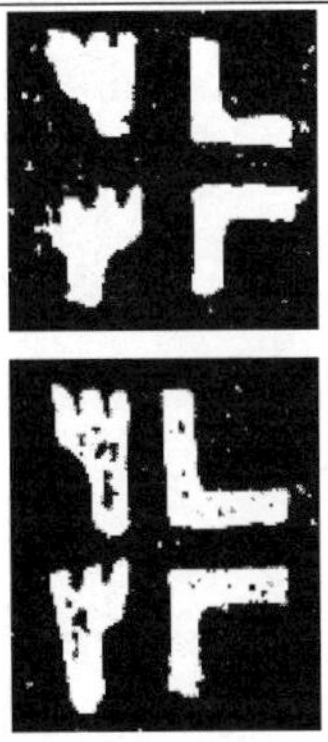

徙卣 4794 二三期

車徙簋 3126 三期

車徙父乙觚 E682 四期

徙觚 6633 四期

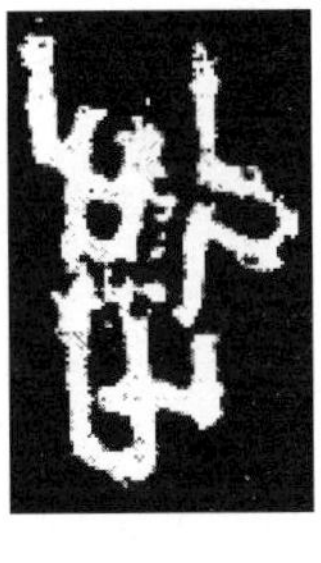

徙作祖丁觶 6368 商末周初

徙鼎 1062

徙父癸爵 8690

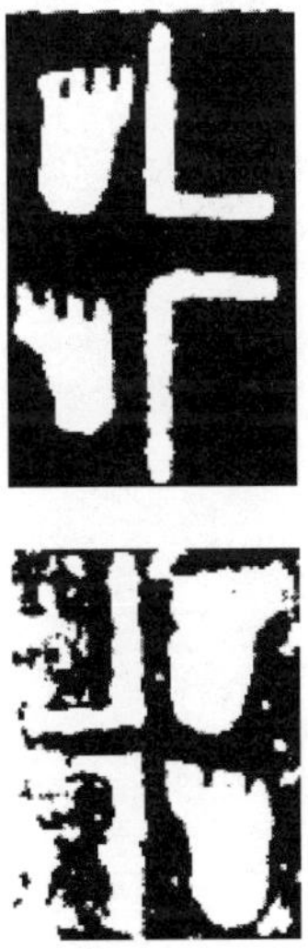

徙觶 6038

此勺 E904 三四期

此父丁鼎 1595

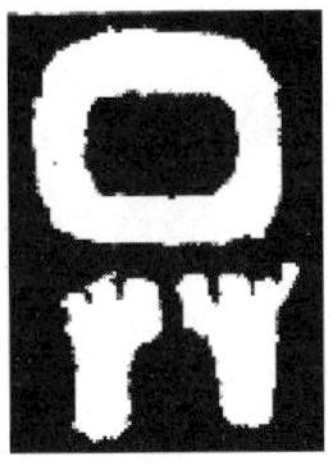

正甗 776 二期

正簋 2948 二期

正簋 2949 二期

正觚 6636 二期

正鴞尊 5454 二期

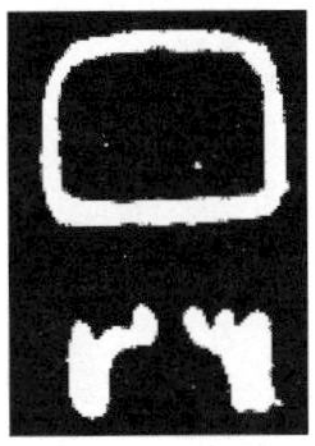

正斝 9131 二期

正爵 7484 二三期

婦好正壺 9509 二三期

正鼎 1060 三期

正癸鼎 1300 三期

小臣俞尊 5990 四期

二祀邲其卣 5412 四期

正鉞 11728 四期

翌正爵 8200 四期

尹光鼎 2709 四期

062 韋

正胄 11877

正爵 7481

正戈 10689

正爵 7482

魚正乙鐃 408

魚正乙鐃 409

魚正乙鐃 410

正乙觚 6821

正乙觚 6822

正爵 7480

作父戊器 10570

正斝 9130

正罍 9746

韋簋 2944 一期

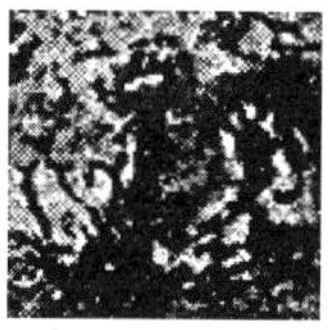
韋鼎 殷新3 一期

韋觚 6638 二期

韋鉞 11727 二期

韋爵 7492 二期

韋戈 10690 二三期

子韋爵 8087 三期

子韋爵 8088 三期

子韋爵 8090 三期

子韋鼎 E177 三期

063 ⿱⿴囗𣥠𣥠

⿴口止父丁鼎 1594 三四期

⿴口止父丁尊 5631 三四期

弓⿴口止祖己爵 8843 三四期

⿴口止箙父辛尊 5748 四期

⿴口止觚 6639

子⿴口止觚 6902

子⿴口止父癸觶 6420

⿴口止鼎 1052

子⿴口止鼎 1311

子⿴口止鼎 1312

子⿴口止觚 6904 三期

子⿴口止觚 6905

⿴口止爵 7490

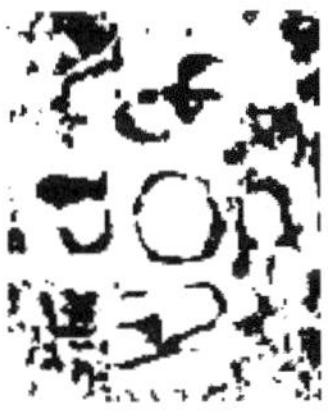
⿴口止爵 7491

⿴口止癸爵 8063

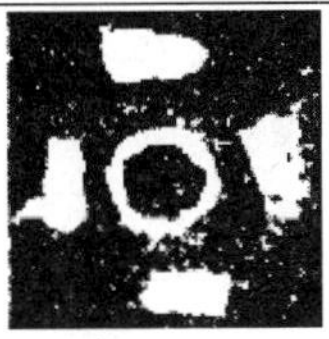
子⿴口止爵 8089

▲⿴口止爵 8203

⿴口止父丁爵 8458

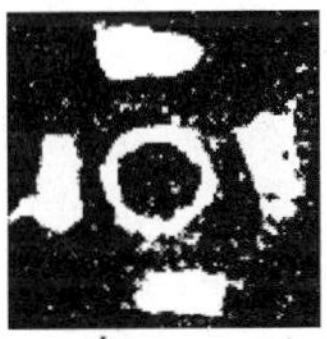
子⿴口止爵 8089

⿱⿴囗𣥠𣥠鼎 J183 二期

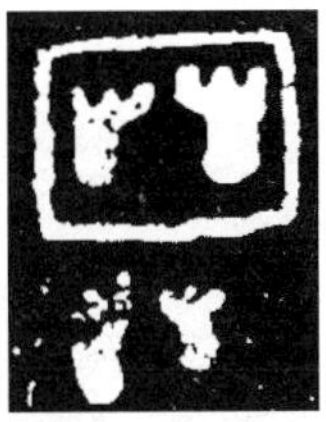
⿱⿴囗𣥠𣥠簋 J372 二期

⿱⿴囗𣥠𣥠觚 J691 二期

⿱⿴囗𣥠𣥠觚 J692 二期

⿱⿴囗𣥠𣥠斝 9132 二期

⿱⿴囗𣥠𣥠斝 E805 二期

⿱⿴囗𣥠𣥠鐃 361 二期

⿱⿴囗𣥠𣥠爵 7485 二期

⿱⿴囗𣥠𣥠爵 7486 二期

⿱⿴囗𣥠𣥠爵 7488 二期

			064 述	065 過	066 進
 〓簋 2946 三期  〓壺 9463 三期  〓觶 6035 三四期  〓簋 2945 四期  〓鼎 1053	 〓鼎 1055 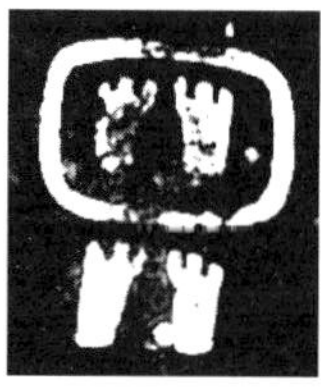 〓鼎 1056 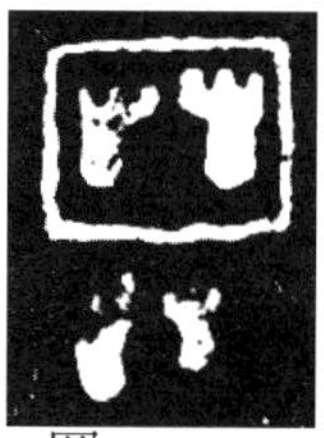 〓簋 2947   〓戈 10691	 〓爵 7487  〓爵 7489  〓觚 6637  〓壺 9462  〓鼎 1054	 智作祖甲罍 9823 商末周初	 亞過爵 7815 四期	 進觚 6679 二期

067 造	068 逆	069 遘	070 返	071 邐	072 逋
 戍甬鼎 2694 四期	 逆爵 7339 二三期	 緯作父乙簋 4144 四期  二祀邲其卣 5412 四期  四祀邲其卣 5413 四期  寢孳方鼎 E311 四期	 戍甬鼎 2964 四期  [illegible]方鼎 E314 四期	 尹光鼎 2709 四期 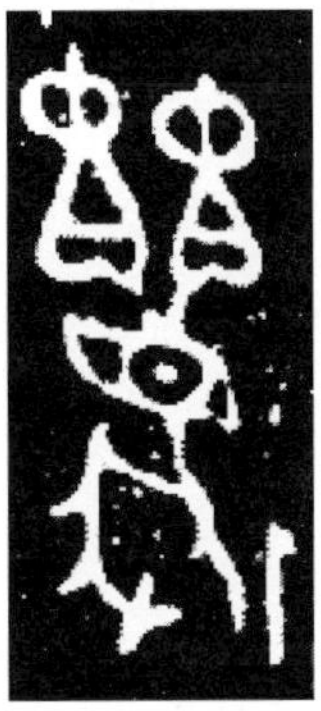 [illegible]簋 3975 四期	 [illegible]逋簋 3113 商末周初

073 达　074 遼　075 迖　076 得

子达觶 6485 商末周初

智作祖甲罍 9823 商末周初

作冊豊鼎 2711 四期

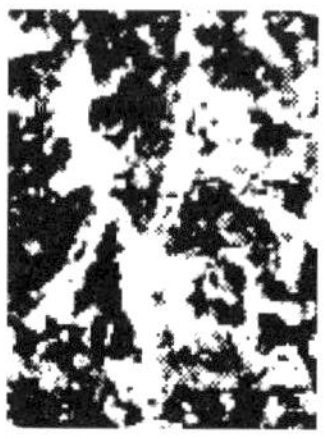
作冊般黿 E967 四期

得鼎 1066 二期

得觚 6635 二期

得父癸方鼎 J240 三期

亞得父庚鼎 1880 三期

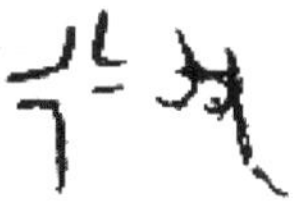
亞得父庚鼎 E219 三期

盾得爵 8187 三期

盾得觚 7025 三期

盾得觚 7026 三期

盾得罍 9775 三期

盾得觚 J739 三期

盾得爵 8186 三期

何觶 6505 商末周初

得卣 4795

			077 律	078 御	079 徹
 得父乙觚 7086   亞得父丁盉 9375  亞得父己甗 844  得鼎 1067	  得罍 9742 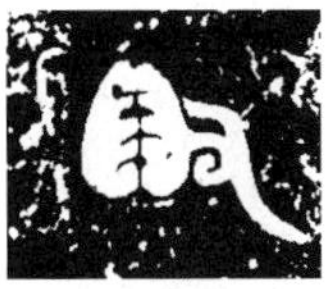 得觚 6634  得爵 7439  亞弜刀 11811	 亞得父癸卣 5094 三四期	 戍鈴方彝 9894 四期	 天[illegible]御尊 5687 四期	 [illegible]徹鼎 1490 商末周初   [illegible]徹卣 4876

080[illegible]	081休	082彳止		083 建	084 行
  [illegible]冊卣 4870	 休父乙尊 5626 三四 期	 旉彳止爵 8158 三四期  彳止鐃 11766 三 四期   婦聿卣 5099 三四期  甗彳止觚 7019 四期	 彳止中祖觶 6213	 兮建觚 6921 二期  兮建父丁觚 J751 四期  兮建父丁爵 8896	 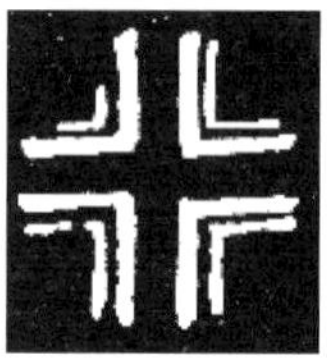 行天父癸卣 5093 二三期

085 衡	086 衎		087 [彳戈亍]	088 [彳單亍]	089 齒
 亞衡鼎 1425	  亞豈衎卣 5014 四期  亞豈衎爵 8783 四期  亞豈衎爵 8784 四期  亞豈衎斝 9225 四期	 街父癸鼎 1692 商末周 初  [□]衎爵 8173	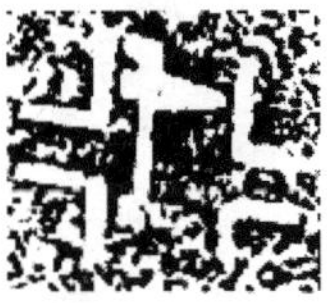 [彳戈亍]器 10488	 [彳單亍]卣 4779 二 期	 齒父己鬲 481 四期  齒斝 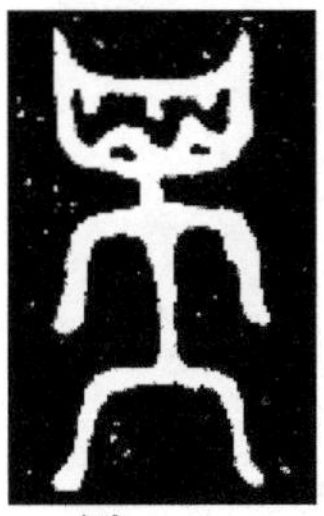 齒[女敢]鼎 1488

090⿱木齒

齒受祖丁尊 5714 商末周初

齒兄丁觶 6353 商末周初

齒戊爵 8208 二三期

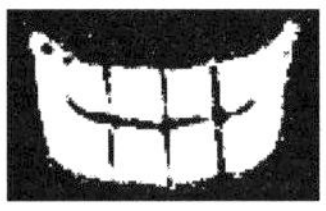
齒戈 10769

[illegible]齒戈 10768

⿱木齒見冊尊 5694 三期

⿱木齒見冊鐃 400 三四期

⿱木齒見冊鐃 401 三四期

⿱木齒見冊鐃 402 三四期

⿱木齒見冊鼎 1762

⿱木齒觚 7053

⿱木齒見冊罍 9792

⿱木齒見冊戈 10952

091⿰𧾷辰

⿰𧾷辰蓋 6036

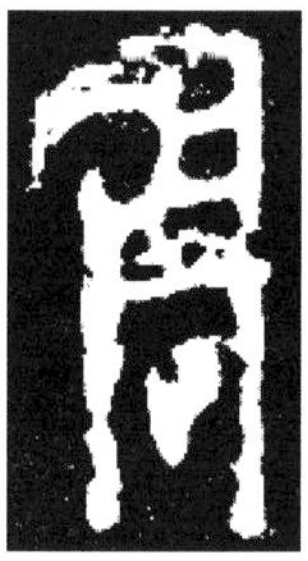
⿰𧾷辰 6037

092 疋

疋未鼎 J218 三期

疋冊父癸鼎 1900 三期

[illegible]作父丙鼎 2118

093⿰皀尺

亞夭⿰皀尺爵 8781 四期

094 品　　095 龠　　096 冊

094 品

寢鬳鼎 2710 四期

095 龠

龠爵 7722

096 冊

𢦏冊鼎 1357 二期

告冊簋殷墟新出 96 二期

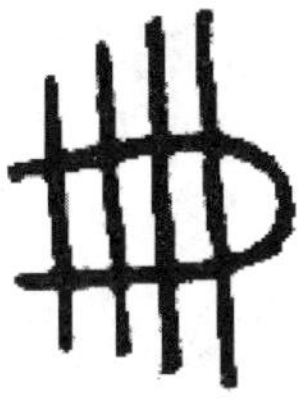
𢼸冊觚 J738 三期

𢼸冊觚 6994 三四期

告冊卣 4872 二期

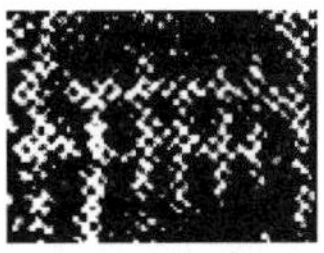
冊韋爵 E740 二期

𩰪見冊尊 5694 三期

𢼸冊父庚角 J902 三四期

力冊父丁觚 7233 二期

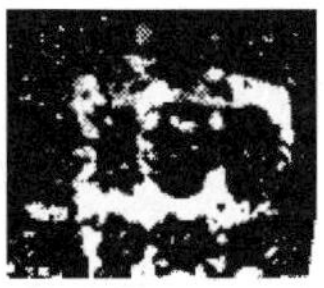
𢼸冊爵 8256 三期

戈亳冊 3237 三期

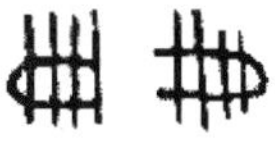
冊父乙尊 5724 三四期

冊斝 9147 二期

冊鉞 11734 三期

𢼸冊父庚鼎 E244 三期

𩰪見冊鐃 400 三四期

冊爵 7576 二期

𢼸冊父丁鼎 J264 三期

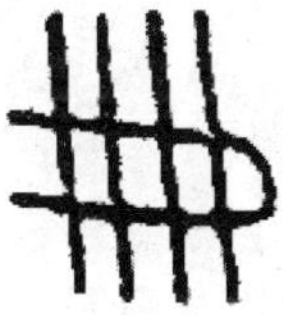
冊爵 J862 三四期

𩰪見冊鐃 402 三四期

	 [illegible]亯冊觚 7169 四期	 宰椃角 9105 四期		 陸冊父乙爵 8874 四期	 冊爵 7575 四 期
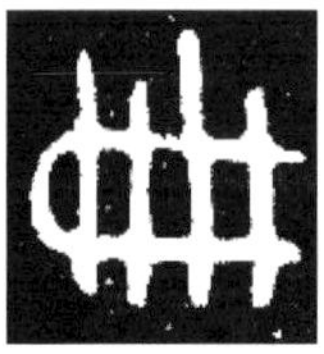 劦冊竹卣 5006 三四期	 [illegible]亯冊觚 7170 四期	 亳冊戈 10876 四期	 作冊豊鼎 2711 四期	 冊亯[illegible]罍 E885 四期	 [illegible]亯冊觚 7167 四期
 冊父辛叟觚 7247 三四期	 允冊簋 3110 四期	 融冊鼎 J221 四期	 扶冊父乙鼎 1821 四期	 [illegible]冊祖丁卣 5045 四期	 [illegible]亯冊觚 7168 四期
 蠡見冊鐃 401 三四期	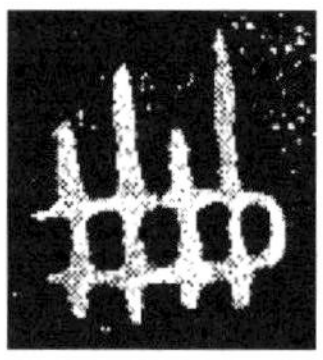	 融冊鼎 J222 四期			 冊尊 5463 四期
 作冊祝鬲 J253 四期	 六祀邲其卣 5414 四期	 天冊父己觚 7240 四期	 寢蔑鼎 2710 四期	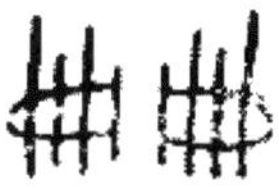 [illegible]冊祖丁卣 5046 四期	 [illegible]鼎 2578 四 期

	 冊祖丁角 8327 四期	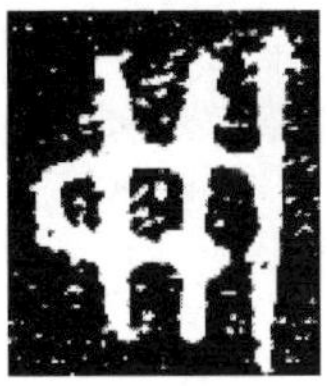		 亳戈冊父乙 觚 7262	 [illegible]冊斝 9198
 作冊般甗 944 四期	 [illegible]冊觶 E602 四期	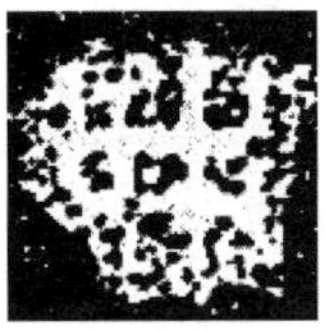 允冊卣 5186	 天冊父癸卣 5173	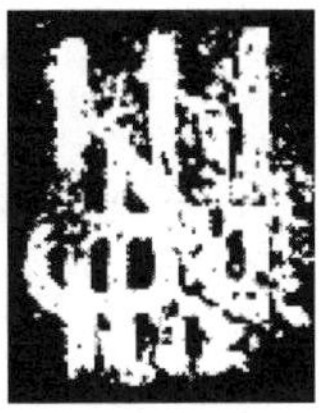 冊觚 6624	 [illegible]冊斝 9199
 [illegible]冊父丁鼎 1858 四期	 作冊般黿 E967 四期	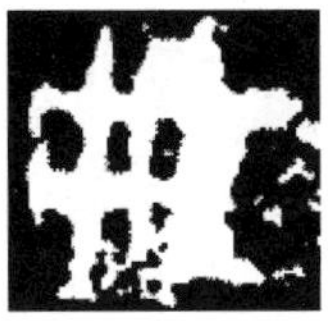 允冊丁觚 7176	 [illegible]冊父甲觚 7222	 子[illegible]木冊觚 7256	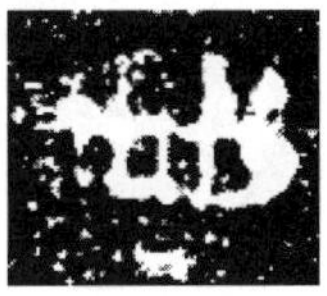 沃父乙壺 9566
 [illegible]冊亯尊 5689 四期	 陸冊鼎 1359 商末周初		 亳戈冊乙觚 7253	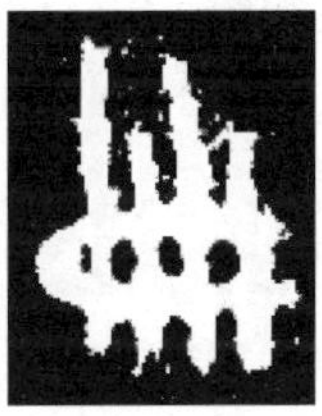 戈亳冊父丁 簋 3428	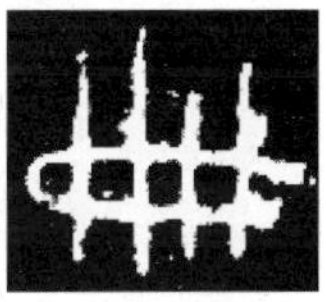 [illegible]冊父乙觶 6380
 [illegible]冊觚 6993 四期	 疋冊父癸鼎 1900 三期	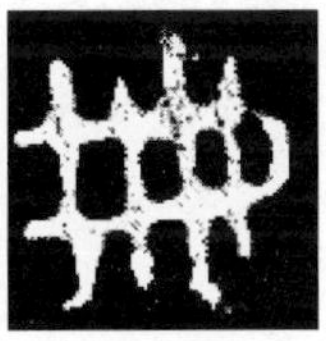 丙木父辛卣 5166	 陸冊父庚卣 5081	 子冊父乙爵 9049	 𧖴見冊罍 9792

 㐌冊爵 8211	 𤜶丁冊爵 8791	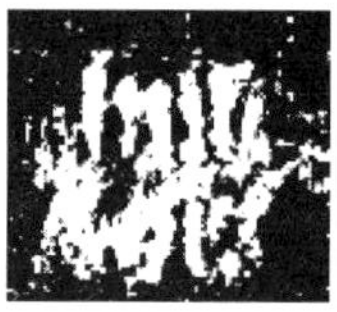 冊父辛爵 8641	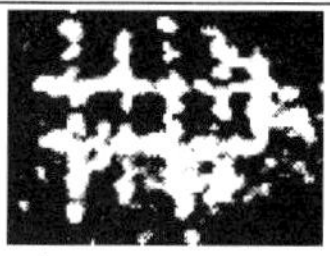 腐冊爵 8255	 纍冊父丁觶 6390	 丮冊觚 6995
 㐌冊爵 8212		 蠡見冊戈 10952	 冊䍙祖癸方 彝 9877	 光冊簋 3109 三四期	 子克冊父辛 鼎 2017
 冊亯䍃器 10526	 冊戈 10765	 亞冊父乙觚 7224	 腐冊父癸鼎 1897	 纍冊父丁鼎 1856 四期	 丯冊鼎 1356
 㞢冊爵 8280		 腐冊父庚亞觚 7266	 纍冊斝 9199	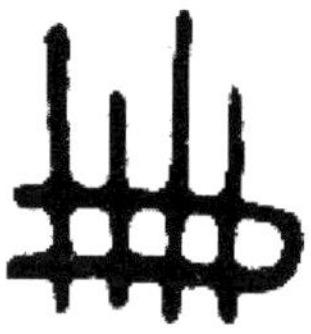	 束冊作父己 鼎 2125
 䍃冊亯觶 6358	 冊戈 10766	 史冊戈 10875	 纍冊簋 3108	 箙戉冊父辛 卣 5169	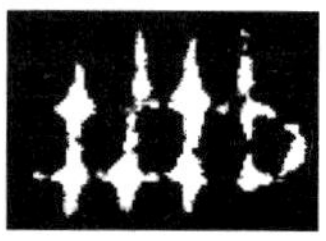 腐冊父丁爵 8907

097 嗣　　098 允冊

 困冊父丁爵 8909		 叀冊鼎 1360	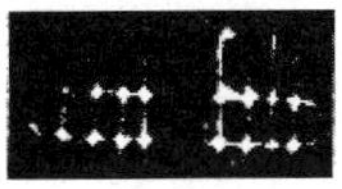 木▲冊作母辛鼎 2328	 戍嗣鼎 2708 四期	 允冊簋 3110 四期
 玉冊父丁爵 8910	 徙冊卣 4870	 盠見冊鼎 1762			 允冊父乙簋 3304
 玉冊父丁爵 8911		 陸冊父甲卣 5050			 允冊父戊簋 3323
 口冊父丁爵 8913	 冊父乙卣 4913 三四期				 允冊丁觚 7176
 天冊父乙鼎 1822	 冊?宅鼎 1737	 陸冊父乙卣 5052			

099 [illegible] 100 [illegible] 101 舌

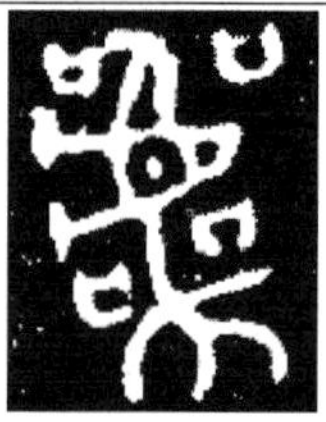

箙亞作父癸角 9102 四期

亞受鼎 2594

舌鼎 J176 二期

舌父觚 E661 二期

舌父己觚 7132 二期

舌爵 7501 二三期

舌爵 7502 二三期

舌父己爵 8553 二三期

舌卣 4767 三期

舌鼎 1220 三期

舌鐃 376 三期

舌亞[illegible]爵 8788 三四期

舌父戊爵 8522 三四期

毛田舌卣 5019 三四期

舌觚 6644 三四期

舌鼎 1221 四期

舌卣 4768 三期

舌觚 6580

舌觚 6581

舌觶 6033

102 舌卩　103 臣舌　104 干　105 屰

舌兽戊觚 7161

舌爵 7503

舌爵 7504

舌父己鼎 1616

舌父己爵 8552

俞舌盤 10035

舌父丁觶 6260

102 舌卩

舌卩■爵 8185

103 臣舌

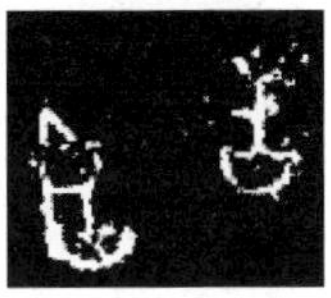
臣舌其𢍰鼎 1959

臣舌其𢍰卣 5012

臣舌其𢍰斝 9226

104 干

亞干示觚 J750 二期

妣田干斝 9227 四期

亞干示爵 8785

屰子干鼎 1718

105 屰

屰觚 6546 二期

亞屰方彝 9854 二期

屰癸爵 8059 二三期

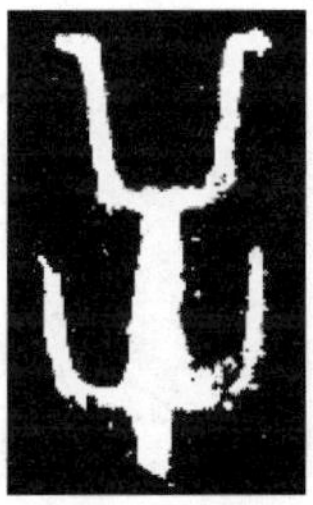
亞屰勺 9910 二三期

屰征爵 8158 三四期

106 商

屰爵 8148 三四期

亞屰爵 7796 三四期

屰癸觚 E657 三四期

屰鼎 1035 四期

屰父庚鼎 J234 四期

屰父戊爵 8520 四期

登屰方罍 9771 商末周初

屰爵 7337

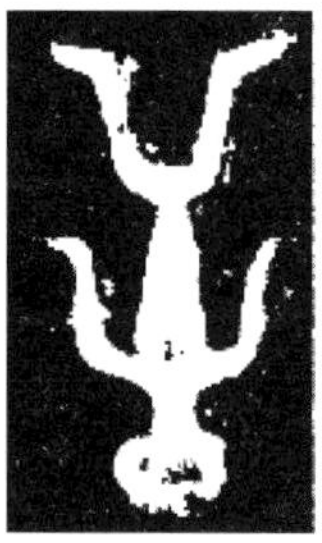

屰爵 7338

屰父辛爵 8599

屰爵 8147

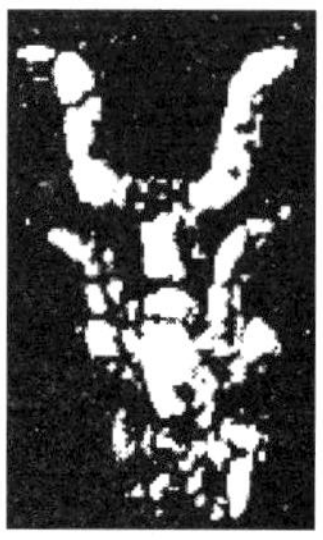

屰戈 10632

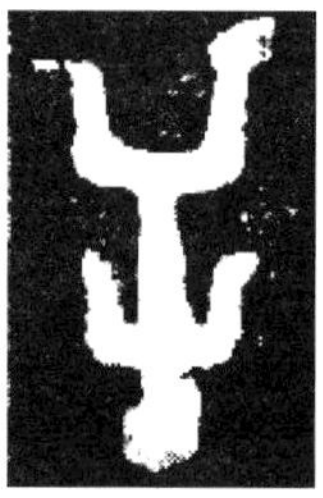

屰戈 10633

屰子干鼎 1718

屰鼎 1036

亞屰卣 4815 二三期

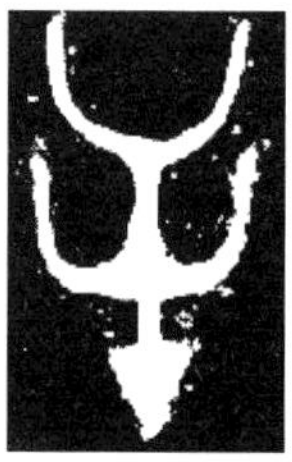

亞屰卣 4816

亞屰爵 7795

屰戈 10634

屰丁爵 8027

小子□簋 4138 四期 用作賞。下同。

小子畬卣 5417 四期

小子夫父己尊 5967 四期

子啓父辛尊 5965 四期

龏姛觚 7311 四期

107 句　　108 丩

小子省卣 5394 四期

尹光鼎 2709 四期

戍嗣鼎 2708 四期

戍鈴方彝 9894 四期

作冊般甗 944 四期

作冊豊鼎 2711 四期

寢孳方鼎 E311 四期

[illegible]方鼎 E314 四期

聑娰鼎 2433

聑娰鼎 2434 商末周初

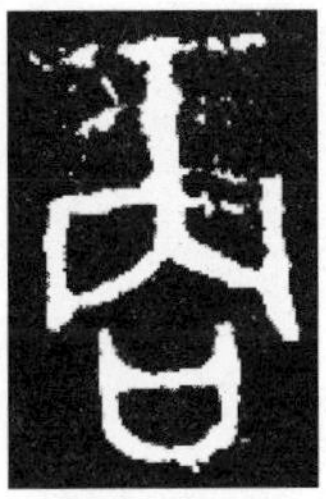

小子𦉍鼎 2648

商婦甗 867 四期

子商甗 866

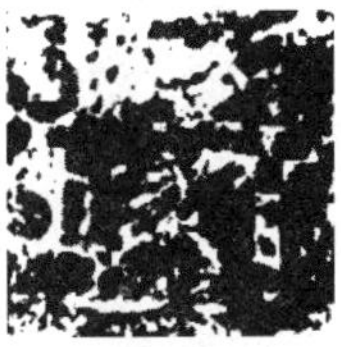

子商戈 10852

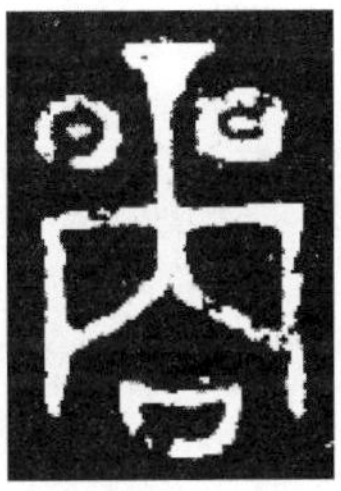

盟商壺 9491

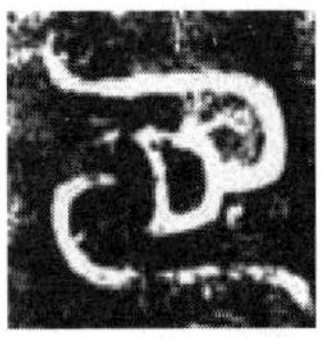

句飲父辛卣 5089 三四期

句父鼎 J285 四期

句戊鼎 1291

句父辛鼎 1658

亞矢望父乙卣 5206

亞矢父乙壺 9565

丩盤 10014 三四期

109 古

亞古父己簋 3861 四期

亞古父己角 8927 四期

亞古父己觚 7239 四期

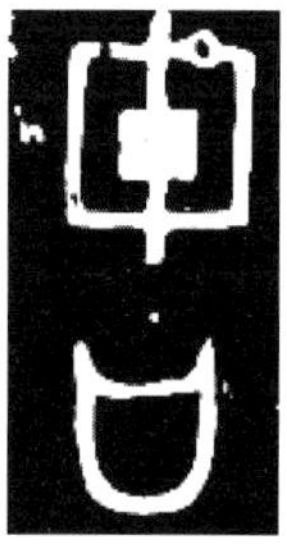

亞古父己卣 5215 商末周初

亞古父己盉 9378

古爵 7703

110 十

小子⿱罒㝵簋 4138 四期

⿰糸聿作父乙簋 4144 四期

小臣俞尊 5990 四期

小子⿱夂畐卣 5417 四期

成鈴方彝 9894 四期

文嫊己觥 9301 四期

寢孳方鼎 E311 四期

嶲𢽚簋 3940

111 廿

𢼸方鼎 E314 四期

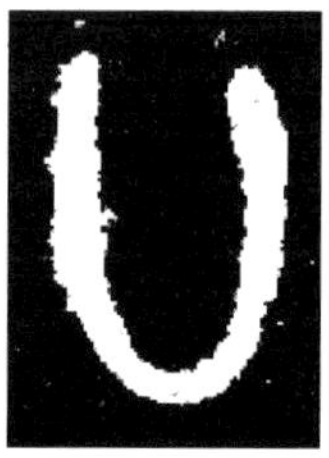

宰椃角 9105 四期

112 信

信母爵 8138 二期

113 詋	114 䜐	115 竟	116 僕	117 収	118 丞
 其詋觚 7302 四期	  犅伯䜐卣 E546 四期	 亞竟觚 6971 四期  竟鼎 1000  竟簋 2936  竟作父辛卣 5286	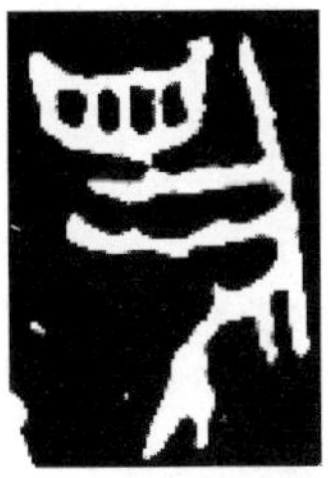 亞僕父乙爵 8852 四期	 収鼎 1091 四期	 丞戈 E1049

119 弄　　120 龏

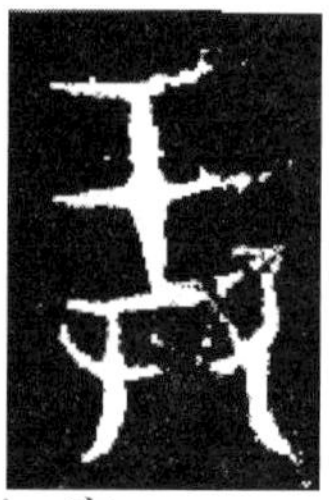
鳥[illegible]簋 J413 四期

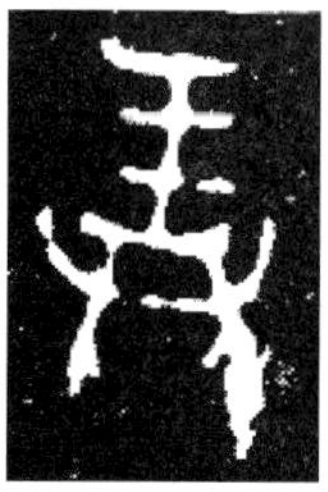
王作姃弄卣 5102 四期

王作姃弄器蓋 10347 四期

子龏觚 6914 二期

子龏觚 J732 二期

龏子鉞 11751 二期

子龏尊 5543 二期

龏卣 4742 二三期

子龏鼎 1306 三期

子龏鼎 1307 三期

子龏鼎 1308 三期

龏母簋 3083 三期

亞龏父辛簋 3330 三期

龏子卣 J562 四期

龏子觶 6349 四期

子龏簋 3078 三期

冂龏觚 6940 三期

龏姛觚 7311 四期

亞龏父辛尊 5747 四期

龏姒鼎 2434 商末周初

龏姒鼎 2433 商末周初

子龏戈 J1093

冂龏鐓 11903

子龏勺 9914

龏[illegible]觶 6152

121 具

馭卣 5380

122 共

共鼎 J178 四期

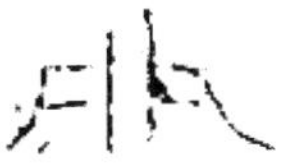

共觚 6600

共丁爵 8025

123 ⿱犬廾

⿱犬廾壺 9464 三期

124 ⿱写廾

小子⿱写廾鼎 2648

125 ⿱丙廾

⿱丙廾卣 5017 三四期

⿱丙廾簋 3119 二三期

⿱丙廾爵 6925 三四期

⿱丙廾斝 9189

126 ⿱周廾

⿱周廾亞父爵 8776 二期

⿱周廾父癸斝 9220 四期

⿱周廾父庚方彝 9867 四期

⿱周廾父乙盉 9344 商末周初

	127 舁	128 興		129 由	130 融
 畀爵 7468	 子舁父癸鼎 1891	 興斝 9128 二期	 印興瓿 9949 三期	 亞由爵 J829 三四期	 融觶 J664 三期
 畀父丙爵 8436		 興壺 9465 二期	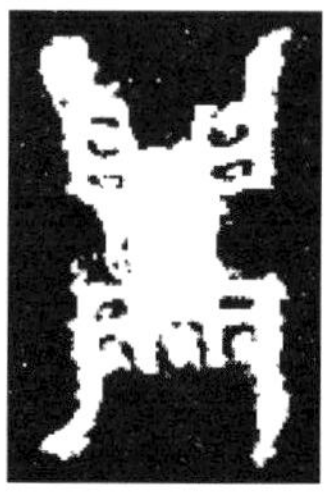 興爵 7461		 融罍 J974 三期
 畀父辛爵 8642		 興壺 9466 二期	 興爵 7463		 融冊方鼎 J221 四期
 S2父癸卣 5096		 興爵 7462 二期	 興斝 9129		 融冊方鼎 J222 四期
 鼎 1019		 興爵 7464 二期	 𠬪興父辛爵 8951		 融簋 J375 四期

131 鬻　132 鬻　133 丮

 融卣 J549 四期	 融尊 E551 四期	 四祀邲其卣 5413 四期	 弜作父丁鼎 2318 四期	 亞丮鼎 E171 四期	
 融尊 J608 四期	 融父己爵 8567		 乃孙作祖己鼎 2431 商末周初	 亞丮鼎 E172 四期	 亞[illegible]丮方彝 E900 四期
 融觚 J701 四期			 戌嗣鼎 2708 四期	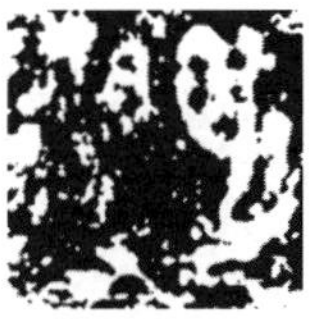 亞丮鼎 E173 四期	 亞丮盤 E917 四期
 融觚 J702 四期			 作冊豊鼎 2711 四期	 亞丮簋 E348 四期	 亞丮鼎 E169 四期
 融爵 J772 四期				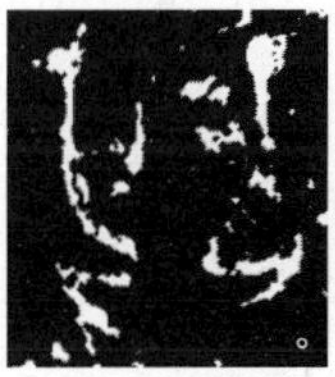 亞丮鼎 E170 四期	 亞丮方罍 E884 四期

134 執

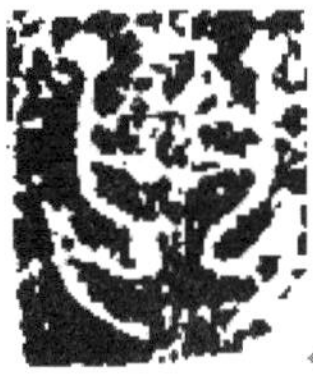
亞𠃋丮斝 E812 四期

丮觟戈 10849 四期

丮天戈 10850

亞丁丮觚 7182

玉丮觚 6923 三四期

丮斝 9112

丮冊觚 6995

丮卣 4774 四期

執父己觶 6282 三四期

執父辛卣 4977 四期

執父乙觚 E678 四期

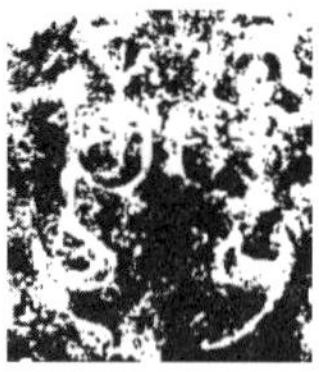
執公父丁卣 5074 四期

[illegible]執爵 8199 四期

執己爵 8045 四期

何作日辛觶 6505 商末周初

執己爵 8044

聑執爵 8172

執簋 2919

執父己簋 3196

執觚 6587

戈執父丁爵 8901

135 [戈丮]

[戈丮]冊鼎 1357 二期

[戈丮]觚 6705 二三期

二祀邲其卣 5412 四期

麇婦觚 7312 四期

小子夫父己尊 5967 四期

	136 ⿰亻凡	137 ⿰𣏟凡	138 ⿰丰凡	139 ⿰鼎凡	140 又
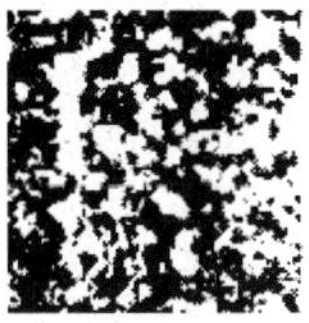  小子⿱罒寸簋 4138 四期  ⿰女凡爵 7434  ⿰女凡甲宁爵 8787	 亞⿰亻凡㛹鐃 405 三期  亞⿰亻凡㛹鐃 406 三期  亞⿰亻凡㛹鐃 407 三期	 ⿰𣏟凡父丁簋 3177 四期	 ⿰丰凡觚 6923	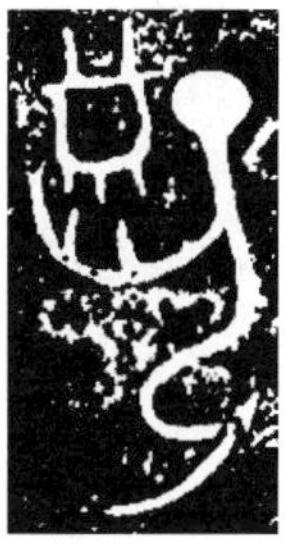 ⿰鼎凡祖丁斝 9202	 又爵 E712 二 期  又羖方罍 9772 二期  又羖父癸觚 7303 二三期  又羖父癸爵 9085 二三期  又方彝 9831 三期

 又羖癸鼎 1738 三期	 小臣俞尊 5990 四期	 文嫊己觥 9301 四期	 亞又方彝 9853	 又羖癸鼎 1739 三期	 又爵 8194
 又羖父己鼎 1875 四期	 又羖爵 8197 四期	 又爵 7435	 又勺 9904	 又羖父癸鼎 1939	 又羖爵 8195
 寢孳方鼎 E311 四期	 又爵 J860 四期	 又觚 6588			 又羖爵 8196
 方鼎 E314 四期	 又父辛爵 J1881 四期	 又尊 5449	 又戈 10874	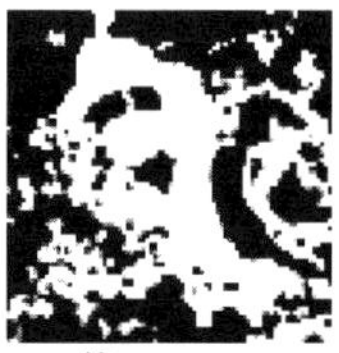 又羖父己卣 5077	
 又羖父己尊 5740 四期	 宰椃角 9105 四期	 又尊 5450	 又羖鼎 1372	 子又爵 8086	 又羖癸卣 5174

141 父

又敄瓿 9955

亞又敄戈 10946

亞又敄戈 10947

亞又敄戈 10948

亞又敄戈 10949

亞又敄戈 10950

亞又敄戈 10951

武父乙盉 E826 一期

父癸鼎 1681 二期

奄父癸鼎 1683 二期

父癸鼎 1695 二期

戈父丁簋 3172 二期

父己簋 3195 二期

亞矢父乙簋 298 二期

東父乙尊 5615 二期

父己尊 5526 二期

父丁尊 5634 二期

史父壬尊 5662 二期

父己觚 6814 二期

小子父己鼎 1874 二期

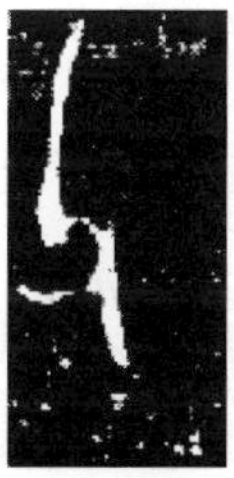
父癸尊 5668 二期

史父丁觚 7106 二期

鬳父丁觚 7118 二期

丰父己觚 7136 二期

子父癸觚 7158 二期

力冊父丁觚 7233 二期

父丁觚 7236 二期

 父乙爵 7885 二期	 [illegible]父乙盤 10040 二期	 父乙爵 7892 二期	 中父己爵 8547 二期		 黄父癸爵 8675 二三 期
 父乙爵 7895 二期	 [illegible]父丁鼎 J233 二期	 父己鼎 1264 二期	 父戊爵 7927 二期	 行天父癸卣 5093 二三 期	 己竝父丁爵 8898 二三期
 父壬爵 7973 二期	 冈父己鼎 1607 二期	 [illegible]父乙鉞 11756 二期	 冈父丁鼎 1576 二期	 父庚觚 6816 二三期	 己竝父丁爵 8899 二三期
 父癸爵 7981 二期	 光父辛爵 8600 二期	 舌父觚 E661 二期	 幸父庚鼎 1626 二期	 父癸爵 7979 二三期	 己竝父丁爵 8900 二三期
 曲父丁爵 8501 二期	 [illegible]父鉞 11750 二期	 隻父癸爵 8697 二期	 子父癸爵 8666 二三 期	 又羖父癸觚 7303 二三 期	 父乙爵 7891 二三期

 父乙爵 7893 二三期	 又𢦏父癸爵 9085 二三期	 子父戊子鼎 J265 三期	 史父辛爵 8615 三期	 [illegible]父辛觚 7144 三期	 [illegible]父丁罍 9797 三期
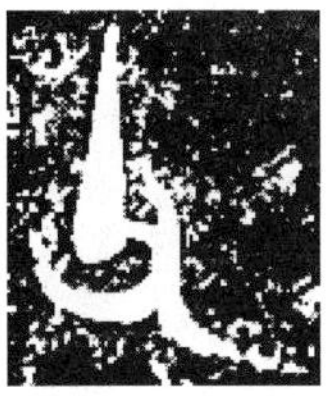 丩盾父戊 9957 二三期	 父辛鼎 1268 二三期	 父己鼎 1265 三期	 矢宁父乙鼎 1825 三期	 㢈冊父丁鼎 J264 三期	 光父辛爵 E766 三期
 冄父丁爵 8481 二三期	 子父辛斝 J922 二三期	 冂父己鼎 1610 三期	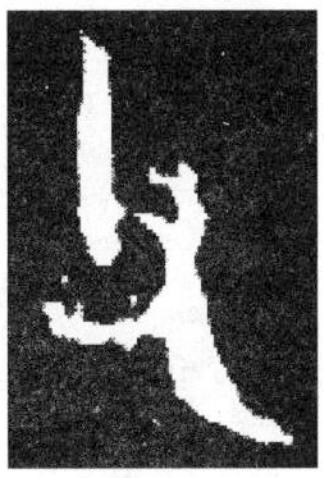 亞旟父丁鼎 1846 三期	 大父癸觚 J746 三期	 箙父乙鼎 1539 三期
 舌父己爵 8553 二三期	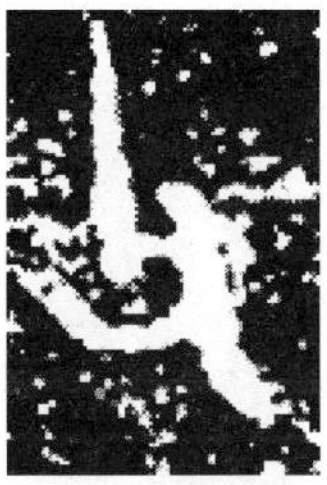 犬父甲觚 E677 二三期	 得父癸鼎 J240 三期		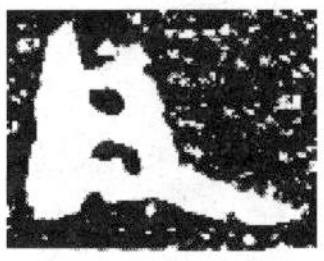	 息父口爵 J890 三期
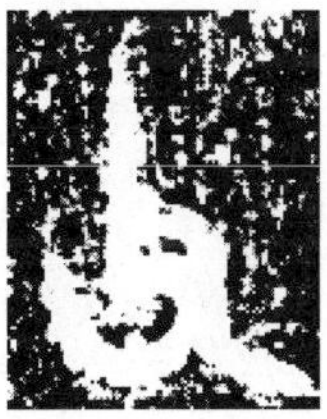 冄父癸爵 8726 二三期	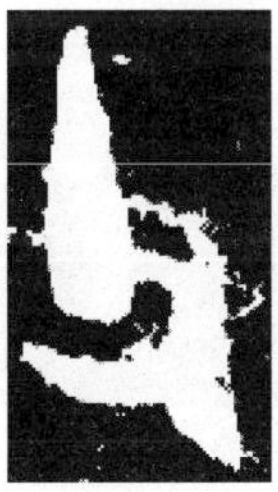 父戊鼎 1259 三期	 㝨父丁鼎 1859 三期	 父乙觶 6098 三期	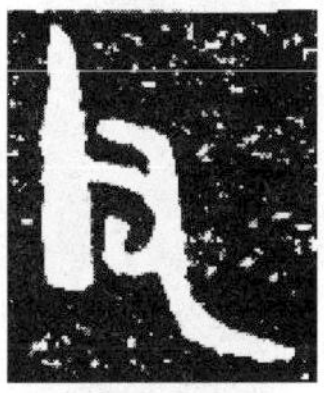 [illegible]父乙觶 6238 三期	 周共天父乙爵 J900 三期

柬父壬觚
J745 三期

父己斝 9168
三期

西單光父乙
鼎 2001 三期

𠍯父丁鼎
1838 三期

父辛鼎
1634 三期

父丁鼎
1579 三期

守父己觶
6287 三期

玄冊父癸簋
J411 三期

父鼎 985 三
期

叒父乙簋
3163 三期

父戊爵 7928
三期

父戊爵
8521 三期

戈父甲鼎
1517 三期

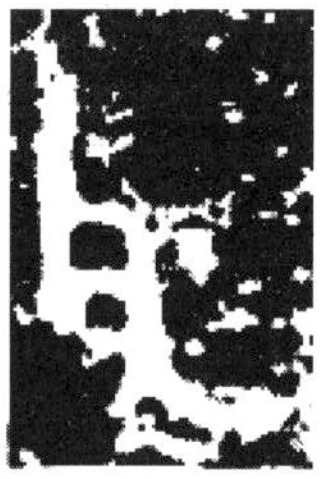

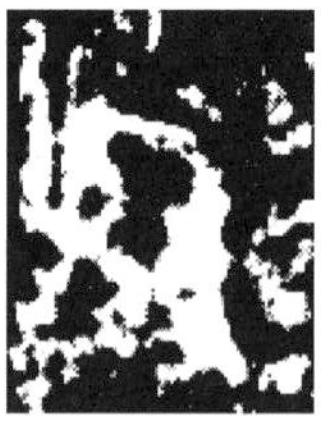

爰父癸觶
6339 三期

亞萬父己鐃
411 三四期

爰父癸甗
824 三四期

丰父甲卣
4905 三四
期

何父乙卣
4910 三四
期

戈父乙爵
8411 三四
期

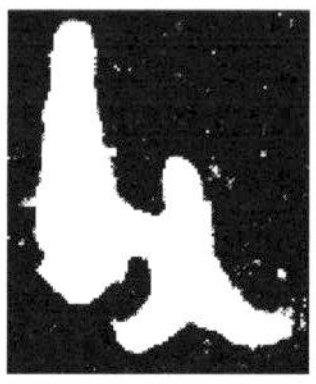

鳥父癸爵
8695 三四
期

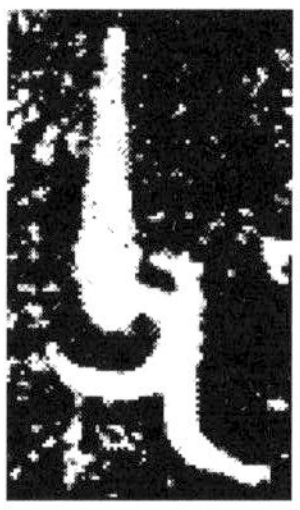

父癸卣
4989 三四期

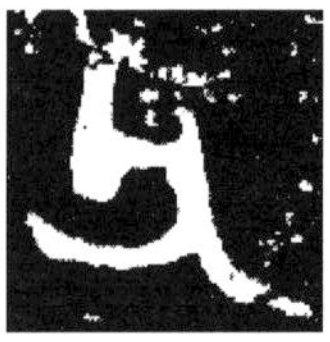

父丁鼎
1594 三四
期

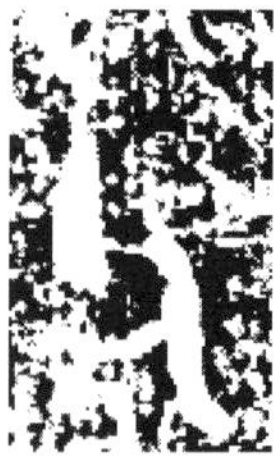

父己鼎
1605 三四
期

父甲盤
10024 三四
期

宁月卣 J593
三四期

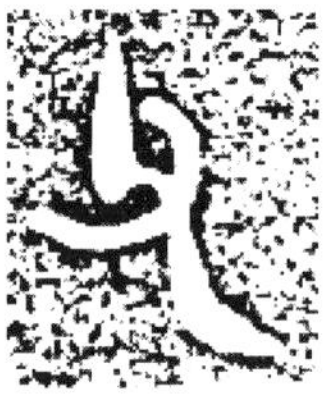

守父丁甗 813
三四期

黃父辛角 8608 三四期

□父辛鼎 1652 三四期

□父丙鼎 1566 三四期

□父辛鼎 1656 三四期

戈父癸鼎 1676 三四期

□父乙卣 4925 三四期

父癸卣 4837 三四期

車父己簋 3194 三四期

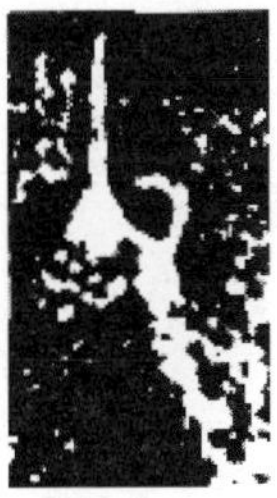
□父戊卣 4950 三四期

□父己卣 4966 三四期

子□父乙卣 5057 三四期

□父戊盤 10042 三四期

□父丁卣 4949 三四期

□父辛卣 4981 三四期

末父丁卣 4946 三四期

戈父己卣 4954 三四期

亞得父癸卣 5094 三四期

□父乙觶 6228 三四期

馬□父辛尊 5749 三四期

亞□父辛卣 5085 三四期

家戈父庚卣 5082 三四期

戈父丙觶 6251 三四期

箙[illegible]父癸甗
846 三四期

守父辛觶
6311 三四期

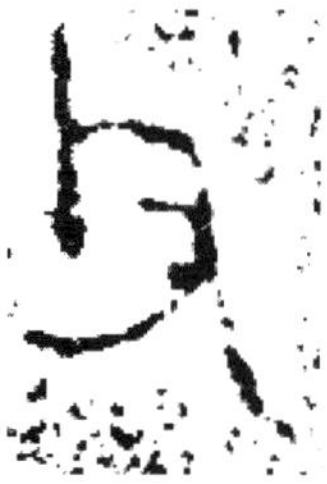

何疾父癸卣
5091 三四期

取父癸卣
4994 三四期

執父己觶
6282 三四期

采作父乙卣
5205 三四期

父己角 7936
三四期

[illegible]父乙觶
6383 三四期

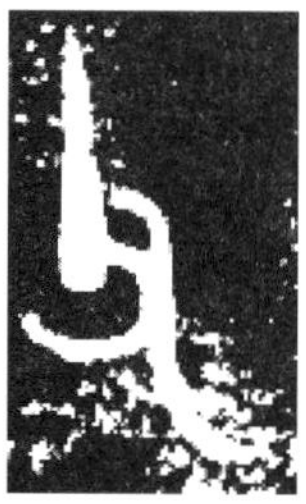

重父癸觶
6324 三四期

襄父癸爵
8714 三四期

齊豻父癸觶
6423 三四期

文暊父丁卣
5155 三四期

亞[illegible]父丁卣
5271 三四期

丩盾父戊卣
5161 三四期

戈父癸觚
7155 三四期

父乙觶 6097
三四期

牧父乙觶
6226 三四期

[illegible]父癸觶
6344 三四期

亞其戈父辛
卣 5168 三四
期

[illegible]父己觚
7131 三四期

[illegible]父乙觚
7094 三四期

[illegible]冊父庚角
J902 三四期

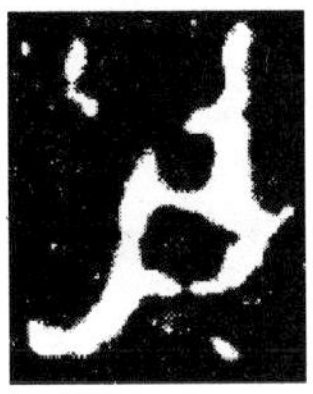

戈父乙爵
J869 三四期

父乙爵 7894
三四期

亞萬父己鐃
411 三四期

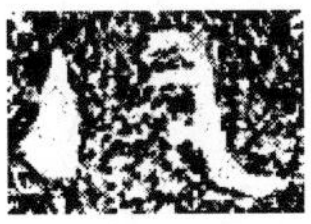

羖父乙觚
7087 三四期

豆冊父丁盤
10051 四期

舟尹父丁爵
8902 三四期

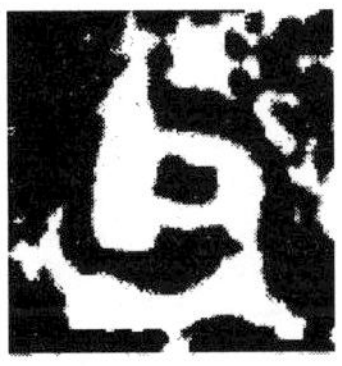

魚父囗爵
J891 三四期

劦冊父辛叟
觚 7269 三四
期

[illegible]父癸爵
8718 三四期

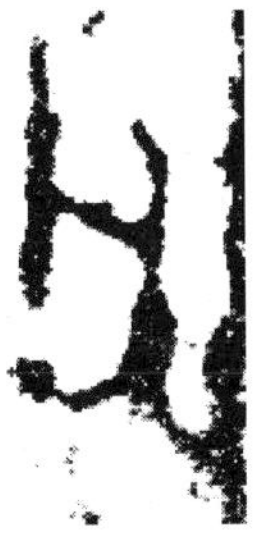

何父癸疾爵
8958 三四期

[illegible]父癸爵
8724 三四期

叀庚父丁爵
8915 三四期

父乙爵 7890
三四期

[illegible]父癸爵
8673 三四期

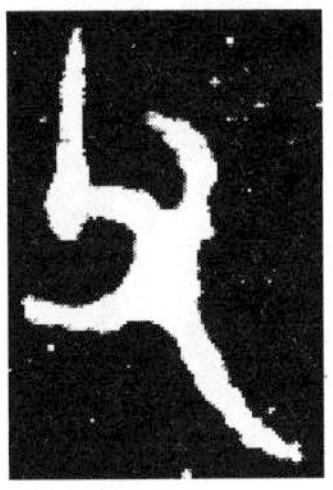

雔父癸爵
8698 三四期

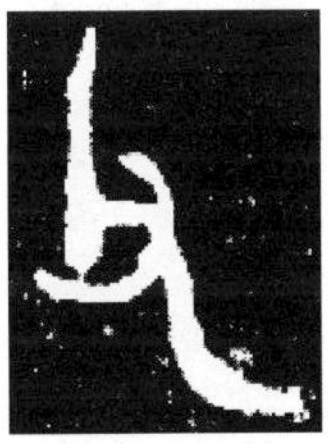

戈父癸爵
8700 三四期

戈父乙爵
8410 三四期

[illegible]父丁爵
8491 三四期

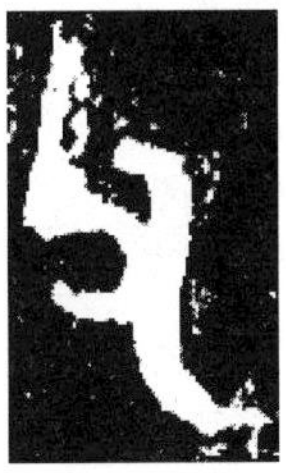

[illegible]父戊爵
8533 三四期

[illegible]父己爵
8540 三四期

父辛爵 7959
三四期

父癸爵 7978
三四期

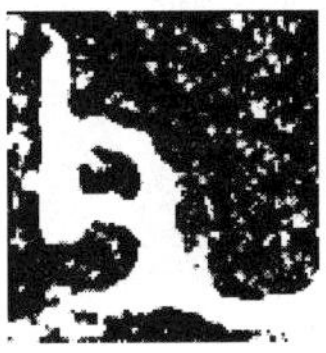

束父丁爵
8471 三四期

戈父己爵
8557 三四期

[illegible]父乙角
8381 三四期

启父辛觚
7152 三四期

何疾父癸觶
6424 三四期

丰父己觶 6283
三四期

亞鳥父甲鼎
1817 三四期

字父己觶
6270 三四期

戈父丁爵
8467 三四期

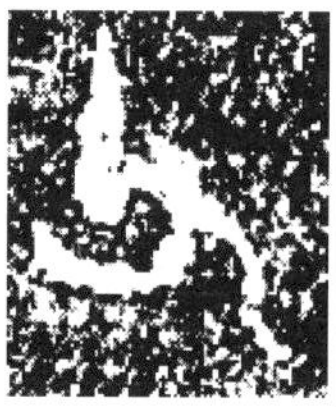
[illegible]父癸爵
8723 三四期

戈父辛爵
8657 三四期

旂父己爵
8541 三四期

父辛爵 7955
三四期

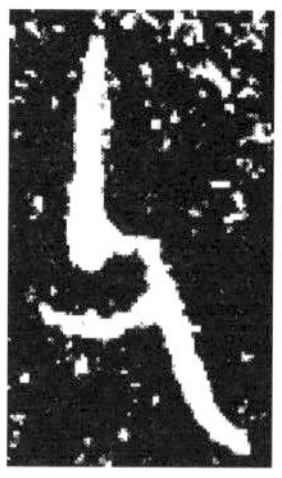
父辛爵 7953
三四期

戈父甲簋
3143 四期

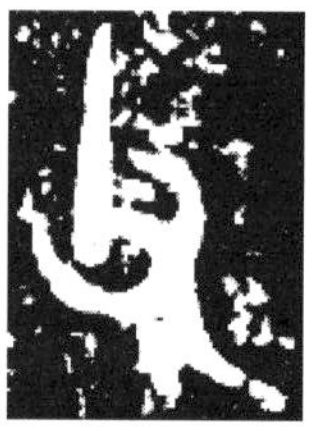
戈父乙爵
8409 三四期

[illegible]父戊爵
8532 三四期

亀父乙角
8396 三四期

戎父癸觶
6328 三四期

[illegible]父丁尊
5631 三四期

馬父己尊
5651 三四期

[illegible]箙父癸觚
7249 三四期

[illegible]冊父乙尊
5724 三四期

[illegible]父己觶
6279 三四期

子犬父乙甗
838 三四期

木父己觶
6280 三四期

戈父己卣
4955 三四期

戈父癸尊
5669 三四期

父丙卣 5208
三四期

何父癸疾觚
7250 三四期

何父癸疾觚
72510 三四期

 戈父辛觶 6303 三四期	 父丁觶 6107 三四期	 萬父丁觶 E608 三四期	 宰椃角 9105 四期	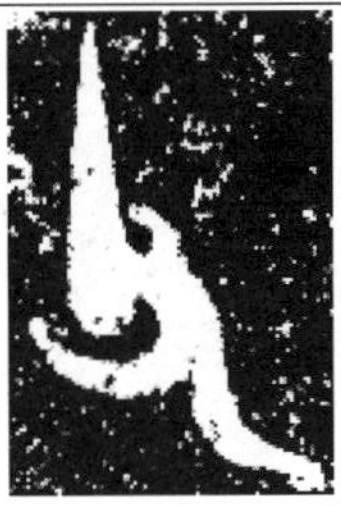	 叩父己鼎 1612 四期
 子八父丁爵 8443 三四期	 𠆢父辛卣 4983 三四期	 鳥父乙觚 7088 四期	 父癸鼎 1276 四期	 二祀邲其卣 5412 四期	 黄父己鼎 1604 四期
 亀父庚角 8589 三四期	 冊父辛叟觚 7247 三四期	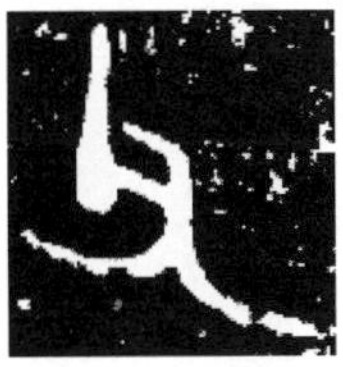	 息父乙鼎 1535 四期	 母父丁尊 5627 四期	 鳥父癸鼎 1685 四期
 舌父戊爵 8522 三四期	 魚父乙卣 4915 三四期	 北子𢦏父辛 卣 5165 四期	 父辛尊 5531 四期	 串父辛簋 3204 四期	 串父癸鼎 1693 四期
 父丁爵 7902 三四期	 魚父乙卣 4917 三四期	 重父壬鼎 1666 四期	 辰𨑌父己尊 5646 四期	 黄父丁尊 5629 四期	 S2冊父癸鼎 1898 四期

 [illegible]父己尊 1875 四期	 [illegible]父戊簋 3189 四期	 息父辛鼎 J235 四期	 [illegible]父乙尊 5617 四期	 其說觚 7302 四期	 車父己鼎 1622 四期
 子父癸鼎 2136 四期	 [illegible]父丁爵 8904 四期	 戎父辛爵 8601 四期	 [illegible]万父丁鬲 499 四期	 天父己鼎 1602 四期	 䎡父辛鼎 1657 四期
 [illegible]父辛爵 8603 四期	 奄父乙斝 9209 四期	 作冊般甗 944 四期	 [illegible]父乙鼎 1524 四期	 [illegible]父己鼎 1603 四期	 [illegible]父丁鼎 1575 四期
 聿父戊斝 9213 四期	 單父丁斝 9212 四期	 父己甗 801 四期	 [illegible]父丁鼎 1582 四期	 □父辛鼎 1664 四期	 守父己鼎 1617 四期
 [illegible]父己爵 8572 四期	 父己鼎 1260 四期	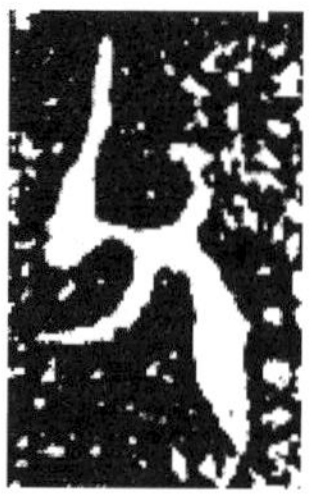 黽作父辛甗 845 四期	 [illegible]父丁鼎 1581 四期	 亞[illegible]父乙爵 8854 四期	 [illegible]冊父丁鼎 1858 四期

 冂父癸鼎 1673 四期	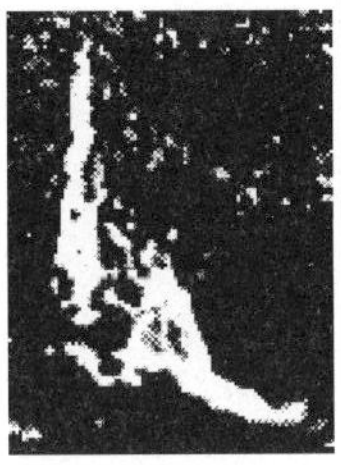 子𪓐父乙鼎 1828 四期	 亼父丁簋 3174 四期	 戍嗣鼎 2708 四期	 𠦪父丁簋 3177 四期	 析父丙卣 4936 四期
 酋父癸鼎 1679 四期	 亞獏父丁鼎 1845 四期	 亞䰯父己鼎 1867 四期	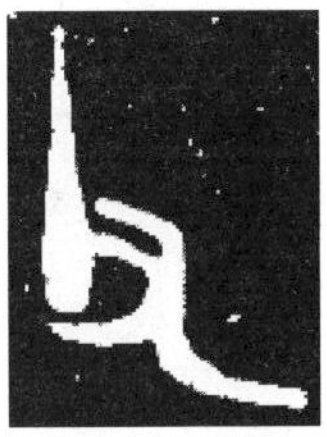 庚豕父丁鼎 1855 四期	 鳥父癸尊 5677 四期	 肄作父乙簋 4144 四期
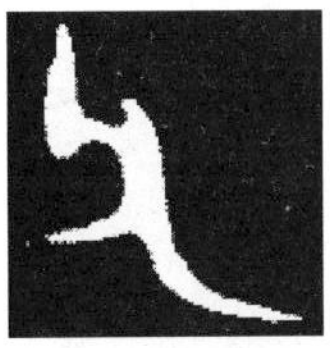 网父癸鼎 1687 四期	 䀠父癸鼎 1689 四期	 戍甬鼎 2694 四期	 何疾父癸鼎 1894 四期	 般作父乙鼎 2114 四期	 小子作父己 鼎 2015 四期
 䀠父癸鼎 1688 四期	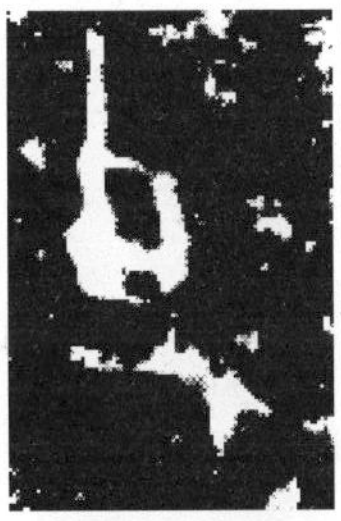 何疾父癸鼎 1893 四期	 尹光鼎 2709 四期	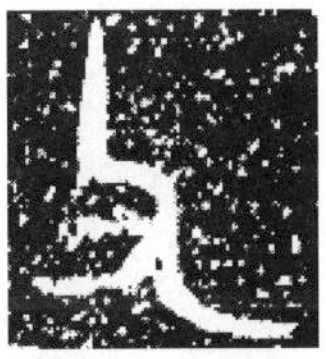 丙父乙簋 3149 四期		
 黃父癸鼎 1670 四期	 亞䰯父丙鼎 1837 四期	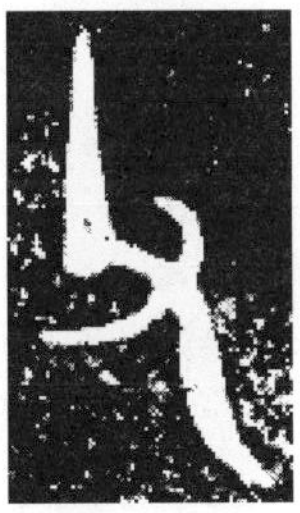 枚父辛簋 3202 四期	 弔作父丁鼎 2318 四期	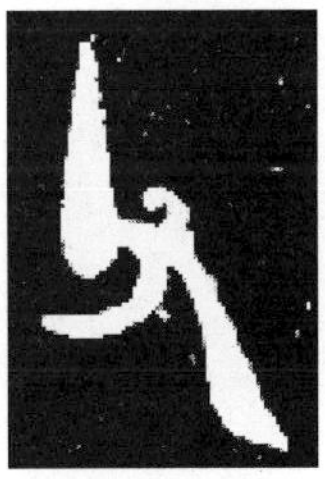 亞古作父己 簋 3861 四期	 奄父乙卣 4923 四期

小臣缶鼎
2653 四期

鄉宁父乙鼎
1824 四期

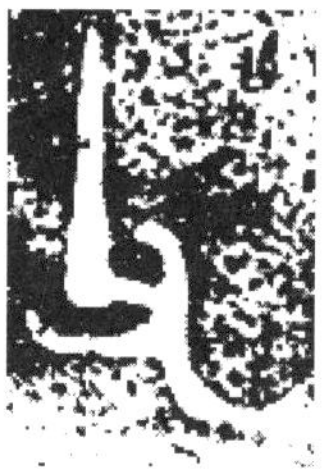

秉盾冊父乙簋 3421 四期

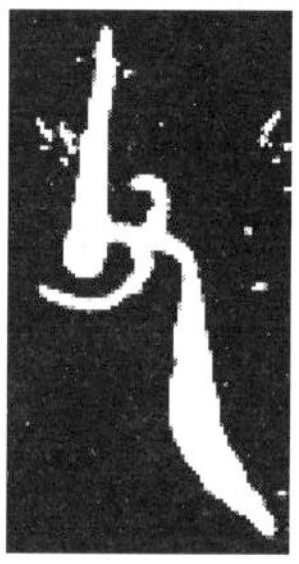

□父乙卣
4926 四期

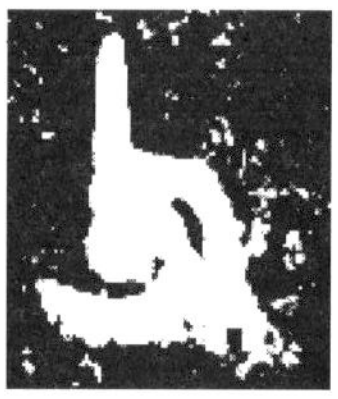

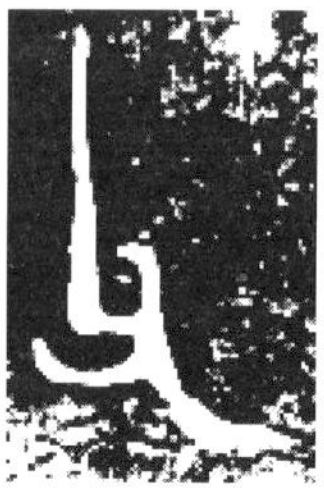
弓父庚卣
4968 四期

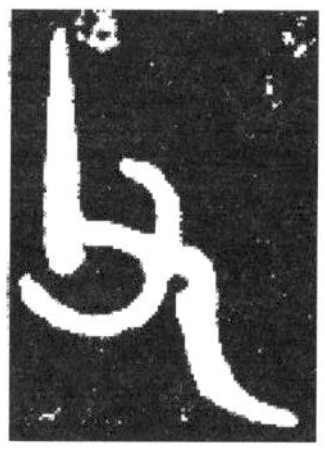
亞□覃父乙簋 3419 四期

□父辛卣
4986 四期

□父癸卣
4995 四期

扶冊父乙鼎
1821 四期

□父己卣
4960 四期

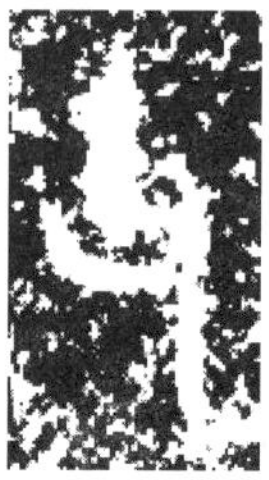
小子□簋
4138 四期

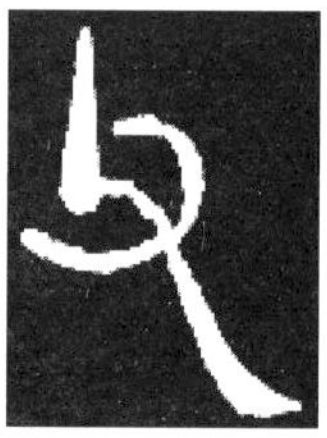

□父乙卣
4919 四期

四祀邲其卣
5413 四期

亞獏父辛卣
5086 四期

小子省卣
5394 四期

□父乙簋
3147 四期

□父己簋
3192 四期

酉父癸簋
3210 四期

翌父辛卣
4985 四期

□父丁尊
5638 四期

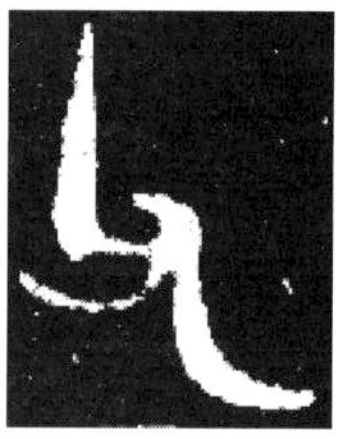
□父己尊
5650 四期

	 [illegible]父乙尊 5620 四期	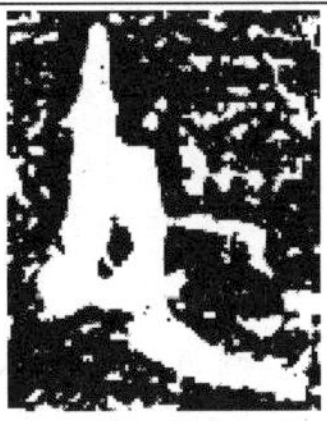 亞啓父乙尊 5730 四期	 小子夫父己 尊 5967 四期	 亞龏父辛尊 5747 四期	 魚父癸觶 6343 四期
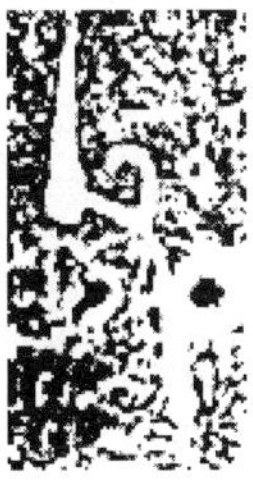 西單盾父丁 卣 5156 四期		 子步父乙尊 5726 四期	 [illegible]箙父辛尊 5748 四期	 [illegible]父丁觶 6255 四期	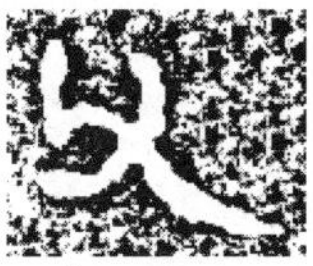 [illegible]父乙觚 7100 四期
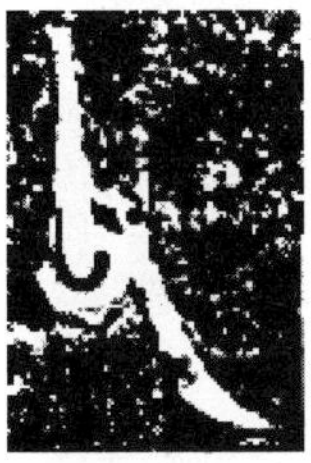 黽父辛卣 4979 四期	 亞厷父乙卣 5055 四期	 亞[illegible]父乙尊 5728 四期	 何父癸疾尊 5756 四期	 子父庚觚 7138 四期	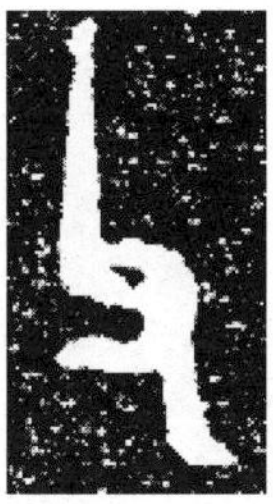 亞古父己觚 7239 四期
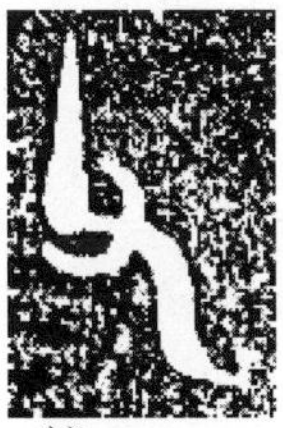 [illegible]父辛卣 4980 四期	 [illegible]父戊尊 5641 四期	 亞獏父丁尊 5736 四期	 旅芺父辛尊 5926 四期	 [illegible]父己母癸 卣 5163 四期	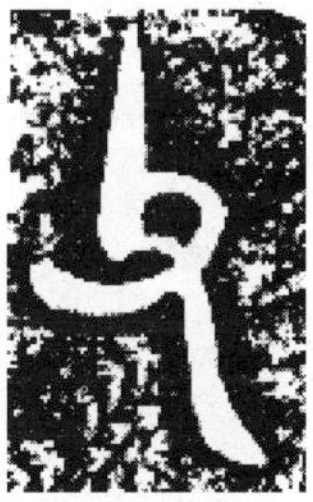 [illegible]父乙觚 7098 四期
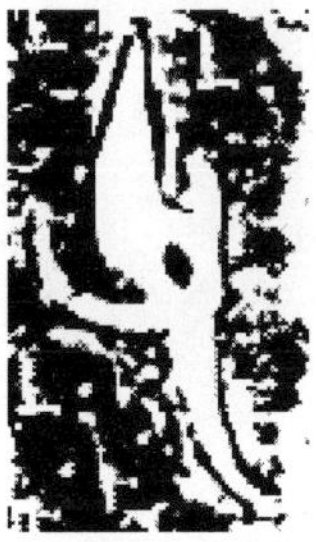 [illegible]父辛尊 5658 四期	 鼎父己尊 5648 四期	 又敄父己尊 5740 四期	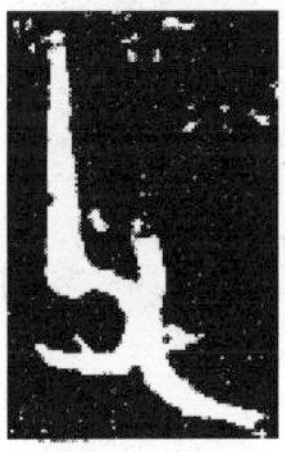 舟父己尊 5741 四期	 臤父癸觶 6338 四期	 盂父乙觚 7099 四期

冂父辛爵
8650 四期

子父辛爵
8594 四期

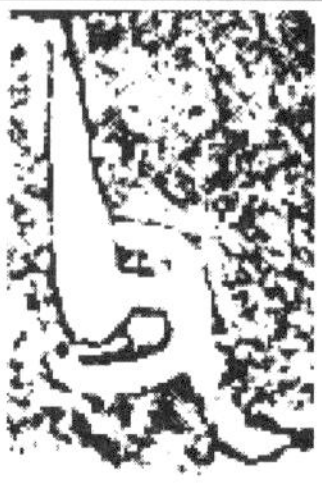
䖵辰父己觚
7242 四期

䖵辰父己觶
6400 四期

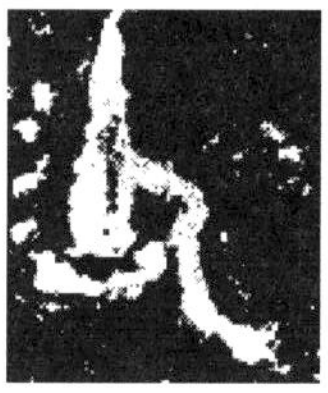
邑祖辛父辛觶 6463 四期

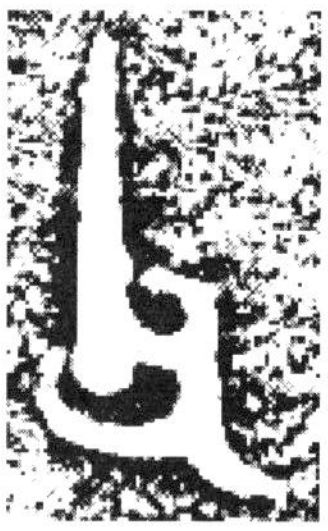

㝉父癸爵
8722 四期

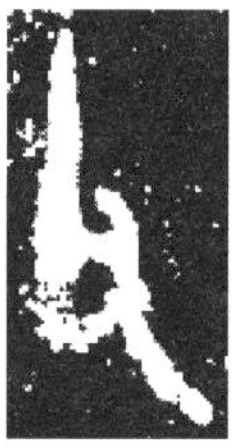
囝父辛爵
8597 四期

父乙爵 7880 四期

雔父己觚
7134 四期

山父丁觚
7115 四期

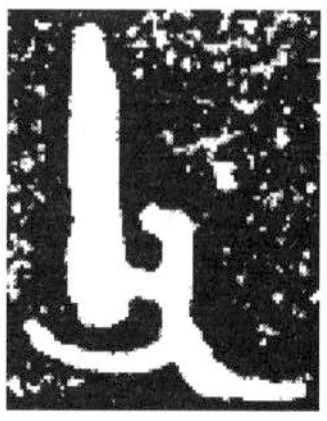
子▲父辛觶
6410 四期

戈父癸爵
8699 四期

畐父辛爵
8628 四期

龏妸觚 7311 四期

椃父辛觚
7146 四期

山父丁觚
7116 四期

子啓父辛尊
5965 四期

亞父乙爵
8406 四期

祖丁父乙觚
7211 四期

椃父辛觚
7150 四期

黄父乙觚
7092 四期

◇ㄐ父戊爵
8527 四期

子[illegible]父乙爵
9088 四期

亯父癸爵
8709 四期

亞䰜父丁觚
7230 四期

戎父乙鼎
1533 四期

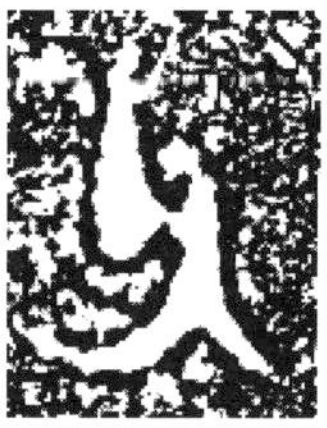
山父丁觚
7117 四期

妻雋父癸爵
8968 四期

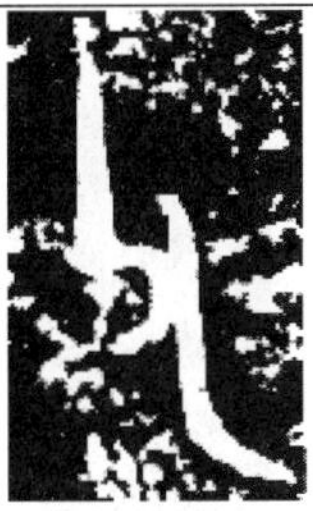
冎父丁斝 9221 四期

弜父乙爵 8416 四期

亞寞鼎 2427 四期

𦰩父癸爵 8674 四期

黽父辛爵 8618 四期

亞僕父乙爵 8852 四期

田父甲斝 9205 四期

共父丁爵 8445 四期

亞古父己角 8927 四期

㇈父癸爵 8715 四期

𦰩父乙觥 9269 四期

庚豕父乙爵 8865 四期

鼎父己尊 5649 四期

亞獏父丁角 8894 四期

以父丁爵 8449 四期

覃父己爵 8577 四期

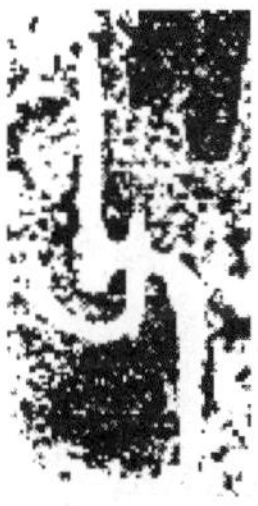
子父丁爵 8442 四期

箙亞作父癸角 9102 四期

兮建父丁觚 J751 四期

束父乙爵 8424 四期

剢父丁爵 8464 四期

𠔬冊父庚觚 J753 四期

𡨦父癸爵 J886 四期

𠂤父辛觚 7147 四期

亞獏父丁鼎 1845 四期

串父辛觚 7151 四期

冂戔父丁觚 7237 四期

 父辛尊 5530 四期	 木父丁爵 8477 四期		 父辛尊 5529 四期	 齒父己鬲 481 四期	 黄父庚爵 8587 四期
 父辛觚 7141 四期		 㥯卣 5362 四 期	 子父乙卣 9500 四期	 㕚父己爵 8561 四期	 奄父口爵 J892 四期
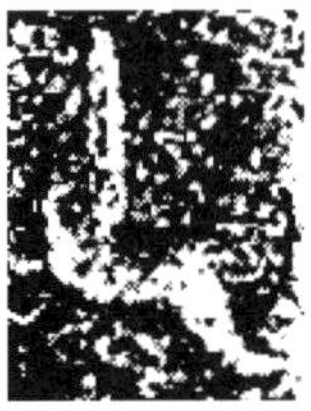 屰父庚鼎 J234 四期	 亞䰜父丙角 8882 四期		 竹室父戊方 彝 9878 四期	 刹父己爵 8563 四期	 冂父辛尊 J619 四期
 冊父癸斝 9220 四期	 亞獏父丁爵 8895 四期	 天父辛卣 4976 四期	 竹室父戊方 彝 9879 四期	 戔父丁爵 8465 四期	 子父辛觶 J661 四期
 戈父庚鼎 1698 四期	 父乙爻角 8857 四期	 口父己爵 8578 四期	 鼻父丁鼎 1586 四期	 𢦏父庚爵 8585 四期	 黄父癸觶 J663 四期

寢魚簋 J454
四期

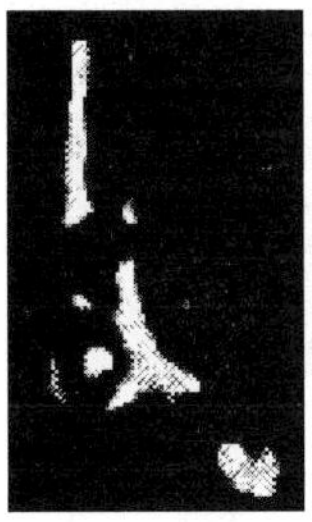

黃父癸豆
J540 四期

馬豕父丁卣
J579 四期

息父己觚
E676 四期

子父丁簋
J394 四期

黃父癸鼎
J236 四期

黃父癸鼎
J237 四期

冂父癸鼎
J239 四期

句父丁鼎
J285 四期

黃父癸爵
J887 四期

卷父己尊
J617 四期

□父乙卣
J567 四期

臣辰□父乙尊
J628 四期

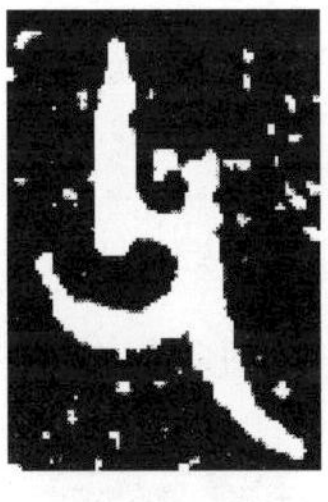

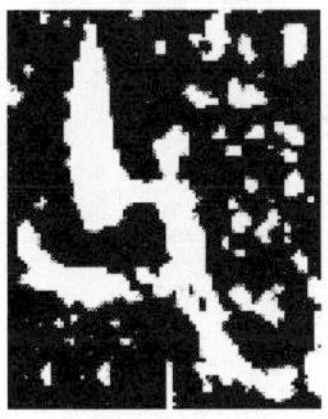

文父乙觶
E607 四期

执父辛卣
4977 四期

魚父丁尊
5635 四期

父甲爵 7874
四期

息父乙觚
J742 四期

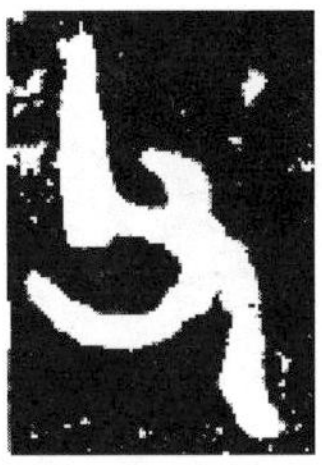

鳥父乙鬲 476
四期

宁父乙爵
J870 四期

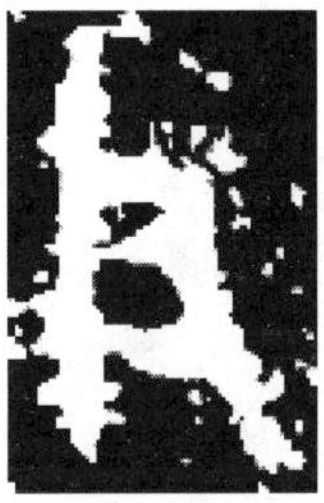

車徙父乙觚
E682 四期

鳥父癸爵
8694 四期

榮門父辛觶
J669 四期

□父辛鼎
1645 四期

卷父甲觚
7221 四期

箙父庚鼎
1625 四期

□父癸鼎
1668 四期

□□父爵
J907 四期

作冊豊鼎
2711 四期

又父辛爵
J881 四期

谷皿父爵
J908 四期

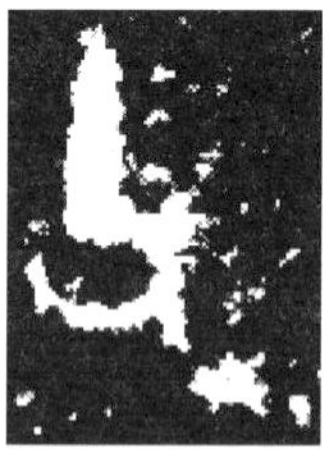
亞魚父丁爵
8888 四期

黃父丁簋
3170 四期

黃父己卣
4961 四期

子刀父丁觚
7229 四期

八盾父庚觚
J752 四期

史父丁爵
J874 四期

亞魚父丁爵
8889 四期

[illegible]父辛鼎
1889 四期

□□父丁簋
3321 四期

子父癸鼎
1697 四期

酓父丁爵
8490 四期

[illegible]父癸尊
J620 四期

父己簋 3057
四期

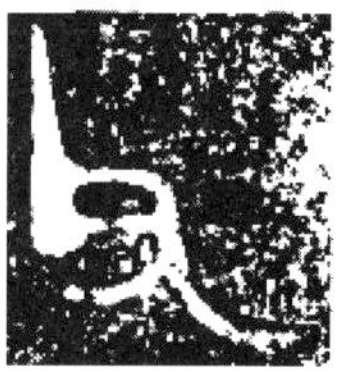

天冊父己觚
7240 四期

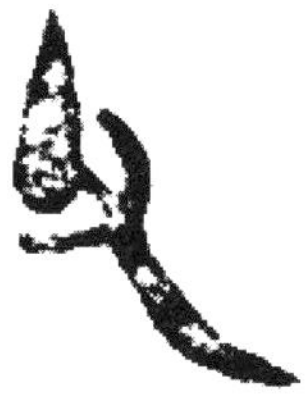
亞父乙觚
7097 四期

父乙爵 J808
四期

萬父己爵
E764 四期

㐭犬犬魚父
乙鼎 2117 四
期

埶公父丁卣
5074 四期

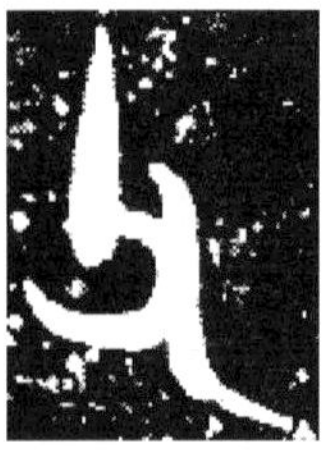
亞麋父己鼎
1870 四期

寢魚爵 9101
四期

寢蔑鼎 2710
四期

[illegible]父己爵
8571 四期

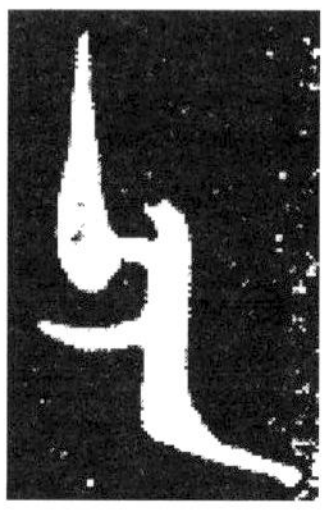
串父辛簋
3203 四期

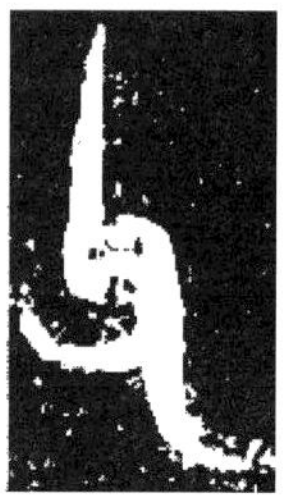
雋父乙簋
3153 四期

 酉父辛卣 4987 四期	 戉未父己觚 7244 四期	 屰父戊爵 8520 四期	 戎父乙鼎 E196 四期	 [illegible]方鼎 E314 四期	 才父戊爵 8535 四期
 [illegible]父辛尊 5655 四期	 陸父甲角 8372 四期	 庚壴父癸爵 8972 四期	 息父己觚 E676 四期	 執父乙觚 E678 四期	 [illegible]鼎 2578 四 期
 父己觶 6120 四期	 父己爵 7937 四期	 [illegible]冊父丁爵 9072 四期	 祖辛父辛鼎 E243 四期	 亞[illegible]父丁簋 3310 四期	 子父戊簋 3186 四期
 褱父丁觶 6256 四期	 父乙爵 7882 四期	 [illegible]父庚方彝 9867 四期	 戎父乙鼎 E196 四期	 子父壬爵 8662 四期	 父己鼎 1263 四期
 亞[illegible]父丁觚 7293 四期	 子父庚爵 8584 四期	 [illegible]父乙鼎 E195 四期	 寢孳方鼎 E311 四期	 父癸觶 J649 四期	 [illegible]盾父庚尊 5744 四期

父丁尊 5523 四期

父乙尊 5517 四期

魚父丙爵 8437 四期

[illegible]父辛甗 E106 四期

[illegible]父丁尊 5737 四期

父乙尊 5518 商末周初

奴作父辛簋 3717 商末周初

耳衡父乙鼎 1834 商末周初

ㄐ盾父乙卣 5059 商末周初

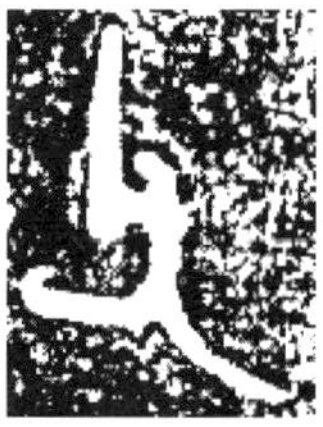
告田父乙卣 5347 商末周初

串雋父丁卣 5069 商末周初

子父庚觶 6292 商末周初

重父癸觶 6325 商末周初

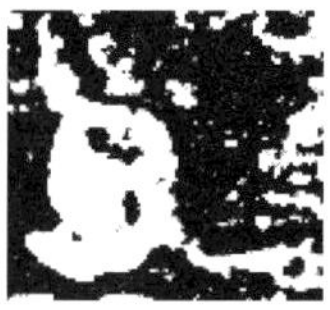
守父己觶 6286 商末周初

[illegible]父辛觶 6301 商末周初

[illegible]父癸觶 6326 商末周初

冡父乙觥 9272 商末周初

山父乙觥 9271 商末周初

[illegible]父癸盉 9365 商末周初

[illegible]父乙盉 9344 商末周初

亞[illegible]父丁盉 9373 商末周初

亞獏父丁盉 9374 商末周初

劦作父丁罍 9821 商末周初

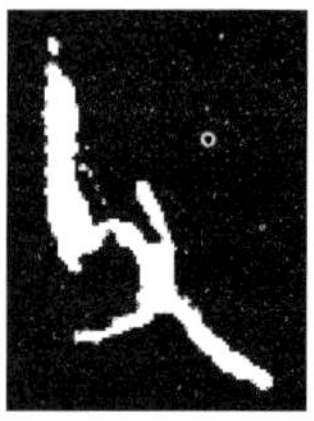
耳衡父乙鼎 1835 商末周初

[illegible]父己方罍 9788 商末周初

簸□卣 J596 商末周初

子□父丁卣 5070 商末周初

句父丁鼎 1597 商末周初

□父癸盉 9360 商末周初

亞□父辛鼎 1883 商末周初

□父己鼎 1608 商末周初

羊父庚鼎 1627 商末周初

黃父乙觶 6218 商末周初

天父乙卣 4909 商末周初

□父辛爵 8642 商末周初

黃父乙尊 5618 商末周初

狽元作父戊卣 5278 商末周初

獸父辛鼎 1641 商末周初

孤竹父丁罍 9810 商末周初

朋父庚方罍 9808 商末周初

子父乙盉 9338 商末周初

黃父乙鼎 1523 商末周初

簸參父乙盉 9370 商末周初

父戊觶 6115 商末周初

衛父癸鼎 1896 商末周初

田父甲簋 3142 商末周初

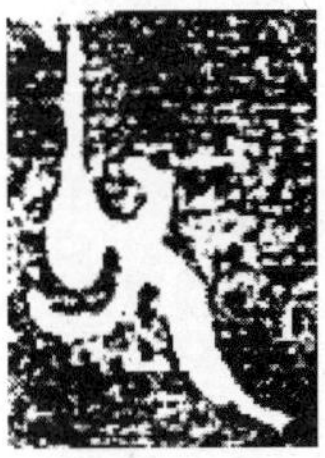

祖日乙戈 11403 四期或周早

ㄐ盾作父戊鼎 2011 四期

亞禽父丁器 10535

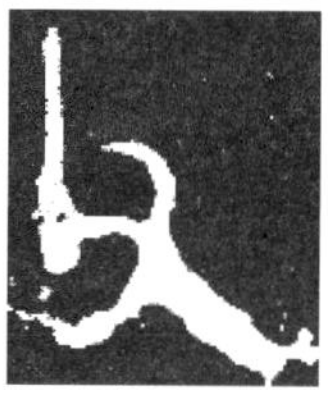
父癸鼎 1694

子父辛鼎 1661

父乙鼎 1537

父辛鼎 1267

父乙簋 3154

季父戊子鼎 1862 三期

作父乙鼎 2008 二三期

父辛鼎 1662

父丁鼎 1578

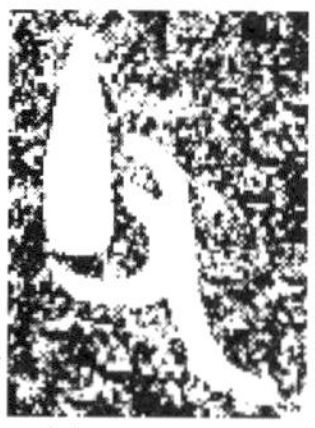
父丁簋 3175 三期

疋冊父癸鼎 1900 三期

宁母父丁鼎 1851

父己鼎 1611

需父辛鼎 1635

田父甲罍 9785

戈父丁簋 3173

又敄父癸鼎 1939

壴父乙器 10517

父己鼎 1614

需父辛鼎 1636

戈父乙簋 3156

父己觚 7133

山父戊尊 5642

父癸鼎 1682

婦隻父庚卣 5083

父丁盉 9351

亞得父己甗
844

子▲木父癸
爵 9022

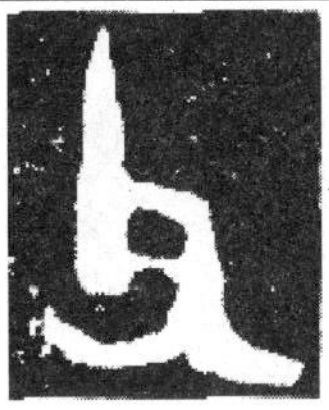
共父己爵
8537

子父己爵
8536

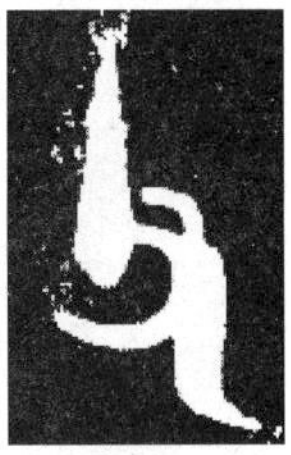

兮建父丁爵
8896

□父庚爵
8592

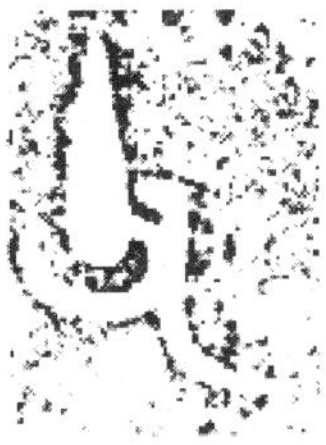
萬父己觶
6291

庚豖父乙觶
6381

□祖己父辛
卣 5146

丩盾父乙盉
9346

□箙父己爵
8929

天父癸鼎
1667

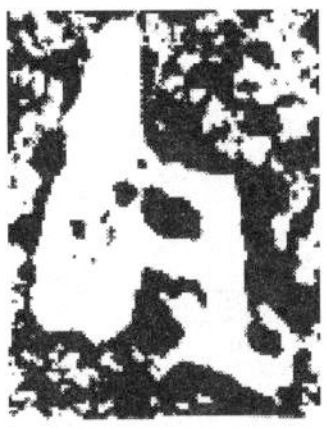
鄉宁父乙觶
6382

□父壬尊
5664

□父己尊
5643

亞獏父己鬲
503

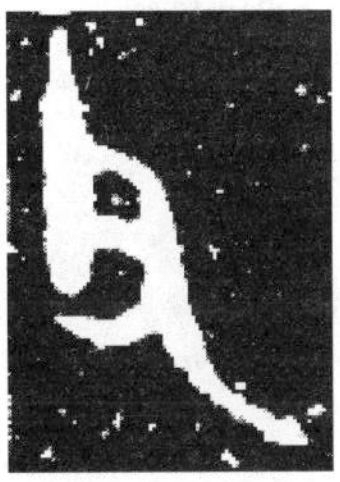

父乙甗 800

得父乙觚
7086

子父丁器
10518

母父丁尊
5628

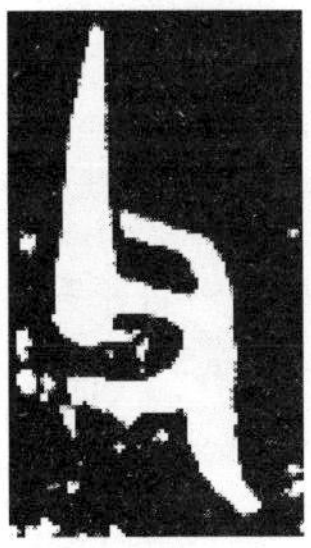
黽父丁鼎
1548

奄父戊盉
9354

心父己爵
8554

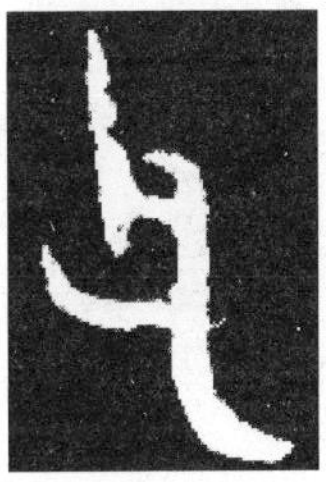
□冊父癸鼎
1897

作父戊器
10570

奄父癸爵
8693

◆冊父乙簋
3303

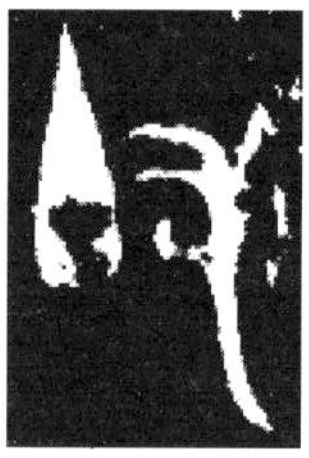
鄉宁父癸簋
3337

亞父乙鼎
1545

羖父乙卣
4931

戉亯父乙器
10532

子父丁鼎
1596

羖父甲卣
4906

䰜父丁簋
3178 四期

奄父乙鼎
1556

䍃父乙鼎
1546

西單父丙爵
8884

戈父丁鼎
1599

◆父甲鼎
1522

文父乙簋
3502

奄父乙鼎
1557

䍃父乙鼎
1547 二期

父辛鼎 1269

父丁鼎 1255

黄父乙鼎
1525

亞秉父丁簋
3316

◆父丁鼎
1580

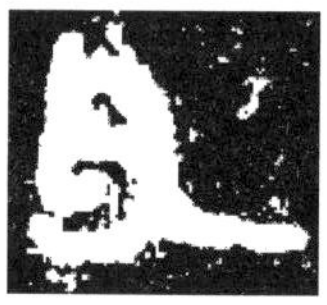
令父己甗 815

龜父丙鼎
1569

冂宰父辛卣
5084

何父丁鼎
1591

重父丙鬲 478

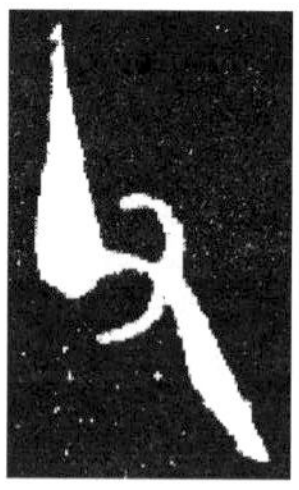
臤父癸簋
3213

父癸鼎 1275

奚父乙鼎
1536

◆父癸鼎
1680 四期

 亞獏父丁鼎 1844	 䵼父乙簋 3148	 木父壬鼎 1665	 亞𠷎父己鼎 1865	 亞冀父己鼎 1868	 𡖊冊父丁鼎 1856 四期
 䵼父乙簋 3145	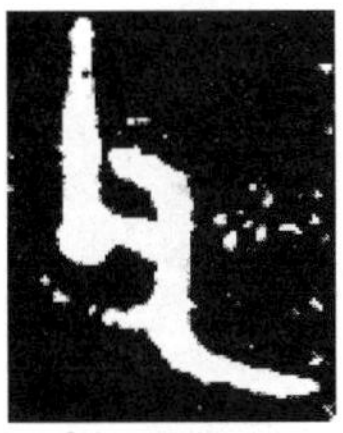 犾父癸鼎 1677	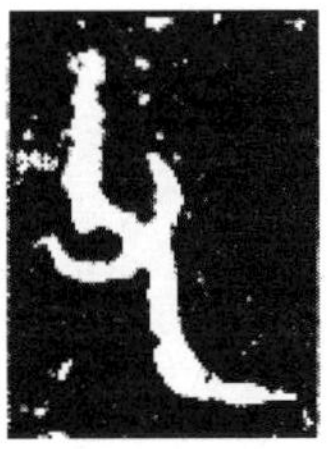	 亞𠷎父己鼎 1866	 小子作父己鼎 2016	 𦨶父丁鼎 1857
 耳衡父丁鼎 1853	 亞㱿父乙鼎 1820	 小子畀鼎 2648	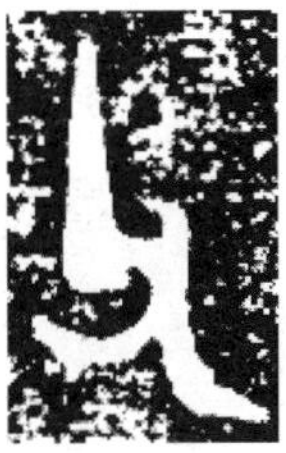 丩盾父戊簋 3185	 䵼母𠫑父癸鼎 2020	 亞酉父丁鼎 1847
 䵼父乙鼎 1527	 亞獏父丁鼎 1842	 咸父乙簋 3150	 史父庚鼎 1623	 𠆨作父丙鼎 2118	 亞受鼎 2594
 𡖊父丁鼎 1600	 奄父乙鼎 1558	 𠬝父辛鼎 1651	 𠀠父辛鼎 1647	 父庚叟鼎 1628	 盥祖庚父辛鼎 1996

亞束父丁簋
3308

獸父癸簋
3212

執父己簋
3196

奄父戊簋
3187

□父丁簋
3169

子刀父辛鼎
1882

北單父己簋
3324

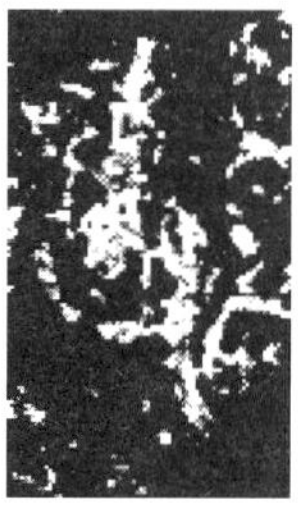

□父辛簋
3199

舊父戊簋
3188

奄父丁簋
3179

□父乙簋
3146

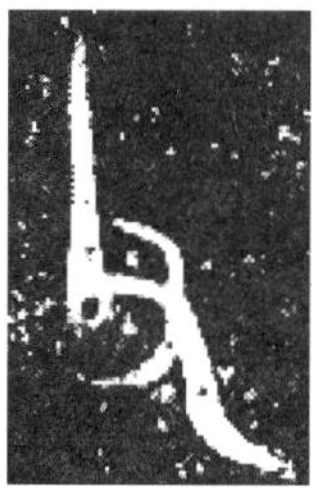
□父癸簋 3211

鳶父辛簋
3201

奄父乙簋
3155

箙父乙簋
3157

父辛簋 3059

◇□箙父乙簋
3302

亞□父辛鼎
1884

□父己簋
3191

田父辛鼎
1642 四期

亞龏父辛簋
3330

舌父己鼎
1616

□父己鼎 1615

耳衡父乙鼎
2002

木父辛鼎
1654

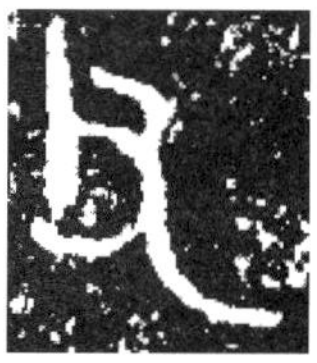
剢父辛鼎
1644

亞□父辛簋
3332 四期

父辛卣
4975

◆乚父丁簋
3429

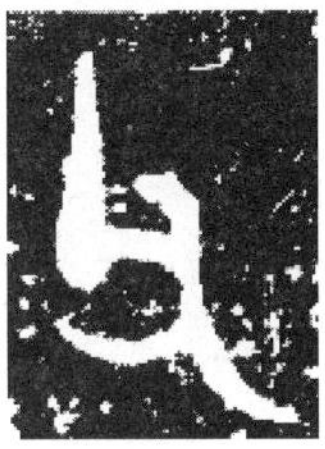

朿父丁卣
4944

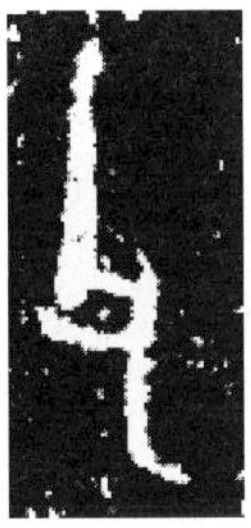

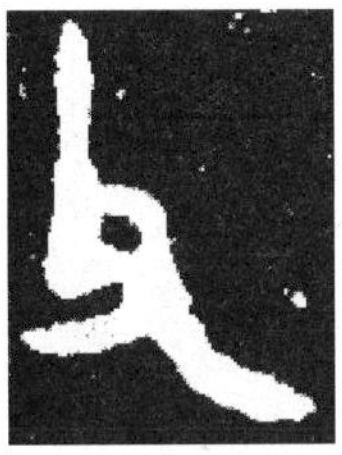
倗父己卣
4956

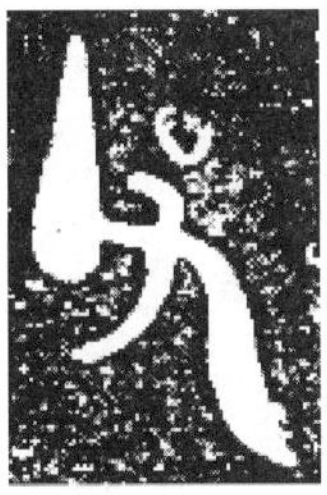
子父丁卣
4943

亞䰜父辛簋
3333

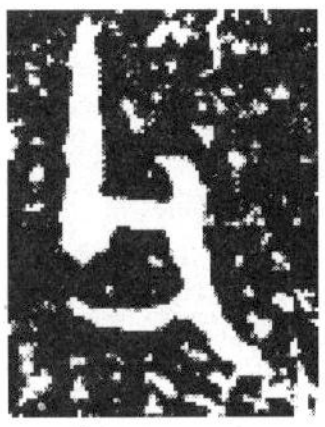
黽父乙卣
4922

羊父丁簋
3313

父乙卣
4930

舟万父丁卣
5073

田告父乙卣
5056

串父丁豆
4658

戈亳冊父丁簋 3428

羊父丁簋
3314

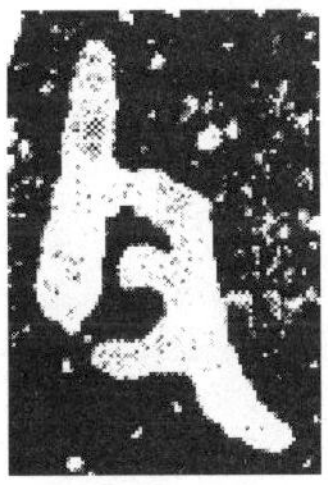

耒父丁卣
4945

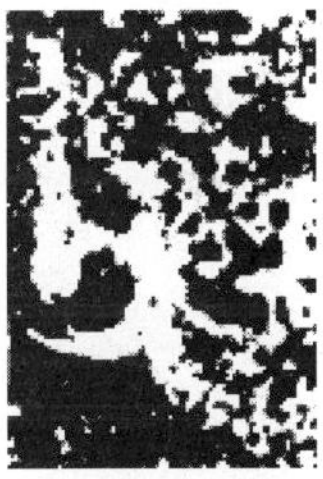
舟尹父己簋
3325

酉父己卣
4952

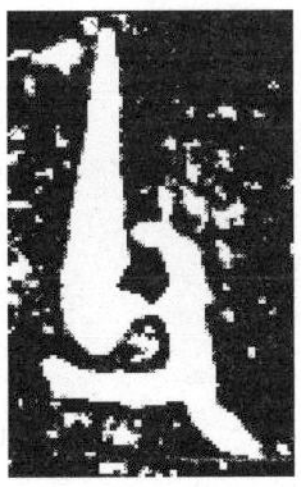
父己卣 4953

爻父丁卣
4948 三四期

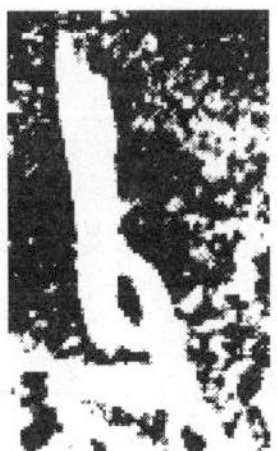
子舁父癸鼎
1891

黃父丁卣
4938

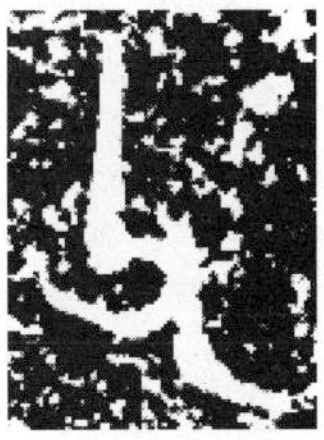
亞竝父己簋
3326

蛙典父乙卣
5051

冂父己卣
4965

文䀠父丁簋
3312

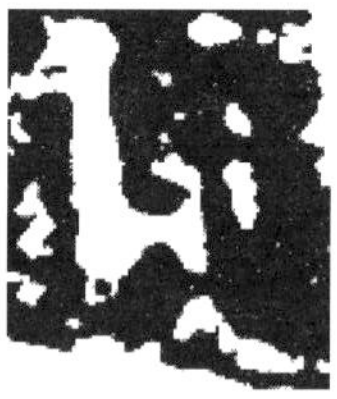

耵父乙卣
5058

京父己簋
3193

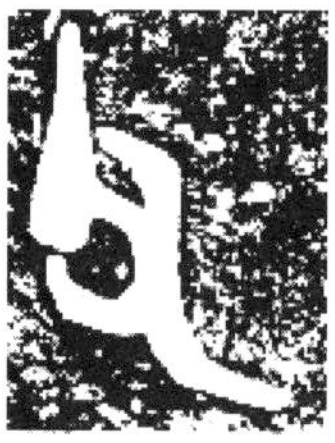

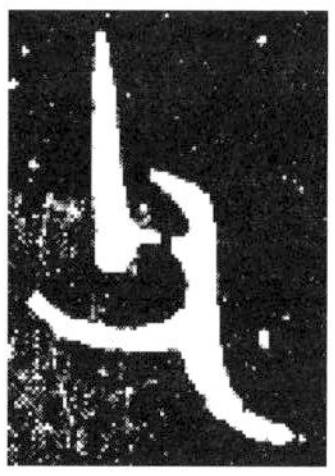

丩盾父乙父戊卣 5060

陸冊父乙卣
5052

串𢀛父丁卣
5068

𦳠冊簋 3604

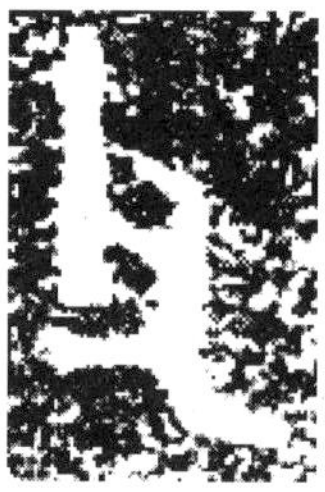

𠭯父乙卣
4928

𠂤父辛卣
4972

亀父辛卣
4978

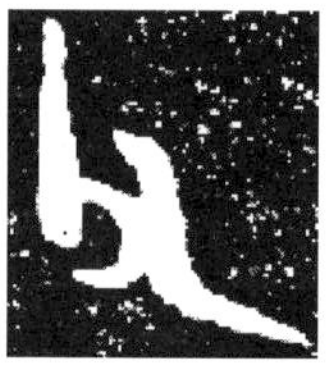

陸冊父甲卣
5050

受父己卣
4958

魚父癸卣
4997

史父乙卣
4929

鳥父甲卣
4902

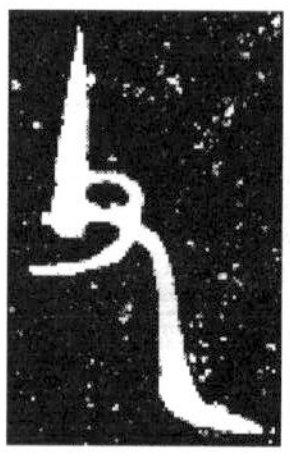

亀父癸卣
4993

乛父己卣
4957

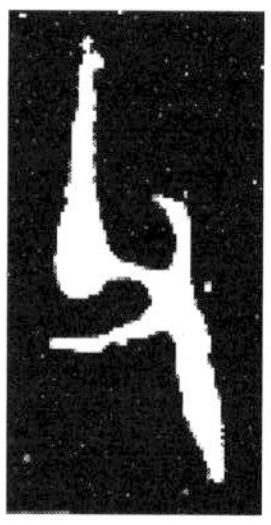

亀父乙卣
4924

			 山父乙尊 5614	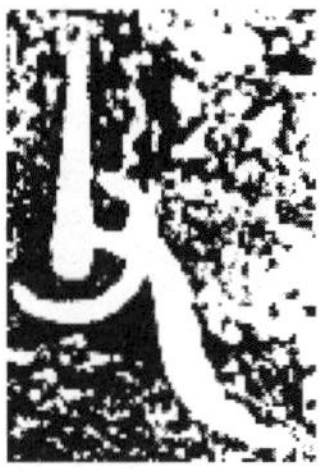	
 [illegible]木父辛卣 5166	 天冊父癸卣 5173	 句飲父辛卣 5089	 畀SS父癸卣 5096	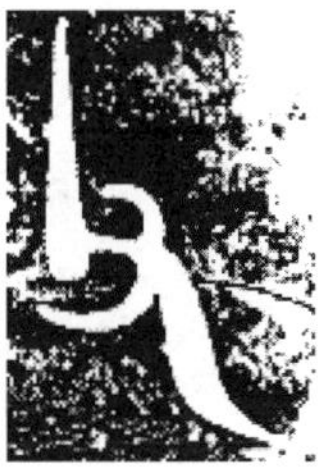 陸冊父庚卣 5081	 子父庚卣 4969
		 竟作父辛卣 5286	 椃父乙卣 5147	 丩盾父乙父 戊卣 5076	
 黄扶父辛卣 5167	 黄作父乙卣 5148	 [illegible]祖己父己 卣 5145	 [illegible]作父辛卣 5285		 又敤父己卣 5077
 休父乙尊 5626	 耳衡父癸簋 3340	 [illegible]父甲卣 4904	 [illegible]父乙卣 4920	 田父甲卣 4903	 光父乙卣 4927

 青冊父乙尊 5721	 劦冊父癸尊 5753	 [illegible]父癸尊 5670	 天父戊尊 5640	 [illegible]父乙觶 6224	
 青冊父乙尊 5722	 [illegible]父癸尊 5673	 [illegible]父癸尊 5671	 戎鼎父乙尊 5731	 [illegible]父乙觶 6231	 [illegible]屍作父己卣 5280
 盾父辛尊 5657	 [illegible]父癸尊 5674			 豕父丁尊 5637	 [illegible]父丁尊 5632
 亞[illegible]父丁尊 5735	 黿父癸尊 5678	 馭卣 5380	 [illegible]作父癸卣 5360	 萬父丁觶 6257	 [illegible]父己觶 6275
 子眉[illegible]父乙簋 3420	 [illegible]父乙觶 6240	 黿父乙觶 6245	 爻父丁觶 6263	 舌父丁觶 6260	 [illegible]父辛觶 6300

 [illegible]父丙觶 6389	 [illegible]父癸觶 6327	 [illegible]父辛觶 6306	 立父辛觶 6297	 襄父己觶 6271	 [illegible]父乙觶 6233
	 箙[illegible]父乙觶 6386	 [illegible]父辛觶 6308	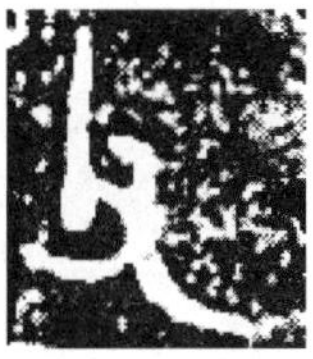	 史父己觶 6272	 [illegible]父丁觶 6264
 西單父乙觶 6384	 羊父辛觶 6315	 [illegible]冊父乙觶 6380	 冊父乙卣 4913	 [illegible]父庚觶 6294	 重父丙觶 6249
 耴[illegible]父乙觶 6385	 [illegible]父辛觶 6298			 子父辛觶 6296	 [illegible]父丁觶 6267
 [illegible]冊父丁觶 6390	 [illegible]父辛尊 5802	 [illegible]作父乙簋 3602 四期	 卷父乙卣 4918	 父乙觶 6099	 父丁觶 6105

 虣父乙觚 7093	 父丙觚 6812	 登串父丁觶 6443	 亞執父己觶 6404	 典弜父丁觶 6393	 [illegible]父丁觶 6394
 祖丁父乙觚 7212	 父己觚 6813	 子作父戊觶 6496	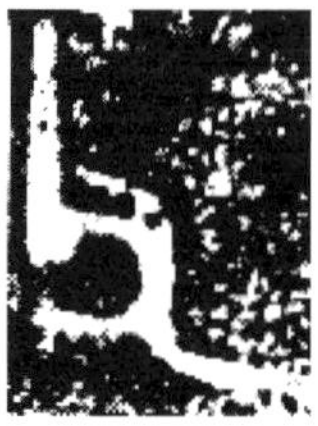 子[illegible]父癸觶 6420	 告甯父戊觶 6398	 亞万父丁觶 6395
 虣父乙觚 7223	 父己觚 6815	 父乙觚 6810	 [illegible]父癸觶 6422	 子[illegible]父己觶 6399	 西單父丁觶 6396
	 [illegible]父乙觚 7090	 父乙觚 6811	 亞示作父己 觶 6484	 矢戎父己觶 6401	 [illegible]父戊觶 6397
 受父乙觶 6229	 [illegible]父乙觚 7091	 [illegible]父乙觶 6237	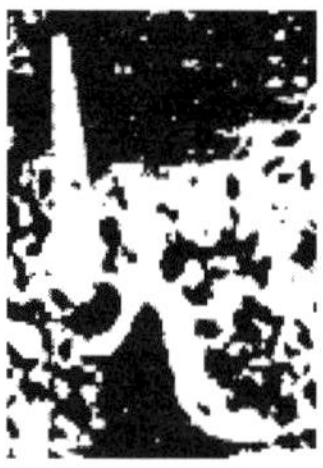 [illegible]父己觶 6285	 [illegible]父乙觶 6234	 丩盾父戊尊 5739

 ㄐ盾父乙觚 7226	 黄父辛觚 7140	 子父己觚 7124	 冓父丁觚 7119	 奄父乙觚 7096	 亞冊父乙觚 7224
 亞獏父丁觚 7231	 隻父癸觚 7154	 冉父己觚 7127	 黄父戊觚 7121	 文父丁觚 7107	 戔父丙觚 7104
 羍父戊觚 7238	 丅父癸觚 7156	 亼父己觚 7129	 臽父戊觚 7122	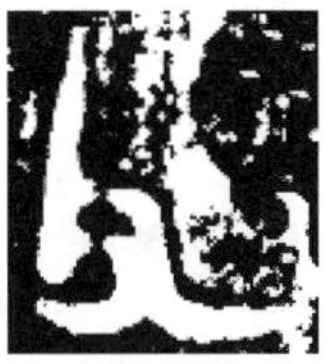 黄父丁觚 7109	 亞甯父癸觚 7248
 㫃冊父庚亞 觚 7266	 乚父癸觚 7159	 舌父己觚 7132	 㕟父戊觚 7123	 [illegible]父丁觚 7112	 奄父乙觚 7095
 弓羍父癸尊 5758	 劦冊父癸尊 5754	 黄父庚觚 7137	 亞天父癸尊 5751	 父己觶 6119	 父丁觶 6106

田父甲爵 8368

启父甲爵 8374

父丁爵 7906

父己爵 7933

[illegible]父癸爵 8727

亳戈冊父乙觚 7262

串父甲爵 8369

父辛爵 7956

父辛爵 7954

父乙爵 7886

父己爵 7938

丩盾父乙觚 7265

[illegible]父乙爵 8390

父辛爵 7963

父辛爵 7957

父己爵 7934

父庚爵 7948

父甲爵 7875

父癸爵 7977

父辛爵 7962

父己爵 7935

父辛爵 7952

天父辛爵 8598

黄父癸[illegible]母卣 5172

父丁觶 6104

父丁觶 6103

[illegible]父辛爵 8626

父甲爵 7877

屰父辛爵 8599

 [illegible]父己爵 8550	 我父丁爵 8469	 [illegible]父丙爵 8436	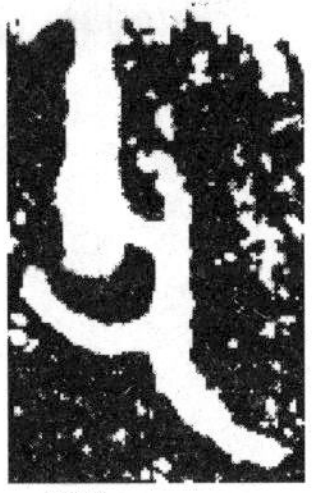 [illegible]父乙爵 8421	 戈父乙爵 8407	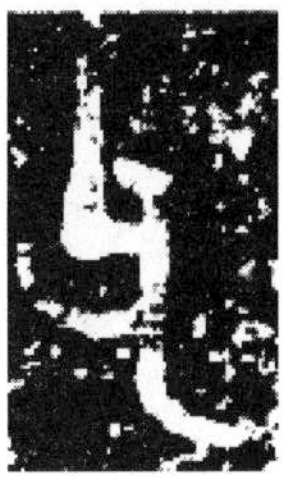 黃父乙角 8379
 [illegible]父丁爵 8458	 [illegible]父丁爵 8483	 重父丙爵 8438	 [illegible]父乙爵 8422	 丩盾父戊角 8531	 子父乙角 8383
 [illegible]父丁爵 8462	 卩父丁爵 8448	 聑父丙爵 8440	 [illegible]父乙爵 8427	 [illegible]父乙爵 8412	 [illegible]父乙爵 8399
 [illegible]父丁爵 8480	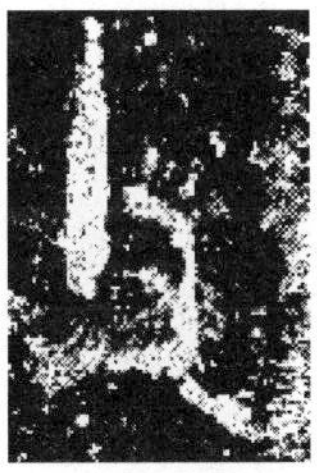 史父丁爵 8453	 萬父己爵 8564	 [illegible]父乙爵 8428	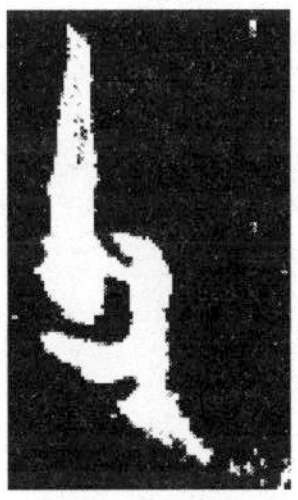 [illegible]父乙爵 8413	 启父甲爵 8375
 [illegible]父辛爵 8644	 [illegible]父庚爵 8586	 萬父己爵 8565	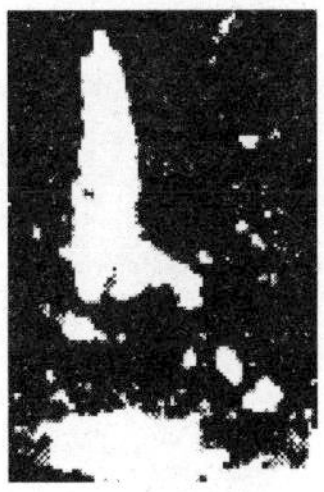 舌父己爵 8552	 [illegible]父乙爵 8418	 [illegible]犬父乙爵 8867

保父己斝

9214

子翌父乙爵

8861

□父□爵

8732

[illegible]父癸爵

8725

豐父癸爵

8710

畐父辛爵

8627

辰[illegible]父己爵

8930

[illegible]父乙爵 8870

亞豕父甲爵

8850

父癸□爵

8730

冂父癸爵

8712

[illegible]父癸爵

8681

亞[illegible]父辛爵

8943

秉盾父乙爵

8871

亞聿父乙爵

8858

旅父癸爵

8969

北酉父癸爵

8962

陸冊父乙爵

8874

面父己爵

8548

丩盾作父戊

爵 8923

[illegible]父癸爵

8729

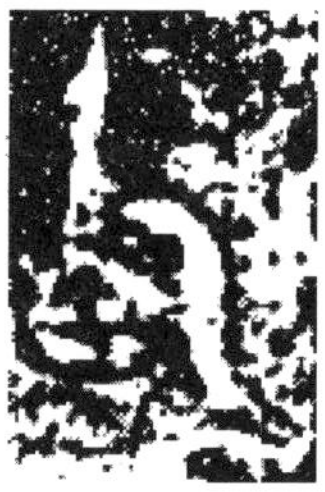

[illegible]父□爵

8731

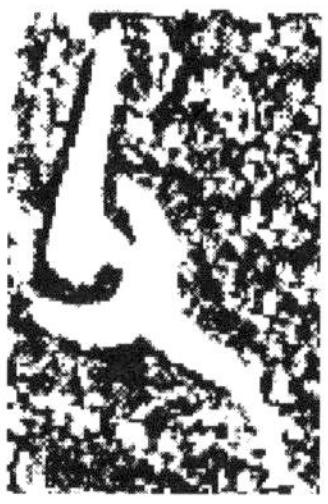

[illegible]父癸爵

8713

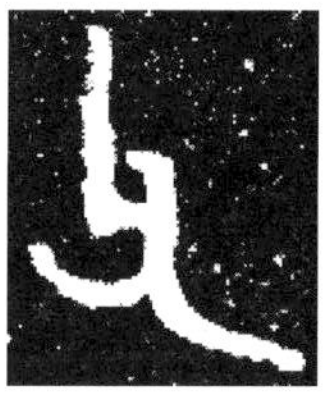

徙父癸爵

8690

面父己爵

8546

盾單父己爵

8937

[illegible]父己爵

8538

黄父戊爵

8517

父丁彝爵

8509

□父丁爵

8511

𣪕作父癸角 9100

黿父乙爵 9050

𠂤作父癸爵 9023

何父癸疾爵 8959

子翌父壬爵 8954

冂祖丁父乙爵 8993

父癸斝 9171

沭父乙壶 9566

子糸刀父己爵 9055

舟尹父癸爵 8967

天曹父癸爵 8956

𦣞冊父乙爵 8875

豕父甲斝 9204

又䍙父癸爵 9084

朿父庚爵 9057

卒卤父癸爵 8970

寧啓▲父戊爵 9014

叉興父辛爵 8951

父庚斝 9169

朿父庚爵 9056

何父癸疾爵 8957

父丁彝爵 8509

子父丁盉 9349

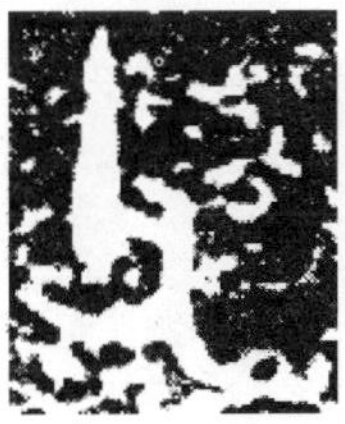
黿父癸觥 9279

𦎫文父丁觥 9284

𦎫父乙觥 9270

亞得父丁盉 9375

亞父辛器
10521

卪父丁盤
10041

川子父丁罍
9799

騗父丁方彝
9872

亘父丁壺
9524

亞孳父辛盉
9379

家父辛器
10522

父辛器 10500

倗父乙盤
10039

冈父辛壺
9505

父己壺 9493

亞高父丁罍
9807

𠆢父丁器
10519

亞父丁爵
9007

𠦪父乙斝
9208

騗父乙罍
9796

𠦪父丁盉
9352

丩盾作父戊
斝 9231

奄父乙器
10516

黄父癸斝
9219

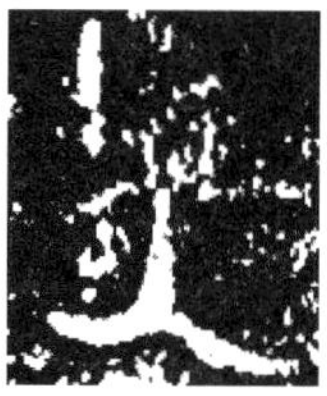
子天父丁罍
9798

亞弜父丁斝
9228

亞古父己盉
9378

奄父癸盉
9359

口父辛器
10523

子丫父癸爵
8961

屍作父己壺
9576

子◇⊌父甲
盉 9387

 冂父癸爵 8717	 𦰩父丁鼎 1572		 冊父辛爵 8641	 𢊁父乙鼎 1829	 犬父丙鼎 1565 三期
 㫃冊父甲觚 7222	 父辛器 10499	 冂父辛卣 4973	 角字父戊鼎 1864 三期	 父己爵 7932	 𦰩兄戊父癸 鼎 2019
 父戊鼎 1258	 𦰩父丁器 10520		 父己鼎 1266	 亞𡈼父己爵 9015	 子冊父乙爵 9049
 主父己觶 6274		 父辛卣 4835	 冉父己爵 8569	 父癸爵 7976	 夕[illegible]父乙簋 J410
 𢦏父癸鼎 1669	 𦘒作父癸卣 5092	 竝父辛觚 7142	 𢦏父乙爵 8389	 冂父乙鼎 1541	 耳衡父庚爵 9074

 奄父戊爵 8518	 冂父己鬲 482		 北單戈父丁 盉 9389	 父己簋 3058	
 弔父辛爵 8621		 [illegible]父乙卣 4932	 [illegible]作父乙尊 5894	 子克冊父辛 鼎 2017	 冉父癸鬲 483
 柬父庚觚 7282	 箙戉冊父辛 卣 5169		 子刀父乙鼎 1826	 𠆢父乙簋 3152 四期	 奄父己觶 6289
 戎父辛爵 8602	 黄父丁鼎 1573	 酉父丁卣 4947	 冉父己斝 9215	 夵父乙卣 4934	 戈父辛觶 6304
 賜作父丁觚 7307	 柬父庚觚 7281	 亞牧父戊鬲 502	 冉父辛斝 9216	 旅父己爵 8932	 句父辛鼎 1658

 龏姒鼎 2433	 弴父己鼎 1876	 矢父癸爵 8701	 天冊父乙鼎 1822	 父癸鼎 1277	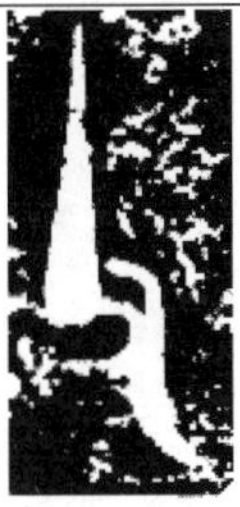 黽父丁鼎 1584
 龏姒鼎 2434	 束冊作父己 鼎 2125	 舟父壬尊 5663	 㫃父辛鼎 1632	 獸父辛鼎 1640	 南門父丙鼎 1567
 [illegible]父乙爵 8392	 黄父辛爵 8607	 [illegible]父乙鼎 1830	 衘父癸鼎 1692	 ❋作父癸觶 6426	 奄父乙鼎 1555
 子羊父丁鼎 1850	 亞[illegible]父辛簋 3331	 爻[illegible]父乙鼎 1833 商末周 初	 父辛斝 9170	 [illegible]父乙鼎 1823	 此父丁鼎 1595
 [illegible]冊父乙觚 7227	 父乙斝 9167	 山U父辛斝 9232	 土父癸爵 8708	 戈父己爵 8556	 [illegible]父辛斝 9217

父壬爵 7972

父丁爵 7912

倗父辛爵
8604

父乙爵 7884

父乙卣 4822

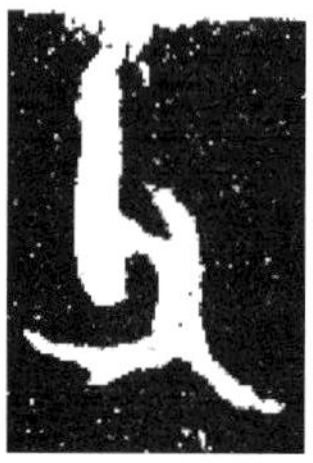
父癸爵 7980

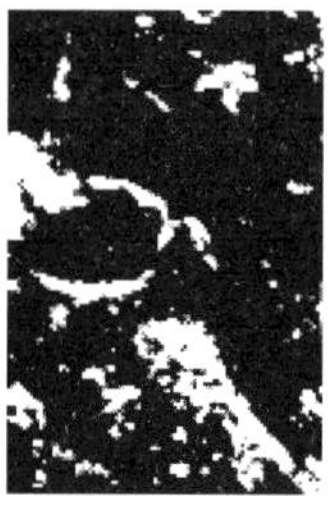
[illegible]父癸鼎
1672 四期

㚔父己爵
8582

虎父乙爵
8397

父乙爵 7883

天父乙卣
4908

車父甲爵
8371

父壬爵 7971

父丁爵 7905

中父乙爵
8414

豕父辛爵
8617

父丁爵 7909

車父丁爵
8506

父丁爵 7907

盾偁父乙爵
8872

皿父丁爵
8474

魚父乙卣
4916

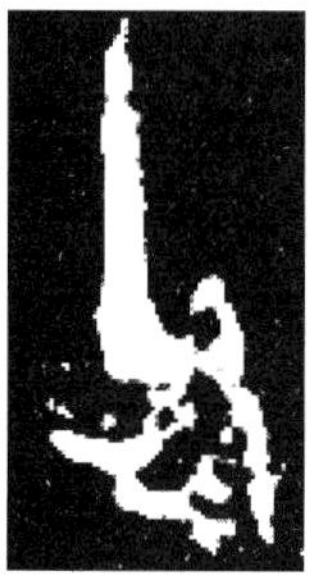
父丁爵 7910

[illegible]父乙爵 8398

爻父丁爵
8505

[illegible]父丁爵
8499

皿父丁爵
8475

魚父乙爵
8400

 黽作父戊鼎 2013	 倗父癸爵 8677	 東父辛爵 8636	 襄父辛爵 8643	 亞址父己爵 8926	 舟父己爵 8562
 亞弜父丁角 8891	 戈執父丁爵 8901	 矢父癸爵 8702	 皿父辛爵 8625	 㬎父辛爵 8620	 亼父己爵 8575
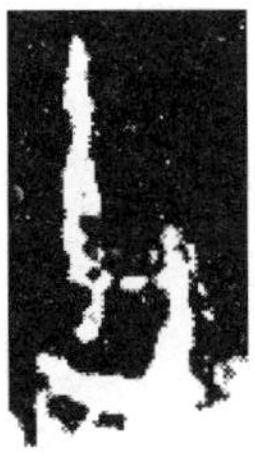 亞弜父丁角 8892	 困冊父丁爵 8909	 亞[illegible]父乙爵 8853	 宋父辛爵 8634	 [illegible]冊父丁爵 8907	 [illegible]父丁爵 8488
 玄父癸爵 8719	 □冊父丁爵 8913	 犬山父乙爵 8866	 [illegible]父癸爵 8680	 令父乙爵 8378	 [illegible]父乙爵 8391
 [illegible]父辛爵 8605	 臤父乙爵 8394	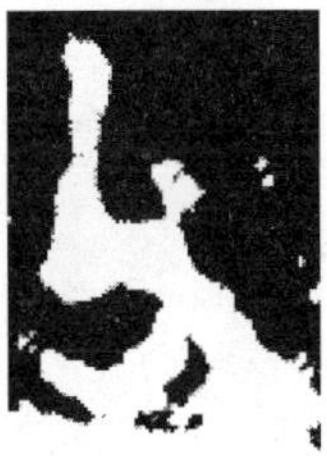 魚父乙爵 8401	 □父乙爵 8433	 [illegible]父乙爵 8384	 子父丁爵 8441

 父乙爵 7889	 倗父丁盉 9350	 [illegible]父戊盉 9357	 [illegible]父戊盉 9356	 酉父乙爵 8415	 亞向父戊爵 9010
 祖己父癸鼎 1815	 子父己鼎 1621 四期	 宀父乙罍 9786	 宀父癸盉 9363 商末周初	 子父乙盉 9339	 魚父丁爵 8460
 字父己觶 E610	 天曹父乙爵 8864	 父丁爵 7903	 [illegible]父癸爵 8707	 戈父己爵 8555	 盾伷父癸爵 8973
 父乙爵 7888	 人父癸爵 8672	 玉冊父丁爵 8911		 融父己爵 8567	 [illegible]父丁鼎 1570
 天父乙爵 8376	 父丁爵 7915	 父丁爵 7904	 [illegible]父乙盉 9343	 旅父己爵 8931	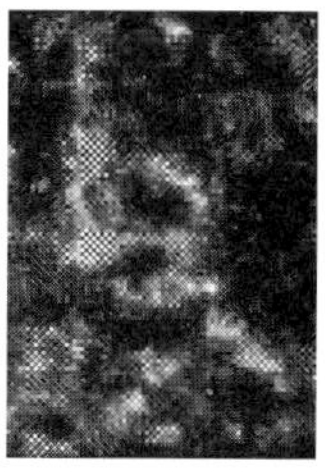 吳父癸鼎 E197 四期

142受　143尹　144叡

玉冊父丁爵 8910

黄父丁鼎 1571

天父丁鼎 1590

天父癸爵 8668

盥父癸爵 8685

[illegible]父己爵 8570

魚父乙卣 4914

木父辛爵 8633

受鼎 J179 二期

受鼎 E155 四期

受鼎 1101

受川觚 6936

尹箕 J1054 三期

妣辛鐃 412 三四期

尹光鼎 2709 四期

黄叡甗 796 四期

黄叡鼎 1380 四期

黄叡簋 3112 四期

黄叡豆 4652 四期

黄叡卣 4878 四期

黄叡卣 4877 四期

黄叡卣 4879 四期

黄叡觚 6918 四期

黄叡觚 6919 四期

			145 叟	146 及	147 秉
 趪䖒爵 8167 四期  趪䖒爵 8168  趪䖒角 8169 四期  趪䖒罍 9770 四期  趪䖒盉 9327 四期	    䖒宋卣 5373	 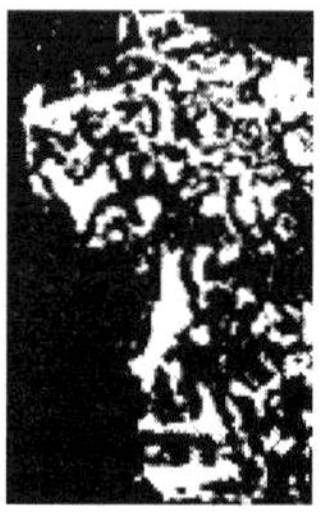 䖒趪觶 6187 商末周初	 叟父庚鼎 1628 商末周初	 及爵 J762	 聑秉盾鼎 1764 二期  秉盾戊觶 6357 二三期  秉盾辛爵 8798 三四期  聑秉盾鼎 1763 四期  秉盾冊父乙 簋 3421 四期

		148 反	149 取	150 友	151 叉
 秉盾丁卣 5008 四期	 秉盾父乙爵 8871	 戌甬鼎 2694 四期 用作返		 寢蔑鼎 2710 四期	 叉卣 4791 二 三期
 秉盾簋 3121	 秉戈 10764		 取父癸卣 4994 三四期	 [illegible]保[illegible]觶 E621 商末周初	 叉宁觚 J733 二三期
 秉觚 6606					 叉鼎 1090
 秉盾觚 7029	 秉盾戈 10870				 叉宁鼎 1477
 秉盾爵 8249					 叉宁鼎 1478

	152⿰朿又	153 扶	154⿰白又	155⿰丫又	156 抹
 叉宁觚 6938	 亞⿰朿又爵 7798	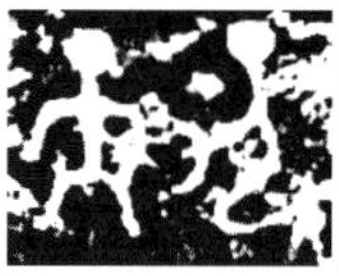 扶冊父乙鼎 1821 四期	 ⿰白又己觚 6845 二期	 ⿰丫又爵 E726 三期 疑為對字。	 抹爵 7454
 叉宁觚 6939	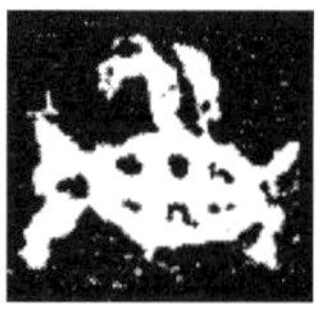 亞⿰朿又爵 7799	 扶爵 7405	 ⿰白又己觚 6846 二期		
 叉宁爵 8198					
 叉宁器 10505		 䢅扶父辛卣 5167			
 叉宁器 10506					

157 [illegible] | 158 ナ | 159 厷 | 160 史

157 [illegible]

[illegible]觥蓋 J928 四期

158 ナ

左方盉 9315 二期

亞虹左鐃 403 二三期

左鼎 1097

159 厷

亞厷方鼎 1409

亞厷父乙卣 5055 四期

160 史

史鼎 1077 二期

史卣 4721 二期

史箕 10392 二期

史鼎 1079 二期

史父壬尊 5662 二期

史鼎 1075 二期

史觚 6610 二期

史方彝 9833 二期

史鼎 1085 二期

亞史觚 6976 二期

史鼎 1086 二期

史鼎 E140 二期

史父丁觚 7106 二期

史鼎 1087 二期

史簋 E342 二三期

史子□壺 E844 二三期

史鐃 373 三期

史鼎 1084 三期

史觚 E643 三期

史鼎 1074 三期

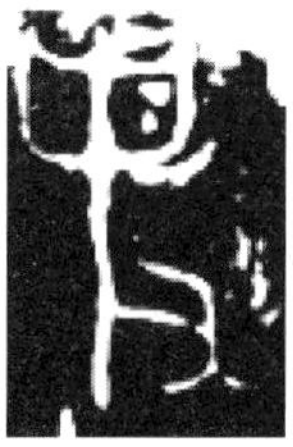

史父辛爵 8615 三期

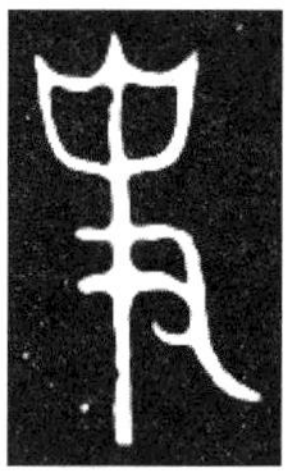

史簋 2959 三期

史觶 6045 三四期

史鐃 3722 三期

史祖乙觶 6200 三四期

史爵 E707 三四期

史觶 6047 三四期

史卣 4726 三四期

史卣 4723 三四期

史鼎 E137 四期

史鼎 E138 四期

史鼎 E139 四期

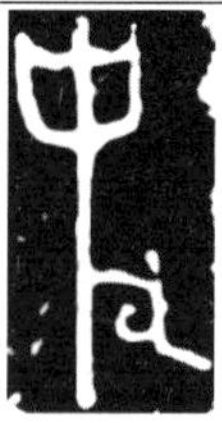

史鼎 E143 四期

史鼎 E144 四期

史鼎 E145 四期

史簋 2957 四期

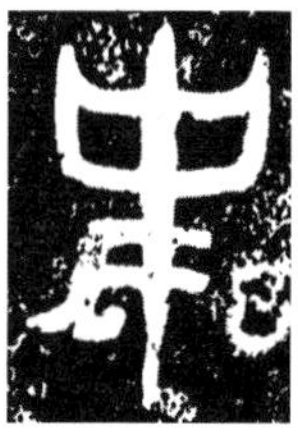

史簋 2958 四期

史尊 5458 四期

史尊 5459 四期

史尊 E550 四期

史觶 E595 四期

史觚 6612 四期

	 史觚 6620 四期	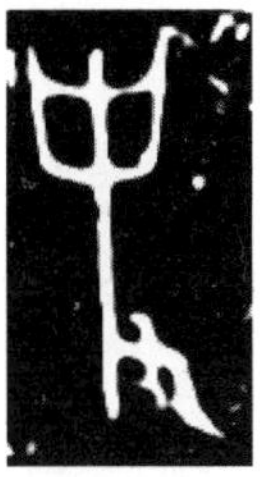 史觚 E647 四期	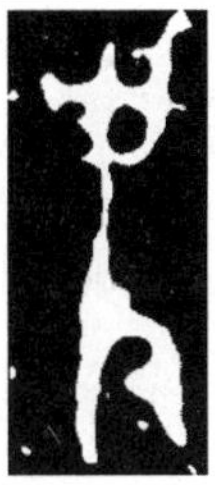 宋婦觚 E685 四期	 史爵 E697 四期	 史爵 E702 四期
 史觶 E594 四期	 史觚 6623 四期	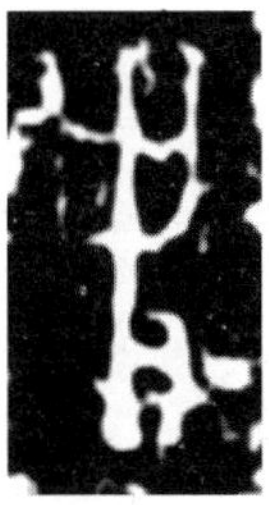 史觚 E648 四期	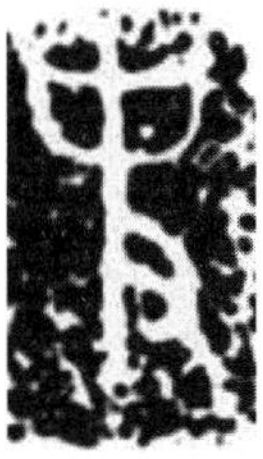 史爵 J783 四期	 史爵 E698 四期	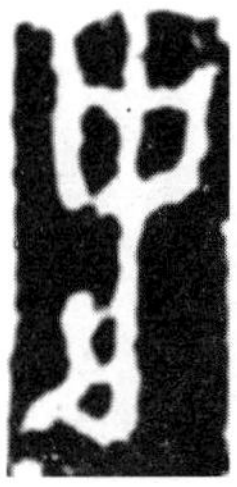 史爵 E703 四期
	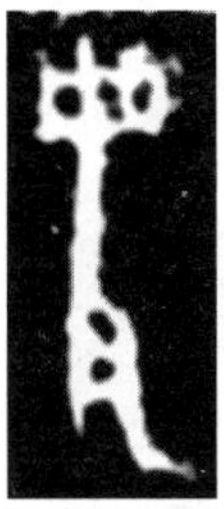 史觚 E644 四期	 史觚 E649 四期	 史爵 E708 四期	 史爵 E699 四期	 史爵 E704 四期
 史觶 E596 四期	 史觚 E645 四期	 史午觚 E675 四期	 史爵 E695 四期	 史爵 E700 四期	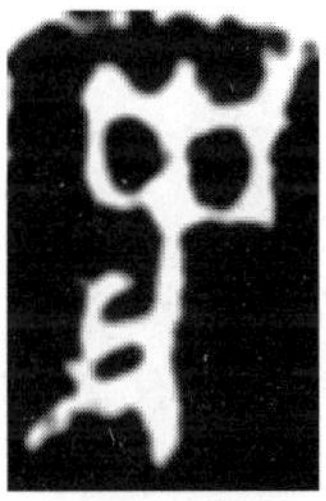 史爵 E705 四期
 史觚 6614 四期	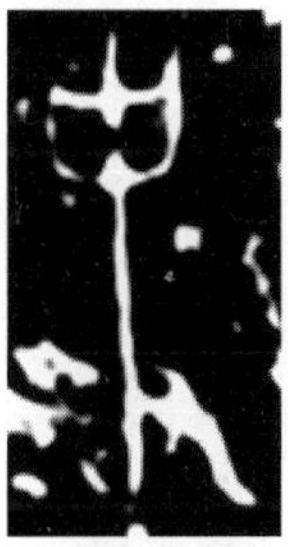 史觚 E646 四期	 史母癸觚 J747 四期	 史爵 E696 四期	 史爵 E701 四期	 史爵 E706 四期

 史父乙爵 E767 四期	 史角 E795 四期	 寢麇鼎 2710 四期	 史子日癸角 E801 商末周初	 史鼎 E146 商末周初	 史鼎 1076
 史父乙爵 E768 四期	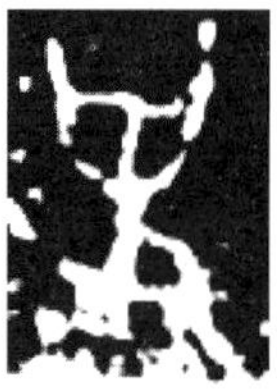 㚔盉 E833 四期	 史鼎 1088 四期	 史爵 7448 商末周初	 史鼎 E147 商末周初	 史鼎 1078
 史父丁爵 J874 四期	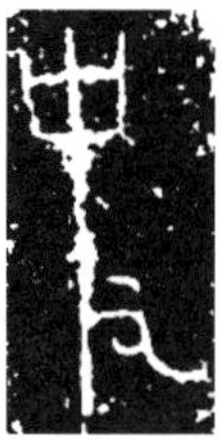 史盤 E914 四期	 史鼎 E141 四期	 史乙觶 E603 商末周初	 史子日癸角 E800 商末周初	 史鼎 1080
 史夒爵 E781 四期	 史戈 10780 四期	 史鼎 E142 四期	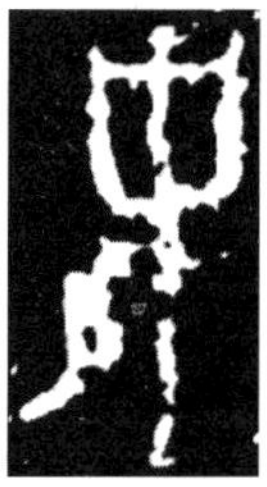 史卣 E490 商末周初	 史戈 E1051 商末周初	 史鼎 1073
 史角 E794 四期	 史冊戈 10875 四期	 史戈 E1052 商末周初	 史卣 E491 商末周初	 史盉 E818 商末周初	

史觶 6046

史觶 6048

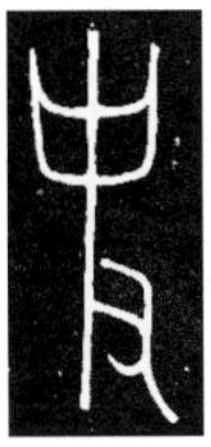
史簋 2960 四期

史簋 2961

史簋 2962

史父乙尊 E560

史鼎 1081

史鼎 1082

史鼎 1083

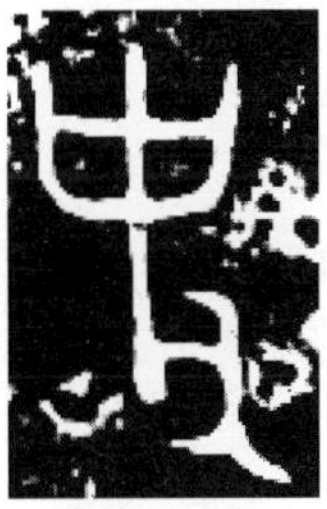
史父庚鼎 1623

史尊 5460

史尊 5461

□史己鼎 1736

史觚 6611

史觚 6613

史父乙卣 4929

史尊 5456

史觚 6619

史觚 6621

史觚 6622

史卣 4724

史卣 4725

史觚 6607

史觚 6608

史卣 4722

史觚 6615 三四期

史觚 6616

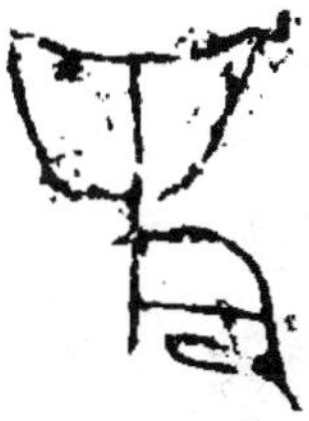
史觚 6617

史觚 6618 三四期

史觚 6609

史父己觶 6272

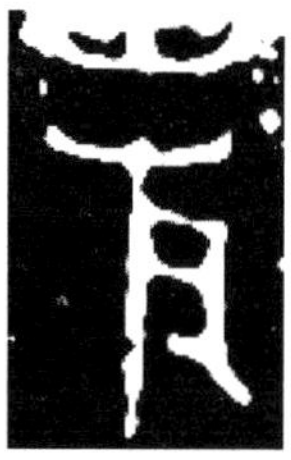

史癸爵 8065

史斝 9125

史爵 7449

史爵 7450

史爵 8193

史犬爵 8188

史父丁爵 8453

史爵 7445

史爵 7446

史爵 7447

史皿作彝斝 9235

史放壺 9490

161 [虫攴]

[虫攴]▲爵 8189

162 [糸聿]

[糸聿]作父乙簋 4144 四期

163 [糸又]

王虫女[糸又]方彝 J994 四期

164 聿

婦聿卣 5099 三四期

聿鼎 1099 三四期

聿辛尊 5555 四期

聿方彝 9832 四期

聿父戊斝 9213 四期

亞聿父乙爵 8858

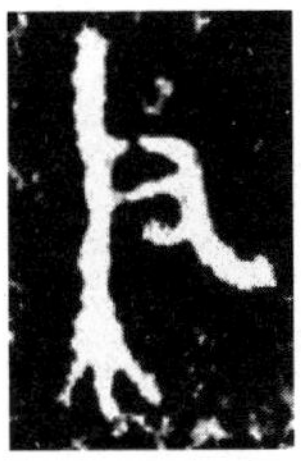
聿斝 9124

聿觶 6040

聿爵 7441

聿爵 7442

聿爵 7443

聿爵 7444

聿己觚 6837

聿戈 10763

聿爵 7440

165 𦘒

𦘒雋父癸爵 8968 四期

子𦘒簋 3073

子𦘒簋 3074

子𦘒器 10514

166 臤

引作父丁鼎 2318 四期

臤卣 4792 四期

臤父癸觶 6338 四期

麋婦觚 7312 四期

167 臣

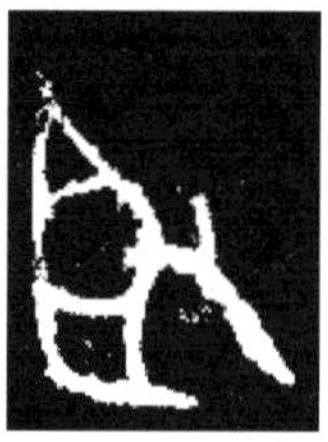

㕡父癸簋 3213

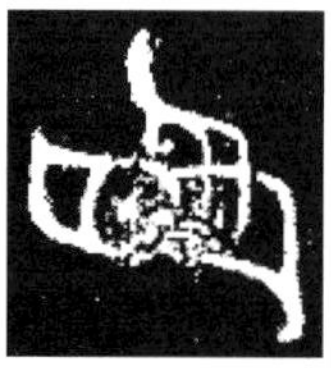

㕡觚 6596

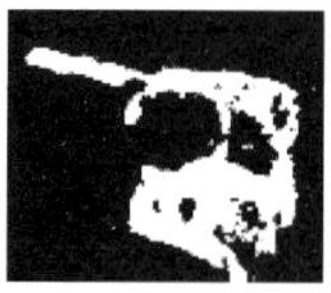

㕡祖丁爵 8328

㕡父乙爵 8394

臣戈 10667 中商

臣戈 10666 一期

臣斝 9122 二三期

臣辰⿱十方父乙尊 J628 四期

臣戈 10665

冬臣單觚 7203

168 ⿳臣臣臣

⿳臣臣臣爵 7495

169 ⿰南殳

⿰南殳簋 2971 二期

⿰南殳簋 J370 二期

⿰南殳觚 J688 二期

⿰南殳觚 6780 二期

⿰南殳觚 6781 二期

⿰南殳觚 6782 二期

170 專

專鐃 362 二期

專鐃 363 二期

專鐃 364 二期

專簋 2918 三期

專宁觚 7070 四期

專鼎 1100

171 啓

亞啓方彝 9847 二期

亞啓鉞 11742 二期

啓簋 3041 二三期

啓觚 6594 三四期

啓父辛觚 7152 三四期

啓爵 7455 三四期

子啓父辛尊 5965 四期

啓觚 6593 四期

亞啓父乙尊 5370 四期

告田父乙卣 5347 商末周初

亞啓父乙簋 3297

▲啓爵 8274

啓父甲爵 8374

啓父甲爵 8375

宁啓▲父戊爵 9014

亞啓戈 10845

亞啓戈 11010

172 敄

作冊般甗 944 四期

寢敄簋 3941

173 牧

牧丙爵 8016 二期

亞牧爵 7801 二期

牧爵 E694 三期

牧父乙觶 6226 三四期

亞牧鬲 456 商末周初

亞牧觶 6158 商末周初

亞牧父戊鬲 502

牧父丙觚 7104

牧觚 6662

亞牧觚 6973

174 羖

又羖方罍 9772 二期

亞又羖戈 10946 二三期

亞又羖戈 10947 二三期

亞又羖戈 10948 二三期

亞又羖戈 10949 二三期

亞又羖戈 10950 二三期

亞又羖戈 10951 二三期

又羖父癸觚 7303 二三期

又羖父癸爵 9085 二三期

又羖癸鼎 1738 三期

羖父癸觶
6344 三四期

羖父乙觚
7087 三四期

又羖爵 8197
四期

又羖父己鼎
1875 四期

又羖父己尊
5740 四期

又羖父癸爵
9084 四期

又羖爵 8196

又羖癸鼎
1739 三期

又羖爵 8195

又羖癸卣
5174

又羖父癸鼎
1939

又羖鼎 1372

又羖甗 9955

羖卣 4753

亞高父丁罍
9807

羖觚 6663

羖鬲 444

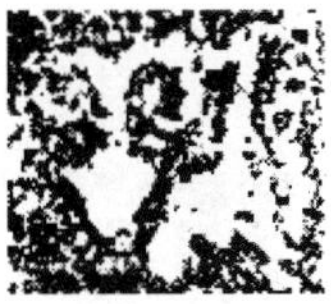
羖父乙卣
4931

羖父甲卣
4906

又羖父己卣
5077

鼓寢盤 10031
二期

鼓母罍 9780
商末周初

鼓觶 6044

176 毆　　177 卜　　178 用

文頙父丁卣 5155 三四期

毆侯妊尊 E558 四期

卜宫觚 7036 二期

卜鼎 J197 三四期

卜冑 11891

亞魚鼎 J339 四期

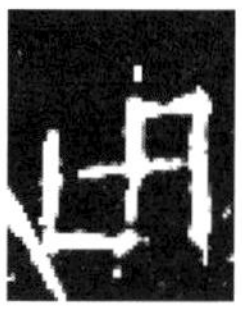
寢蔑鼎 2710 四期

寢魚簋 J454 四期

肄作父乙簋 4144 四期

小臣缶鼎 2653 四期

作冊豊鼎 2711 四期

戍甬鼎 2694 四期

寢孳方鼎 E311 四期

亞古作父己簋 3861 四期

雷卣 5353 四期

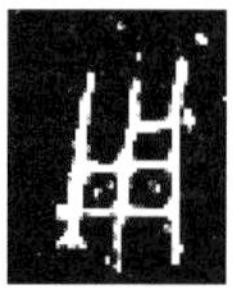
戍嗣鼎 2708 四期

⿰皀反方鼎 E314 四期

卯簋 3975 四期

尹光鼎 2709 四期

作冊般甗 944 四期

小子⿱罒寸簋 4138 四期

⿰女交作母乙卣 5367 四期

 小臣邑斝 9249 四期		 麇婦觚 7312 四期			
 文嫊己觥 9301 四期	 箙亞作父癸 角 9102 四期	 万爵 E787 四 期	 六祀邲其卣 5414 四期	 小子省卣 5384 四期	 𠭯宲卣 5373
 奉盉 E833 四 期	 宰椃角 9105 四期	 姒瓦爵 9098 四期	 小子畬卣 5417 四期		 小臣[illegible]卣 5378 四期
 戍鈴方彝 9894 四期	 小子夫父己 尊 5967 四期		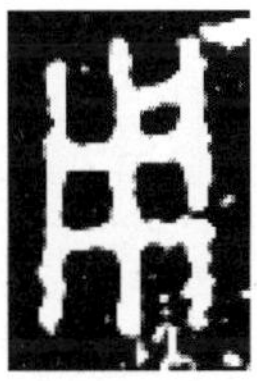	 宰甫卣 5395 四期	
 寢魚爵 9101 四期	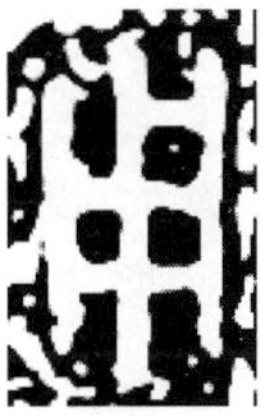 龔姛觚 7311 四期	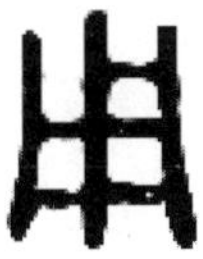 巂卣 5397 四 期	 馭卣 5380	 子啓父辛尊 5965 四期	 小臣[illegible]卣 5379 四期

179 甫　180 庸　181 爻

皽作父癸角 9100

嶲瞰簋 3940

寢敄簋 3941

亞受鼎 2594

小子𦉢鼎 2648

乙未鼎 2425

宰甫卣 5395 四期

𦉢甫卣 4880

戍鈴方彝 9894 四期

作冊般黿 E967 四期

爻觚 6797 二期

爻爵 7760 二期

爻爵 7761 二期

爻爵 7763 二期

爻爵 7764 二期

爻勺 E903 二三期

爻父乙簋 3163 三期

爻尊 5506 三期

爻父丁卣 4948 三四期

182 爾　183 目

爻癸婦鼎 2139 四期

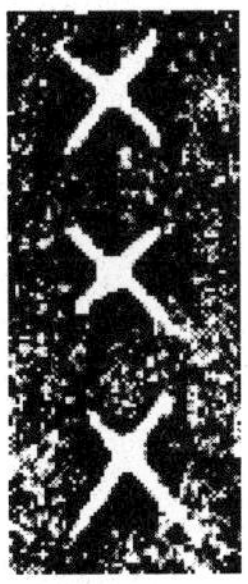
爻卣 4802 四期

小臣𢆶卣 5379 四期

敢父乙爻角 8857 四期

爻盉 9322 商末周初

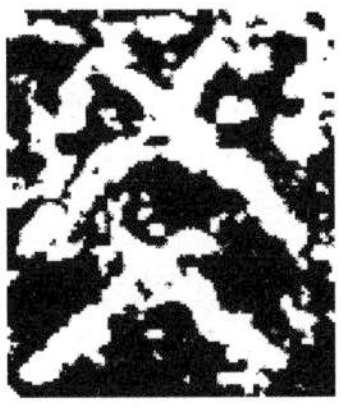
爻父丁觶 6263

小臣𢆶卣 5378

爻鼎 1212

爻觚 6798

爻父丁爵 8505

爻祖丁斝 9201

爻壺 9475

見爻觚 6922

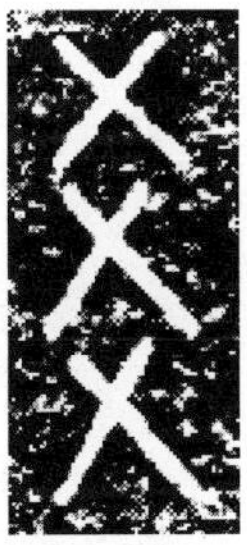
爻敢父乙鼎 1833

爻爵 7762

爻盤 10032

爰爾爵 8174 三期

亞个爾觚 7178

子▲目爵 8762 三期

目◇民爵 8815 三期

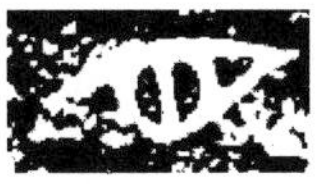
目方彝 9834 三期

目[illegible]觚 7054

目爵 7493

184 智

子辛智卣 5004

智作祖甲罍 9823 商末周初

185 ⿱罒犬

⿱罒犬爵 7637

⿱罒犬弓形器 11868

186 ⿰大⿱罒犬

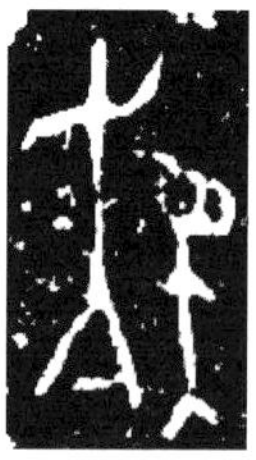

亞⿰大⿱罒犬鼎 1419

亞⿰大⿱罒犬鼎 1420

亞⿰大⿱罒犬尊 5568

亞寢父乙卣 5203 商末周初

187 ⿱罒日

⿱罒日觚 6595 二三期

⿱罒日觚 6596

⿱罒日祖丁爵 8328 商末周初

188 䀠

䀠中觚 6933 四期

䀠觚 E650 四期

䀠子弓箙卣 5142 四期

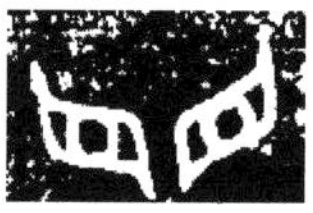

亞䀠祖癸鼎 1816 商末周初

䀠甫卣 4880

史䀠作彝斝 9235

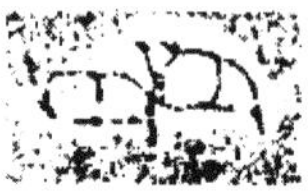

䀠觚 6582

189 瞏

 瞏鼎 1093 二期	 瞏鼎 1095 三期	 史瞏父丁卣 J580 四期	 瞏爵 7499	 瞏壺 9460	
 瞏爵 7498 二期	 瞏鼎 1094 三期	 瞏爵 7496			 瞏戈 10676
 瞏爵 E713 二期	 瞏父乙鼎 E195 四期	 瞏爵 7497	 瞏戈 10673	 瞏戈 10674	
 瞏斝 9123 二期	 瞏父癸鼎 1688 四期	 瞏觚 6583	 瞏父癸鼎 1690		 瞏戈 10677
 瞏觶 6043 二三期	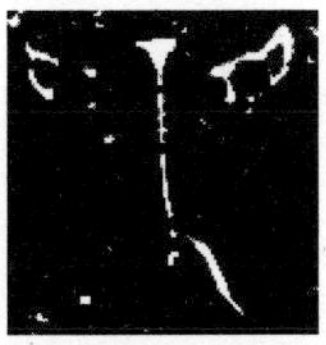 瞏父癸鼎 1689 四期	 瞏觚 6584	 瞏壺 9459	 瞏戈 10675	 瞏父己觚 7133

190 ⿱䀠豕

冊⿱䀠叟方彝
9877

⿱䀠豕冊尊 5573
四期

⿱䀠豕冊盤 10030
四期

⿱䀠豕冊鼎 1373
四期

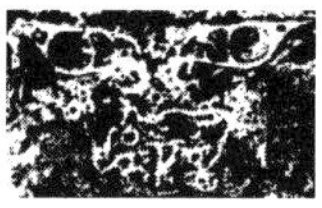

⿱䀠豕冊卣 4871
四期

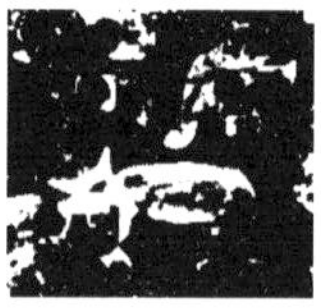

⿱䀠豕冊父丁鼎
1856 四期

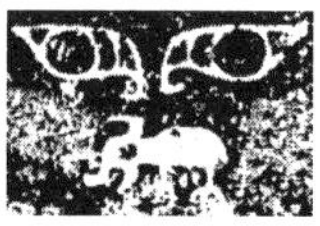

⿱䀠豕冊鼎 1374

⿱䀠豕爵 7500

⿱䀠豕戈 10678

⿱䀠豕冊鼎 1376

⿱䀠豕冊簋 3108

⿱䀠豕冊斝 9199

⿱䀠豕冊鼎 1375

191 眉

眉鼎 E127 一
期

子眉鬲 487
四期或周早

子眉▲父乙
簋 3420

子眉▲觚
7175

192 省

戍甬鼎 2694
四期

寢農鼎 2710
四期

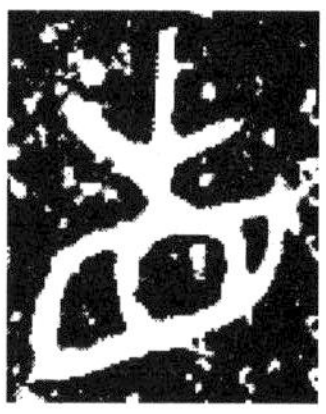

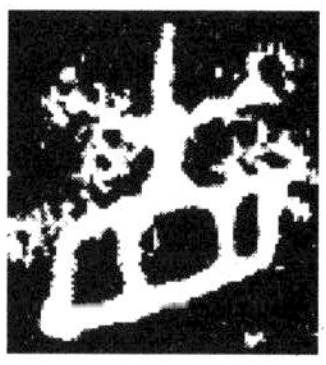

小子省卣
5394 四期

193 盾

小臣俞尊
5990 四期

[illegible]皿省觶
6359

秉盾戊鼎
1764 二期

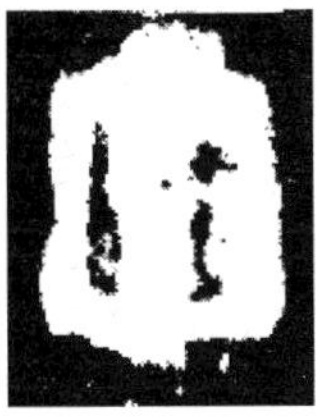

秉盾戈 10870
二三期

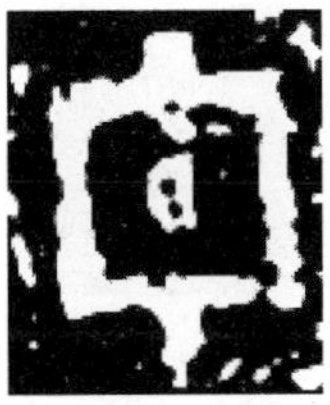
盾得方罍
9775 三期

秉盾戊觶
6357 二三期

秉盾辛爵
8798 三四期

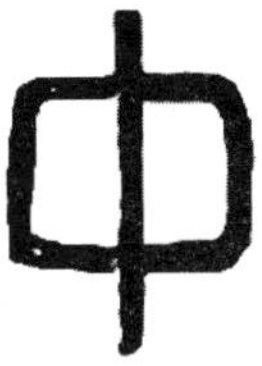
聑秉盾鼎
1763 四期

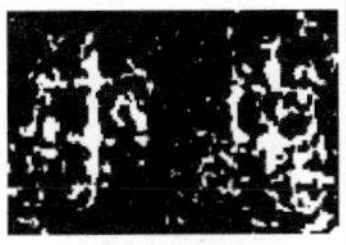
西單盾父丁
卣 5156 四期

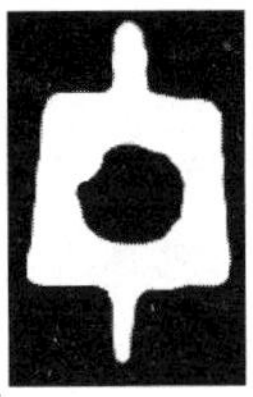
秉盾冊父乙
簋 3421 四期

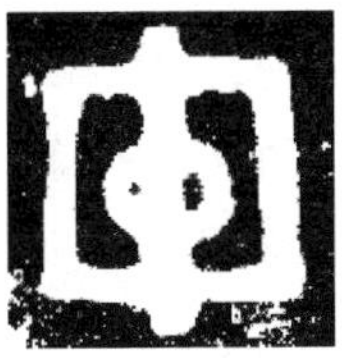
秉盾丁卣
5008 四期

[illegible]盾父庚尊
5744 四期

盾得觚 7025
四期

盾得觚 7026
四期

盾得觚 J739
四期

八盾父庚觚
J752 四期

盾得爵 8186
四期

盾得爵 8187
四期

寢孳方鼎
E311 四期

亯盾鼎 1454
四期

秉盾簋 3121

盾父辛尊
5657

聑盾戈 10871

盾鎛 11767

194 自

盾佣祖己爵 8842

盾佣父乙爵 8872

盾佣父癸爵 8973

盾單父己爵 8937

盾[illegible]爵 8202

秉盾觚 7029

盾爵 7643

盾爵 7644

秉盾爵 8249

秉盾父乙爵 8871

[illegible]方鼎 E314 四期

宰甫卣 5395 四期

195 者

者姛方尊 5935 四期

者姛方尊 5936 四期

者姒爵 9090 四期

者姒觥 9294 殷末周初

者姒觥 9295 殷末周初

者姛方罍 9818 殷末周初

者姛罍 9819 用作諸。

196 智

亞[illegible]鄉宁鼎 2362 四期

197 百 198 奭 199 隹

耳衘父庚爵 9074

𦁹作父乙簋 4144 四期

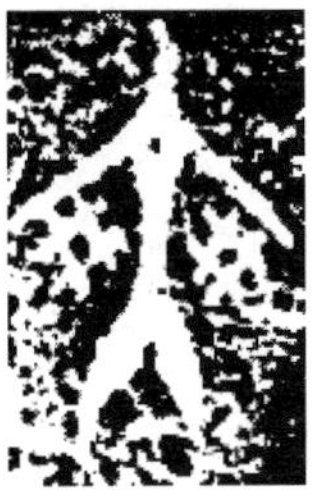
二祀邲其卣 5412 四期

亞魚鼎 J339 四期

戍甬鼎 2694 四期

戍嗣鼎 2708 四期

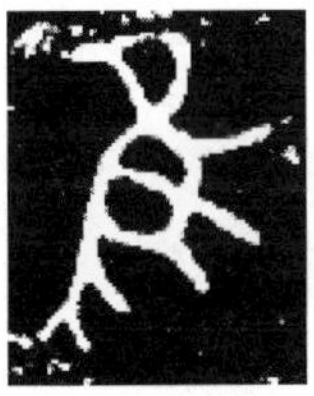

尹光鼎 2709 四期

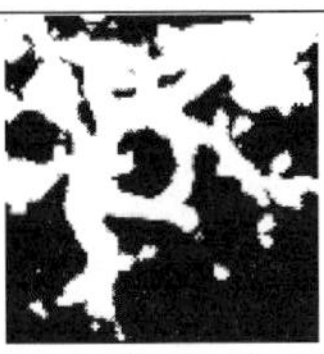
寢孳方鼎 E311 四期

韍方鼎 E314 四期

小子𦋘簋 4138 四期

𦁹作父乙簋 4144 四期

四祀邲其卣 5413 四期

嶲卣 5397 四期

六祀邲其卣 5414 四期

二祀邲其卣 5412 四期

小子畬卣 5417 四期

小臣俞尊 5990 四期

奄父乙爵 9050

奄父乙爵 9051 四期

200 隻

宰椃角 9105 四期

小臣邑斝 9249 四期

戍鈴方彝 9894 四期

用作唯

亞隻觚 6982 二期

亞隻觚 J729 二期

亞隻爵 7813 二期

隻父癸爵 8697 二期

隻鼎 J184 三期

西單隻簋 3243 三四期

亞盤父丁簋 J417 三四期

作冊般黿 E967 四期

隻鼎 1122

亞隻爵 7812

隻卣 4788 三期

西單隻卣 5007

婦隻父庚卣 5083

亞隻觶 6165

亞隻觚 6981

隻父癸觚 7154

亞隻爵 7811

201 巂

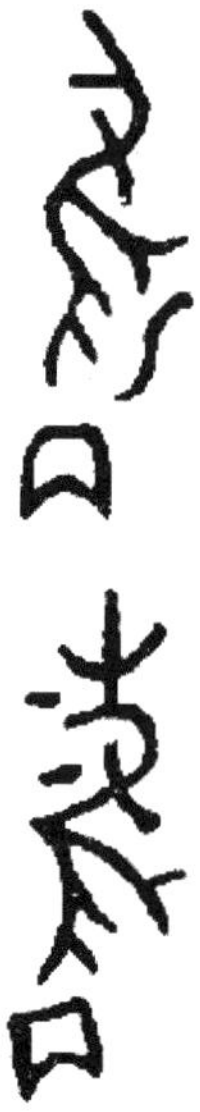
巂卣 5397 四期

巂燉簋 3940

202 雍	203 雁	204 雈	205 雚	206 舊	207 蔑
 菶盉 E833 四期	 雁父丁觚 E679 四期	  雈兄丁觶 6354 三四期  甗雈爵 8283 四期  甗雈觚 7020	 雚母觶 6150 三四期	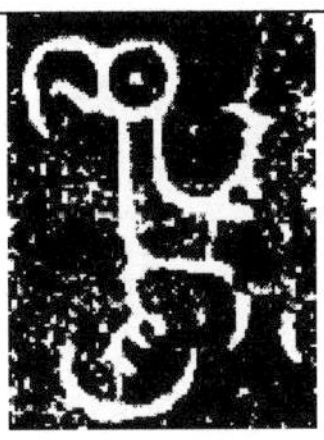 舊父戊簋 3188	 小子酓卣 5417 四期

208 羊

羊⿱丰方鼎 1463 二期

婦羊告鼎 1710 二期

羊爵 7513 二期

羊觚 E637 二三期

□羊乙爵 8789 二三期

羊⿻冂丨車觚 7201 三四期

羊⿻冂丨車爵 8804 三四期

羊▭尊 5585 四期

羊▭觶 6184 四期

羊觚 6657 四期

羊觚 J698 四期

羊▭爵 8219 四期

寢蓐鼎 2710 四期

羊卣 J547 四期

羊▭爵 8220 四期

羊己妊爵 8796 四期

羊鼎 1106 四期

羊父庚鼎 1627 商末周初

□羊父丁簋 3314 商末周初

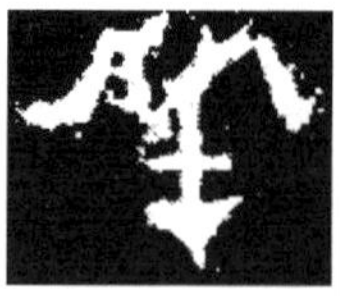
子羊父丁鼎 1850

馬羊⿱丰方父乙鼎 2000 四期

□羊父丁簋 3313

亞子父辛尊 5836

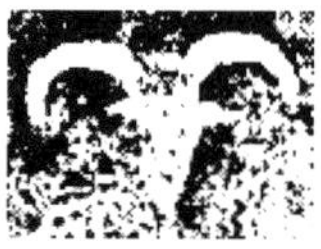
羊鼎 1105

羊觚 6656

羊祖甲觚 7072

□羊乙觚 7160

羊父辛觶 6315

羊爵 7510

209 絴　　210 美　　211 羌

 羊爵 7511		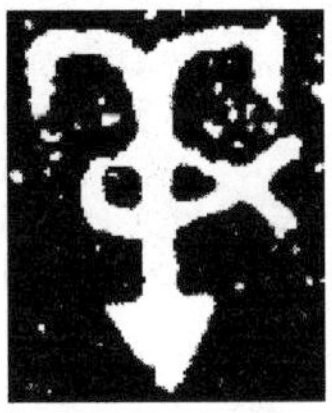 絴箙鼎 J219 三期	 美宁鼎 1361 二期	 亞羌乙爵 8779 三四期	 子商甗 866
 羊爵 7512	 羊戈 10713	 絴斧 J1239	 美宁觚 7010	 羌廱向觚 7306 四期	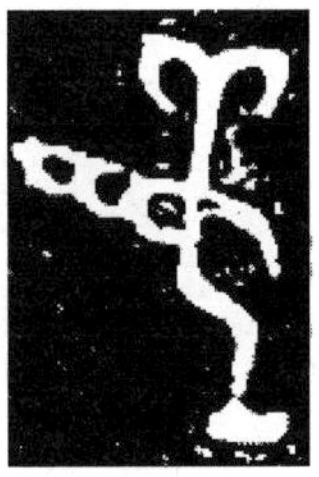 柔羌觚 6926
 羊庚爵 8051	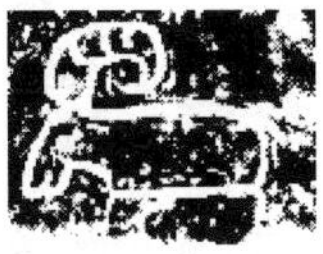 羊己觚 6835			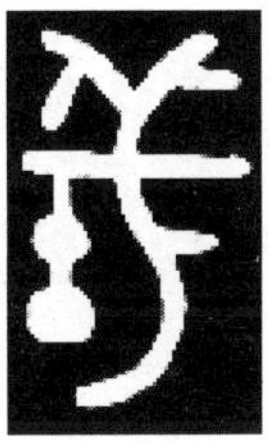 亞羌壺 9544 四期	
 羊器 10484				 亞羌鼎 1405	
				 魚羌鼎 1464	

212⿰彳羌　　　　213⿱羊朋　214⿱羊羊

 ⿰彳羌父戊爵 8521 三期	 亞⿰彳羌父戊鼎 1863 四期	 ⿰彳羌方彝 9829	 ⿰彳羌簋 2937	 ⿱羊朋觚 6659	 ⿱羊羊爵 7515 二期
 ⿰彳羌觚 E635 三四期	 ⿰彳羌觚 6563		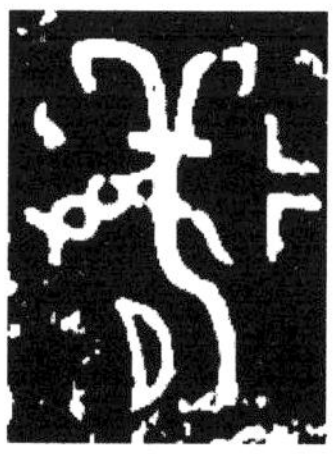 ⿰彳羌卣 4778	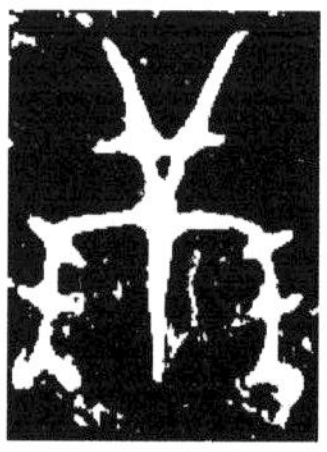 ⿱羊朋觚 6660	 亞⿱羊羊斝 J921 二期
 ⿰彳羌觚 6562 三四期	 ⿰彳羌觚 6564	 ⿰彳羌戈 10649	 ⿰彳羌鼎 1029	 ⿱羊朋觚 6661	 ⿱羊羊鼎 1107 三期
 亞⿰彳羌爵 7791 四期	 ⿰彳羌爵 7399	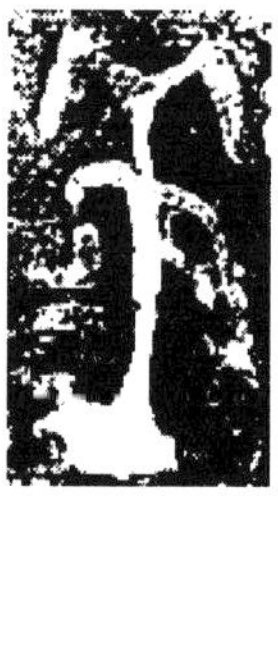		 ⿱羊朋戈 10721	 ⿱羊羊鼎 1109 三期
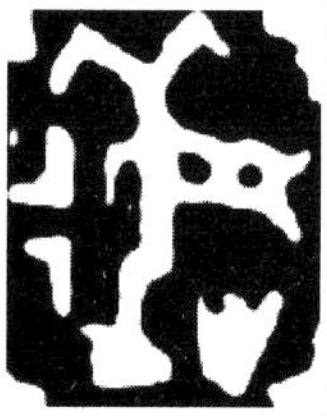 亞⿰彳羌爵 7792 四期	 亞⿰彳羌爵 7790	 ⿰彳羌戈 10650			 ⿱羊羊觚 J699 三四期

□觚 6658 三四期

□爵 7514

□鼎 1108

215 雔

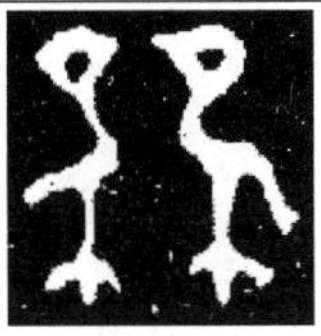
雔父癸爵 8698 三四期

雔父己觚 7134 四期

216 集

*集母乙觶 6540 四期

集觚 J700 四期

217 鳥

鳥戈 10711 中商

鳥□觚 7056 二期

鳥戈 J1064 二三期

鳥爵 7570 三四期

鳥卯爵 8221 三四期

鳥祖癸爵 8363 三四期

鳥父癸爵 8695 三四期

亞鳥父甲鼎 1817 三四期

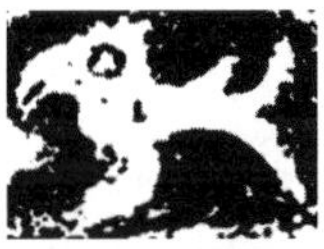
鳥□卣 5017 三四期

鳥父乙鬲 476 四期

亞从父丁鬲 539 四期

鳥□簋 J413 四期

鳥鼎 1120 四期

鳥鼎 1121 四期

鳥父癸鼎 1685 四期

 亞魚鼎 1741 四期	 告田父乙卣 5347 商末周初	 鳥觚 6672	 鳥觚 6673	 鳥爵 7571	 鳴觶 6034 三四期
 鳥宁祖癸鬲 496 四期	 [illegible]保[illegible]觶 E621 商末周初		 鳥觚 6674 二三期	 鳥爵 7572	
 鳥父乙觚 7088 四期		 鳥祖甲卣 4889	 鳥觚 6675	 [illegible]鳥爵 8248	
 鳥父癸爵 8694 四期	 亞鳥父丁盉 9403 商末周初	 鳥父甲卣 4902	 婦鳥觚 6870	 鳥斝 9135	
 鳥父癸尊 5677 四期		 鳥祖尊 5514	 鳥爵 7569	 鳥父辛盤 10044	

219 鳳

翌鳳觶 J671 四期

220 鳶

鳶鐃 359 二期

鳶鼎 1123 二期

鳶鼎 1124 二期

鳶簋 2981 二期

鳶觚 6677 二期

鳶父丁觚 7118 二期

鳶爵 7574 二期

鳶爵 7573 二三期

鳶方罍 9747 三期

鳶方罍 J976 三期

鳶方彝 9836 三期

鳶勺 9905 三四期

鳶卣 4787 三四期

鳶祖辛卣 4897 四期

鳶父辛簋 3201

㫃母鳶簋 3227

鳶觶 6072

鳶觚 6676

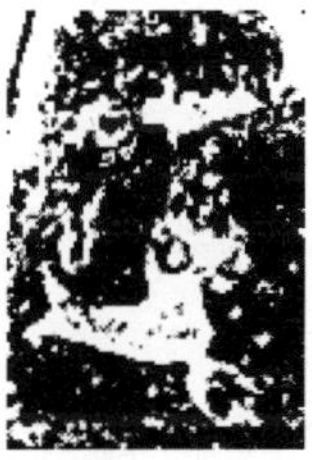

鳶觚 6678

221 ⿱癶鳥

⿱癶鳥戈 10710

222 ⿱鳥丙

⿱鳥丙父乙簋 3153 四期

叀⿱鳥丙父癸爵 8968 四期

⿱鳥丙癸爵 8069

⿱鳥丙父乙爵 8399

⿱鳥丙父乙爵 8413

223 ⿱鳥冉

⿱鳥冉祖己觚 7079 三四期

子⿱鳥冉君鼎 1910 四期

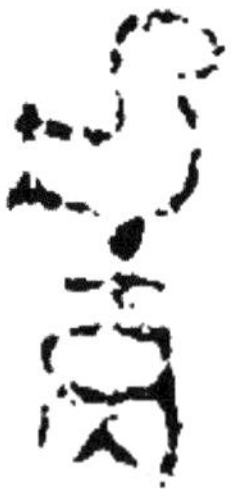

⿱鳥冉斝 9136

⿱鳥冉弓形器 11869

⿱鳥冉父乙卣 4928

⿱鳥冉父丁鼎 1586 四期

⿱鳥冉父丁觚 7119

⿱鳥冉父己觶 6288

224 ⿱鳥廾

⿱鳥廾爵 E711 四期

225 ⿱鳥豕

⿱鳥豕爵 8222

226 鴢

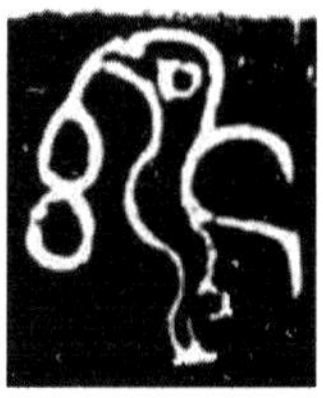

亞矣鴢婦方罍 9794 三期

227 冓	228 叀		229 叀口	230 玄	231 𠬪
 南單冓觚 7191 四期		 叀♠爵 E747 四期	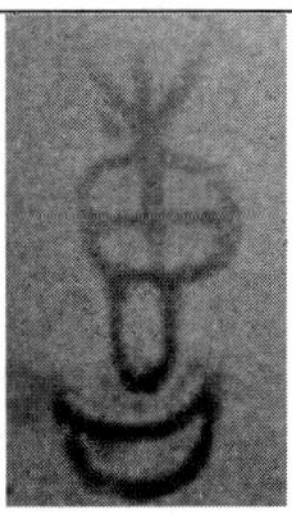 叀口尊 E576 四期	 玄冊父癸簋 J411 三期	 𠬪聑觚 6934
	 叀卣 4785 二三期	 叀冊鼎 1360		 寢玄爵 8296	 𠬪聑觚 6935
	 叀爵 7699 三四期	 叀戈 10749		 玄父癸爵 8719	 𠬪興父辛爵 8951
	 戈叀爵 8232 三四期				
	 叀庚父丁爵 8915 三四期				

爰

 爰鐃 J111 三期	 爰鼎 J182 三期	 爰爾卣 E496 三期	 爰觚 J691 三期	 爰斝 J916 三期	
 爰鼎 J180 三期	 爰父癸甗 824 三四期	 爰[illegible]觶 6180 三期	 爰爵 J689 三期	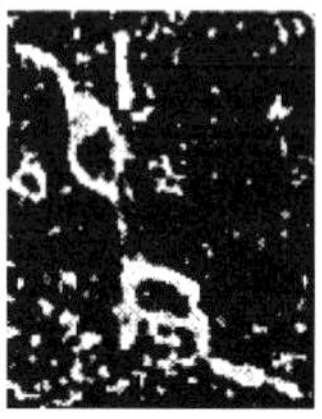 爰罍 J973 三期	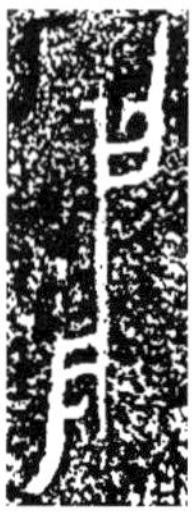 爰方彝安陽 36 頁
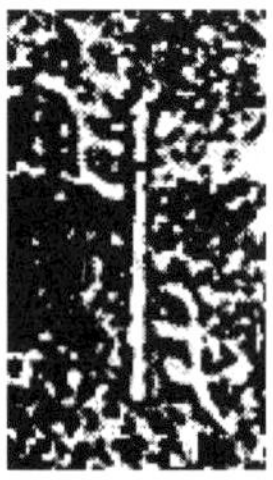 爰鼎 J181 三期	 爰簋 J368 三期		 爰爵 J690 三期	 爰戈 E1050 三期	 子[illegible]爰爵 8766
 爰鐃 J112 三期	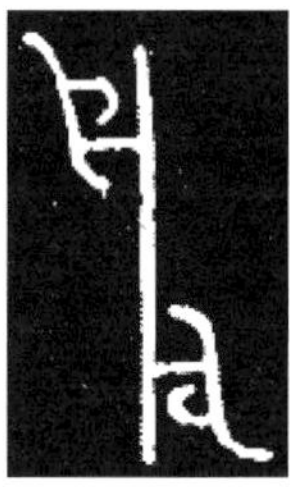	 爰父癸觶 6339 三期	 爰爾爵 8174 三期	 爰戈 10684	
 爰鐃 J113 三期	 爰卣 4738 三期	 爰觚 J690 三期	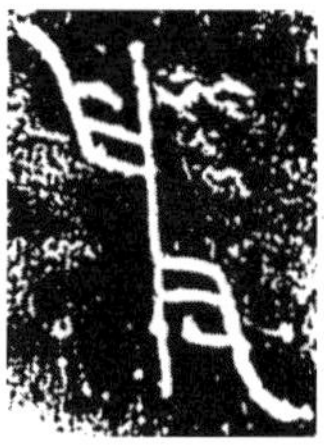 爰斝 9126 三期	 爰爵 7459	

233 受

 受簋 3031 二期	 亞若癸簋 3713 三四期	 亞覃尊 5911 四期	 亞若癸鼎 2401 四期	 亞若癸觚 7309 四期	 亞受鼎 2594
 受祖己父辛簋 E376 二期	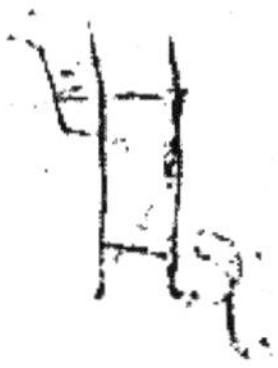 受卣 4737 三四期	 亞覃尊 5949 四期		 齒受祖丁尊 5714 商末周初	 亞若癸尊 5937
 受觶 6041 二期	 受觚 6601 三四期	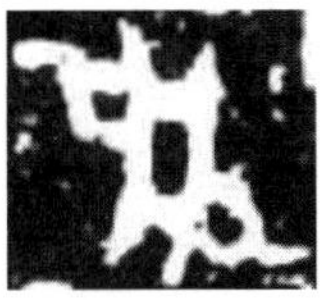 亞若癸鼎 2402 四期	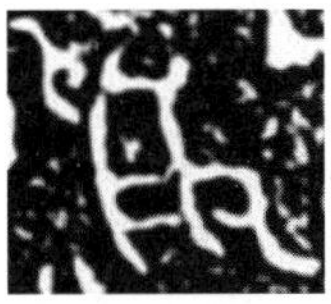 亞若癸方彝 9886 四期	 受鐃 374	 亞若癸尊 5938
 受簋 3030 三期	 受觚 6603 三四期	 受觚 6602 四期		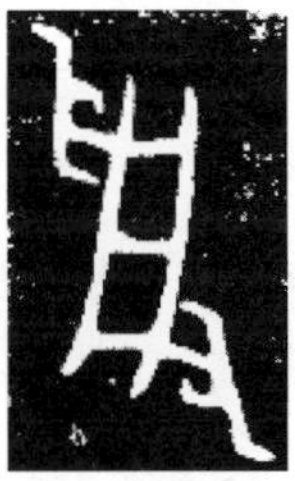	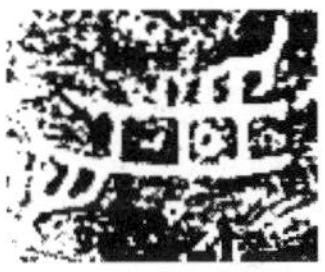
 亞受鼎 1740 三期	 亞若癸鼎 2400 四期	 亞若癸觚 7308 四期	 亞若癸方彝 9887 四期	 受父己卣 4958	 受父乙觶 6229

	234奴	235爰	236[石爰]	237 冎	238 羸
 受爵 7460	 作冊般黿 E967 四期	 亞爰觚 6984		 酉冎戈 10880 三四期	 子羸爵 8100 二期
 受戈 10682			 宰甫卣 5395 四期	 冎父丁㽙 9221 四期	 子羸觚 6906
 亞受戈 10843				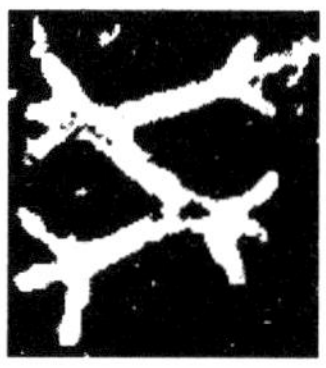 酉冎爵 8275	
				 酉冎爵 8276	

239 刀			240 删	241 刄	242 剢
 子父癸鼎 2136 四期	 子糸▲刀觚 7255	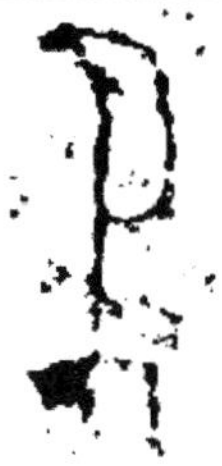 子刀觶 6139	 删鼎 1501	 刄祖癸觶 6212 三期	 剢爵 7527 二 期
 子糸▲刀簋 E366 四期	 刀爵 7609	 冂刀觚 7069		 子作父戊觶 6496	 剢爵 7528 二 期
 子刀爵 8116 四期	 刀爵 7610	 子刀父乙鼎 1826	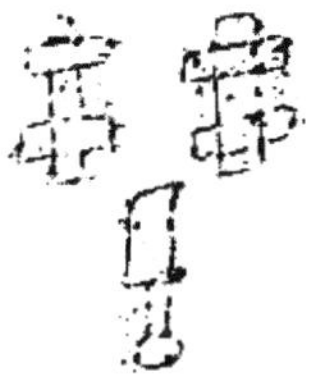 删卣 4865 四 期	 刄戈 10681	 剢觚 6650 二 三期
 子刀父丁觚 7229 四期	 凵刀爵 8238	 子刀父辛鼎 1882	 删尊 5584	 刄胄 11879	 剢父丁爵 8464 四期
 子糸刀父己 爵 9055	 刀口爵 8247		 删觚 7032		 剢父己爵 8563 四期

243 剢		244 丯	245 耒		246 角
 刹尊 J607 四期  刹父辛鼎 1644  刹簋 2970	 剢妣乙爵 8735  剢父癸爵 J889 四期	 丯父癸爵 8710	 耒觚 7202 二期  耒簋 2969 三期   耒父丁卣 4946 三四期  耒父丁卣 4945	 耒爵 8805  耒方彝 9869 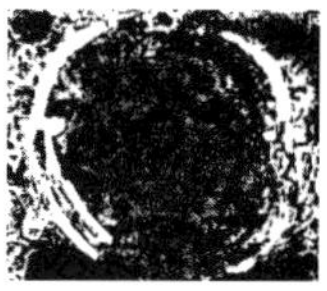 耒鉞 11755	 角字父戊鼎 1864 三期  角万方彝 9860

247 竹　　　　248 箙

竹					箙
 竹旟卣 4852 三期	 耳竹爵 8269 三四期	 亞寘父丁觚 7293 四期	 孤竹父丁罍 9810 商末周初	 竹觚 6741	 箙鼎 1217 二期
	 耳竹爵 J861 三四期	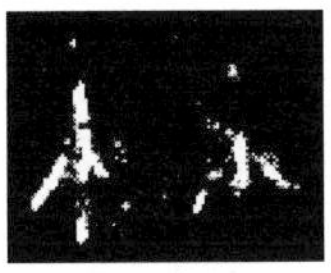 竹祖丁簋 3137 四期	 乚竹爵 8270	 聑竹爵 8206	 箙鼎 E154 二期
 劦冊竹卣 5006 三四期	 聑竹觚 6932 三四期	 竹[宀壴]父戊方彝 9878 四期	 竹司爵 8271		 箙卣 4781 二期
	 亞寘孤竹迺鼎 2033 四期	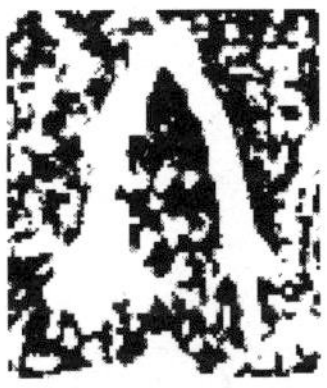 竹[宀壴]父戊方彝 9879 四期	 婦竹爵 8755		
 亞寘父丁卣 5271 三四期	 亞寘鄉宁鼎 2362 四期	 亞寘孤竹方罍 9793 商末周初	 聑竹爵 8205		 箙貝卣 4882 二期

 簸尊 5464 二期	 絴簸鼎 J219 三期	 ◇簸䍃觚 7188 三期	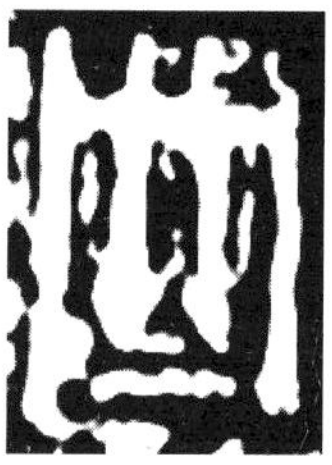 䍃簸父癸觚 7249 三四期	 簸父庚鼎 1625 四期	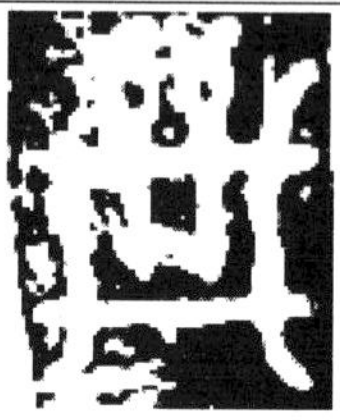 五簸爵 8240 四期
 簸亠爵 8140 二期	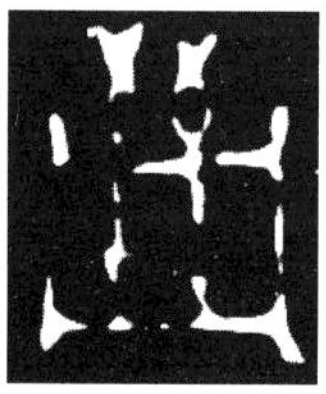 簸父乙鼎 1539 三期		 戉簸卣 E497 四期	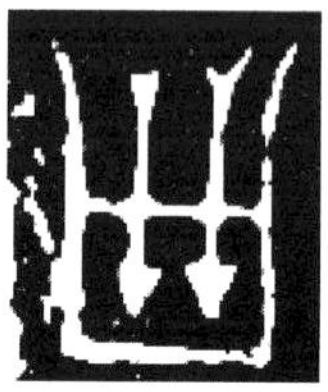 壴簸父辛尊 5748 四期	 簸戊爵 J859 四期
 簸𠦪壺 J947 二三期	 ◇簸䍃爵 8814 三期	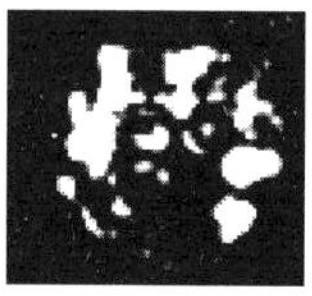 戉簸祖乙卣 5047 三四期		 宁簸觚 E673 四期	
 簸𠦪爵 8241 二三期	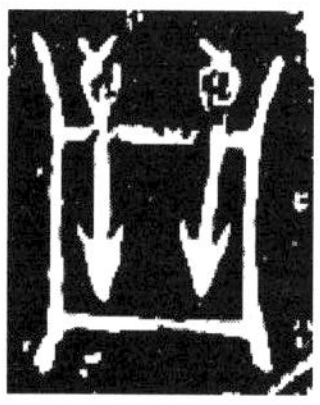 簸觶 6052 三期	 𠂤簸㚒辰卣 5101 三四期	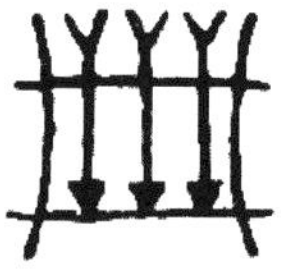 簸貝父辛卣 5088 四期	 戉簸觚 E674 四期	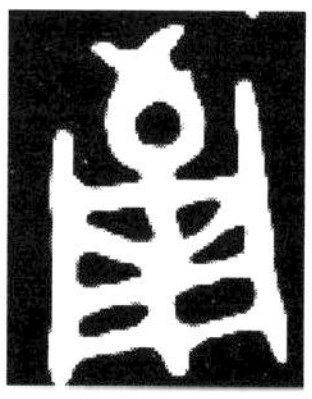 簸亞作父癸角 9102 四期
 簸鼎 1216 三期	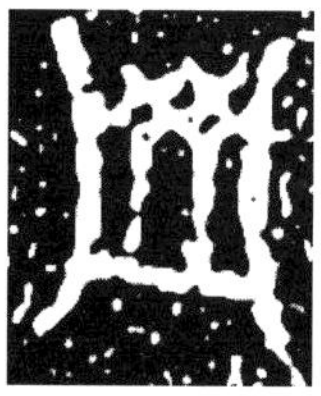 戉簸觶 J654 三期	 簸𠂤父癸甗 846 三四期	 宁簸簋 E349 四期	 宁簸爵 E749 四期	 簸斝 9142

 宁箙斝 E809 四期	 箙鼎 1215	 箙爵 7636		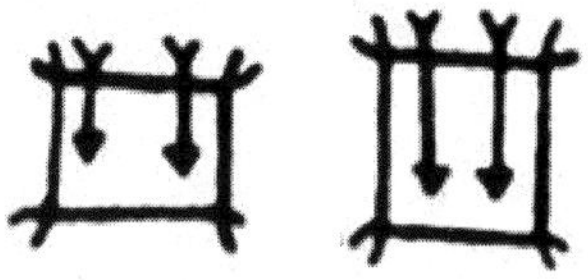 箙幺卣 J596 商末周初
 冊子弓箙卣 5142 四期	 箙父乙簋 3157	 卒箙爵 8242	 箙卣 4780	 ◇夆箙父乙簋 3302
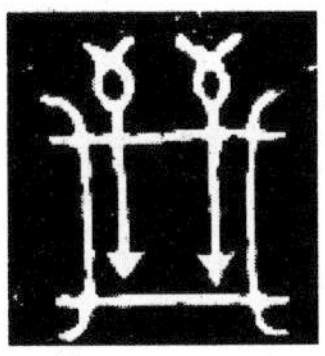		 子箙父己爵 8929	 箙盂 E960	
 箙参父乙盉 9370 商末周初	 箙戉冊父辛卣 5169	 ◇箙夆爵 J896	 箙戈 10728	
 箙▢父乙觶 6386	 箙爵 7635	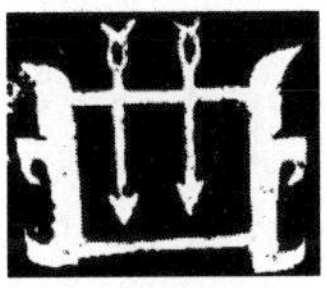 箙盤 10012		

249 其　　　　250 㠱

		 亞其矣卣 5015 商末周初	 亞㠱爵 7831 二期	 亞㠱爵 7836 二期	 亞㠱爵 7841 二期
 亞其戈父辛卣 5168 三四期	 六祀邲其卣 5414 四期	 智作祖甲罍 9823 商末周初	 亞㠱爵 7832 二期	 亞㠱爵 7837 二期	 亞㠱爵 7842 二期
 其訊觚 7302 四期	 二祀邲其卣 5412 四期	 [illegible]其[illegible]鼎 1959	 亞㠱爵 7833 二期	 亞㠱爵 7838 二期	 亞㠱爵 7843 二期
 亞邲其斝 J925 四期	 四祀邲其卣 5413 四期	 [illegible]其[illegible]卣 5012	 亞㠱爵 7834 二期	 亞㠱爵 7839 二期	 亞㠱觚 6946 二期
 亞口其鬲 472 四期	 亞其觚 6955 四期	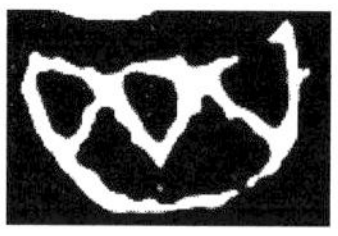 [illegible]其[illegible]斝 9226	 亞㠱爵 7835 二期	 亞㠱爵 7840 二期	 亞㠱觚 6947 二期

251 巽　　252 典

			251 巽	252 典	
 亞㠱觚 6948 二期	 亞㠱觚 6953 二期		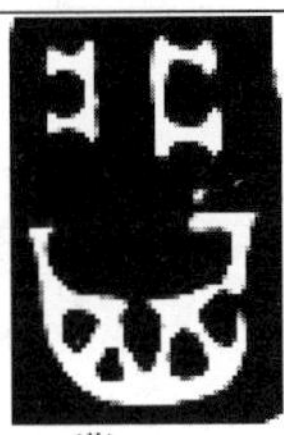 亞巽父己鼎 1868		 螘典弜斤盤 10046
 亞㠱觚 6949 二期	 亞㠱觚 6954 二期	 亞㠱卣 4817 二期	 亞巽乙觚 7183	 螘典癸卣 5010 三期	 螘典弜斤箕 10395
 亞㠱觚 6950 二期	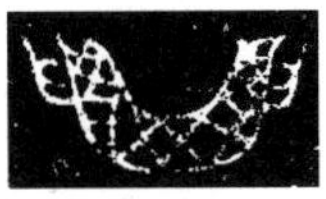 亞㠱斝 9127 二期			 螘典鼎 1358	
 亞㠱觚 6951 二期	 亞㠱斝 9163 二期			 螘典父乙卣 5051	
 亞㠱觚 6952 二期	 亞㠱勺 9912 二期			 典弜父丁觶 6393	

253 曆

曆作祖己鼎 2245 四期

小子畬卣 5417 四期

254 曰

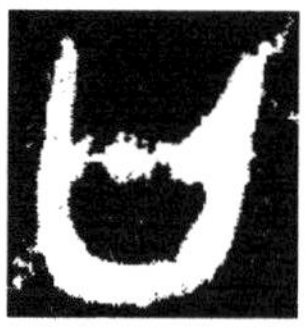

四祀邲其卣 5413 四期

小子畬卣 5417 四期

作冊般黿 E967 四期

亞受鼎 2594

255 曹

天曹父乙爵 8864

天曹父癸爵 8956

256 乃

乃孫作祖己鼎 2431 商末周初

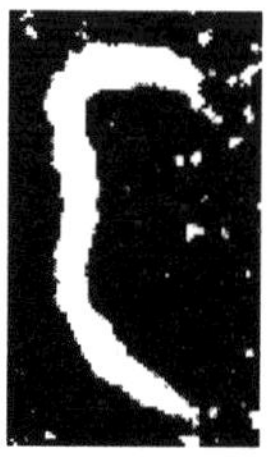

智作祖甲罍 9823 商末周初

257 迺

亞寠孤竹迺鼎 2033 四期

258 兮

兮建觚 6921 二期

兮爵 7734 二期

兮鉞 J1246 二期

兮建父丁觚 J751 四期

兮鼎 1467

259 羲　　260 乎　　261 于

兮建父丁爵
8896

兮戈 10725

兮鉞 11726

亞羲方彝
9852 四期

丯徵乎卣
5016

戉甬鼎 2694
四期

亞寘鼎 2427
四期

二祀邲其卣
5412 四期

作冊豊鼎
2711 四期

[糸聿]作父乙簋
4144 四期

小子畬卣
5417 四期

龔姛觚 7311
四期

麇婦觚 7312
四期

戉鈴方彝
9894 四期

作冊般黿
E967 四期

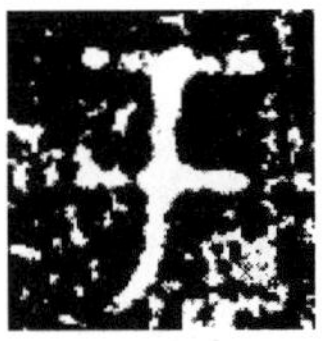
龔姒鼎 2433
商末周初

龔姒鼎 2434
商末周初

婦未于黿鼎
1905 四期

262 壴	263 彭	264 豆	265 豊	266 豐	267 虎
 壴鼎 1175 二期 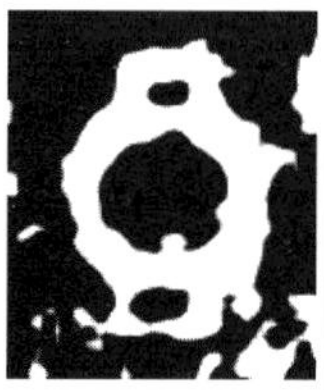 庚壴父癸爵 8972 四期  壴父乙器 10517	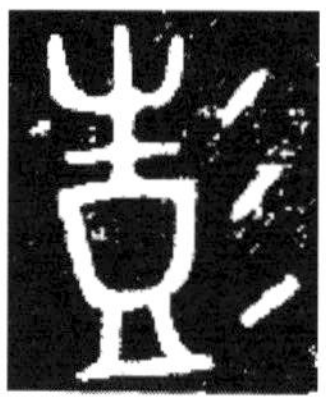 彭母甗 856 商末周初  彭母卣 5110 商末周初  彭母簋 3343	 豆作父丁鼎 E259 四期   宰甫卣 5395 四期  豆爵 7603 四期  豆冊父丁盤 10051 四期	 作冊豊鼎 2711 四期	 丰徵豐鼎 J223 四期  丰徵豐鼎 J223 四期  丰徵豐簋 3241	 虎爵 7508 四期  虎簋 2978

268 虢

虢觚 7035 四期

虢父乙觚 7223 四期

虢爵 J787 四期

虢爵 J788 四期

虢錛 11783 四期

269 [角虎]

車[角虎]戈 J1091 三四期

270 椃

椃父辛觚 7150 四期

椃父辛觚 7146 四期

宰椃角 9105 四期

271 虎

虎尊 5477 二期

虎父乙爵 8397

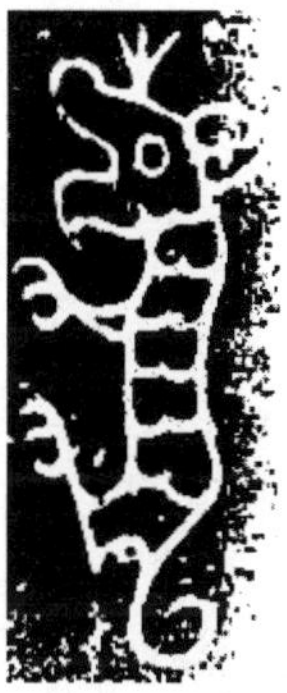

虎父乙卣 8397

272 [厂虎殳]

亞[厂虎殳]父乙鼎 1820

273 皿		274 盂	275 盥		
 皿[illegible]爵 J863 三四期	 皿父丁爵 8475	 寢小室盂 10302 二期	 亞盥鼎 E176 三期	 盥丶爵 8191 三期	 盥丶鼎 1480
 作母皿簋 3240	 皿父辛爵 8625	 盂鼎 J306 四 期	 亞盥簋 3100 三期	 盥父癸爵 8685	 盥丶爵 8192
 皿爵 7604		 盂鼎 J307 四 期	 亞盥爵 7800 三期	 盥母觚 6874	 盥爵 7607
 皿爵 7605			 亞盥觚 6991 三期	 盥母觶 6149	
 皿父丁爵 8474			 亞盥卣 4819 三期	 盥丶鼎 1479	

276 盤	277 ⿱壴皿	278 ⿱丕皿	279 ⿱㫃皿	280 ⿰皿凡	281 ⿱大皿
 亞盤父丁簋 J417 三四期  亞盤尊 5571	 子⿱畗毋君⿱壴皿鼎 1910 四期 當是⿱齊鼎字異體	 ⿱丕皿鉞 J1245 二期  ⿱丕皿爵 7606  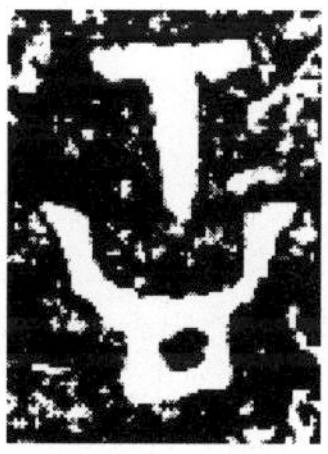 ⿱丕皿弓形器 11870	 ⿱㫃皿鼎 1174 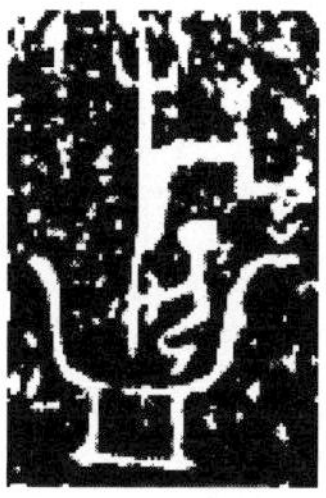 ⿱㫃皿祖庚父辛鼎 1996  ⿱㫃皿婦鼎 1344  ⿱㫃皿觚 6537	 ⿰皿凡爵 738	 ⿱大皿鼎 J168 四期

282 丶	283 主	284 丹	285 青	286 井	287 皀
 盥丶爵 8191 三期 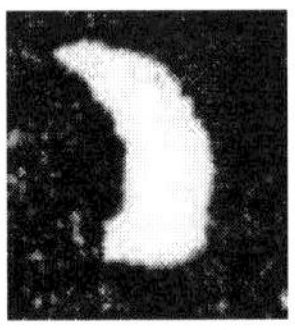 盥丶鼎 1479  盥丶鼎 1480  盥丶爵 8192	 子脊主鼎 1716 三期  主妣丙爵 8737 四期  主父己觶 6274  主庚爵 8047	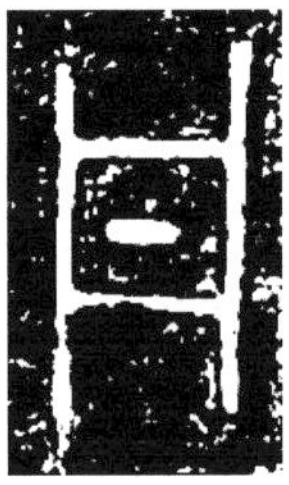 丹卣 J552 三期	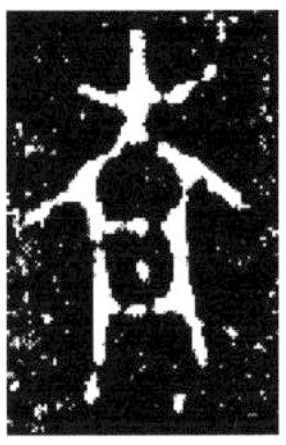 亶青鼎 1297 四期	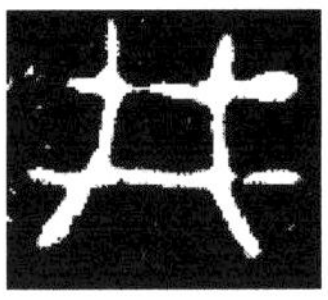 尹光鼎 2709 四期 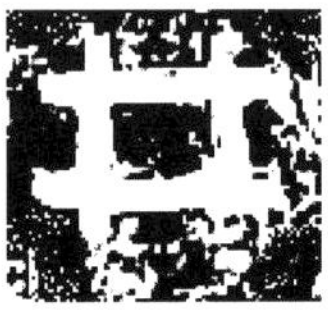 亞井觶 6163	 皀祖辛爵 8351

288 㝉	289 既	290 飲		291 爵	292 冋爵
 㝉父癸爵 8722 四期	 二祀邲其卣 5412 四期  既觚 6792	  句飲父辛卣 5089 三四期   飲癸卣 4839 三四期  飲觚 6566	 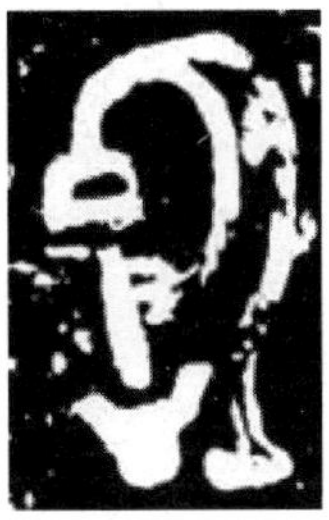 飲癸卣 4840  飲爵 7389  飲示爵 8159  飲觚 6567	 爵耳倗祖丁 爵 8840	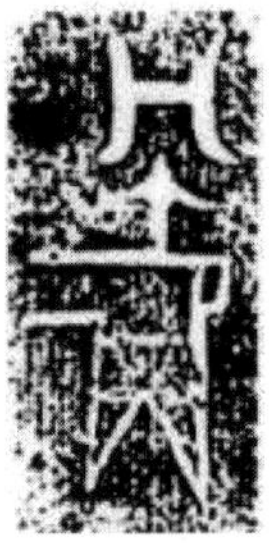 冋爵簋 3037 二 期

293 鄉

 鄉宁鼎 1362 二期	 鄉宁斝 9195 二期	 鄉宁癸鼎 1700 二期		 鄉宁父乙鼎 1824 四期	
 鄉宁簋 3111 二期	 鄉宁方彝 9856 二期	 鄉宁壺 9481 二三期	 鄉宁方彝 9858 三期	 亞寞鄉宁鼎 2362 四期	 宰甫卣 5395 四期
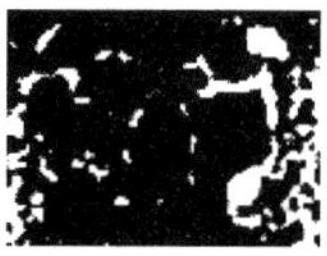 鄉宁尊 5577 二期	 鄉宁方彝 9857 二期	 鄉宁壺 9482 二三期	 鄉宁爵 8175 三四期	 尹光鼎 2709 四期	 鄉宁鼎 1363
 鄉宁辛觚 7163 二期	 鄉宁乙鼎 1699 二期	 鄉宁觚 7003 三期	 鄉宁己觚 7162 四期	 鄉爵 J906 四期	 鄉宁鼎 1364
 鄉斝 9121 二期	 鄉宁癸鼎 1701 二期	 鄉宁戈 J1089 三期	 鄉宁父癸簋 3337 四期	 鄉宁父乙觶 6382	 鄉宁爵 8177

		294 䆐	295 餗	296 合	297 倉
 鄉宁爵 E730  鄉宁辛爵 8797  鄉爵 7408  鄉宁爵 8176  鄉宁觚 7004 四期	 鄉宁器 10502  鄉宁器 10503	 戍嗣鼎 2708 四期	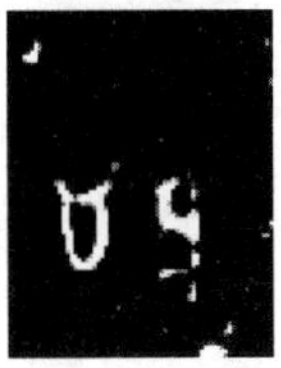 尹光鼎 2709	 合冑 11880  合冑 11881  合冑 11882  合冑 11883  合冑 11884	 倉鼎 1142

298 入　　299 内　　300 缶　　301 矢

298 入

敦方鼎 E314 四期

299 内

内耳爵 8207

300 缶

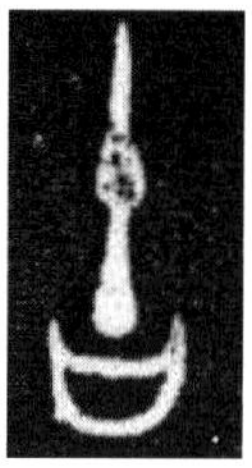

小臣缶鼎 2653 四期

偁缶作祖癸簋 3601 商末周初

301 矢

矢鼎 J194 二期

亞矢父乙簋 3298 二期

矢爵 J779 二期

矢宁爵 8244 二三期

矢宁父乙鼎 1825 三期

宁矢鼎 1453 四期

宁矢鼎 J224 四期

宁矢觚 E670 四期

宁矢觥 9258 四期

矢盉 9313 四期

作冊般鼋 E967 四期

矢戎父己觶 6401

宁矢觚 7007 三四期

宁矢觚 7008 三四期

矢丙爵 8245

302射　　303侯　　304叙

 矢爵 7633	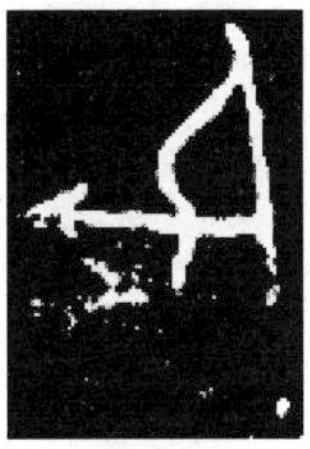 射妇桑鼎 1377 二期	 射爵 7634	 正侯簋 3127 二期	 叙簋 2956 二期	 叙鼎 1069
 矢宁爵 8243	 射妇桑鼎 1378 二期		 侯瓿 9943 二期	 叙父己觚 7131 三四期	 叙鬲 449
 矢父癸爵 8701	 射妇桑鼎 1379 二期	 作冊般鼋 E967 四期	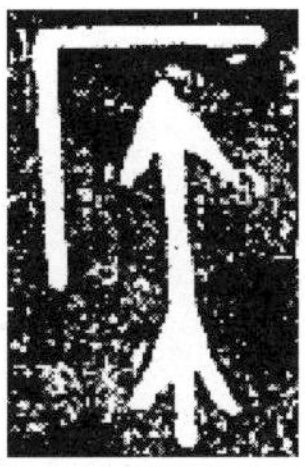 子侯卣 4847	 叙尊 J606 四期	 叙簋 2955
 矢戈 10773	 射妇桑方形器 10286 二期		 郾侯妊尊 E558 四期	 叙父戊簋 3189 四期	 叙爵 7451
	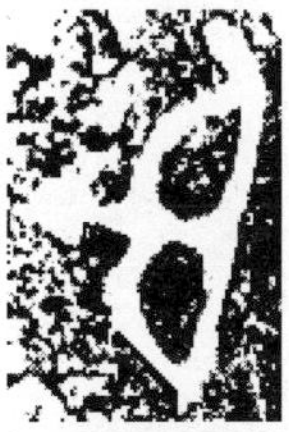 射妇桑觚 6878			 叙父己爵 8561 四期	 叙爵 7452

	305 知	306 高	307 亳		308 亳
 叙觚 6599	 知祖丙爵 8812 二三期	 亞高父丁罍 9807	 亳斝 9245 四期	 亳鼎 2262	 戈亳冊簋 3237 三期
 叙父戊觚 7123	 知祖丙爵 8810		 亳尊 5888	 亳觚 7297	 戈亳冊父丁簋 3428
	 知祖丙爵 8811		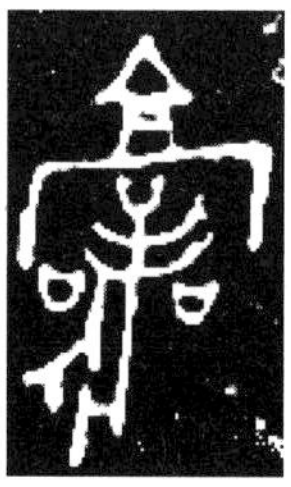	 亳觚 7298	 亳戈冊乙觚 7253
			 亳卣 5295		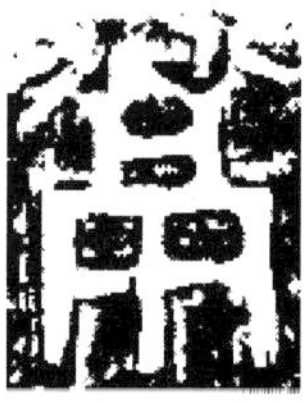 亳戈冊父乙觚 7262
			 亳爵 9075		 亳冊戈 10876

309 京　　310 就　　311 亯

京父己簋 3193

子就鼎 1313 二期

子就鼎 1314 四期

聑簋 3975 四期

子就爵 8767

亯□觥 9262 二期

小臣缶鼎 2653 四期

亯祖癸鬲 473 四期

□冊亯尊 5689 四期

□亯冊觚 7169 四期

亯冊觚 E665 四期

□亯冊觚 7167 四期

□亯冊觚 7168 四期

亯父癸爵 8709 四期

冊亯□罍 E885 四期

亯盾鼎 1454 四期

犬祖辛祖癸鼎 2113

亯簋 2986

亯罍 9751

亯簋 2987

□亯卣 4860

□亯卣 4861

312 𦎫

□亯卣 4862

□冊亯觶 6358 四期

亞□亯瓿 9956

冊亯□器 10526

□亯冊觚 7170

𦎫鼎 1141 二期

𦎫觚 E622 三四期

𦎫爵 8216

𦎫爵 8217

𦎫爵 8218

𦎫觚 6740

𦎫卣 4758 三四期

𦎫器 10511

𦎫丁鼎 1289

車𦎫觚 7046

車𦎫觚 7047

313 覃

亞□匕 10476 三期

覃父己爵 8577 四期

亞覃父丁爵 8890 四期

亞□覃父乙簋 3419 四期

亞覃尊 5911 四期

	314 厚	315 畐	316 ⿰大畐	317 良	318 亯
 亞覃尊 5949 四期  亞□覃父甲鼎 1998  北覃父己簋 3324 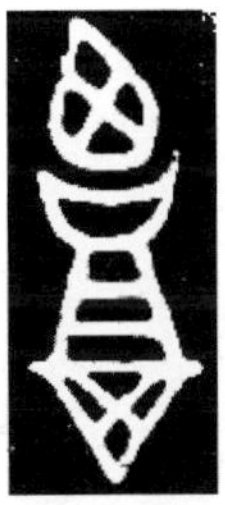 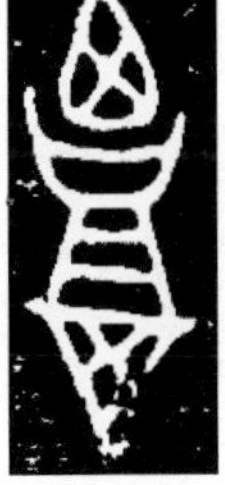 亞覃父乙卣 5053	 戈厚作兄日辛簋 2665 商末周初	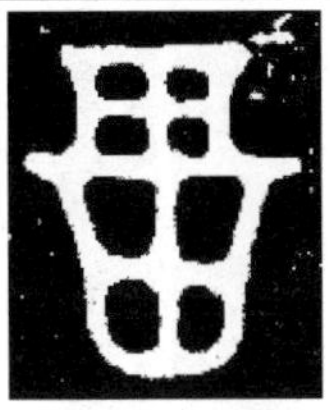 畐父辛爵 8628 四期  畐父辛爵 8627	 ⿰大畐鬲 446  ⿰大畐戈 10640	 子□器 10513	 卜亯觚 7036 二期  亯爵 8279 二期  亯斝 9146 二期  亯戈 10744 二三期  亯觚 6738

	319 啚	320 嗇	321 來	322 夒	323 夆
 亯觚 6739	 子啚爵 8768	 嗇爵 7727	 作冊般甗 944 四期		 二祀邲其卣 5412 四期
				 小臣俞尊 5990 四期	
			 宰甫卣 5395 四期	 夒鼎 1117	
			 小臣俞尊 5990 四期	 夒鼎 1118	
			 戍鈴方彝 9894 四期	 夒爵 7344	

324 夆

朋父庚方罍 9808 商末周初

325 ⿱夂大

亞⿱夂大觚 6985

⿱夂大盉 9305 商末周初

326 ⿲彳⿱夂大亍

⿲彳⿱夂大亍卣 J546 二期

耳⿲彳⿱夂大亍父乙鼎 1834 商末周初

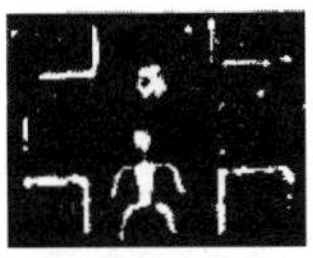
耳⿲彳⿱夂大亍父乙鼎 1835 商末周初

⿲彳⿱夂大亍父癸鼎 1896 商末周初

耳⿲彳⿱夂大亍父丁鼎 1853

耳⿲彳⿱夂大亍父乙鼎 2002

臼作⿲彳⿱夂大亍觶 6360

耳⿲彳⿱夂大亍父庚爵 9074

327 ⿱夆畐

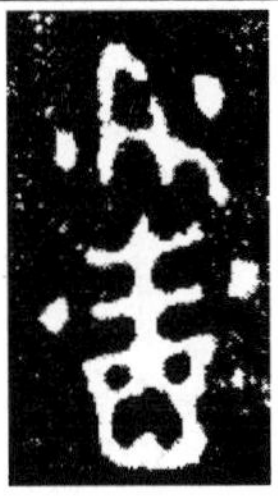

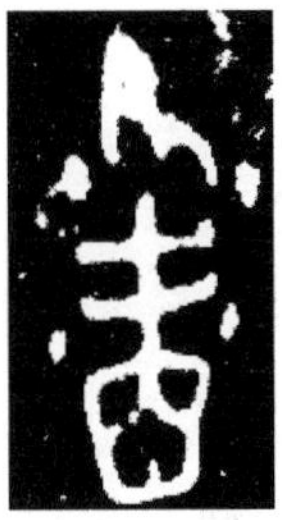

小子⿱夆畐卣 5417 四期

328 木

木觚 6743 二期

木戉祖戊觚 7214 二期

亞木守觚 7181 二期

木戊卣 4864 三四期

				329 杞	330 栩
	 木觚 6742 四期	 木[illegible]冊作母辛鼎 2328	 木[illegible]爵 8273		 栩鼎 1135 三期
 木父己觶 6280 三四期	 木竝爵 8182 四期	 木父辛鼎 1654	 木父辛爵 8633	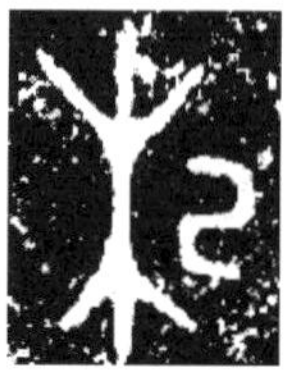 亞[illegible]杞婦卣 5097 三四期	 栩方彝 9839
 木甗 781 三四期	 木父丁爵 8477 四期	 木父壬鼎 1665	 亞父丁爵 9007		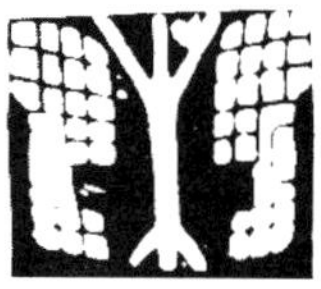 栩戈 10846
 木戊觚 6834		 木爵 7736	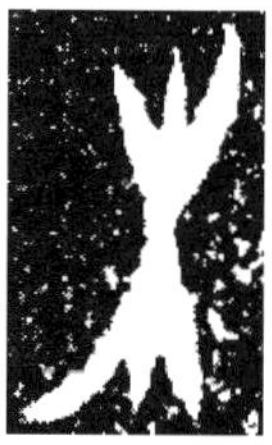 子[illegible]木父癸爵 9022		 栩器 10490
 子[illegible]木冊觚 7256	 [illegible]木父辛卣 5166	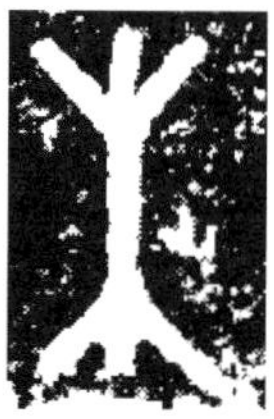 戉木爵 8209			

331 榮	332 果	333 柔	334 樂	335 析	336 休
  榮門父辛觶 J669 四期	 亞果鼎 1412  亞果觚 6974  亞果戈 10837	 柔羌觚 6926	 樂文觚 6920	 析父丁卣 E506 四期  析爵 7741 二期  子析爵 8120 四期  析父辛簋 3202 四期  析父丙卣 4936 四期	 休爵 7386  析爵 7742   析弓形器 11871

337椃	338柜	339 椺	340朾	341 東	342 林
 汱父乙壺 9566	 柜父乙壺 5147 四期	 四祀邲其卣 5413 四期	 朾爵 J764 三期	 東父乙尊 5615 二期  作冊豊鼎 2711 四期  東鬲 442 四期  東卣 4796  東父辛爵 8636	  林亞俞卣 5013

343 罍　344 在

 智作祖甲罍 9823 商末周初	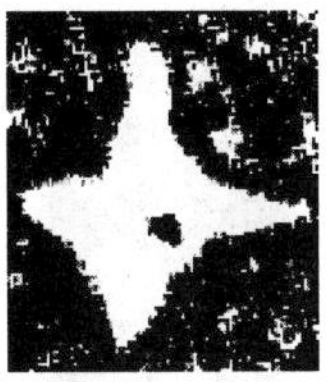 亞魚鼎 J339 四期	 寢孳方鼎 E311 四期	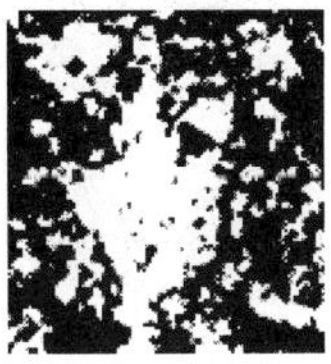	 犅伯𧦝卣 E546 四期	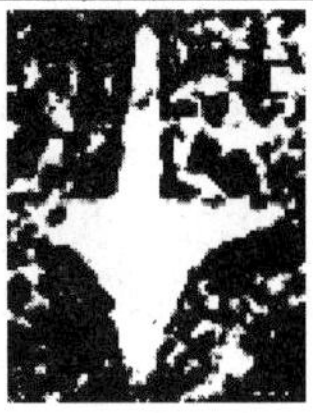 二祀邲其卣 5412 四期
		 𩰫方鼎 E314 四期	 小子䙷簋 4138 四期		
	 戌嗣鼎 2708 四期	 子𧾍簋 E398 四期	 𦀚作父乙簋 4144 四期	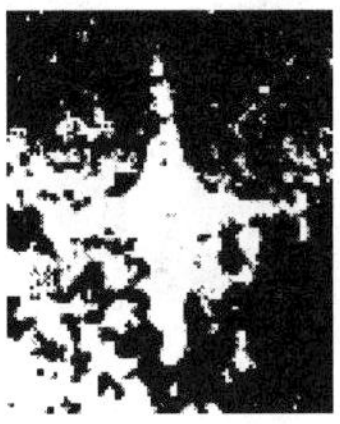 宰甫卣 5395 四期	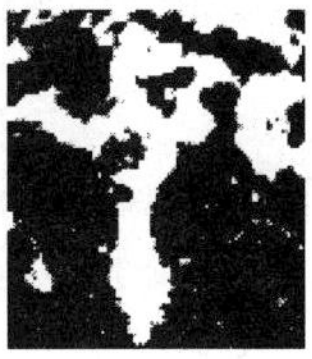
	 尹光鼎 2709 四期	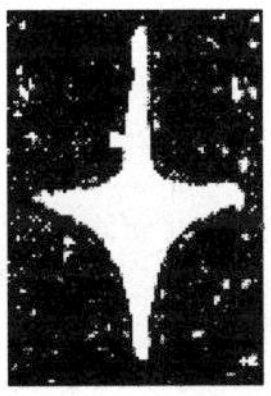	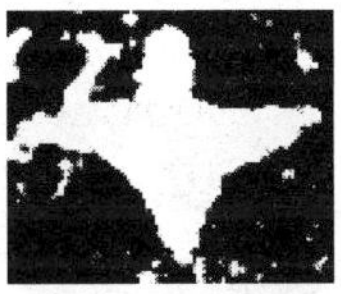		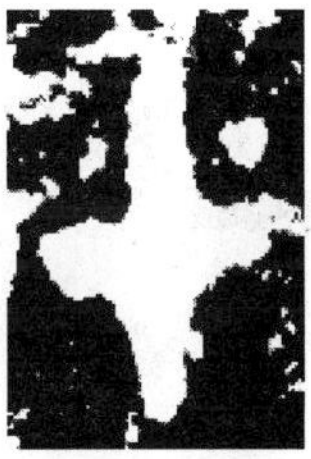 四祀邲其卣 5413 四期
	 寢蔑鼎 2710 四期	 亞古作父己 簋 3861 四期	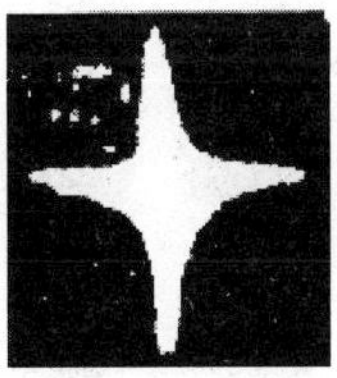 六祀邲其卣 5414 四期	 巂卣 5397 四 期	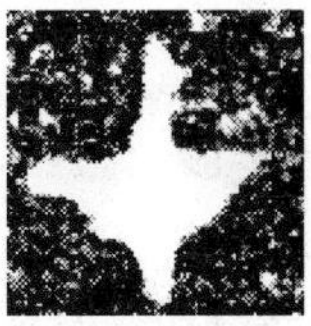 小子𠭯卣 5417 四期

345 桑 346 師

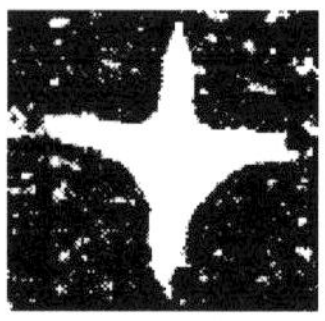
子□父乙爵 9088 四期

姒瓦爵 9098 四期
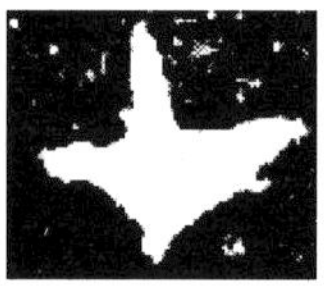

箙亞作父癸角 9102 四期

宰椃角 9105 四期

小臣邑斝 9249 四期

文嫊己觥 9301 四期

戍鈴方彝 9894 四期

乙未鼎 2425

小子□鼎 2648

小臣□卣 5379 四期

小臣□卣 5378 四期
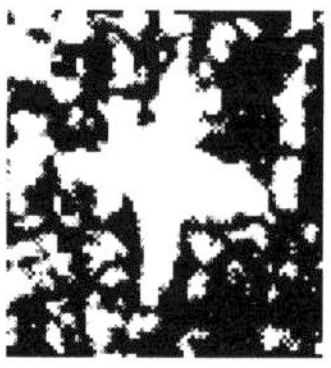
寢敄簋 3941

才父戊爵 8535

射婦桑鼎 1377 二期

射婦桑鼎 1378 二期
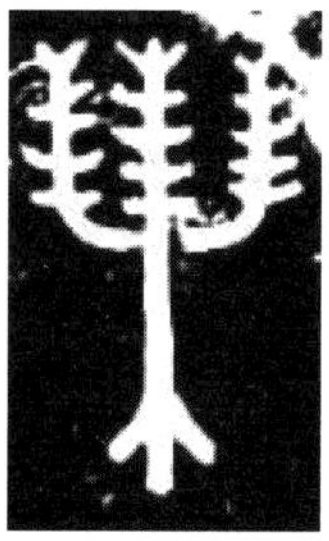
射婦桑鼎 1379 二期

射婦桑觥 6878

射婦桑方形器 10286

□作父乙簋 4144 四期

叡□卣 5373

347 出	348 朩	349 南	350 丰		351 乇
 寢出爵 8295 二期  辰寢出簋 3238 二期  出鼎 1050  出甗爵 8204	 朩爵 7726	 子南簋 3072 二三期  南單母癸甗 E111 四期  南單冓觚 7191 四期  南單觚 7014	 丰爵 E693 二期  丰丁卣 4825 三四期   丰父甲卣 4905 三四期	  犅伯䛩卣 E546 四期	  乇田舌卣 5019 三四期  奉盉 E833 四期

352 束	353 ⿵冂⿱十口	354 口	355 圖	356 因	357 困
 束父乙爵 8424 四期	 寑蔑鼎 2710 四期	 口己觚 6844 二期	 子廠圖尊 5682 四期	 卂因爵 E739 三期	 困冊父丁爵 8909
 戍鈴方彝 9894 四期	 ⿰糸聿作父乙簋 4144 四期	 口鼎 1064	 子廠圖方彝 9870		
 束方盤 10011 四期		 口⿱亼⿱丷八祖己觶 6370			
 亞束父丁簋 3308 商末周初					
 亞束觶 6161					

358 圂

圂觚 6652

圂觚 6653

359 囝

囝觚 J696 二期

囝爵 J782 四期

囝父辛爵 8597 四期

囝鼎 1047

囝鼎 1048

囝觚 6531

360 ⿴囗乙

⿴囗乙爵 7753

⿴囗乙爵 7754

361 ⿴囗旬

⿴囗旬胄 11888

362 ⿴囗丁

弓丁⿴囗丁觚 7189 三四期

弓丁⿴囗丁觚 7190

363 貝

箙貝卣 4882 二三期

甯卣 5353 三四期

[illegible]簋 3975 四期

亞古作父己簋 3861 四期

作冊般甗 944 四期

亞魚鼎 J339 四期

戍甬鼎 2694 四期

戍嗣鼎 2708 四期

尹光鼎 2709 四期

寢蕽鼎 2710 四期

作冊豊鼎 2711 四期

小子[illegible]簋 4138 四期

[illegible]作父乙簋 4144 四期

[illegible]方鼎 E314 四期

[illegible]作母乙卣 5367 四期

寢魚簋 J454 四期

箙貝父辛卣 5088 四期

小子省卣 5394 四期

小臣俞尊 5990 四期

宰甫卣 5395 四期

巂卣 5397 四期

子啓父辛尊 5965 四期

<table>
<tr>
<td>
麇婦觚 7312
四期</td>
<td>
四祀邲其卣
5413 四期</td>
<td>
小臣邑斝
9249 四期</td>
<td>
龔姒鼎 2433
商末周初</td>
<td>
奄父乙爵
9050</td>
<td>
亞受鼎 2594</td>
</tr>
<tr>
<td>
奄父乙爵
9051 四期</td>
<td></td>
<td>
文嫊己觥
9301 四期</td>
<td>
龔姒鼎 2434
商末周初</td>
<td>
敱作父癸角
9100</td>
<td></td>
</tr>
<tr>
<td>
小子夫父己
尊 5967 四期</td>
<td>
小子畣卣
5417 四期</td>
<td>
戍鈴方彝
9894 四期</td>
<td></td>
<td>
寢敄簋 3941</td>
<td></td>
</tr>
<tr>
<td>
龔姛觚 7311
四期</td>
<td>
寢魚爵 9101
四期</td>
<td></td>
<td>
馭卣 5380</td>
<td></td>
<td></td>
</tr>
<tr>
<td>
二祀邲其卣
5412 四期</td>
<td>
宰椃角 9105
四期</td>
<td>
箙亞作父癸
角 9102 四期</td>
<td>
貝車爵 8252</td>
<td>
小子𦉶鼎
2648</td>
<td></td>
</tr>
</table>

364 賓

㪜方鼎 E314 四期

小子𡨦簋 4138 四期

二祀邲其卣 5412 四期

乃孫作祖己鼎 2431 商末周初

賓母觚 6872

賓母觚 6873

賓匚爵 8277

365 責

小臣缶鼎 2653 四期

366 賈

賈鐃 375 二期

賈爵 J793 三期

賈觚 6646

賈戈 10720 二期

賈爵 7651

賈爵 7650

賈鉞 11725 二期

賈罍 9750

▲賈觥 9256 二三期

賈冑 11885

賈鼎 1167 三期

賈冑 11886

367 賞

戍甬鼎 2694 四期

姒瓦爵 9098 四期

乙未鼎 2425

寢敄簋 3941

368 買

車買爵 8250 三四期

車買爵 8251 三四期

買車罍 9196 三四期

買車卣 4874 三四期

買車尊 5590 三四期

買鼎 1168

買車觚 7048

369 貺

二祀邲其卣 5412 四期

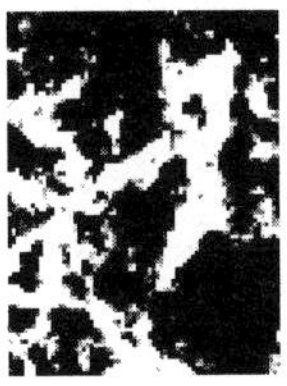
作冊般黿 E967 四期

370 賊

賊父癸鼎 1695 二期

賊父癸爵 8704 二三期

賊己鼎 1294 三期

賊觚 6710

賊己鼎 1295

賊己卣蓋 4830

賊己卣 4831

賊父乙鼎 1537

賊己卣 4829

371 貴

貴甲罍 9773 三四期

貴祖■鼎 J229 四期

372 貝

羊貝車觚 7201 三四期

373 旬

旬戈 10722

374 朋

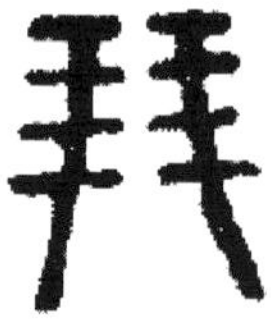

寏作母乙卣 5367 四期

宁朋觚 7011

朋父庚方罍 9808 商末周初

375 邑

邑鼎 J170 四期

祖辛父辛鼎 E243 四期

邑祖辛父辛觶 6463 四期

小臣邑斝 9249 四期

邑爵 7588

邑爵 7589

亞車邑瓿 9958

376 章

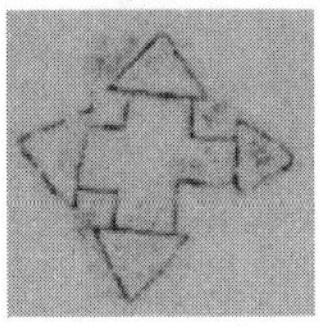

宁章甗 792 一期

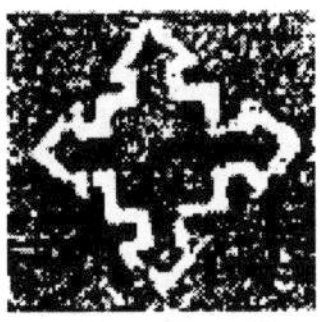

章辛鼎 1296 二期

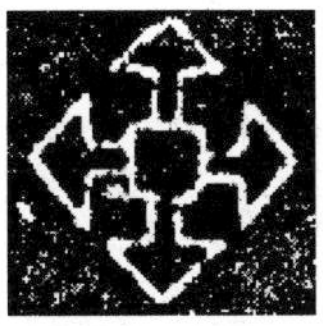

章青鼎 1297 四期

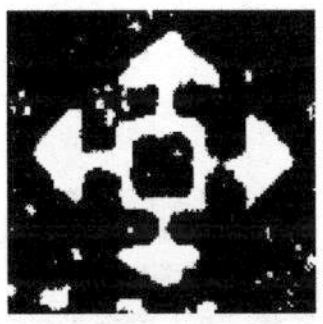

章己鼎 1292 四期

章爵 J774 四期

章戈 10745 四期

377 ⿰章反

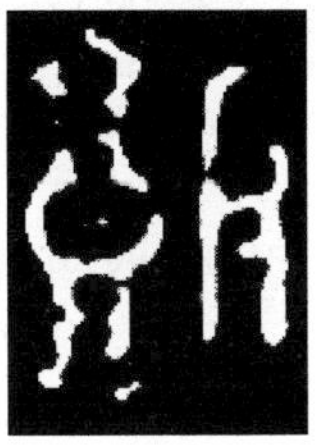

⿰章反方鼎 E314 四期

378 ⿰章攴

⿰章攴作父癸角 9100

379 日

[illegible]日辛爵 8800 三期

日癸罍 9779 三四期

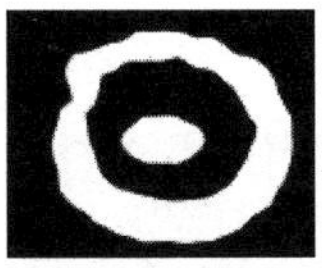

盂鼎 J306 四期

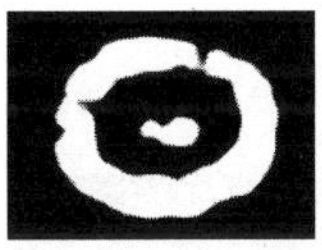

盂鼎 J307 四期

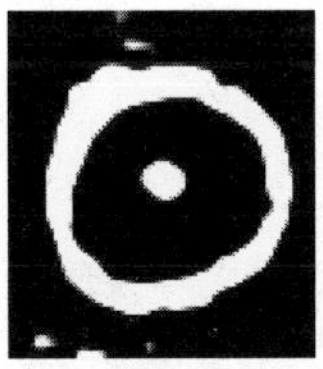

亞魚鼎 J339 四期

寢孳方鼎 E311 四期

⿰章反方鼎 E314 四期

婦[illegible]甗 922 四期

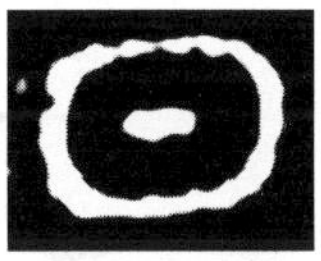

肄作父乙簋 4144 四期

母[illegible]日辛卣 E520 四期

	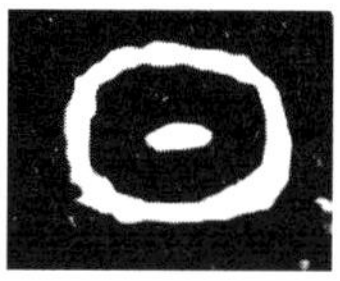	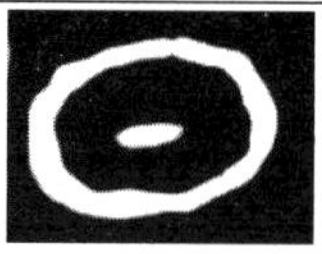	 母嫜日辛尊 E570 四期	 小臣俞尊 5990 四期	 母嫜日辛角 E799 四期
 [illegible]卣 5362 四期	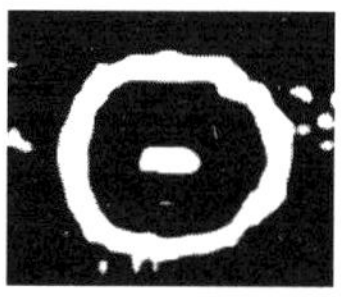 婦[illegible]卣 5349 四期	 六祀邲其卣 5414 四期	 亞覃尊 5911 四期	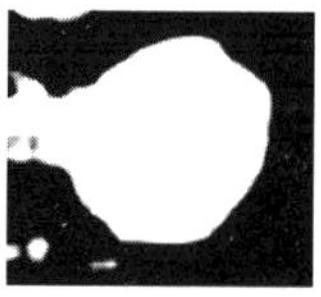 卷父甲觚 7221 四期	 婦[illegible]角 9093 四期
	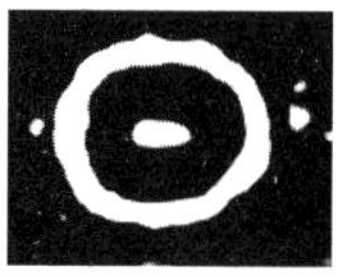		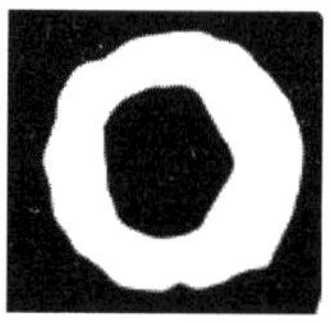	 母嫜日辛觚 E684 四期	 小臣邑斝 9249 四期
 巂卣 5397 四期	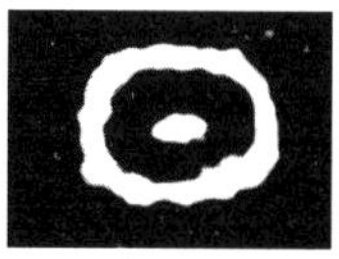 婦[illegible]卣 5350 四期	 四祀邲其卣 5413 四期	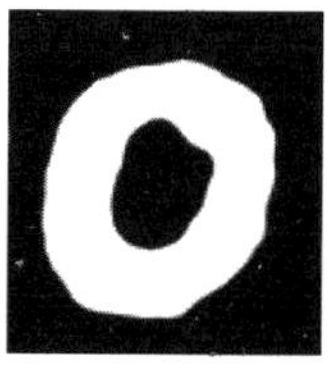	 亞登兄日庚 觚 7271 四期	 母嫜日辛方 彝 E901 四期
 母嫜日辛簋 E367 四期	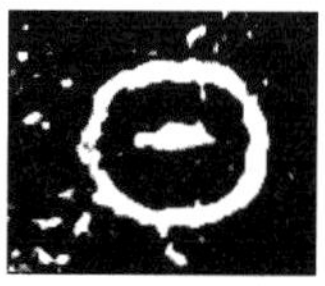 二祀邲其卣 5412 四期	 母嫜日辛尊 E569 四期	 亞覃尊 5949 四期	 麇婦觚 7312 四期	 戍鈴方彝 9894 四期

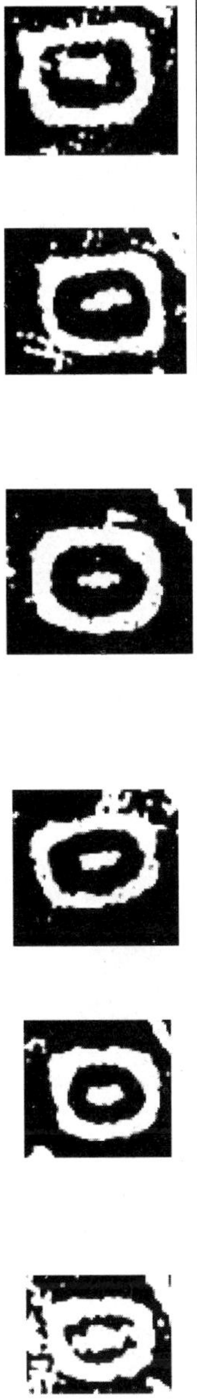

大兄日乙戈 11392 四期或周早

大祖日己戈 11401 四期或周早

祖日乙戈 11403 四期或周早

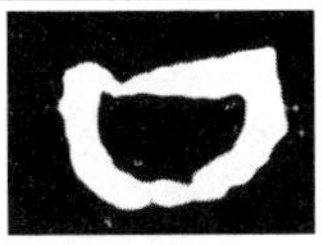

戈厚作兄日辛簋 3665 商末周初

史子日癸角 E800 商末周初

史子日癸角 E801 商末周初

子達觶 6485 商末周初

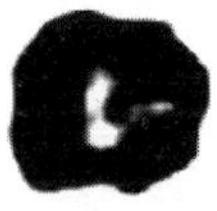

何作日辛觶 6505 商末周初

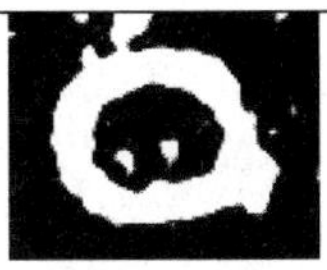

丠日戊鼎 2124

婦□鼎 2403

何兄日壬觶 6429

祖日壬爵 8354

脊日乙爵 8790

婦□爵 9092

婦□斝 9246

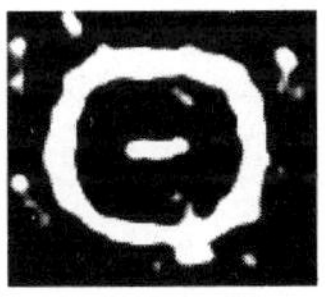

婦□罍蓋 9280

380 昃

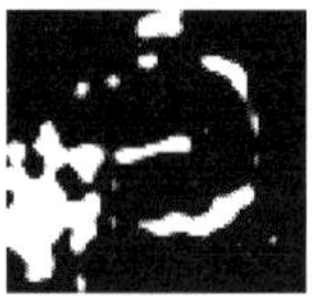
婦[illegible]斝 9247

昃觚 6560 四期

昃觚 6565

381 暊

文暊父丁卣 5155 三四期

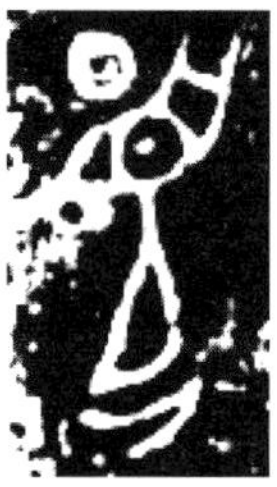
文暊父丁簋 3312 商末周初

382 㫃

㫃乛乙簋 3232

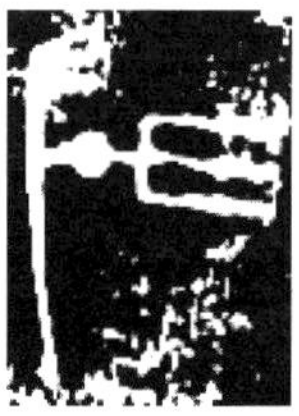
㫃危作父辛卣 528

383 旅

旅壶 9480 二期

旅觚 6535 二期

旅觚 6536 二期

旅觚 E633 二期

旅爵 7426 二期

旅爵 E718 四期

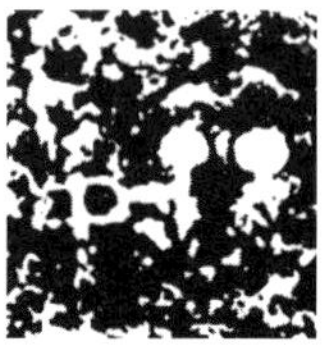
旅鼎 E151 四期

旅鼎 E152 四期

旅爵 7427

㫃旅爵 8179

384 旋	385 旜	386 㫊			387 [illegible]
 婦旋簋 3228 二期  旋鼎 1051 二期  婦旋觶 J653 三期  婦旋鼎 1340  旋冑 11889	 旜爵 7646 二期  旜方彝 J989 三期  亞㝬皇祈卣 5100 三四期  旜爵 7647	 丵▲㫊爵 E759 二期   竹㫊卣 4852 三期  亞受鼎 1740 三期  㫊觚 6534 四期	 㫊爵 7422  㫊爵 7423 三四期  㫊觚 6532  㫊觚 6533  㫊戈 10653	 㫊尊 5448  㫊器 10487  ▲㫊觚 7022 三四期  㫊父辛鼎 1632	 [illegible]爵 7421 三四期

388⿸㫃鼠（⿸㫃匜） 389㫃 390⿸㫃工

 ⿸㫃鼠爵 J866 二期	 ⿸㫃匜爵 J765 二期	 亞若癸觚 7309 四期	 亞若癸尊 5937	 史㫃壺 9490	 亞⿸㫃工父丁鼎 1846 三期
 ⿸㫃鼠爵 J867 二期	 亞若癸簋 3713 三四期		 亞若癸尊 5938		 亞⿸㫃工觚 7288 四期
 ⿸㫃鼠觚 J744 二期	 亞若癸鼎 2400 四期	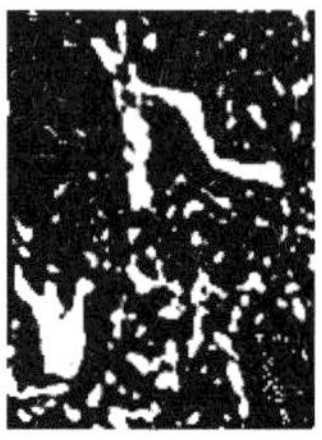 亞若癸方彝 9886 四期			 ⿸㫃工爵 7645
 ⿸㫃鼠方彝 J993 二期	 亞若癸鼎 2402 四期				 亞⿸㫃工父己鼎 1871
 ⿸㫃鼠箕 J1055 二期	 亞若癸觚 7308 四期	 亞若癸方彝 9897 四期			 亞⿸㫃工父丁角 8893

	391⿸㫃際	392⿸㫃縣	393旄	394⿸㫃夭	395 參
 亞⿰目工左鐃 403 三四期 旃或作⿸㫃⿰目工、⿸㫃亘、⿰目工，皆是一字之異	 亞父庚祖辛鼎 2363 商末周初	 羌⿸㫃縣向觚 7306 四期	 旄觶 6032 商末周初	 ⿸㫃夭尊 5715 商末周初	 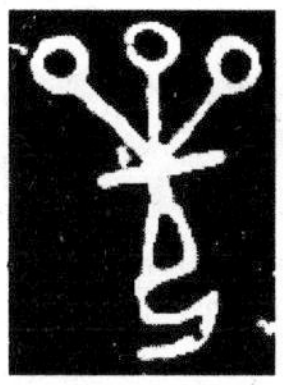 箙參父乙盉 9370 商末周初

396 月　　　　　　397 㞢

	 小子畬卣 5417 四期		 小子㝵簋 4138 四期	 𣪕方鼎 E314 四期	
 宁月卣 J593 三四期	 宰椃角 9105 四期	 嶲卣 5397 四 期	 𦀚作父乙簋 4144 四期		 犅伯䜷卣 E546 四期
 亞魚鼎 J339 四期	 小臣邑斝 9249 四期		 犅伯䜷卣 E546 四期		
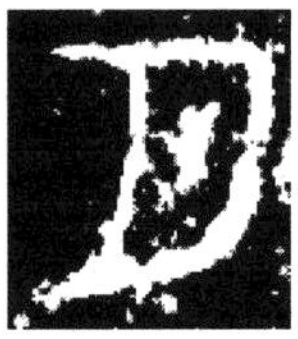 戍嗣鼎 2708 四期	 文嫊己觥 9301 四期	 六祀邲其卣 5414 四期	 四祀邲其卣 5413 四期		 王㞢女叙方 彝 J994 四期
 寢蕽鼎 2710 四期	 戍鈴方彝 9894 四期	 二祀邲其卣 5412 四期	 寢孳方鼎 E311 四期		

398 明	399 囧	400 盟	401 夕	402 夗	403 多
 亞明乙鼎 J241 四期   明卣 J550 四期	 齊囧鼎 1487	 子作鼎盟彝鼎 2018  盟商壺 9491	 夕己爵 8031 二三期  夕己爵 8032 二三期  夕戎祖丁鼎 J262 四期  夕觚 E642 四期  冊夕觶 6172	 𡴘盉 E833 四期	 耶簋 3975 四期

404 甬

成甬鼎 2694 四期

405 齊

齊犳父癸觶 6423 三四期

齊婛■爵 8753 四期

齊婛■爵 8754 四期

齊婦鬲 486 四期

齊婛尊 5686 四期

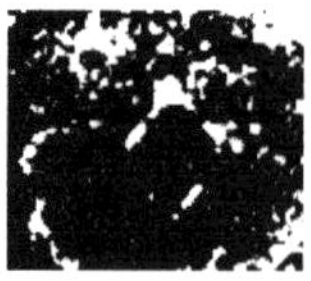
齊鼎 1487

406 朿

朿鼎 1246 二期

保朿爵 8170 二期

朿乙爵 8013 三期

朿父丁爵 8471 三四期

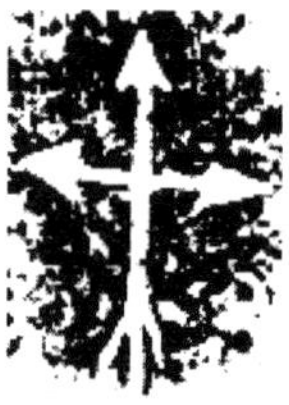
朿觚 6744 四期

朿鼎 1247

朿冊作父己鼎 2125

祖辛父甲鬲 538

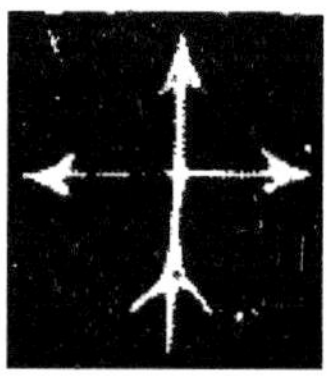
朿父丁卣 4944

朿鼎 1245

朿己爵 8035

407 鼎

鼎方彝 J988 二期

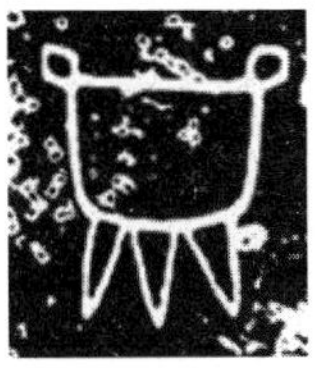
鼎方彝 9837 三期

鼎胄 11878 三期

亞鼎鼎 E180 三期

鼎簋 3015 三期

鼎鼎 1190 四期

鼎父己尊 5648 四期

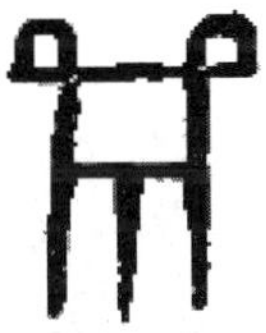
鼎父己尊 5649 四期

鼎鼎 1188

鼎鼎 1189

鼎觚 6724

交鼎鼎 1481

戎鼎父乙尊 5731

鼎劦戈 10879

子作鼎盟彝鼎 2018

408 鼒

嬛鼎 2578 四期

409 䵼

奄作婦姑甗 891 四期

盂鼎 J306 四期

盂鼎 J307 四期

宰甫卣 5395 四期

410 ⿻卯鼎			411 ⿱齊鼎	412 克	413 彔
 作父乙鼎 2008  奄婦姑鼎 2137  奄婦姑鼎 2138	 子⿻卯鼎父乙鼎 1828 四期  子⿻卯鼎爵 8103 四期  子⿻卯鼎爵 8104 四期  ⿻卯鼎父乙鼎 1546  ⿻卯鼎父乙鼎 1547 二期	 子⿻卯鼎父乙簋 J410  ⿻卯鼎父乙爵 8421  ⿻卯鼎父乙爵 8422	 戍甬鼎 2694 四期	 克爵 7379 三期  克爵 7380 三期  子克冊父辛鼎 2017  克爵 7378	 宰甫卣 5395 四期  用作“麓”。

414 禾

禾爵 7725 二期

大禾鼎 1472 三期

禾卣 4749 三期

禾卣 4750 三期

子禾爵 8108

子禾爵 8109

禾□觚 7052

禾年簋 3122

415 積

小臣缶鼎 2653 四期

416 秉

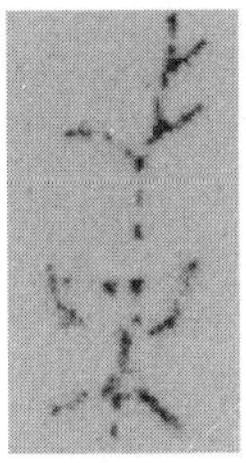
秉父庚觚 7281

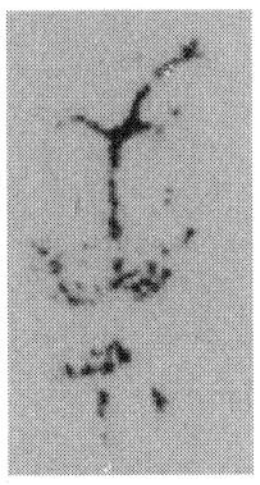
秉父庚觚 7282

秉父庚爵 9056

秉父庚爵 9057

417 年

小臣缶鼎 2653 四期

禾年簋 3122

418 龜

龜爵 7563 二期

龜爵 7564 二期

亞龜爵 7814

亞龜舟爵 8782

419 兼

父丙卣 5208 三四期

420 㿝

㿝父戊觚 7122

421 宀

宀尊 5501

422 家

家鉞 11736 二期

家戈父庚卣 5082 三四期

家爵 7529 三四期

小臣缶鼎 2653 四期

家肇爵 J858 四期

家祖乙觚 7074

家戈爵 8235

家父辛器 10522

423 宅

亞㝬鼎 2427 四期

冊[illegible]宅鼎 1737

424 宔	425 室	426 向	427 寶		
 宔癸爵 E760	 寢小室盂 10302 二期	 美旛向觚 7306 四期	 戍嗣鼎 2708 四期		
	 戍嗣鼎 2708 四期	 亞向父戊爵 9010 四期	 作冊豊鼎 2711 四期	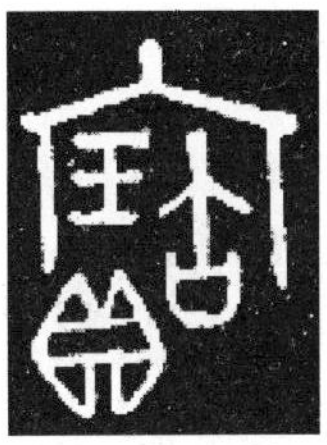 𢥞卣 5362 四期	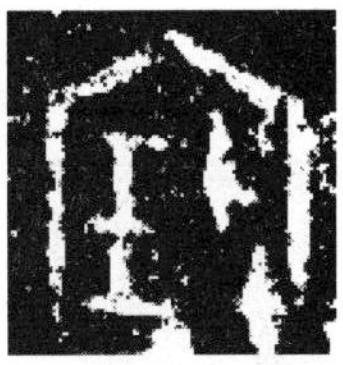 宰甫卣 5395 四期
		 向鼎 J199 四期	 𩏂方鼎 E314 四期		 文嫊己觥 9301 四期
			 肄作父乙簋 4144 四期	 小子省卣 5394 四期	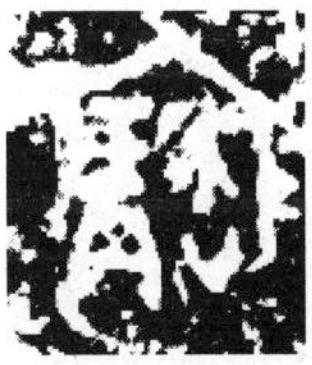 作冊般黿 E967 四期
			 犅伯𧩎卣 E546 四期	 作母戊觥蓋 9291 四期	 乃孙作祖己鼎 2431 商末周初

智作祖甲罍 9823 商末周初

戈厚作兄日辛簋 3665 商末周初

小子[illegible]鼎 2648

寑孜簋 3941

[illegible]作父丁觚 7307

[illegible]作父乙簋 3602

[illegible]作父癸卣 5360

竟作父辛卣 5286

428 宰

宰甫卣 5395 四期

宰椃角 9105 四期

429 安

宀安卣 4881

430 守

守鼎 1096 二期

守辛鼎 J212 二期

守婦觶 6146 二期

守觚 6589 二期

守觚 6590 二期

 守觚 6592 二期	 守父己觶 6287 三期	 守觚 J687 四期	 守簋 2967	 守卣 4739	
 亞木守觚 7181 二期	 守婦簋 3082 三期	 守爵 7437 四期		 亞守尊 5566	 守戈 10687
 守乙爵 8012 二期	 守父辛觶 6311 三四期	 守爵 7438 四期	 守簋 2968	 守婦觶 6145	
 子守爵 E744 二期	 守父丁甗 813 三四期	 亞守鼎 1402 四期	 守雩鼎 1475	 子守爵 8085	
 心守壺 9488 二三期	 守父己鼎 1617 四期	 守父己觶 6286 商末周初	 守觚 6591	 守戈爵 8236	

431 宜　432 寢

戍甬鼎 2694
四期

作冊般甗
944 四期

四祀𨛭其卣
5413 四期

戍鈴方彝
9894 四期

寢出爵 8295
二期

寢印爵 J853
二期

寢印爵 J854
二期

寢印爵 J855
二期

辰寢出簋
3238 二期

寢印爵 J856
二期

寢[女止]盤 10029
二期

鼓寢盤 10031
二期

寢小室盂
10302 二期

作冊般黿
E967 四期

寢蕽鼎 2710
四期

寢孳方鼎
E311 四期

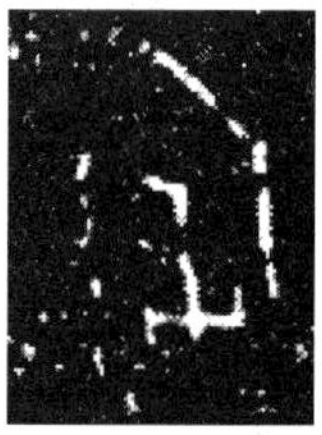
寢魚簋 J454
四期

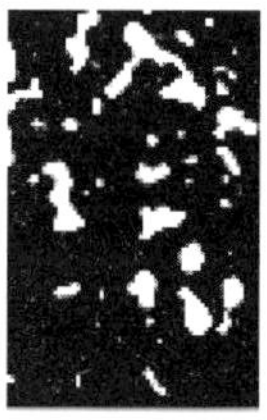

寢[illegible]卣 5203
四期

姒瓦爵 9098
四期

寢魚爵 9101
四期

小臣[illegible]卣
5378 四期

小臣[illegible]卣
5379 四期

寢玄爵 8296

乙未鼎 2425

寢敄簋 3941

433 匜

匜祖乙觚
7075

434 宋

宋婦觚 E685
四期

435 宗

作冊豊鼎
2711 四期

戍嗣鼎 2708
四期

戍鈴方彝
9894 四期

乃孙作祖己
鼎 2431 商末
周初

宗[illegible]妣爵
8803

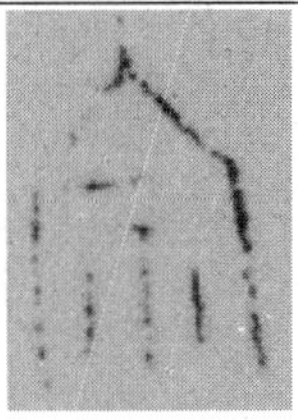

⿱冖禾父庚觚
7281

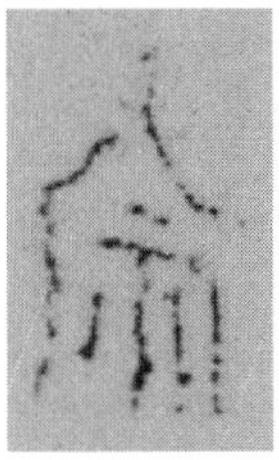

⿱冖禾父庚觚
7282

⿱冖禾父庚爵
9056

⿱冖禾父庚爵
9057

436 ⿱宀東

⿱宀東父壬觚
J745 三期

⿱宀東鼎四期

⿱宀東觚 6789

437 ⿱宀丰

母⿱宀丰[illegible]婦方彝
9873 四期

⿱宀丰父乙觶
6227 商末周
初

⿱宀丰父丁爵
8499

438 ⿱宀亞		439 索	440 ⿱宀而	441 ⿱宀爿	
	 亞寠父丁觚 7293 四期	 需索戈 10847		 叉⿱宀爿觚 J733 二三期	 叉⿱宀爿爵 8198
 亞寠父丁卣 5271 三四期	 竹⿱宀亞父戊方彝 9878 四期		 ⿱宀而卣 5353 三 四期	 叉⿱宀爿鼎 1477	 叉⿱宀爿器 10505
 亞寠鄉宁鼎 2362 四期	 竹⿱宀亞父戊方彝 9879 四期			 叉⿱宀爿鼎 1478	 叉⿱宀爿器 10506
 亞寠鼎 2427 四期	 戍鈴方彝 9894 四期			 叉⿱宀爿觚 6938	
 無壽觚 J757 四期	 㬥冊簋 3604			 叉⿱宀爿觚 6939	

442⿱宀⿰歹女	443⿱宀攏	444⿱宀弜	445⿱宀⿰舌兄	446⿱宀⿰𠂤帚	447⿱宀義
	 ⿱宀攏鼎 J189 三期	 ⿱宀弜父癸爵 J886 四期		 亞⿱宀⿰𠂤帚父丁鼎 E229 四期	 ⿱宀義奸鼎 1498 三期
 ⿱宀⿰歹女作母乙卣 5367 四期	 ⿱宀攏鼎 J190 三期		 ⿱宀⿰舌兄⿱屾虫作父癸卣 5360		

448 ⿱宀己

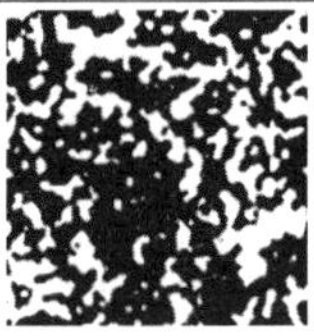
亞⿱宀己丮卣
E505 四期

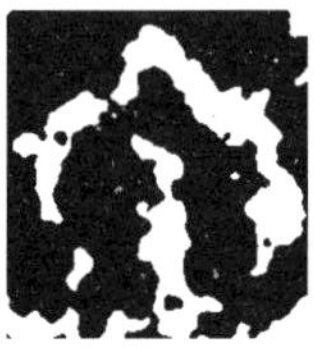
亞⿱宀己丮爵
E761 四期

亞⿱宀己丮斝
E812 四期

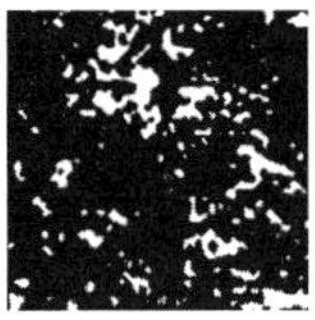
亞⿱宀己丮方彝
E900 四期

449 疾

何疾父癸卣
5091 三四期

何疾父癸觶
6424 三四期

何父癸疾觚
7250 三四期

何父癸疾觚
7251 三四期

何父癸疾爵
8958 三四期

何疾父癸鼎
1893 四期

何疾父癸鼎
1894 四期

何父癸疾尊
5756 四期

何父癸疾尊
5757 四期

何父癸疾爵
8957

何父癸疾爵
8959

何父癸疾斝
9233

450 冂

冂龏觚 6940
三期
此字或是同
字。

冂祖丙爵
8319 三四期

冂戈爵 8234
四期

冂父癸爵
8712

冂龍爵 8223

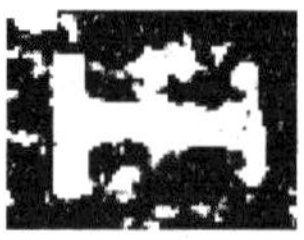
冂戈爵 8233

451 冃　452 冐　453 帚

冃鼎 E128 中商

小子冐簋 4138 四期

小子畣卣 5417 四期

婦好鼎 1320 二期

婦好鼎 1321 二期

婦好鼎 1322 二期

婦好鼎 1323 二期

婦好鼎 1324 二期

婦好鼎 1325 二期

婦好鼎 1326 二期

婦好鼎 1327 二期

婦好鼎 1328 二期

婦好鼎 1329 二期

婦好鼎 1330 二期

婦好鼎 1331 二期

婦好鼎 1333 二期

婦好鼎 1334 二期

婦好鼎 1335 二期

婦好鼎 1336 二期

婦好鼎 1337 二期

婦好鼎 1338 二期

婦好鼎 E174 二期

婦羊告鼎 1710 二期

 婦好甗 794 二期	 	 婦好觶 6141 二期	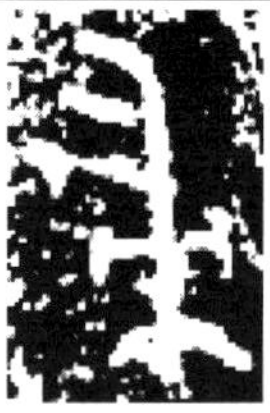 婦好觚 6852 二期	 婦好觚 6859 二期	 婦好觚 6864 二期
 婦好甗 E101 二期		 亞弜婦觶 6346 二期	 婦好觚 6853 二期	 婦好觚 6860 二期	 婦好觚 6865 二期
 婦好尊 5535 二期		 婦好觚 6847 二期	 婦好觚 6854 二期	 婦好觚 6861 二期	 婦好觚 6867 二期
 婦好鴞尊 5536 二期		 婦好觚 6848 二期	 婦好觚 6855 二期	 婦好觚 6862 二期	 婦好觚 6850 二期
 婦好鴞尊 5537 二期	 婦好三联甗 793 二期	 婦好觚 6849 二期	 婦好觚 6856 二期	 婦好觚 6863 二期	 婦好觚 6851 二期

 婦好爵 8122 二期	 婦好爵 8127 二期	 婦好觥 1339 二期	 婦好盉 9335 二期	 婦好斝 9180 二期	 婦好方彝 9862 二期
 婦好爵 8123 二期	 婦好爵 8128 二期	 婦好觥 9260 二期	 婦好壺 9486 二期	 婦好斝 9179 二期	 婦好方彝 9863 二期
 婦好爵 8124 二期	 婦好爵 8130 二期	 婦好觥 9261 二期		 婦好方罍 9781 二期	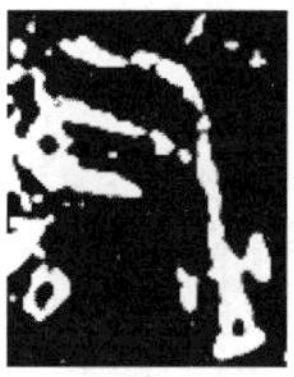
 婦好爵 8125 二期	 婦好爵 8131 二期	 婦好盉 9333 二期	 婦好方罍 9782 二期	 婦好壺 9487 二期	 婦好正壺 9509 二期
 婦好爵 8126 二期	 婦好斝 9178 二期	 婦好盉 9334 二期	 婦好斝 9181 二期	 婦好方彝 9861 二期	 婦好勺 9916 二期

 婦好勺 9917 二期	 婦好勺 9919 二期	 婦好瓿 9952 二期	 婦[女川]簋 3081 三期	 婦[女絲]觚 7172 三四期	 婦[酉卩]咸簋 3229 商末周初
 婦好勺 9918 二期	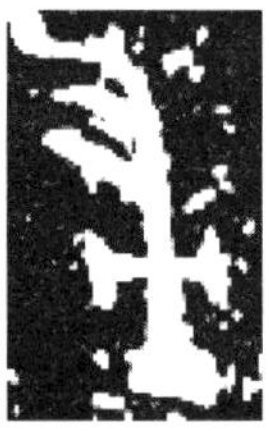 婦好勺 9920 二期	 婦好瓿 9953 二期	 [illegible]婦妹鼎 1711 三期	 婦[illegible]卣 4846 四期	
 婦好箕 10394 二期	 婦好勺 9921 二期		 婦[女絲]觚 7171 三四期	 婦[illegible]鼎 1341 商末周初	 婦[illegible]卣 4845
 婦好鉞 11739 二期	 婦好勺 9922 二期	 婦好盤 10028 二期		 婦[illegible]鼎 1342 商末周初	 子脊鼎 1715
 婦好鉞 11740 二期	 婦好勺 9923 二期	 婦好罐 9985 二期	 母[illegible]婦方彝 9873 四期	 婦[illegible]鼎 1343 商末周初	 婦[illegible]鬲 463

	454 ⿰耳帚	455 帛	456 白	457 黹	458 人
 婦旋鼎 1340  婦隻父庚卣 5083  婦姦觶 6148  婦□觚 6868 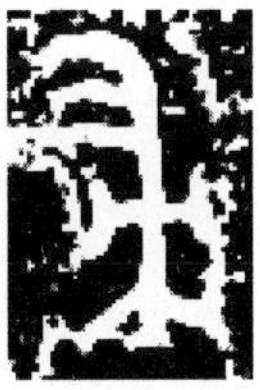 婦□觚 6869 在銘文中皆用作婦。	 叉⿰耳帚觚 6934  叉⿰耳帚觚 6935	 乙未鼎 2425	  犅伯⿰言差卣 E546 四期  𡘺盉 E833 四期 用爲伯。	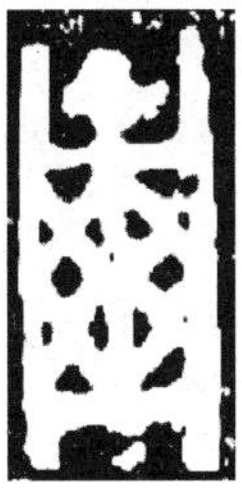 黹□旂爵 E759 二期 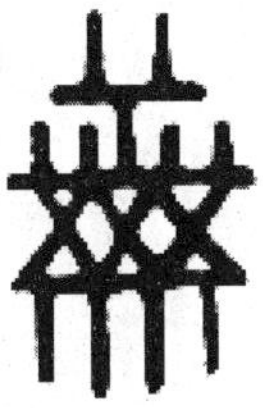  戍鈴方彝 9894 四期 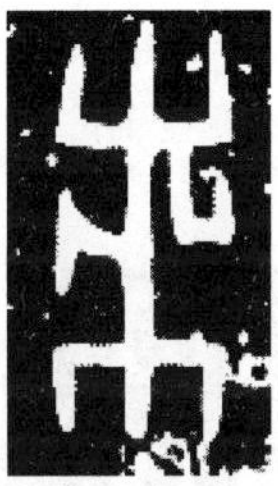 乃孙作祖己鼎 2431 商末周初  黹爵 7759	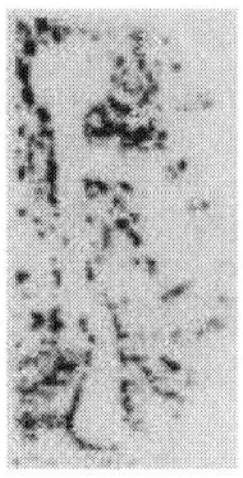 人斝 9108 二期  作冊般甗 944 四期  小子㝵簋 4138 四期   小子畬卣 5417 四期

459 保

小臣俞尊 5990 四期

桒盉 E833 四期

人矛 11411

人父癸爵 8672

[illegible]保觚 E659 二期

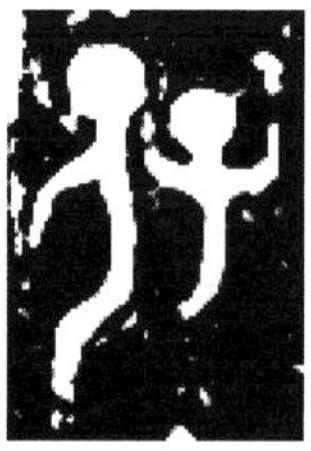
保束爵 8170 二期

[illegible]保爵 8769 三期

[illegible]保爵 8770 三期

保鼎 1002 四期

保[illegible]鼎 E183 四期

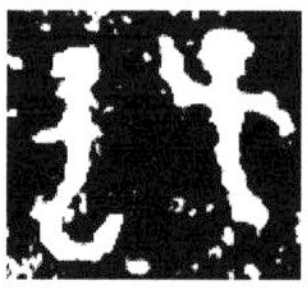
保爵 7404 四期

子保觚 6909 四期

亞父庚祖辛鼎 2363 商末周初

[illegible]保[illegible]觶 E621 商末周初

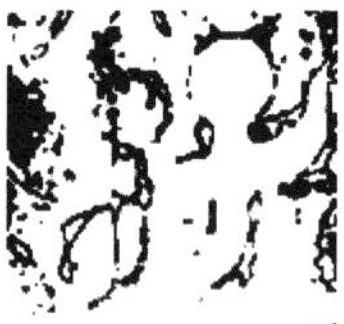
糸保觚 6996

保鼎 1001

保[illegible]鼎 1350

保爵 7406

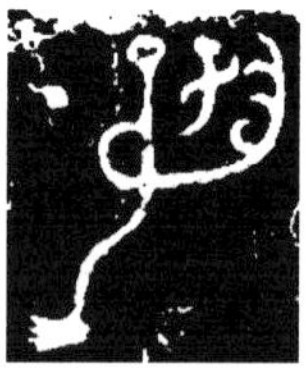
保父己斝 9214

保[illegible]爵 8171

460 企

企癸爵 8060

461 伯	462 仲	463 伊	464 倗		
 㚔盉 E833 四期 白條重見	 亞㚔盉 9415 三期 中條重見	 伊簋 J369 三期	 倗觚 J685 二期	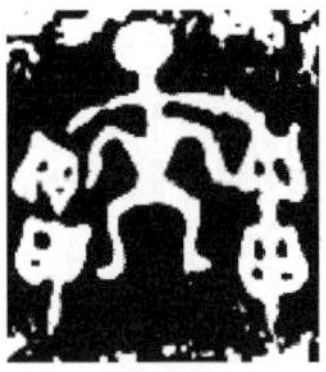 倗鼎 1006	 倗父辛爵 8604
			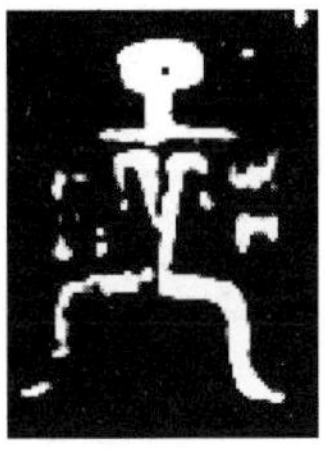 倗辛簋 3068 三期	 倗鼎 1007	 爵珥倗祖丁爵 8840
			 倗鼎 E150 三四期	 倗鼎 1005	 倗兄丁尊 5683 四期
			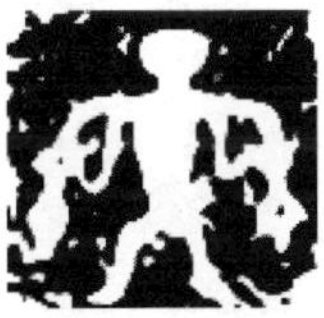 倗觚 J684 四期	 倗爵 7384	 亞倗壺 9478
			 倗祖丁鼎 1510 四期	 亞倗爵 7789	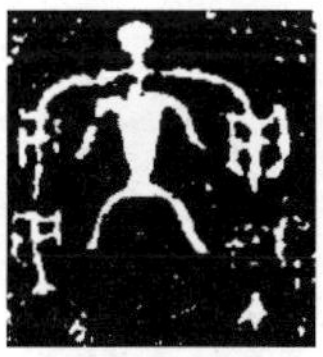 倗父乙盤 10039

465 何

 倗父丁盉 9350	 倗祖癸角 8361	 何尊 5445 二期	 何觚 6577 二期	 何父癸疾觚 7250 三四期	 何疾父癸觶 6424 三四期
 亞倗戈 10838	 倗祖癸角 8362	 何觚 E623 二期	 何簋 2928 二三期	 何父癸疾觚 7251 三四期	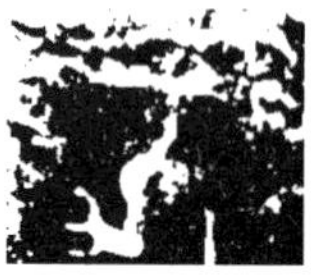 何疾父癸鼎 1893 四期
 倗母鼎 1460	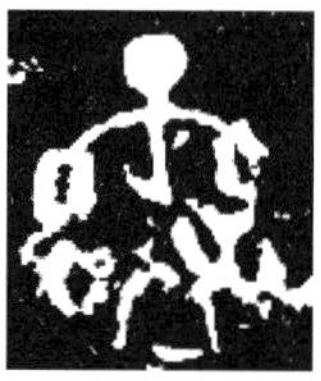	 馬何觚 6998 二期	 凡何方彝 E896 三期	 何父癸疾爵 8958 三四期	 何疾父癸鼎 1894 四期
 倗母鼎 1461	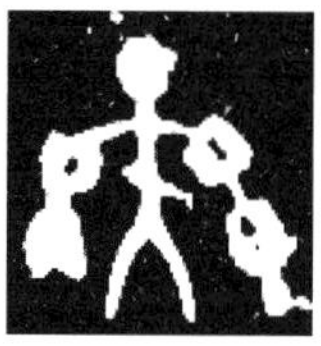 倗父己卣 4956	 何鉞 11721 二期	 何鼎 1010 三期		 何父癸疾尊 5756 四期
 倗父癸爵 8677		 何鉞 11722 二期	 何父乙卣 4910 三四期	 何疾父癸卣 5091 三四期	 何父癸疾尊 5757 四期

				466 ⿰犭可	467 付
 何父癸疾爵 8959	 㚔何爵 8152	 何爵 7370 三四期	 何鋒 11793	 子⿰犭可爵 8075	 付鼎 1016
 何斝 9116	 止何爵 8164	 何爵 7371		 何兄日壬觶 6429	
 何斝 9117	 何父癸疾爵 8957	 何爵 7372		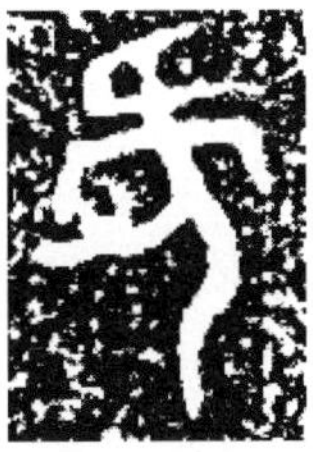	
 何父癸疾斝 9233	 馬何觚 6997	 何乙爵 8004		 何兄日壬卣 5339	
 何罍 9739	 何父丁鼎 1591	 何戊簋 3065 三期		 何作日辛觶 6505 商末周 初	

468 偁	469 係	470 伐			471 役
 偁缶作祖癸簋 3601 商末周初	 係父乙觚 7089 二期	 亞伐方罍 E882 二期  伐父丁爵 J877 三期  亞伐卣 4805 三期  伐鼎 1011 三期  伐卣 4775 三四期	 小子⿱罒㝵簋 4138 四期  伐鉞 11723 四期  伐甗鉞 11753 四期  伐爵 7398  伐甗戈 10872	 伐甗戈 10873  伐觚 6718	 攸觚 6576 二期   劦卣 E540 四期   劦卣 E542 四期

472 弔

 劦作父丁罍 9821 四期	 弔龜鼎 1469 二期	 弔丁鼎 1290 三期	 弔簋 E345 四期	 弔爵 7557	
 劦卣 E541 四期	 弔龜爵 8224 二期	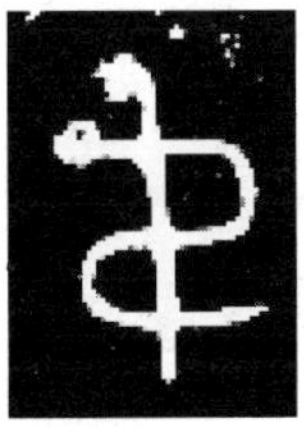		 弔爵 7558	 弔戈 10702
 役爵 7390	 弔龜爵 8228 二期	 弔父辛卣 4981 三四期	 弔方彝 9842 四期	 弔觚 6570	
	 弔觚 E625 二期	 弔車爵 8253 三四期	 弔龜觚 7058 四期	 弔龜爵 8227	 弔戈 10703
	 弔龜鼎 1468 三期	 弔卣 4786 三四期	 弔父丁爵 8905 商末周初	 弔龜簋 3116 三期	 弔戈 10704

473 免

弔戈 10705

弔戈 10706

弔龜爵 8225

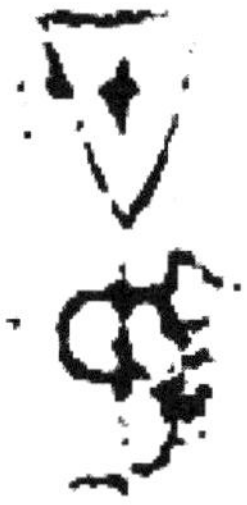
弔龜爵 8226

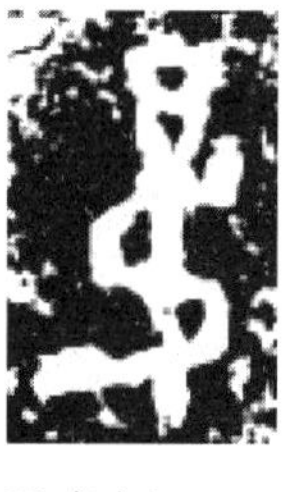
弔龜觚 7059

弔龜觚 7060

弔龜觶 6182 三期

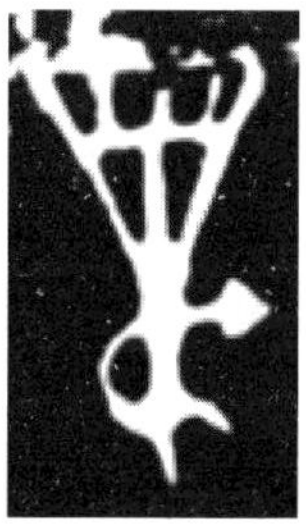
弔龜斝 9193

弔龜瓿 9951

弔龜戈 10862

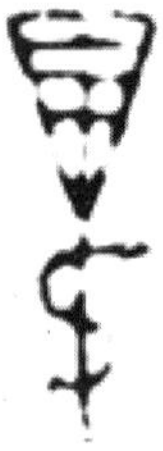
弔龜錛 11781

弔龜斧 11782

弔爵 7556

弔父辛爵 8621

弔器 10482

弔父丁爵 8462

弔□觚 7051 三四期

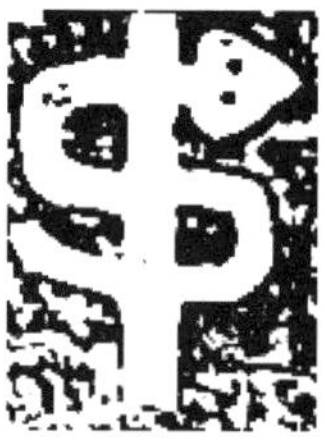
亞弔觚 6988

弔丁觚 6833

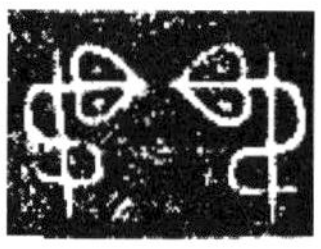
弔父丁盤 10041

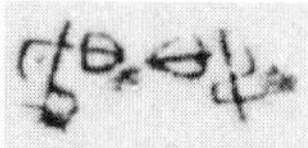
弔壺 9468

免鼎 J171 二期

□免觚 7067 三期

□免爵 8154 三期

免周斝 9190 三期

周免觚 7012

	474 化	475 倗		476 從	477 比
 子免爵 8119  周免爵 8155  周免爵 8156	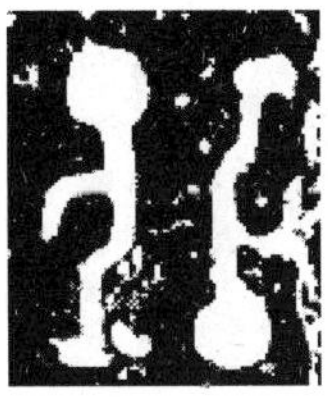 化鼎 1014	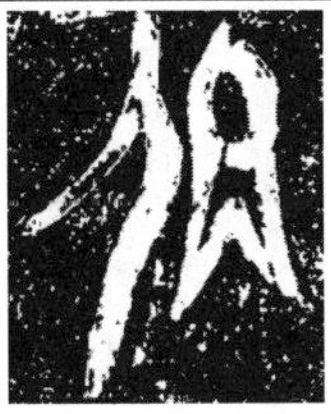 子倗觚 E654 二期  子倗觚 E655 二期  寢孳方鼎 E311 四期  ⿰亯反方鼎 E314 四期  盾倗祖己爵 8842	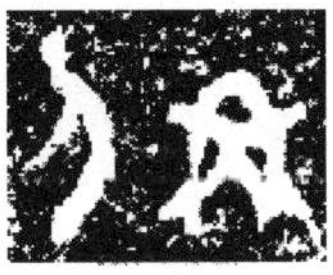 盾倗父乙爵 8872  盾倗父癸爵 8973	 宰椃角 9105 四期  光作從彝斝 9237  作⿰扌凡从彝觚 7260	 比丁癸卣 J575 三四期  比□觚 9616  比□觚 9617  比爵 7403 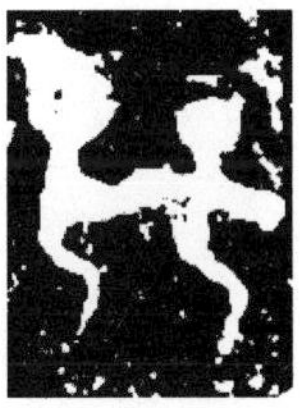 比□戈 10652

478 北　　479 望　　480 重

北爵 7402 二三期

寑䖈鼎 2710 四期

望戈 10668 二三期

小子[illegible]卣 5417 四期

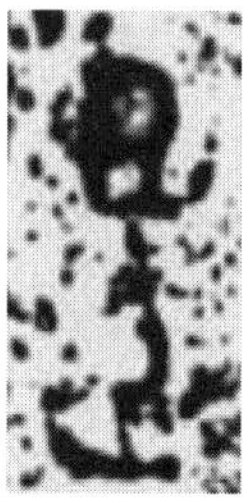
亞矢望父乙卣 5206

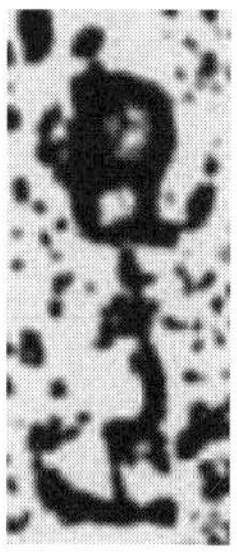
亞矢父乙壺 9565

重鼎 1003 二期

重鼎 1004 二期

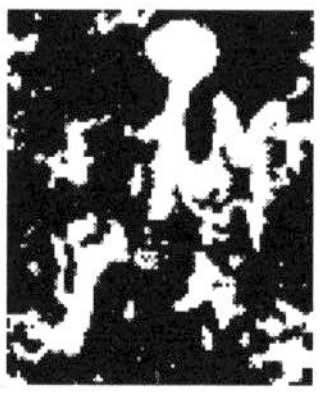
重簋 2927 二期

重觚 6568 二期

重癸觚 6840 二期

重父癸觶 6324 三四期

重父壬鼎 1666 四期

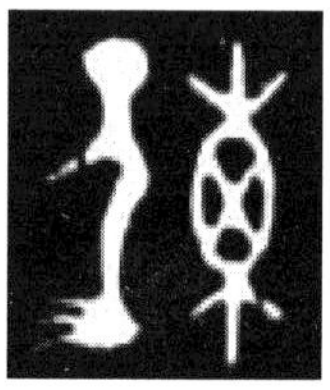
重父癸觶 6325 商末周初

重父丙鬲 478

重觚 6569

亞重觶 6162

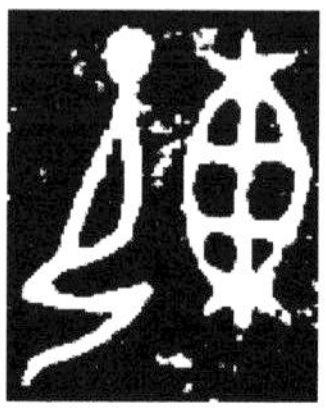
重父丙觶 6249

重爵 7365

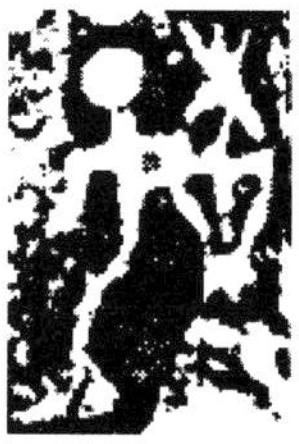
重爵 7366

重爵 7367

重父丙爵 8438

481 監

監祖丁觶 6207

482 襄

襄鼎 1041 二期

小子[罒/开]鼎 2648

襄父丁觶 6256 四期

襄爵 7712

襄觚 J704 二三期

襄祖戊觶 6208

襄父己觶 6271

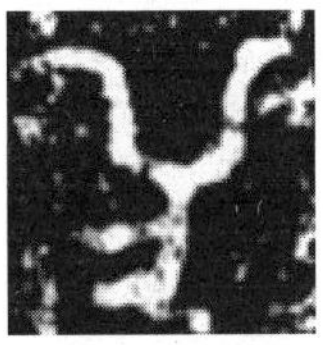

襄祖己爵 8333

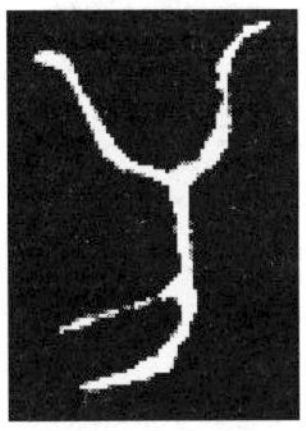

襄母簋 3084 三期

襄未觚 6915

襄觚 6552

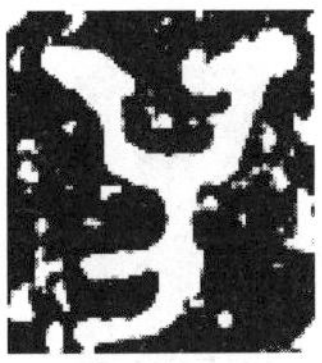

襄祖己爵 8334

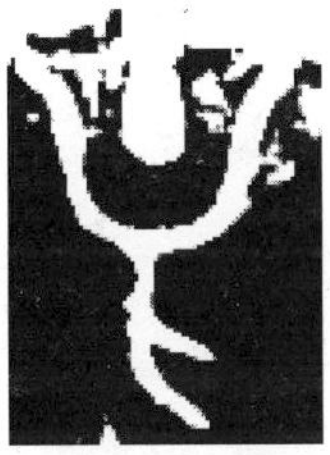

襄父癸爵 8714 三四期

襄祖己觚 7080

襄斝 9110

襄父辛爵 8643

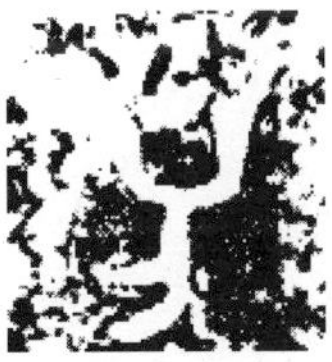

襄祖己斝 9203 四期

襄爵 7710

襄勺 9906

襄爵 7711

483 壽

無壽觚 J757 四期

484 尸

尸作父己卣 5280

尸作父己壺 9576

485 舟

舟鼎 1148 二期

亞舟爵 E783 二期

舟盤 10017 三四期

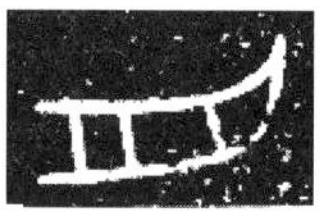

舟辛鼎 1298 四期

亞舟鼎 1406

舟婦冊鼎 1713

巂[illegible]簋 3940

舟万父丁卣 5073

舟父壬尊 5663

舟爵 7744

舟壬爵 8254

舟父己爵 8562

亞冊舟爵 8780

亞龜舟爵 8782

亞舟方彝 9846

舟戈 10747

舟戈 10748

舟胄 11890

亞舟爵 7823

486 俞

曆作祖己鼎 2245 四期

小臣俞尊 5990 四期

亞父庚祖辛鼎 2363 商末周初

林亞俞卣 5013

487 朕

亞俞父乙卣 5054

俞舌盤 10035

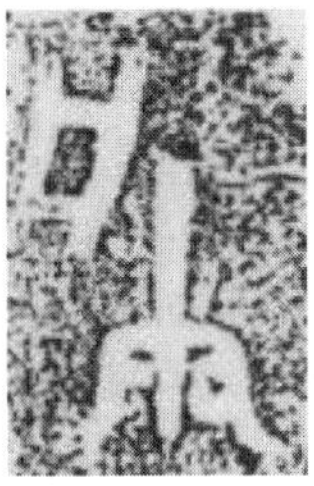

朕母觚 6879

朕母觚 J697 二三期

488 般

作冊般甗 944 四期

般作父乙鼎 2114 四期

作冊豊鼎 2711 四期

作冊般黿 E967 四期

489 ⿰亻⿱朋寸

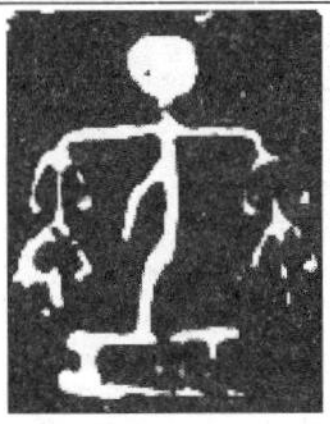

⿰亻⿱朋寸鼎 1459 二期

⿰亻⿱朋寸爵 J874 二期

⿰亻⿱朋寸父丁鼎 1838 三期

⿰亻⿱朋寸爵 J848 三四期

⿰亻⿱朋寸觶 6189 三四期

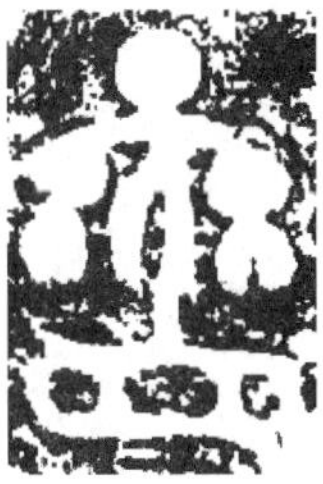

⿰亻⿱朋寸觚 7037

⿰亻⿱朋寸觚 7038

⿰亻⿱朋寸觚 7039

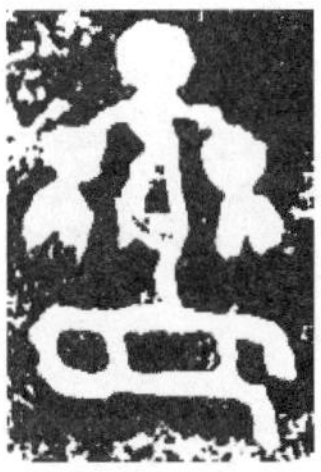

⿰亻⿱朋寸卣 4842

⿰亻⿱朋寸矛 J1204

⿰亻⿱朋寸爵 7385

⿰亻⿱朋寸爵 8165

490 舟尹

舟尹鼎 1458 二期

舟尹簋 3106 二期

舟尹父丁觚 7236 二期

舟尹觚 6999 三四期

舟尹父丁爵 8902 三四期

舟尹父丁鼎 1857

舟尹簋 3107

舟尹父己簋 3325

舟尹器 10508

舟尹父癸觶 6422

舟尹父癸爵 8967

491 舟夭

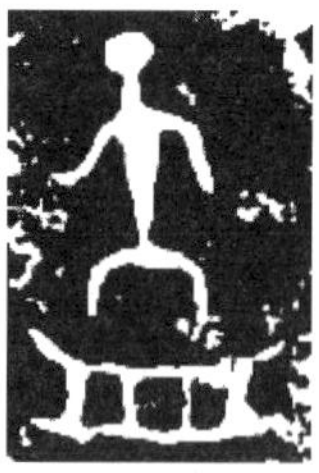

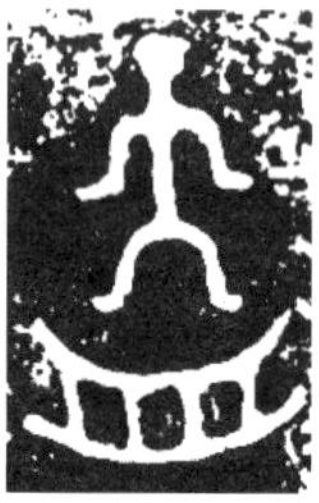
采作父乙卣 5205 三四期

492 方

戍甬鼎 2694 四期

尹光鼎 2709 四期

作冊般甗 944 四期

小子罒得簋 4138 四期

小子畬卣 5417 四期

小臣俞尊 5990 四期

夆盉 E833 四期

亞方母爵 8778

493 兒

小臣兒卣 5351 四期

494 允

允冊簋 3110 四期

允冊卣 5186

允冊丁觚 7176

495 兄

萑兄丁觶 6354 三四期

嶲卣 5397 四期

亞魚鼎 J339 四期

亞登兄日庚觚 7271 四期

齒兄丁觶 6353 商末周初

子达觶 6485 四期商末周初

大兄日乙 11392 四期或周早

[illegible]兄癸爵 8742

大兄日乙 11392 四期或周早

[illegible]兄戊父癸鼎 2019

季作兄己鼎 2335

戈厚作兄日辛簋 3665

[illegible]兄辛觶 6355

倗兄丁尊 5683 四期

	496⿰角兄	497兓	498⿰兓攴	499 兂	500 先
 何兄日壬觶 6429   彉兄辛壺 9507	 ⿰角兄⿰角先 J930 四期	 子兓鼎 1319 四期   子兓卣 4850  子兓父乙卣 5057  兓戈 10680	 亞⿱宀美鄉宁鼎 2362 四期  嶲⿰兓攴簋 3940	 兂斝 9111	 先鼎 1030 二期  先爵 E721 二期  小子⿱夆畐卣 5417 四期  先壺 9458 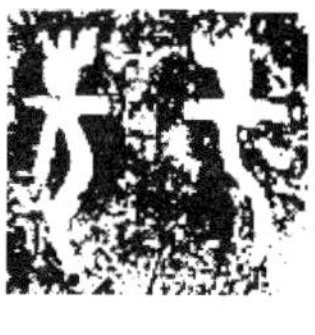 先弓形器 11866

501 見

見鼎 994 二期

見簋 J367 二期

見爵 7358 二期

𡨦見冊尊 5694 三期

𡨦見冊鐃 402 三四期

𡨦見冊鐃 400 三四期

𡨦見冊鐃 401 三四期

曾〓中見觚 E683 四期

𡨦見冊鼎 1762

見爻觚 6922

見爵 7357

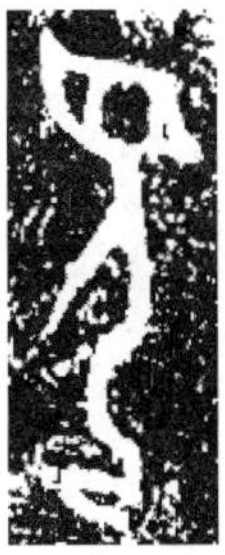
𡨦見冊罍 9792

𡨦見冊戈 10952

502 ⿱冖見

⿱冖見父乙爵 8418

503 面

面父己爵 8546

面父己爵 8548

504 万

〓万父丁鬲 499 四期

大万簋 3457 四期

万爵 E787 四期

戍鈴方彝 9894 四期

505 首　　506 遝

大万觶 6170 商末周初

角万方彝 9860

亞万父丁觶 6395

亞万卣 4814

舟万父丁卣 5073

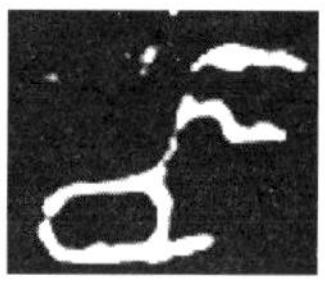
奉盉 E833 四期

耳遝爵 8157 二期

耳遝爵 E742 二期

遝罍 9106 二期

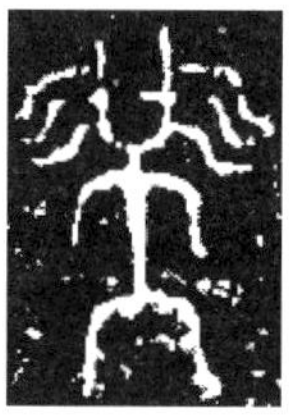
聑遝婦[illegible]鼎 1904 四期

聑遝婦[illegible]卣 5098 四期

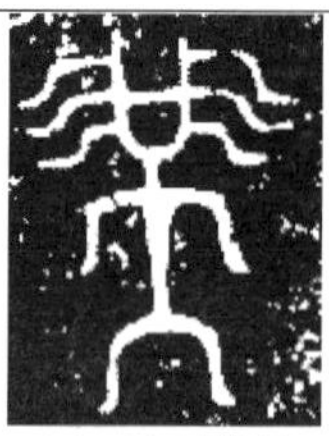
聑遝婦[illegible]尊 5760 四期

聑遝婦[illegible]觚 7254 四期

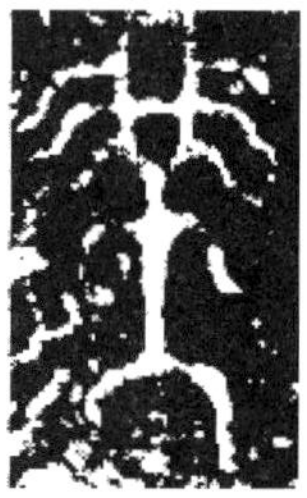
聑遝婦[illegible]爵 8982 四期

聑遝婦[illegible]爵 8983 四期

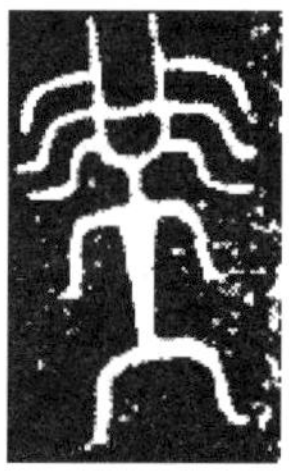
聑遝婦[illegible]角 8984 四期

聑遝婦[illegible]簋 3345 四期

聑簋 3975 四期

聑遝觚 6930

遝鼎 1033

507 彤　　508 㐱　　509 彭　　510 文

507 彤

𣪕方鼎 E314 四期

二祀邲其卣 5412 四期

小臣俞尊 5990 四期

小臣邑斝 9249 四期

508 㐱

㐱戈 10651 二三期

㐱爵 7343

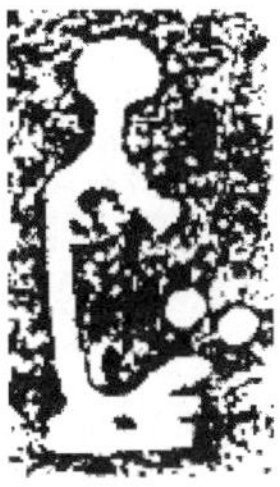
㐱觚 6557

㐱觚 6558

㐱乙觚 6823

509 彭

彭鼎 1031 三期

亞父乙彭莫觚 7264 四期

亞彭父丁罍 9810 商末周初

510 文

宁作父丁鼎 2318 四期

子[illegible]簋 E398 四期

盂鼎 J306 四期

小子[illegible]簋 4138 四期

婦[illegible]卣 5350 四期

盂鼎 J307 四期

𣪕方鼎 E314 四期

婦[illegible]卣 5349 四期

[illegible]卣 5362 四期

婦[illegible]甗 922 四期

四祀邲其卣 5413 四期

子啓父辛尊 5965 四期

婦□角 J910 四期

子□父乙爵 9088 四期

婦□角 9093 四期

文嫊己觥 9301 四期

婦□斝 9247 四期

文父鼎 1280 四期

婦□鼎 2403

文鼎 E156

樂文觚 6920

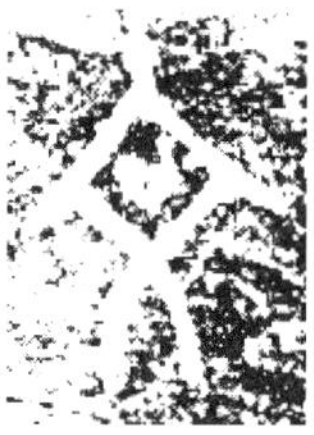

婦□爵 9092

婦□斝 9246

婦□罍蓋 9820

□文父丁觥 9284

文爵 7743 二三期

文暊父丁卣 5155 三四期

文父乙觶 E607 四期

文暊父丁簋 3312 商末周初

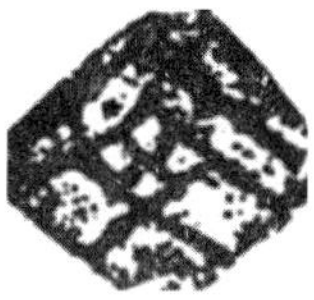
文觶 6027 商末周初

文鼎 1015

文父乙簋 3502

511 司

 文父丁觚 7107 此收錄兩種不同的形體，後者多作族名出現，可能並非“文”字，姑且附錄於此。	 司㛄癸尊 5680 二期	 司㛄觚 6883 二期	 司㛄爵 8745 二期	 司㛄斝 9222 二期	 司㛄尊 5538 二期
	 司㛄癸尊 5681 二期	 司㛄觚 6884 二期	 司㛄爵 8744 二期	 司㛄爵 8749 二期	 司㛄尊 5539 二期
	 司㛄觚 6880 二期	 司㛄觚 6885 二期	 司㛄爵 8746 二期	 司㛄爵 8750 二期	 司㛄觚 6888 二期
	 司㛄觚 6881 二期	 司㛄觚 6886 二期	 司㛄爵 8747 二期	 司㛄爵 8751 二期	 司㛄觚 6889 二期
	 司㛄觚 6882 二期	 司㛄觚 6887 二期	 司㛄爵 8748 二期	 司㛄斝 9223 二期	 司㛄爵 8743 二期

512 卩　513 叩　514 令

司娉壺 9510 二期

司娉壺 9511 二期

司娉器蓋 10346 二期

龔姒鼎 2433 商末周初

龔姒鼎 2434 商末周初

司娉甗 825

司[illegible]觚 6890

司竹爵 8271

司娉鉞 11741

用作姒，姒條下重見。

卩鼎 993 二期

卩父戊觚 J743 二期

亞卩犬觚 7179 二期

卩爵 7359 四期

卩父丁爵 8448

叩父己鼎 1612 四期

子[illegible]卯爵 8765 四期

令父己甗 815

小子[illegible]簋 4138 四期

戍甬鼎 2694 四期

寢蔑鼎 2710 四期

二祀邲其卣 5412 四期

小子[illegible]卣 5417 四期

令爵 7360

令爵 8183

令父乙爵 8378

515 卷

卷簋 2931 二三期

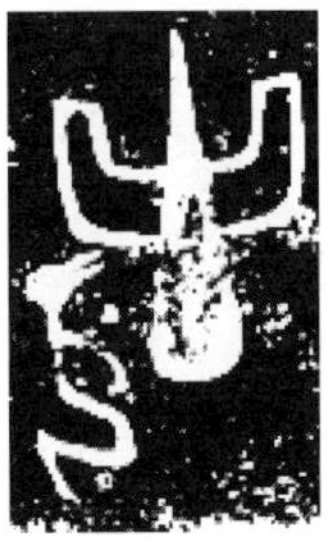
卷鼎 E133 三期

卷丁簋 3064 三期

卷卣蓋 4776 三四期

卷[illegible]爵 8802 四期

卷鼎 1017 四期

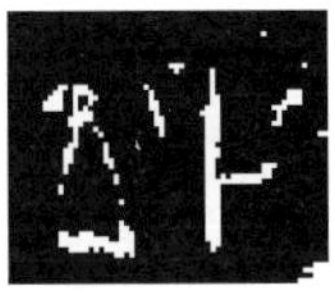
卷鬲 E57 四期

卷祖乙爵 8311 四期

卷父甲丁觚 7221 四期

卷父己尊 J617 四期

卷爵 7362

卷爵 7363

卷觚 6605

卷戈 10644

卷鼎 1018

卷戈 10645

卷父乙卣 4918

516 邲

邲甗 J155 四期

六祀邲其卣 5414 四期

二祀邲其卣 5412 四期

四祀邲其卣 5413 四期

邲爵 J763 四期

亞邲其斝 J925 四期

517 印

印觚 J686 二期

印爵 7361 二期

寢印爵 J853 二期

寢印爵 J854 二期

寢印爵 J855 二期

寢印爵 J856 二期

印興瓿 9949 三期

戌甬鼎 2964 四期

印觶 6039

518 辟

麇婦觚 7312 四期

519 旬

旬觶 6083

520 畏

亞夫畏爵 J895 四期

521 山

母鼎 2026 二期

山父丁觚 7117 二期

山婦觶 6144 二三期

山父己罍 E886 三期

山父丁觚 7115 四期

		522 ⿱大山	523 ⿵冂山	524 危	525 長
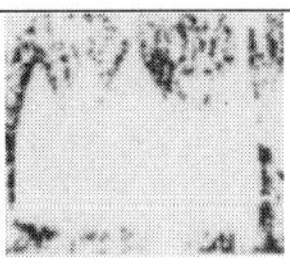 山父丁觚 7116 四期	 山丁爵 8017	 ⿱大山觚 6572	 ⿵冂山父鉞 11750 二期	 危耳尊 5558 二期	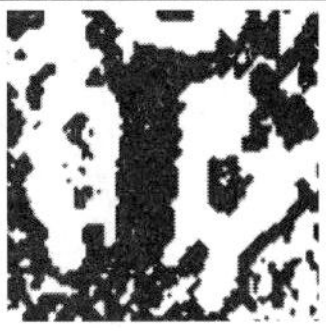 亞長鼎 E166 二期
 山父乙觥 9271 殷末周 初	 山祖壬爵 8356				 亞長鼎 E168 二期
 山父乙尊 5614	 犬山父乙爵 8866			 危耳卣 4867 三四期	 亞長甗 E102 二期
 山父戊尊 5642	 山祖庚觚 7081			 疒危作父辛 卣 5285	 亞長尊 E557 二期
 子作父戊觶 6496	 山U父辛斝 9232				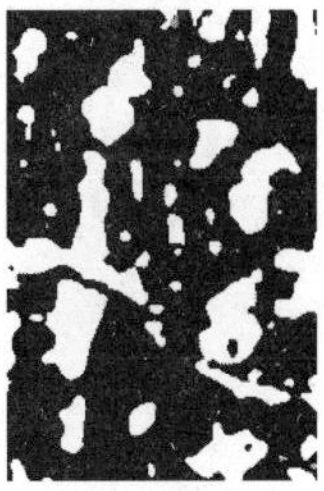 亞長觚 E666 二期

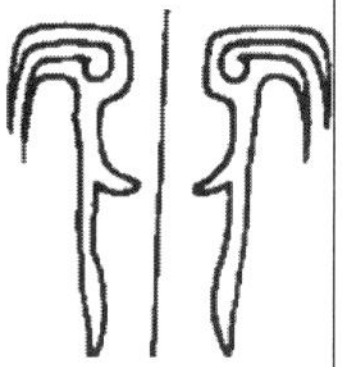 亞長戈 E1069 二期	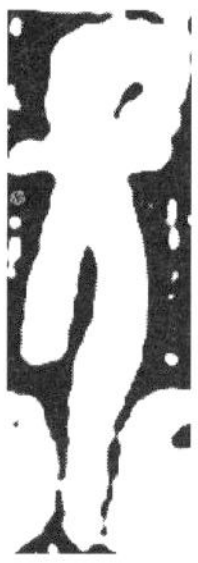 亞長戈 E1068 二期	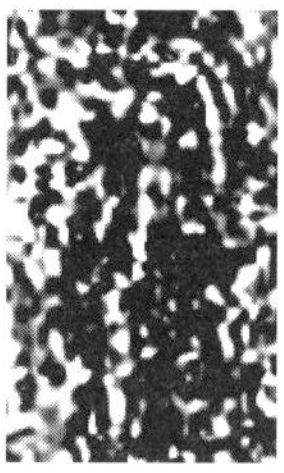 亞長勺 E905 二期	 亞長爵 E737 二期	 亞長矛 E1261 二期	 亞長鉞 E1330 二期
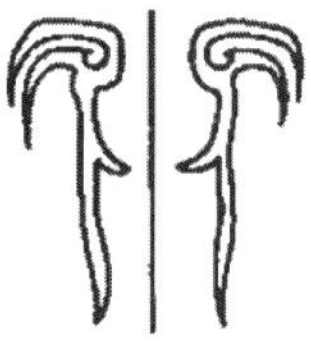 亞長戈 E1070 二期	 亞長戈 E1067 二期	 亞長盂 E961 二期		 亞長鉞 E1329 二期	
 亞長戈 E1071 二期	 亞長戈 E1066 二期	 亞長斝 E808 二期	 亞長牛尊 E589 二期	 亞長刀 E1336 二期	
 亞長矛 E1263 二期			 亞長觚 E667 二期		
 亞長戈 E1065 二期	 亞長方彝 E899 二期	 亞長觥 E814 二期	 亞長矛 E1258 二期	 亞長弓形器 E1332 二期	

526 豕

亞豕鼎 1401 二期

亞豕馬觚 J748 二期

亞豕方彝 9851 二期

子豕方彝 E898 二期

豕爵 8213 三四期

庚豕馬父乙簋 3418 四期

庚豕觶 6183 四期

亞豕爵 7802 四期

豕乙爵 J819 四期

庚豕父乙觚 7263 四期

庚豕父乙爵 8865 四期

車豕觶 6190

庚豕父乙觶 6381

豕觚 6668

豕爵 8214

豕爵 7517

豕爵 7518

豕爵 7519

豕爵 7520

豕祖乙爵 8315

豕父辛爵 8617

亞豕父甲爵 8850

豕戈 10679

527 豰

豰爵 E731 三期

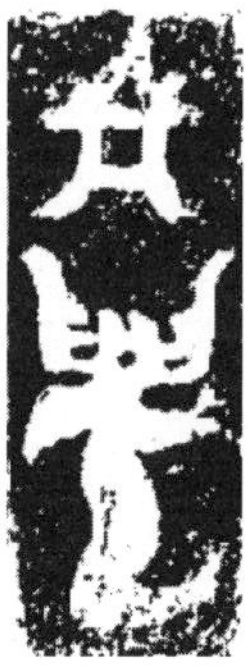
豰爵 E733 三期

豰罍 E881 三期

528 豩	529 ⿰豕乚	530 ⿰豕丁	531 家	532 ⿱罒豕	533 ⿱大豕
 冊豩觚 7055	 戉鈴方彝 9894 四期	 ⿰豕丁觚 6651 二三期  齊⿰豕丁父癸觶 6423 三四期  ⿰豕丁父辛鼎 1645 四期  ⿰豕丁祖戊卣 4892	 家父乙觶 6240	 亞⿱罒豕觚 6983	 ⿱大豕鼎 1116 二期  ⿱大豕父丁鼎 1582 四期  ⿱大豕妣辛簋 3223 四期  ⿱大豕乙爵 J820 四期  ⿱大豕父丁尊 5638 四期

				534 㲋	535 彖
 豙父丁尊 J616 四期	 豙觚 6649	 豙爵 7429	 豙鏟 11828	 㲋尊 5478 二期	 肄作父乙簋 4144 四期
 豙父乙觥 9272 商末周初	 豙觚 6648	 豙爵 7430	 豙器 10483	 㲋觚 6654	
 豙鼎 1113	 豙父甲斝 9204	 豙爵 7431		 㲋爵 7350	
 豙鼎 1114	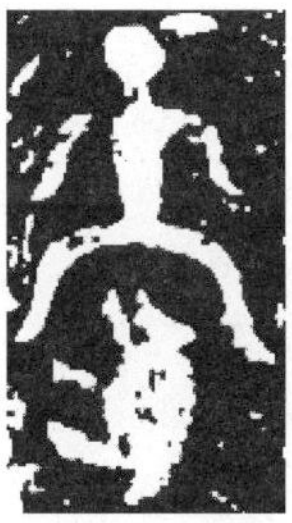 豙父丁尊 5637	 豙戈 10655			
 豙鼎 1115	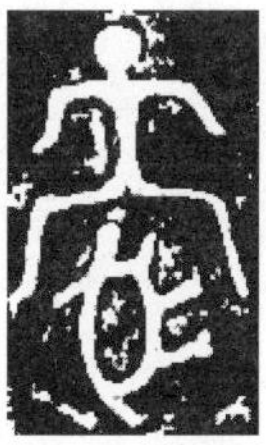 豙父乙觚 7091	 豙刀 11804			

易

 寍卣 5353 三四期	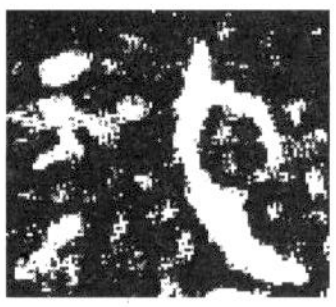 亞魚鼎 J339 四期	 龏姒鼎 2433 商末周	 𦔻簋 3975 四期		 四祀𨛭其卣 5413 四期
 寢魚簋 J454 四期	 小臣缶鼎 2653 四期	 龏姒鼎 2434 商末周初	 𦅫作父乙簋 4144 四期	 嶲卣 5397 四期	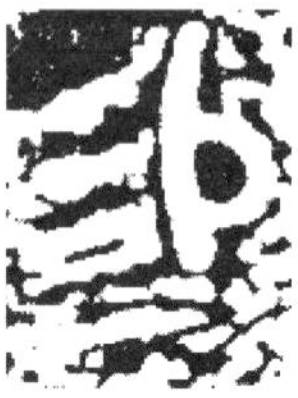 龏妸觚 7311 四期
	 寢䢅鼎 2710 四期	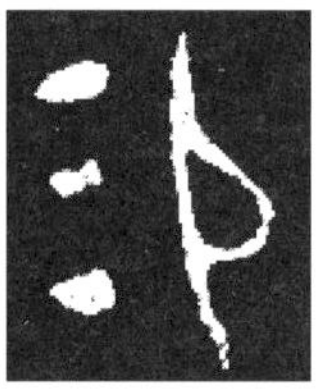 亞受鼎 2594			 寢魚爵 9101 四期
 亞古作父己簋 3861 四期	 作冊豊鼎 2711 四期	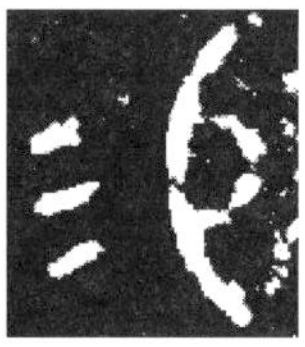	 𡚬作母乙卣 5367 四期	 六祀𨛭其卣 5414 四期	 𣪕作父癸角 9100 四期
 嶲𣀈簋 3940	 寢孳方鼎 E311 四期	 小子𦍑鼎 2648	 小臣俞尊 5990 四期	 䖒父乙爵 9051 四期	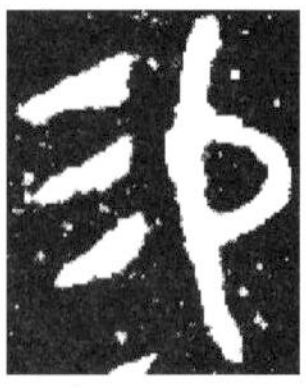 箙亞作父癸角 9102 四期

537 象　　538 馬

宰椃角 9105 四期

小臣邑斝 9249 四期

文嫊己觥 9301 四期

□宷卣 5373

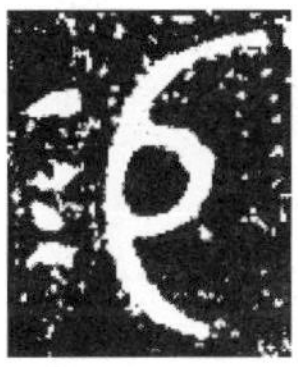

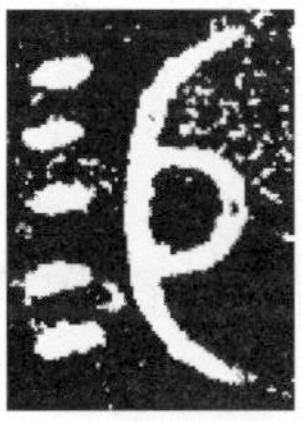
小臣□卣 5379

奄父乙爵 9050

小臣□卣 5378

易爵 7770

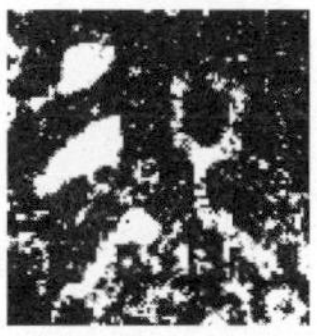
馭卣 5380

用作賜

537 象

象觚 6667 二期

象爵 J771 二期

敉象鼎 J220 二期

象爵 E716 三期

象祖辛鼎 1512

象爵 7509

538 馬

馬何觚 6998 二期

亞豕馬觚 J748 二期

馬父己尊 5651 三四期

馬□父辛尊 5749 三四期

馬何觚 6997

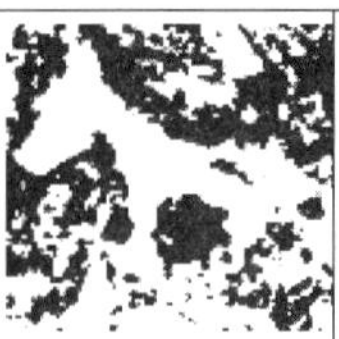
亞馬爵 7807

戈馬戈
10857

戈馬戈
10858

馬鼎 1112

亞受鼎 2594

庚豕馬父乙簋 3418 四期

庚豕馬父乙觚 7263 四期

馬羊⿱丰方父乙鼎 2000 四期

539 馭

馭卣 538

540 ⿲馬⿱大豕馬

亞次⿲馬⿱大豕馬斝 9234 三期

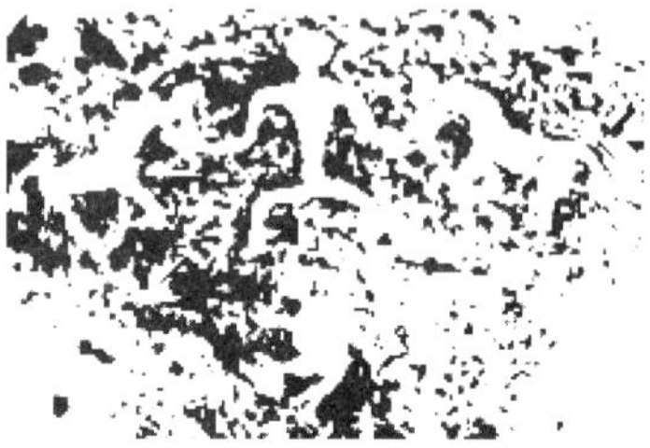
⿲馬⿱大豕馬父丁罍 9797 三期

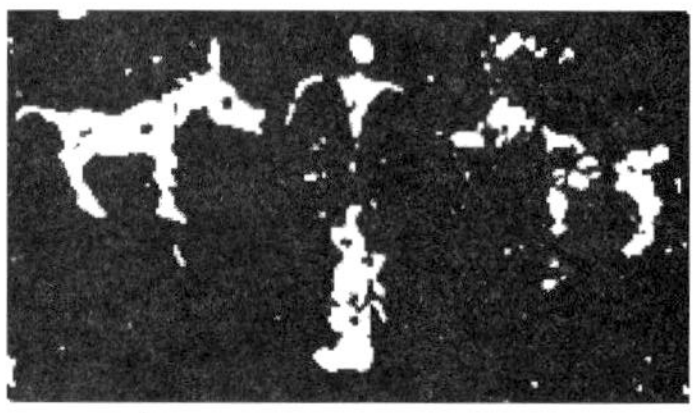
⿲馬⿱大豕馬父丁卣 J579 四期

⿲馬⿱大豕馬鼎 1889 四期

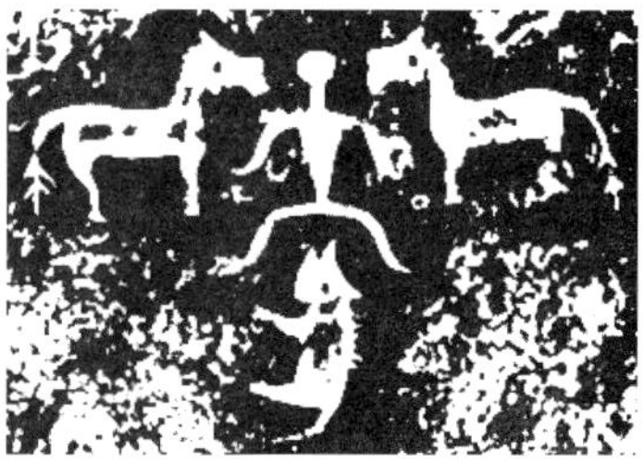
⿲馬⿱大豕馬父丁方彝 9872

541 鳫　542 瀼　543 鹿

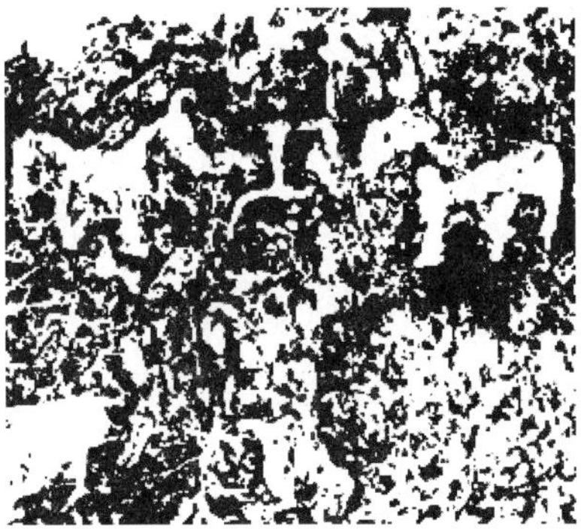

騳父乙尊 5729

騳父乙罍 9796

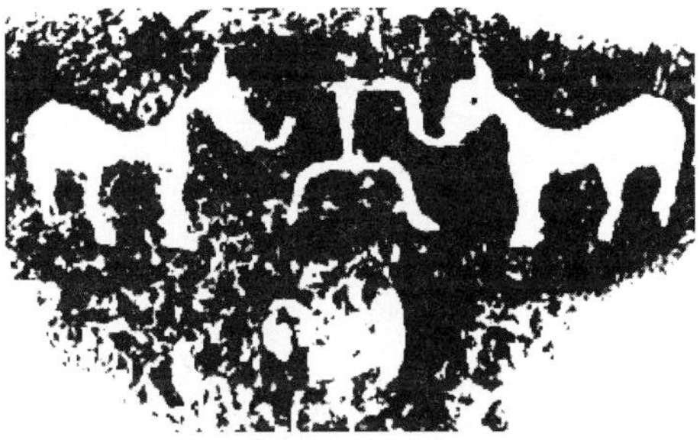

騳父丁簋 3311

騳父丁卣 5063

541 鳫

亞鳫父丁觚
7228

542 瀼

作冊般黿
E967 四期

用作廢

543 鹿

鹿觚 6666

544 麇	545 麇	546 麃		547 ⿰鹿寸	548 ⿰鹿攴
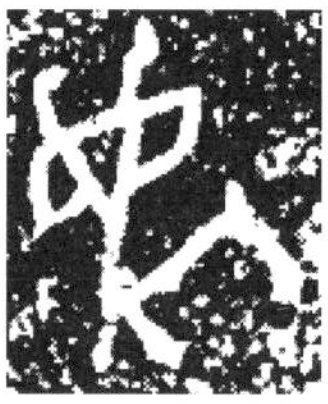 [illegible]夫麇爵 8813	 麇婦觚 7312 四期	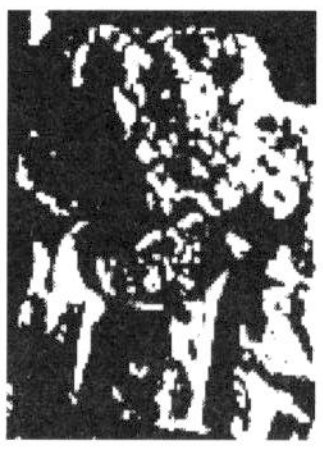 亞麃爵 7806 二三期	 亞麃觚 6945	 ⿰鹿寸爵 8215	 亞⿰鹿攴鼎 1418 四期
		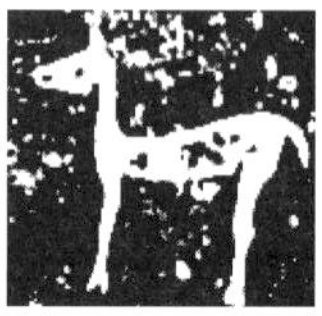 亞麃父己鼎 1870 四期	 亞麃戈 10841	 ⿰鹿寸父丁爵 8904 四期	 亞⿰鹿攴卣 4811
		 亞麃父乙簋 3299 四期	 麃𢆉父辛卣蓋 5084		
		 亞麃爵 7805			
		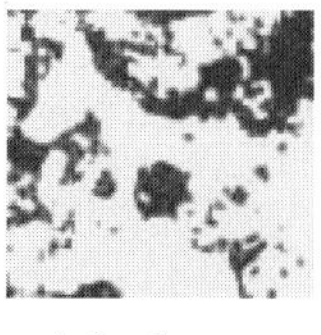 亞麃爵 7807			

549 鼇		550 㲋	551 𣘻		552 𨢍
	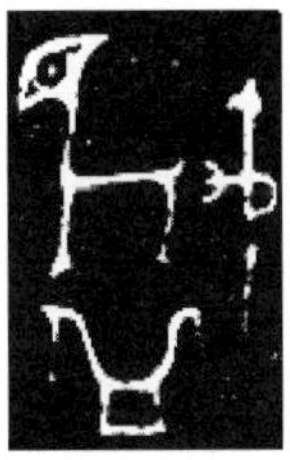 亞𥂴簋 3101	 亞㲋鴞尊 5565 二期	 子㲋觚 6894 二期	 子㲋爵 8115	 尹光鼎 2709 四期
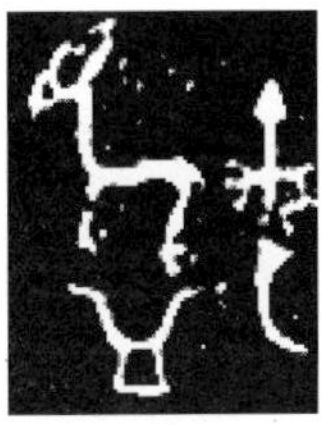 亞𥂴鼎 211 四期		 㲋戈 J1069 三 四期	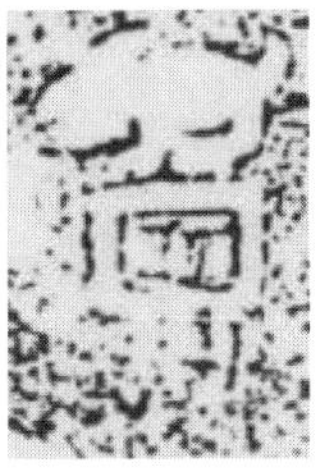 子㲋觶 6137		  箙亞作父癸 角 9102 四期
 亞𥂴母鬲 485 四期		 㲋冊爵 8211	 子㲋觶 6138		
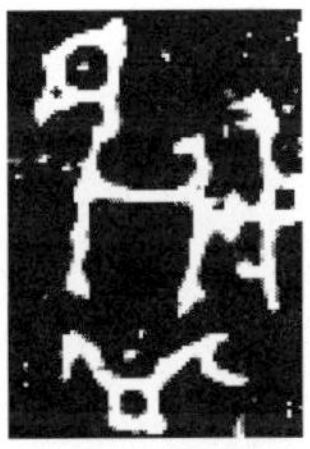 亞𥂴父乙爵 8854 四期		 㲋冊爵 8212	 子㲋觚 6895		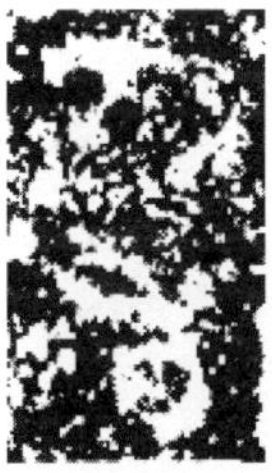 小子𦋹簋 4138 四期
 亞𥂴爵 7808 商末周初			 㲋爵 7531		 四祀邲其卣 5413 四期

553 犬

犬觚考 88/3 中商

亞卩犬觚 7179 二期

犬父甲觚 E677 二三期

車犬爵 J864 三期

犬父丙鼎 1565 三期

子犬父乙甗 838 三四期

[illegible]犬犬魚父乙鼎 2117 四期

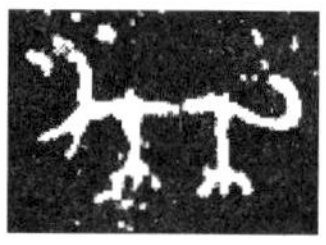

戍嗣鼎 2708 四期

亞犬戈 10840 四期

犬丁卣 4826

子作父戊觶 6496

犬觚 6647 三四期

亞犬爵 7803

犬祖辛祖癸鼎 2113

犬爵 7525

犬爵 7526 二期

犬山父乙爵 8866

犬爵 7524

亞犬爵 7804

史犬爵 8188

[illegible]犬父乙爵 8867

天犬壺 9489

554 臭

子臭卣 4849

555 獻　556 狷　557 獏

555 獻

侖獻祖丁觚 7213

556 狷

狷鉞 J1247 四期

狷元作父戊卣 5278 商末周初

557 獏

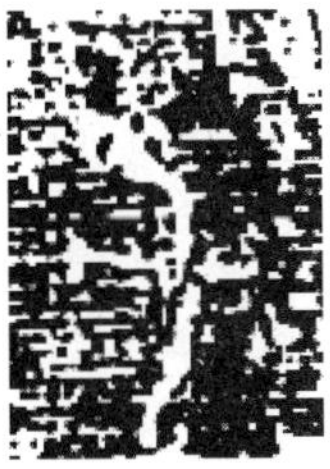

亞獏父丁爵 8895 四期

亞獏父丁角 8894 四期

亞獏父丁方鼎 1845 四期

亞獏父丁尊 5736 四期

亞獏母辛簋 J412 四期

二祀邲其卣 5412 四期

四祀邲其卣 5413 四期

亞獏父丁觚 7231 四期

作册掔卣 5414 四期

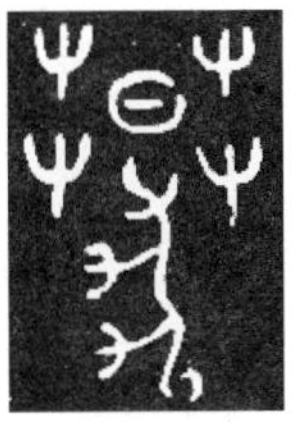

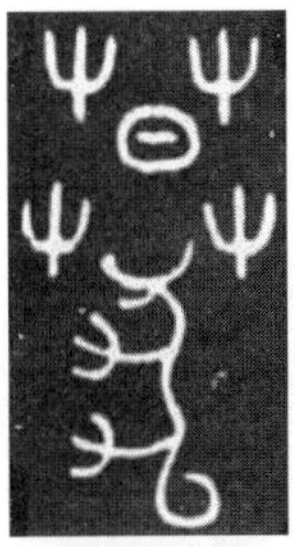

亞獏父辛卣 5086 四期

亞獏父丁鼎 1844 四期

亞獏父丁鼎 1842 四期

亞獏父丁鼎 1843 四期

亞獏父丁盉 9374 商末周初

亞獏簋 3102

558 ⿰⿱木土犬　559 光

亞獏父己鬲 503

亞獏斝 9164

亞獏父丁鼎 1841

亞羌壺 9544 四期

光鼎 1025 二期

光父辛爵 8600 二期

西單光父乙鼎 2001 三期

光父乙卣 4927 二三期

光觶 6030 三期

光父辛爵 E766 三期

光冊簋 3109 三四期

亞光簋 3104 四期

光祖乙卣 J565 四期

宰甫卣 5395 四期

小子𠭯卣 5417 四期

子啓父辛尊 5965 四期

亞㠱鄉宁鼎 2362 四期

尹光鼎 2709 四期

光鼎 1024

光作母辛觶 6427

光作從彝斝 9237

子光觚 6912

單光觚 7018

	560⿰⿱㞢目光	561爕	562⿺辶⿰㞢㞢.	563 大	
 西單光觥 7192	 ⿰⿱㞢目光卣 4777		 子⿺辶⿰㞢㞢簋 E398 四期	 大禾鼎 1472 三期	
 光爵 7354		 爕卣 4743		 小臣缶鼎 2653 四期	 大万簋 3457 四期
 單光爵 8163			 子⿺辶⿰㞢㞢父乙爵 9088 四期	 戍嗣鼎 2708 四期	 卯簋 3975 四 期
					 二祀邲其卣 5412 四期
				 作冊豊鼎 2711 四期	 四祀邲其卣 5413 四期

者㛃方尊 5935 四期

者㛃方尊 5936 四期

大中祖己觚 7215 四期

大爵 E709 四期

◇大中爵 8166 四期

者姒爵 9090 四期

者姒觥 9294 四期

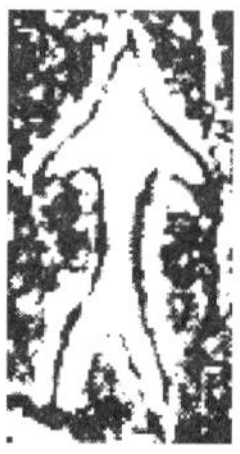

者姒觥 9295 四期

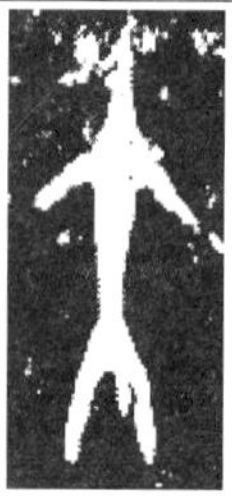

者㛃方罍 9818 四期

大兄日乙戈 11392 四期或周早

祖日乙戈 11403 四期或周早

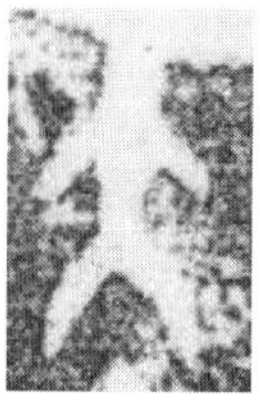
大祖日己戈 11401 四期或周早

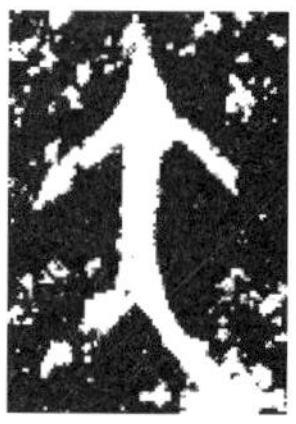
大万觶 6170

者㛃罍 9819

夵戈 10657 三期

夵戈 10658 三期

夵戈 10659 三期

夵戈 10660 三期

夵戈 10661 三期

夵戈 10662 三期

夵戈 10663 三期

夵戈 10664 三期

夵爵 7432 三四期

夵爵 7433 三四期

			565 杕	566 夷	567 亦
 夸矛 11416	 夸矛 11415	 夸矛 11420	 妣辛鐃 412 三四期	 夷觚 E626 二期	 亦車簋 2989 二期
 夸矛 11417	 夸甗 790	 夸矛 11421		 夷觚 E627 四期	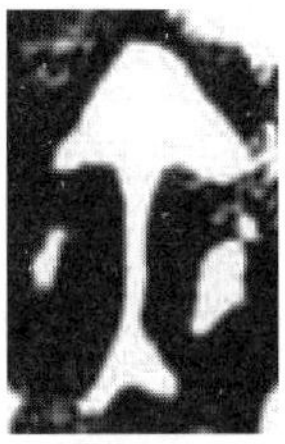 亦車戈 10863 二三期
 夸矛 11418	 夸甗 791	 夸矛 11422			 亦車矛 11447 三期
 夸矛 11419	 夸尊 5505	 夸矛 J1202			 亦車爵 7718 三四期
 夸矛 11414	 夸戈 10656				 亦車觚 7042 四期

		568 夨	569 吳	570 夭	571 交
 亦車觚 7045 四期	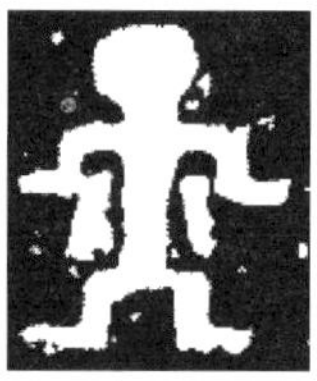	 亞夨望父乙 卣 5206	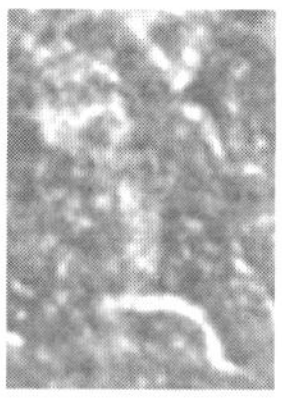 吳父癸鼎 E197 四期	 亞夭[illegible]爵 8781 四期	 交示觚 6924 二期
 亦車觚 7044 四期	 亦戈 10635	 亞夨父乙壺 9565	 吳鼎 996		 交戈 10637 二三期
 亦車觚 7043	 亦車矛 11448	 夨觚 6559	 吳鼎 997		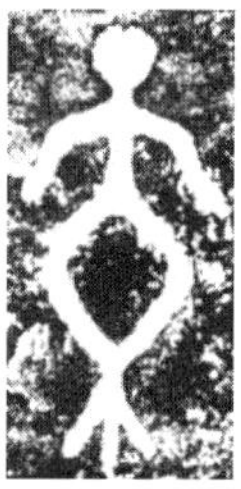 交戈 10638 四期
 亦車爵 7719					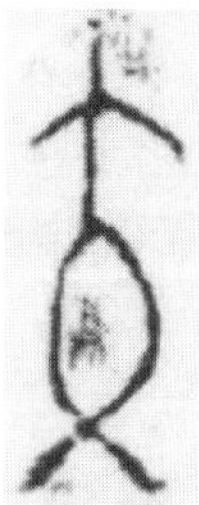 交矛 11423 四期
 亦車戈 10865					 交鼎鼎 1481

572 奏	573 壺	574 夲			575 執
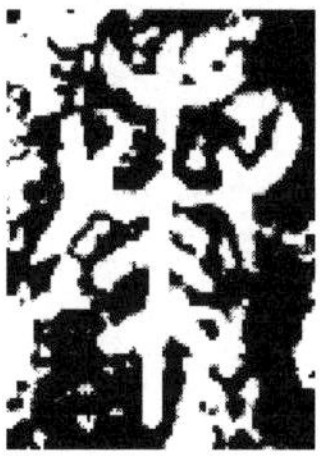 作冊般黿 E967 四期	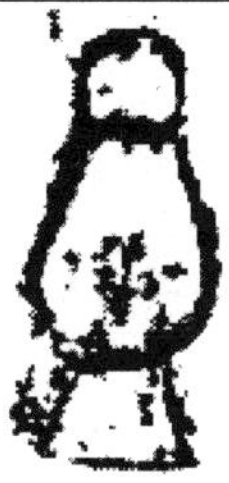 壺觚 7031	 夲觚 6626 二期	 夲爵 7708	 弓夲父癸尊 5758	 執觚 6629 二期
		 夲觚 6627 二期	 夲干首 11912	 麑夲父辛卣蓋 5084	 執鼎 1092 三期
		 夲鉞 11733 二期	 夲丁尊 5550	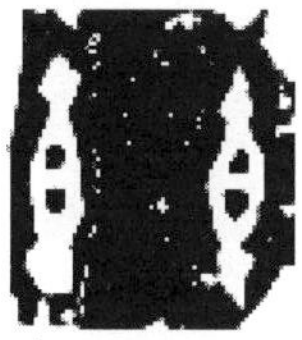 夲箙爵 8242	 執簋 2964 三期
		 夲爵三四期	 何夲爵 8152	 夲⊠父癸爵 8970	 執簋 2966 三期
		 夲箙父癸觚 7249 三四期	 貝夲爵 8263		

576⿸厂執　577敎

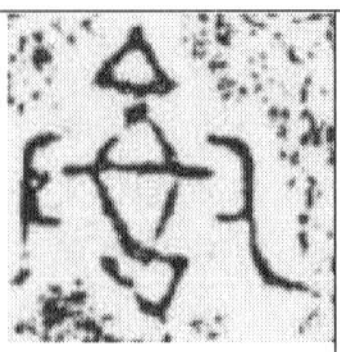		 執甲爵 8002	 ⿸厂執父乙乙鼎 1829	 敎象鼎 J220 二期	 ▲敎爵 8190
 執觶 6042 三四期	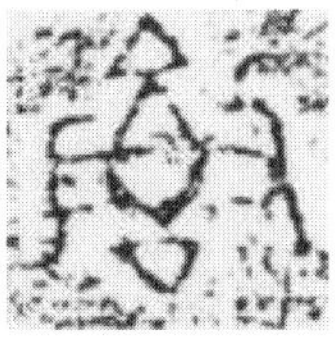 執卣 4735 三四期	 庚執觥 9264		 敎以鼎 1032 三期	 敎▲方罍 9774
 執爵 7465 三四期		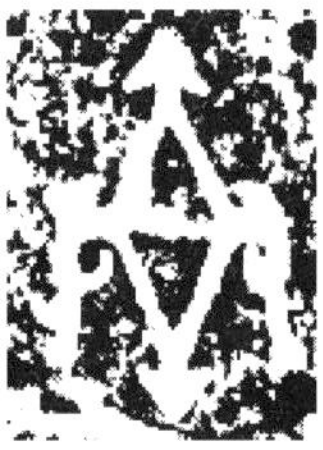 執刀 11805		 敎爵 7436	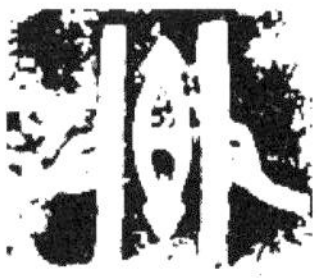 車敎戈 10866
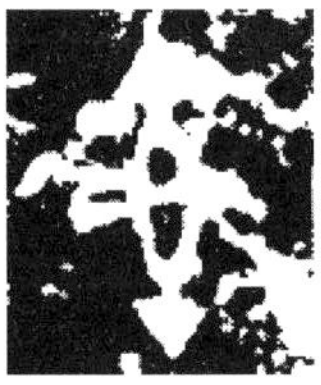 執簋 2965 四期	 亞執父己觶 6404			 敎戈 10756	
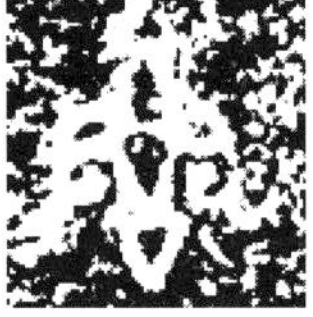 執觚 6628	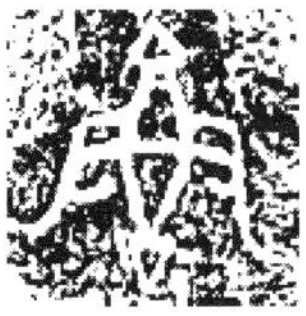 執觚 6630			 敎天爵 8141	

578 丨教丨	579 丨㚔丨	580 圉	581 睪	582 亢	
 丨教丨卣 4736 二三期  丨教丨戈 10757 四期  丨教丨觚 6943  丨教丨盤 10013  丨教丨戈 10755 丨教丨可能就是教。教兩側的兩豎也可能是一種羨劃，或者是羽形飾的變體。	 丨㚔丨父丁簋 3175 三期  丨㚔丨父戊觚 7238 四期  丨㚔丨戊爵 8029 “丨㚔丨”或逕釋爲“㚔”，而將其兩側的“丨”視爲裝飾性符號。作裝飾性用的筆劃在戈內上較常見，但卻鮮見於容器銘文中。故本書還是將其單列出來。	 圉觚 6631 四期	 亞睪盉 9415 三期  ◇箙睪爵 8814 三期  ◇箙睪觚 7188 三期  睪爵 7709  ◇睪箙父乙簋 3302	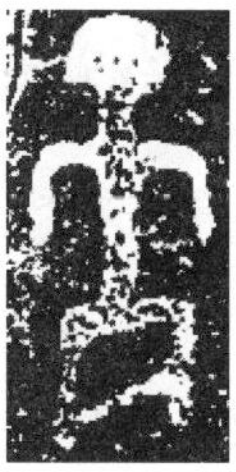 亢爵 7336 四期  亢冊鐃 392 四期  亢父癸尊 5808  亢觚 6785  亞盒亢觚 7184	 亢戈 10777

583 奚

亞奚簋 3093 三期

奚卣 4734 三期

奚觚 6561 三四期

亞奚觚 E660 四期

箙亞作父癸角 9102 四期

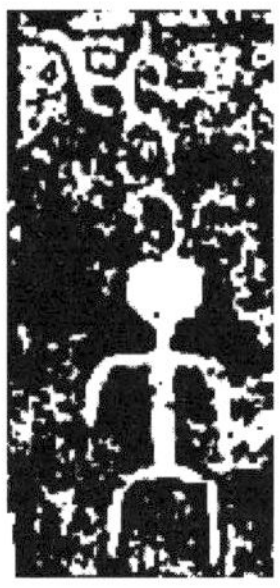

亞奚卣 4812

亞奚尊 5572

奚爵 7334

奚爵 7335

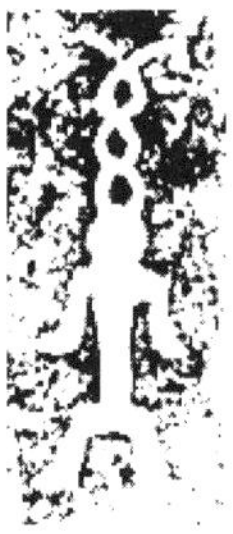

奚斝 9113

584 夫

亞夫盤 E916 二期

亞夫簋 3103 三期

亞夫鐃 385 四期

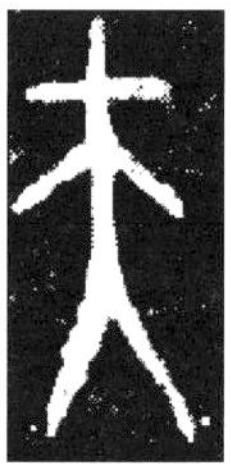

小子夫父己尊 5967 四期

亞夫畏爵 J895 四期

夫觶 6025

□夫麇爵 8813

夫尊 5442

585 立

立父辛觶 6297

立戈 10639

586 竝

竝方彝 9830 二期

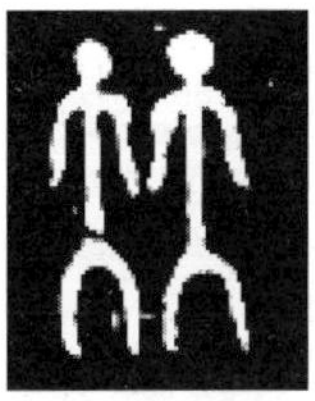
己竝父丁爵 8890 二三期

竝己爵 8030 二三期

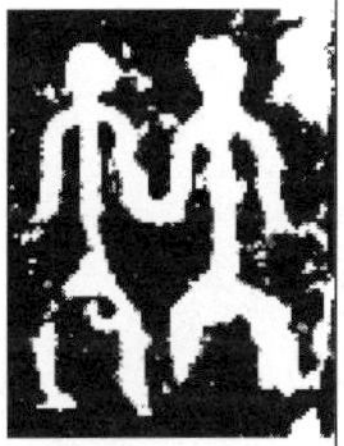
己竝父丁爵 8898 二三期

己竝父丁爵 8899 二三期

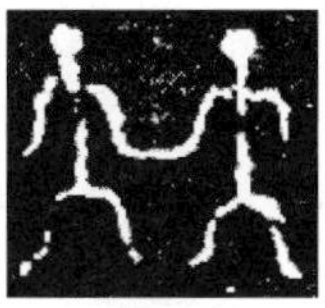
己竝鼎 J207 三期

己竝鼎 J208 三期

己竝鼎 J209 三期

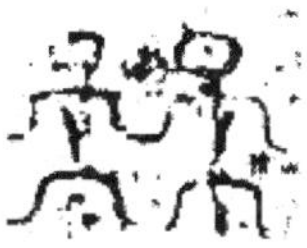

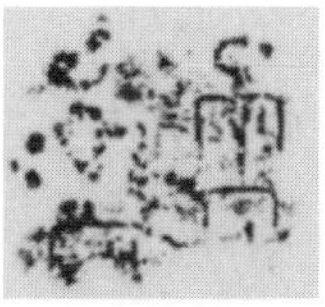
竝卣 4733 三四期

竝觚 6579 三四期

木竝爵 8182 四期

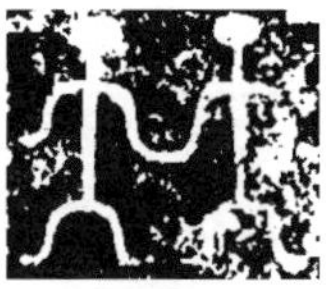
亞竝父己簋 3326 商末周初

竝妣乙爵 8736

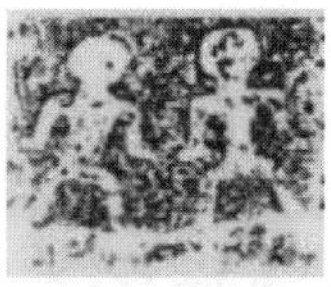
竝父辛觚 7142

竝斝 9119

竝罍 9736

竝爵 7401

單竝爵 8180

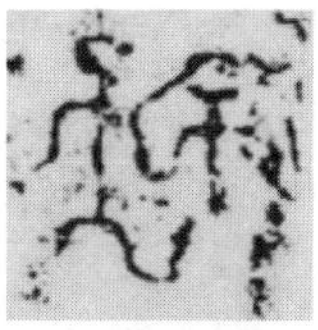
◇竝爵 8181

竝玕戈 10851

587 心

心守壺 9488 二三期

心母鼎 J226 四期

心父己爵 8554

588 息					589 念
 息母觚 J736 二期	 息父■爵 J890 三期	 息父辛鼎 J235 四期	 息爵 7751 四期	 息父乙鼎 1535 四期	 念觚 J694 二期
 息乙觚 6824 三期	 息己爵 J822 三期	 息尊尊 5595 四期	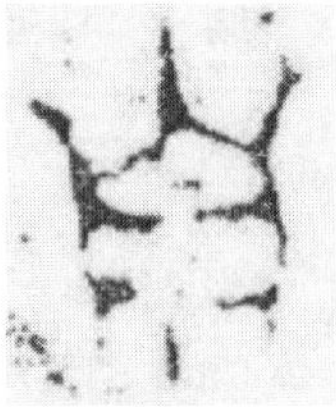 尊息觚 7071 四期	 息庚爵 J823 四期	 亞念匕 968
 息乙觚 J737 三期	 息戈 10723 三期	 息[illegible]尊 J614 四期	 息鼎 1225 四期	 息父己爵 E765 四期	
 息辛爵 J824 三期	 息戈 10724 三期	 息觶 J639 四期	 息鼎 1226 四期	 息戈 J1067 四期	
 息辛爵 J825 三期	 息父乙觚 J742 四期	 息父己觚 E676 四期	 息鼎 1227 四期	 息矛 11425 四期	

590 恖

恖爵 7507 三期

恖爵 7506

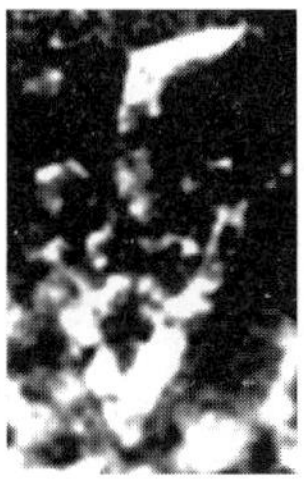

恖己觚 E668 四期

591 ⿱雔心

⿱雔心卣 5362 四期

592 溫

溫鼎 1230 二期

593 汝

小臣兒卣 5351 四期

小子[illegible]卣 5417 四期

作冊般黿 E967 四期

亞敢汝子鼎 1909

汝子妣丁觚 7220 四期

汝母作婦己彝器 10562

594 洹

作冊般黿 E967 四期

595 沚	596 湡	597 侃	598 瀼	599 汱	600 涉
 沚爵 7471 二期  沚爵 7472 二期  亞沚爵 7817  亞沚爵	 小臣缶鼎 2653 四期	 竹宧父戊方彝 9878 四期  竹宧父戊方彝 9879 四期	 劦作父丁罍 9821 商末周初	 汱父乙壺 9566	 車涉觚 7040 二期  涉爵 J769 三期  戈涉系爵 8809

601 㐬　602 州　603 ⿱朿衣

亞㐬丁鼎 1758 二期

州戈 10727

子⿱朿衣尊 5540 二期

子⿱朿衣尊 5541 二期

⿱朿衣觚 6773 二期

⿱朿衣觚 6774 二期

⿱朿衣觚 6775 二期

⿱朿衣觚 6776 二期

⿱朿衣觚 6777 二期

子⿱朿衣觚 6891 二期

子⿱朿衣觚 6892 二期

子⿱朿衣觚 6893 二期

⿱朿衣爵 8284 二期

⿱朿衣爵 8285 二期

⿱朿衣爵 8286 二期

⿱朿衣爵 8287 二期

⿱朿衣爵 8288 二期

⿱朿衣爵 8289 二期

索爵 8290 二期

索爵 8291 二期

索爵 8292 二期

子索斝 9224 二期

604 被

被觚 6779

被觚 6937

605 冬

冬臣單觚 7203

606 雨

子雨觚 6913 二期

[illegible]雨觥 9254 二期

霝鼎 1229 三期

子雨己鼎 1717 三四期

霝卣 4798 三四期

607 霝

霝鼎 1228

子雨爵 8114

子雨爵 8113

霝器 10493

608 雩

雩爵 7746 二期

守雩鼎 1475

雩觚 6783

609 需

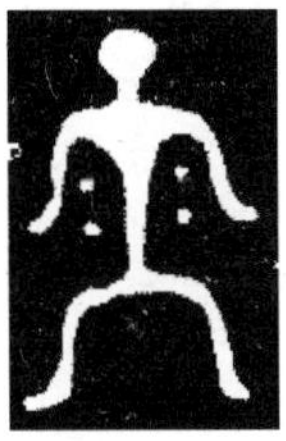
需父辛鼎 1635

需父辛鼎 1636

需戈 10636

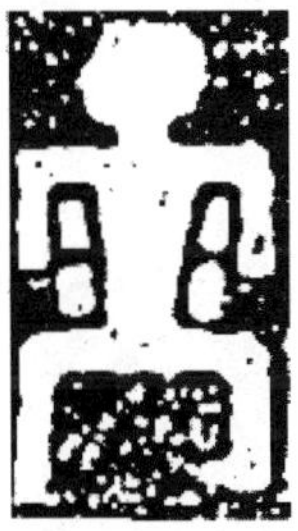
需索戈 10847

610 云

祖辛父辛鼎 E243 四期

邑祖辛父辛觶 6463 四期

611 ⿱夂雨

亞⿱夂雨鼎 1416

亞⿱夂雨鼎 1417

612 ⿱雨木

⿰虘又⿱雨木卣 5373

613 魚

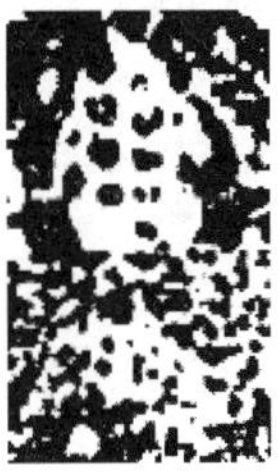
魚父乙卣 4917 三四期

魚父■爵 J891 三四期

魚父乙卣 4915 三四期

亞魚鼎 1741 四期

⿱亼丌犬犬魚父乙鼎 2117 四期

亞魚鼎 J339 四期

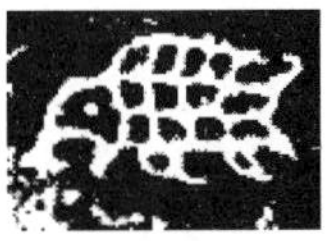
戍嗣鼎 2708 四期

⿰卓反方鼎 E314 四期

魚鬲 441 四期

寢魚簋 J454 四期

 魚乙尊 5589 四期	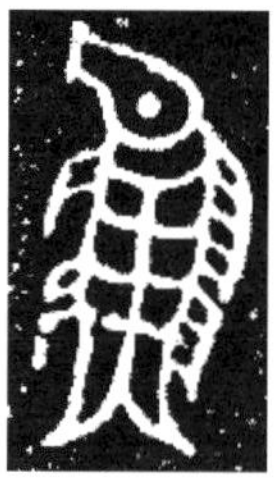 魚父癸觶 6343 四期	 寢魚爵 9101 四期		 魚乙簋 3063	 魚觚 6684
 魚父丁尊 5635 四期	 魚爵 7541 四 期	 魚鼎 1126 四 期	 魚父乙卣 4916	 魚卣 4740	 魚父癸卣 49973 三四期
 魚母觚 6877 四期	 魚父丙爵 8437 四期	 魚正乙鐃 408 四期或周早	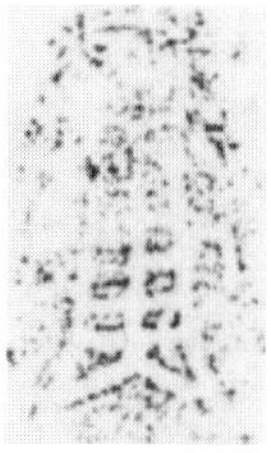 魚觚 6683	 魚父乙卣 4914	 魚鼎 1127
 魚爵 7538 四 期	 亞魚父丁爵 8888 四期	 魚正乙鐃 409 四期或周早		 魚母乙觚 7166 四期	 魚羌鼎 1464
 魚母觚 6876 四期	 亞魚父丁爵 8889 四期	 魚正乙鐃 410 四期或周早	 魚母卣 4851 三四期	 魚爵 7537	 魚爵 7539

614 漁

615 鱻

616 𢍰

魚爵 7540

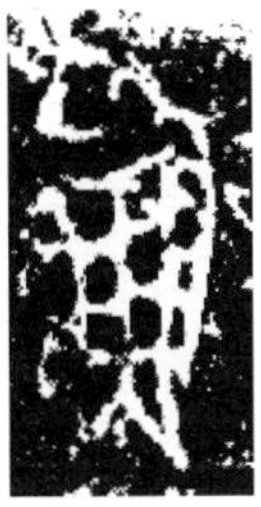
魚爵 7542

魚父乙爵 8402

魚父丁爵 8460

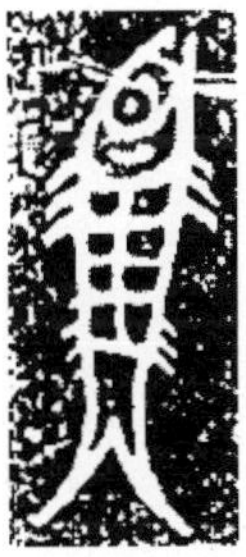
魚乙斝 9186

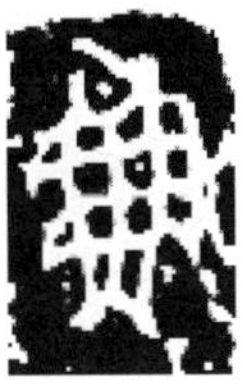
魚爵 7543

魚爵 7544

魚父乙爵 8400

魚父乙爵 8401

614 漁

子漁尊 5543 二期

子漁斝 9174 二期

615 鱻

冉鱻盉 9330 四期

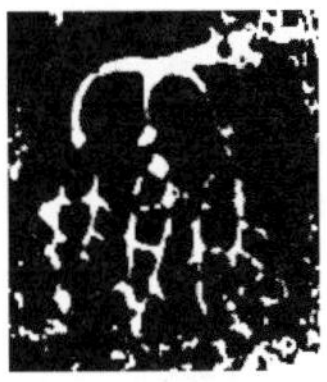
冉鱻尊 5587

冉鱻卣 4855

冉鱻觚 6181

鱻罍 9744

冉鱻觚 7062

冉鱻觚 7063

616 𢍰

𢍰觚 6685 二期

𢍰罍 9743 三期

𢍰鼎 1125

𢍰爵 7546 三四期

𢍰爵 7547

617 鯀　618 ⿱日灬　619 龍

彝爵 7548 三四期

彝爵 7549

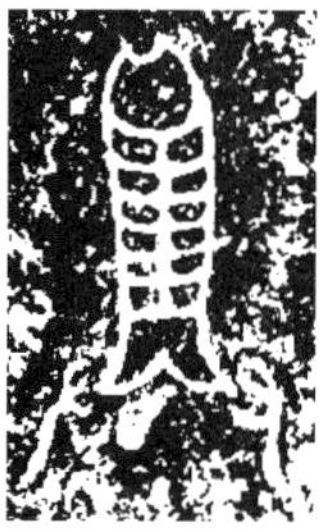
彝觚 6686

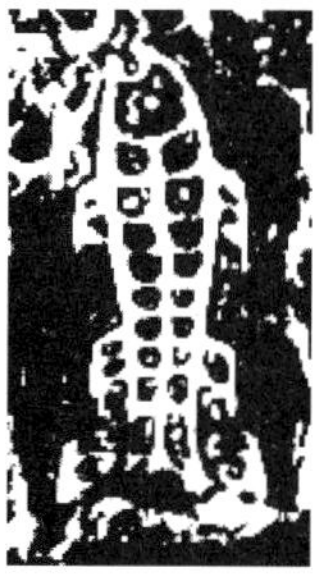
彝卣 4741

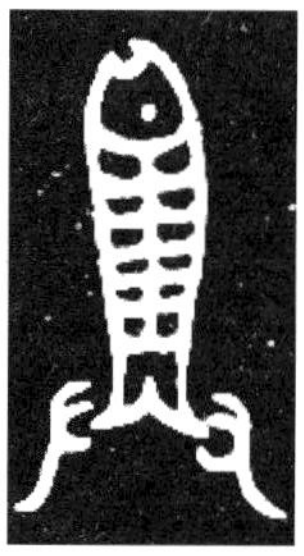
彝器 10485

鯀鼎 1128

⿱日灬父辛爵 8620

龍卣 4784 三期

子龍鼎 E165 四期

子龍壺 9485

龍爵 7532

冂龍爵 8223

龍器 10486

620 翌

亞魚鼎 J339
四期

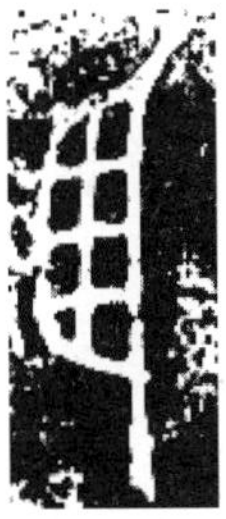

翌父辛卣
4985 四期

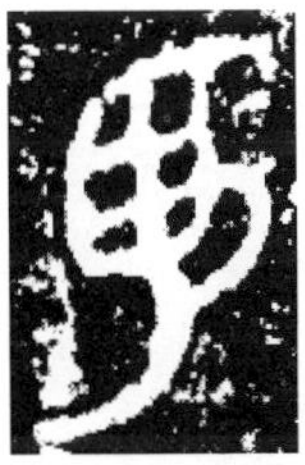

六祀邲其卣
5414 四期

四祀邲其卣
5413 四期

宰椃角 9105
四期

戎翌爵 8239

子翌父乙爵
8861

子翌父壬爵
8954

子冊父乙爵
9049

翌戈 10683

621 不

子不觚 J756
四期

子不爵 8110
四期

622 至

至觚 E629 三
四期

623 西

戍甬鼎 2694
四期

624 户

緈作父乙簋 4144 四期

户庚觚 6838

625 門

門祖丁簋 3136 二三期

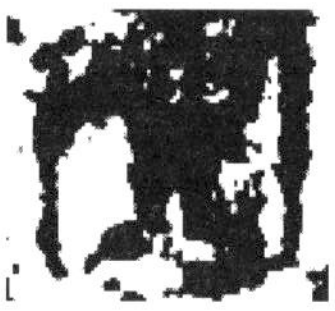

屮⿰丂門卣 J564 三四期

榮門父辛觶 J669 四期

626 闌

戍嗣鼎 2708 四期

𩵦方鼎 E314 四期

亞古作父己簋 3861 四期

闌卣 5114

宰椃角 9105 四期

627 ⿵門豩

婦⿵門豩甗 922 四期

婦⿵門豩鼎 2403

婦⿵門豩卣 5349 四期

婦⿵門豩卣 5350 四期

婦⿵門豩爵 9092

628 耳

婦闆角 9093 四期

婦闆角 J910 四期

婦闆斝 9246

婦闆斝 9247 四期

婦闆罍蓋 9820

耳鬲 447 中商

耳斝 E804 中商

上举二文或非耳字。

危耳尊 5558 二期

耳還爵 8157 二期

耳還爵 E742 二期

危耳卣 4867 三四期

耳竹爵 8269 三四期

耳竹爵 J861 三四期

耳鼎 1222 四期

耳方彝 9835 四期

耳衡父乙鼎 1834 商末周初

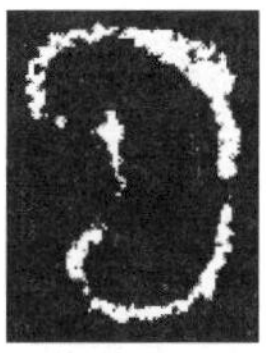

耳衡父乙鼎 1835 商末周初

耳衡父乙鼎 2002

𢎗耳觚 6931

亞耳觚 6987

耳衡父丁鼎 1853

耳衡父癸簋 3340

耳卣 9461

耳戈 10671

耳衡父庚爵 9074

耳爵 7505

耳□爵 8267

耳奠爵 8268

入耳爵 8207

耳戈 10672

629 耴

耴觚 6586

630 聞

亞寏聞□鼎 1944

631 聝

聝鼎 1208 二期

聝鼎 1210 二期

聝鼎 1211 二期

聝觚 6713 一期

聝觚 6714 二期

632 耶　633 廳　634 聑

聝觚 6715 二期

聝爵 7639 二期

聝爵 J776 二期

聝鼎 1209 三期

□聝鼎 1470

聝觚 6711

聝觚 6712

聝爵 7638

聝爵 7640

632 耶

耶鼎 1223 二期

耶簋 3975 四期

633 廳

四祀邲其卣 5413 四期

634 聑

聑□鼎 1752 二期

聑爵 E715 二期

聑□簋 2920 三期

聑

聑丁卣 E499 三四期

聑竹觚 6932 三四期

聑□勺 9913 三四期

聑父辛鼎 1657 四期

聑秉盾鼎 1763 四期

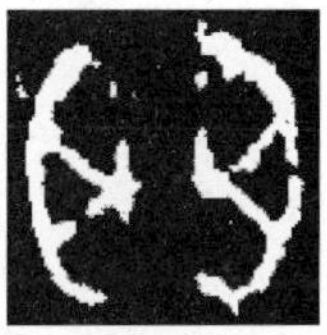
聑䙴婦□鼎 1904 四期

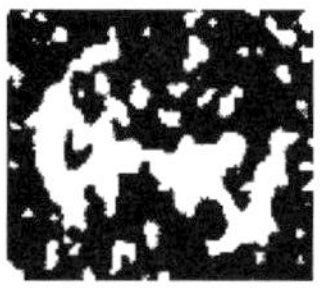 聑還婦〓簋 3345 四期	 聑還婦〓爵 8982 四期	 聑〓父乙卣 5058	 聑〓觚 6928	 聑竹爵 8205	 聑盾戈 10871 〓、〓、竹、奠俱见与耳及聑复合，“聑”是“耳”的繁构，亦或“耳”是“聑”的簡省，尚難論定，本書將“耳”入耳字條下，“聑”入聑字條下。
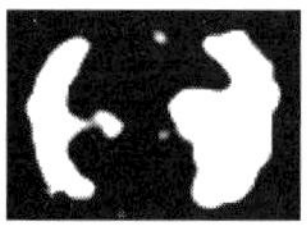 耴簋 3975 四期	 聑還婦〓爵 8983 四期	 聑〓觶 6155	 聑〓觚 6929	 聑竹爵 8206	
 聑還婦〓卣 5098 四期	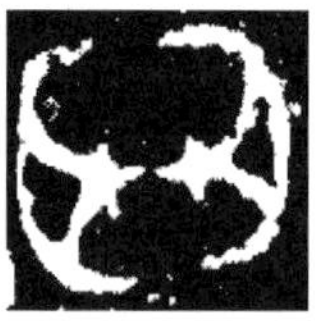 聑還婦〓角 8984 四期	 聑〓父乙觶 6385	 聑還觚 6930	 聑父丙爵 8440	
 聑還婦〓尊 5760 四期	 聑〓父乙方彝 9871 四期	 聑〓鼎 1462	 聑〓爵 7723	 聑罟器 10507	
 聑還婦〓觚 7254 四期	 爵聑倗祖丁爵 8840	 聑罟簋 3124	 聑執爵 8172	 聑奠戈 10869	

635 匜　636 揚　637 寿

匜觚 6746

小子省卣 5394 四期

黿作丁揚卣 5211

羊寿鼎 1463 二期

寿爵 7349 二期

箙寿爵 8241 二三期

寿壺 9457 三期

寿盉 J931 三期

□寿觚 7200 三四期

□寿觚 E671 三四期

□寿爵 E741 三四期

寿鬲 445 四期

寿尊 5443 四期

寿爵 7348 四期

馬羊寿父乙鼎 2000 四期

□寿斝 9194 四期

寿戈 10641

寿鼎 1028

寿爵 7350

寿爵 7351

寿爵 7352

寿斝 9109

638 拲　639 脊　640 女

龏⿱丰方觶 6152

⿱丰方[illegible]器 10504

⿱丰方[illegible]父乙尊 5721

⿱丰方[illegible]父乙尊 5722

[illegible]⿱丰方觚 7198 三四期

⿱丰方父乙爵 8384

[illegible]⿱丰方鼎 1765

[illegible]⿱丰方爵 8793

[illegible]⿱丰方爵 8794

⿱丰方盉 9306

638 拲

拲觚 6597 四期

拲尊 5451 四期

[illegible]⿱丰方觚 7199

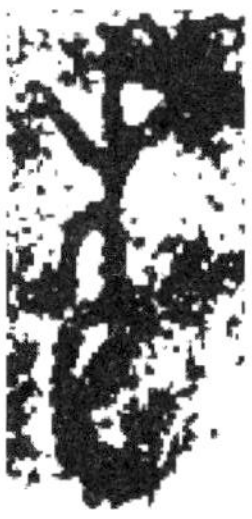
⿱丰方觚 6549

⿱丰方觚 6550

639 脊

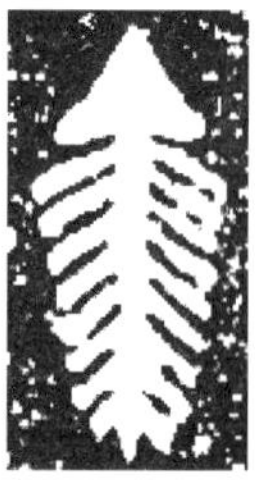
子脊主鼎 1716 三期

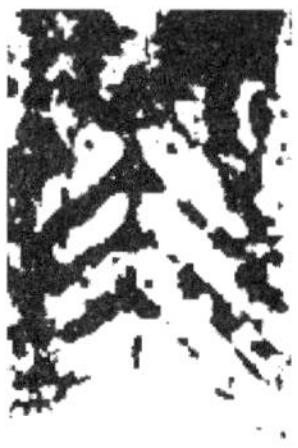
子脊爵 8098 三四期

子脊鼎 1715

子脊觚 6897

⿱丰方爵 7347

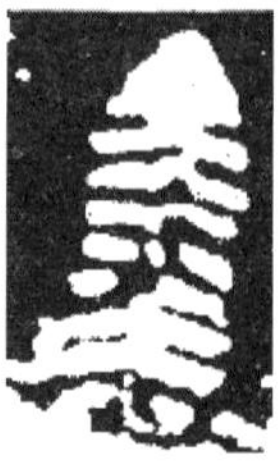
子脊爵 8099

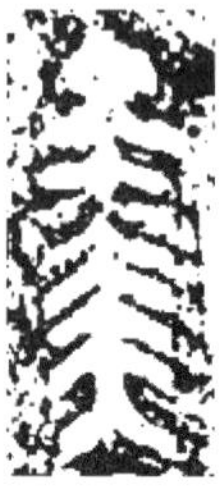
脊日乙爵 8790

脊爵 7568

640 女

王[illegible]女[illegible]方彝 J994 四期

子女爵 8084

641 娸 642 婦

文父乙簋 3502

射婦桑鼎 1378 二期

射婦桑鼎 1379 二期

婦簋 2922 二期

婦旋簋 3228 二期

婦觚 6857 二期

婦觚 6858 二期

守婦觶 6146 二期

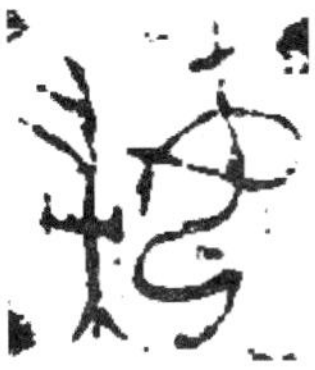

婦觚 6522 二期

婦好爵 8129 二期

婦觚 6866 二期

甲婦爵 8136 二期

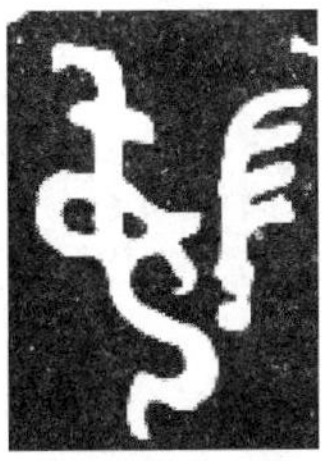

婦觥 9251 二期

射婦桑方形器 10286 二期

山婦觶 6144 二三期

婦旋觶 J653 二三期

守婦簋 3082 三期

亞[矣鳥]婦方罍 9794 三期

亞□杞婦卣 5097 三四期

婦聿卣 5099 三四期

婦姝觶 6428 三四期

□婦姃鼎 1709 四期

聑髭婦□鼎 1904 四期

 攵癸婦鼎 2139 四期	 聑髭婦□卣 5098 四期	 聑髭婦□尊 5760 四期	 宋婦觚 E685 四期		 婦□斝 9247 四期
 聑髭婦□簋 3345 四期	 婦□甗 922 四 期		 麇婦觚 7312 四期	 聑髭婦□角 8984 四期	 婦□鼎 2403 四期
 齊婦鬲 486 四期	 □婦丁尊 E559 四期	 □婦觶 6147 四期	 聑髭婦□爵 8982 四期	 婦□角 J910 四期	 婦未于□鼎 1905 四期
 商婦甗 867 四期			 聑髭婦□爵 8983 四期		 □婦姑鼎 2137
 □作婦姑甗 891 四期	 婦□卣 5349 四期	 婦□卣 5350 四期	 聑髭婦□觚 7254 四期	 婦□角 9093 四期	 □婦姑鼎 2138

643 妊

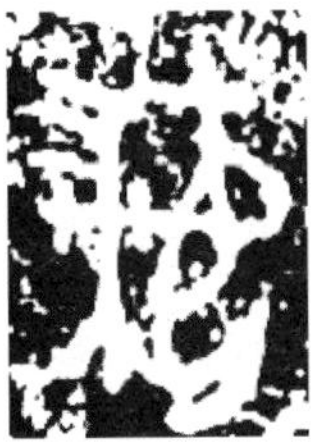
[illegible]婦鼎 1344

舟婦冊鼎 1713

文父乙簋 3502

黄婦甗 795

婦冬觶 6142

婦[illegible]觚 6871

射婦桑觚 6878

黄婦卣 4844

婦鳥觚 6870

守婦觶 6145

婦鴇觚 7287

婦竹爵 8755

婦闟爵 9092

婦[illegible]爵 8132

黄婦爵 8135

婦闟斝 9246

婦闟罍蓋 9820

婦[illegible]罍 E889

汝母作婦己彝器 10562

歐侯妊尊 E556 四期

羊己妊爵 8796 四期

644 嫍　645 母

亞[illegible]嫍鐃 399 四期

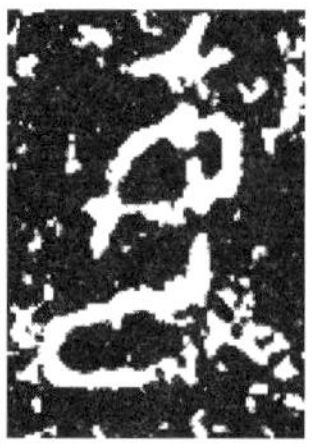
[illegible]母鼎 2026 二期

子♠母爵 8757 二期

朕母觚 J697 二三期

雚母觶 6150 三四期

鳥母[illegible]鼎 J276 四期

息母觚 J736 二期

子♠母爵 8758 二期

又羖父癸觚 7303 二三期

戈母乙爵 8734 三四期

盂鼎 J306 四期

母爵 7411 二期

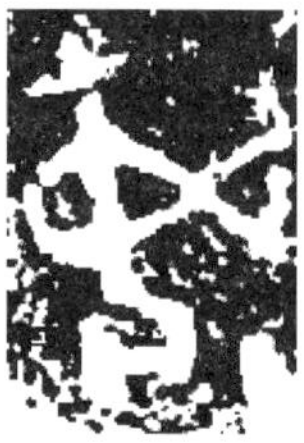
子♠母爵 87569 二期

襄母簋 3084 三期

[illegible]母鬲 461 四期

盂鼎 J307 四期

信母爵 8138 二期

亞母斝 9177 二期

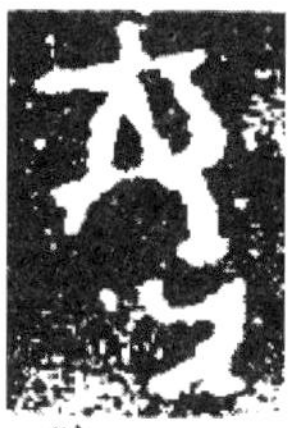
亞[illegible]母鬲 485 三四期

亞[illegible]母乙鬲 505 四期

母癸爵 J815 四期

子♠母爵 8756 二期

■母爵 8139 二三期

亞母卣 4818 三四期

南單母癸甗 E983 四期

又羖父癸爵 9084 四期

彭母甗 856 四期

又敄父癸爵 9085 四期

觥觥 J930 四期

母父丁尊 5627 四期

亞獏母辛簋 J412 四期

母嫜日辛角 J897 四期

母[illegible]婦方彝 9873 四期

小子作母己卣 5176 四期

＊集母乙觶 6450 四期

母嫜日辛簋 E367 四期

母嫜日辛角 E799 四期

母嫜日辛方彝 E901 四期

小子畣卣 5417 四期

翌鳳觶 J671 四期

小臣邑斝 9249 四期

母嫜日辛卣 E520 四期

䙴作母乙卣 5367 四期

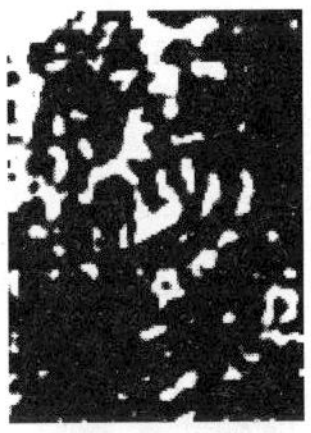
母嫜日辛尊 E569 四期

䍃保?觶 E621 四期

大万簋 3457 四期

作母戊觥蓋 9291 四期

黄父己母癸卣 5163 四期

黄母己尊 5679 四期

母嫜日辛尊 E570 四期

魚母觚 6876 四期

魚母觚 6877 四期

史母癸觚 J747 四期

甲母[illegible]觚 7165 四期

亞[illegible]觚 7288 四期

母乙爵 J814 四期

母己爵 7992 四期

倗母鼎 1460 商末周初

戈母丁簋 3221 商末周初

彭母卣 5110 商末周初

告田父乙卣 5347 商末周初

母戊觶 6134 商末周初

鼓母罍 9780 商末周初

母乙鼎 1281

母癸鼎 1282

倗母鼎 1461

心母鼎 J226

[illegible]母[illegible]父癸鼎 2020

[illegible]作母癸鼎 2262

木▲冊作母辛鼎 2328

[illegible]母辛鬲

冀母簋 3083 三期

[illegible]母辛簋 3224

戎母己簋 3222

㫃母鬳簋 3227

作母皿簋 3240

彭母簋 3343

光作母辛觶 6427

朕母觚 6879

母爵 7409 二期

魚母卣 4851 三四期

丯徵母彝卣 5111

黄父癸亼母卣 5172

母觚 6521

母戊觚 6875

母爵 7412

賓母觚 6872

甲母亼觚 7164 四期

母己爵 7993

黄母己卣 5000

小子作母己卣 5175

黄母辛觶 6345

賓母觚 6873

魚母乙觚 7166 四期

黄母爵 8134

母父丁尊 5628

又𢻱癸卣 5174

龏子觶 6349

盥母觚 6874

母爵 7410 二期

冋母己爵 8738

646 姑

婦姃罍 E889

亞䰜母盉 9366

亞方母爵 8778

母康丁器 10537

汝母作婦己彝器 10562

奄作婦姑甗 891 四期

婦闔卣 5349 四期

婦闔卣 5350 四期

婦闔甗 922 四期

婦闔角 9093 四期

婦闔角 J910 四期

婦闔斝 9247 四期

奄婦姑鼎 2137

婦闔鼎 2403

婦闔爵 9092

奄婦姑鼎 2138

婦闔斝 9246

婦闔罍蓋 9820

647 妣

妣辛鐃 412 三四期

戈妣辛鼎 1515 四期

豙妣辛簋 3223 四期

緈作父乙簋 4144 四期

二祀邲其卣 5412 四期

亞妣辛尊 5612 四期

咸妣癸尊 5613 四期

妣田干斝 9227 四期

䡗作妣癸尊 5893

汝子妣丁觚 7220 四期

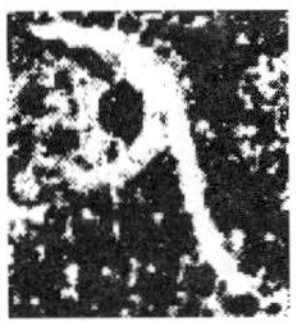
䡗作妣癸卣 5266

妣癸爵 7998

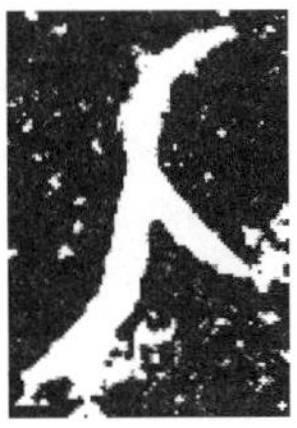
𠜱妣乙爵 8735

竝妣乙爵 8736

主妣丙爵 8737

宗□妣爵 8803

648 媚

子媚爵 8079 二期

子媚爵 8082 二期

媚爵 7413 二三期

子媚罍 J980 三期

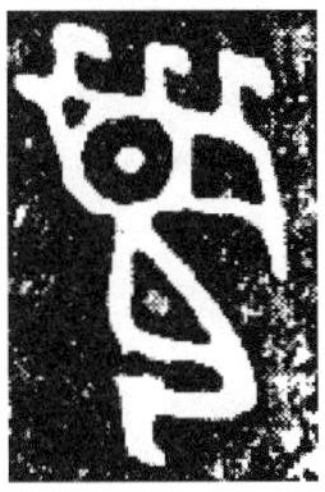
子媚鼎 1309 三四期

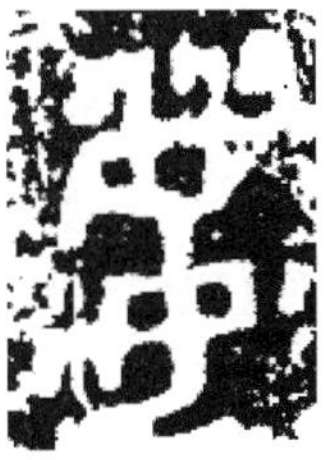

子媚觶 6136

子媚觚 6898

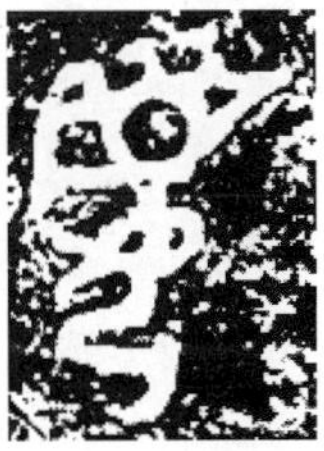
子媚觚 6899

649 好

子媚爵 8076

子媚爵 8077

子媚爵 8078

子媚爵 8080

子媚爵 8081

子媚爵 8083

子媚斝 9173

子媚罍 9784

好鼎 999 二期

婦好鼎 1320 二期

婦好鼎 1321 二期

婦好鼎 1322 二期

婦好鼎 1323 二期

婦好鼎 1324 二期

婦好鼎 1325 二期

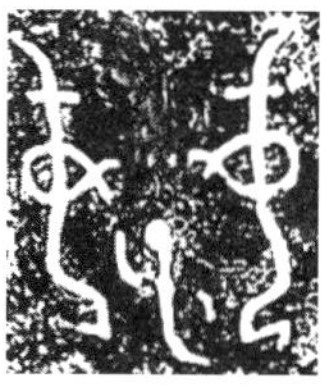
婦好鼎 1326 二期

婦好鼎 1327 二期

婦好鼎 1328 二期

婦好鼎 1329 二期

婦好鼎 1330 二期

婦好鼎 1331 二期

婦好鼎 1332 二期

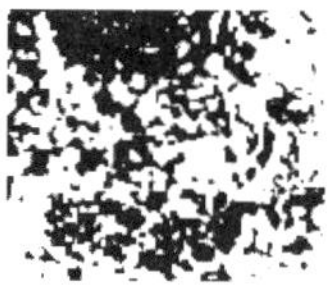
婦好鼎 1333 二期

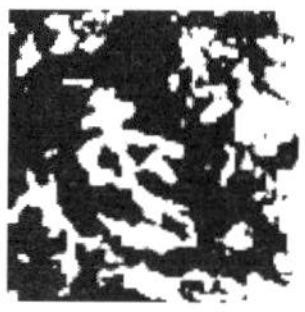
婦好鼎 1334 二期

婦好鼎 1335 二期

婦好鼎 1336 二期

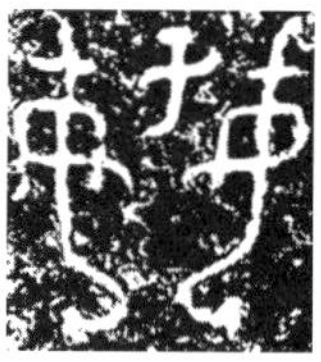
婦好鼎 1337 二期

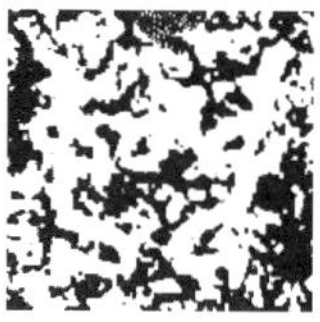
婦好鼎 1338 二期

	 好甗 761 二期	 婦好甗 794 二期	 婦好鴞尊 5537 二期	 婦好觚 6850 二期	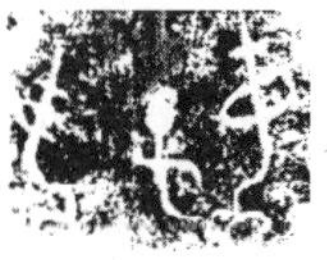 婦好觚 6855 二期
		 婦好甗 E101 二期	 婦好觶 6141 二期	 婦好觚 6851 二期	 婦好觚 6856 二期
	 好甗 762 二期	 好簋 2923 二期	 婦好觚 6847 二期	 婦好觚 6852 二期	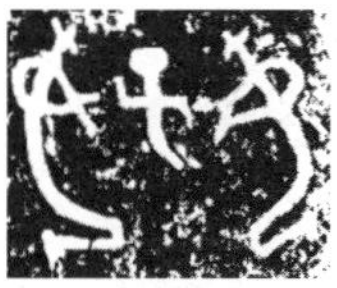 婦好觚 6859 二期
	 好甑 763 二期	 婦好尊 5535 二期	 婦好觚 6848 二期	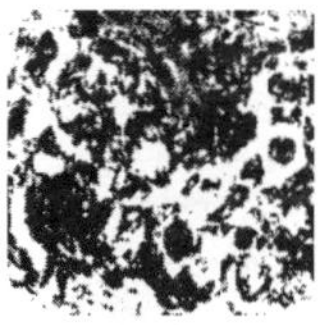 婦好觚 6853 二期	 婦好觚 6860 二期

 婦好三联甗 793 二期	 婦好鼎 E174 二期	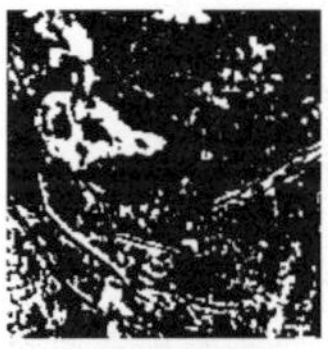 婦好鴞尊 5536 二期	 婦好觚 6849 二期	 婦好觚 6854 二期	 婦好觚 6861 二期

 婦好觚 6862 二期	 婦好爵 8122 二期	 婦好爵 8127 二期	 婦好斝 9178 二期	 婦好觥 9260 二期	 婦好壺 9486 二期
 婦好觚 6863 二期	 婦好爵 8123 二期	 婦好爵 8128 二期	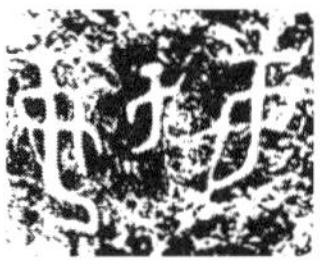 婦好斝 9179 二期	 婦好觥 9261 二期	 婦好壺 9487 二期
 婦好觚 6864 二期	 婦好爵 8124 二期	 婦好爵 8129 二期	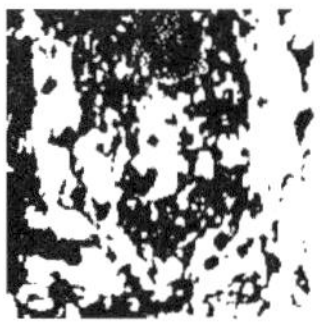 婦好斝 9180 二期	 婦好盉 9333 二期	
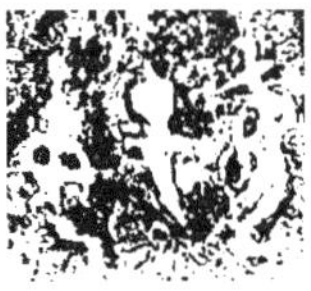 婦好觚 6865 二期	 婦好爵 8125 二期	 婦好爵 8130 二期	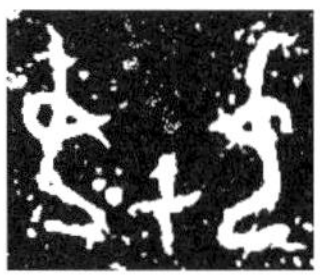 婦好斝 9181 二期	 婦好盉 9334 二期	 婦好正壺 9509 二三期
 婦好觚 6867 二期	 婦好爵 8126 二期	 婦好爵 8131 二期	 婦好觥 1339 二期	 婦好盉 9335 二期	 婦好方彝 9861 二期

650 奴

奴作父辛簋 3717 商末周初

婦好方罍 9781 二期

婦好方罍 9782 二期

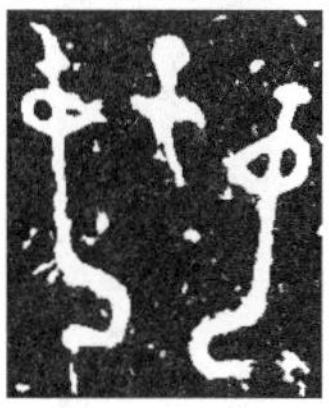

婦好勺 9916 二期

婦好勺 9917 二期

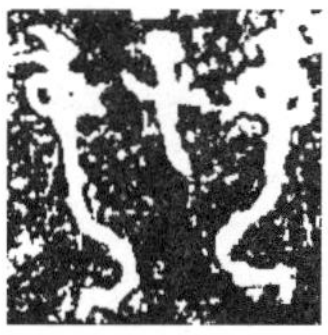

婦好勺 9918 二期

婦好勺 9919 二期

婦好偶方彝 9862 二期

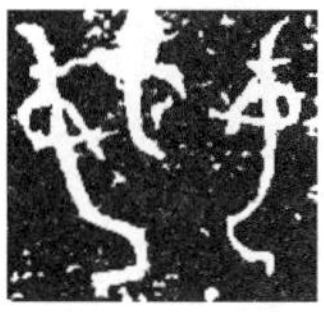

婦好勺 9920 二期

婦好勺 9921 二期

婦好勺 9922 二期

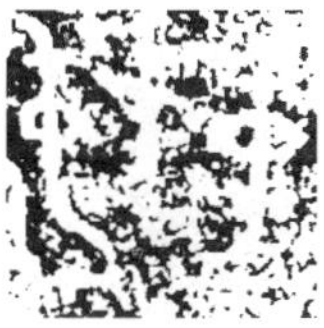

婦好勺 9923 二期

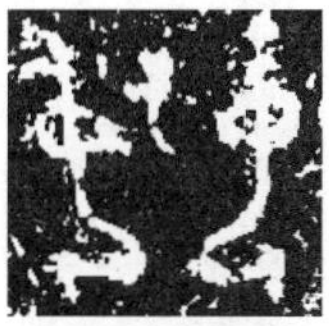

婦好方彝 9863 二期

婦好瓿 9952 二期

婦好瓿 9953 二期

婦好盤 10028 二期

婦好方彝 9864 二期

婦好罐 9985 二期

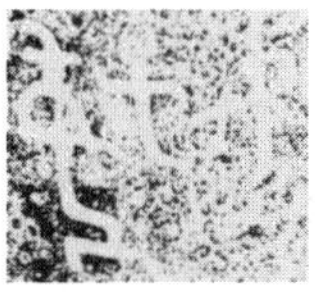

好盂 10301 二期

婦好箕 10394 二期

婦好鉞 11739 二期

婦好鉞 11740 二期

651 奸

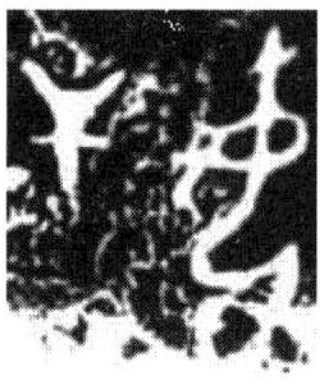

義奸鼎 1498 三期

652 姦

婦姦罍 9783 二期

婦姦觶 6148

653 姒

者姒方尊 5935 四期

者姒方尊 5936 四期

者姒爵 9090 四期

姒瓦爵 9098 四期

者姒觥 9295 四期

者姒方罍 9818 四期

者姒觥 9294 四期

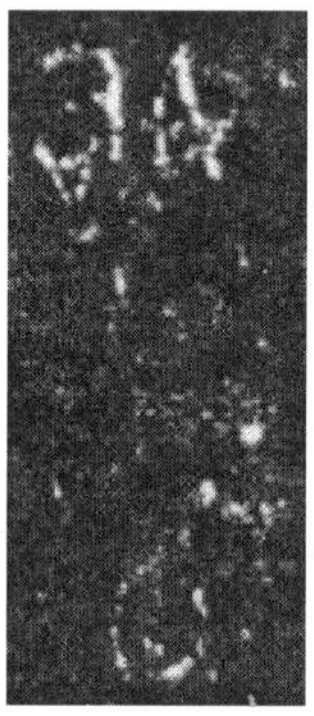

者姒方罍 9819 四期

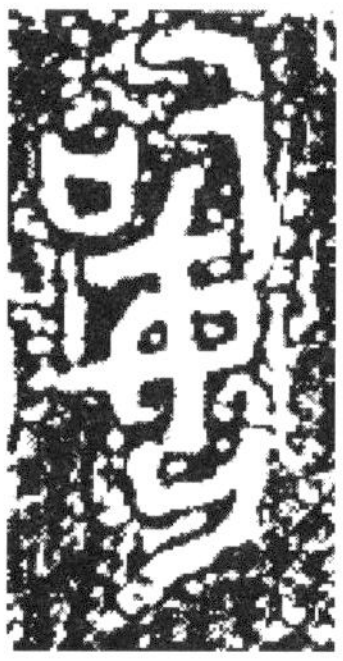

龏姛觚 7311 四期

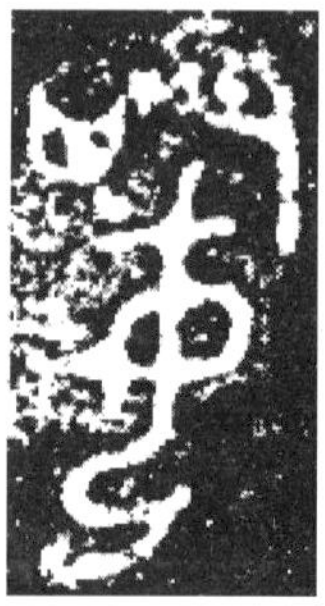

龏姒鼎 2433 商末周初

龏姒鼎 2434 商末周初

乙未鼎 2425

654 妥

子妥鼎 1301 二期

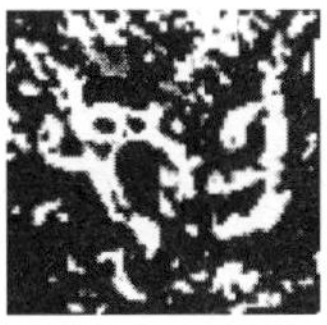

子妥簋 E346 二期

子妥鼎 1303 三期

子妥鼎 1305 三期

妥鼎 1068

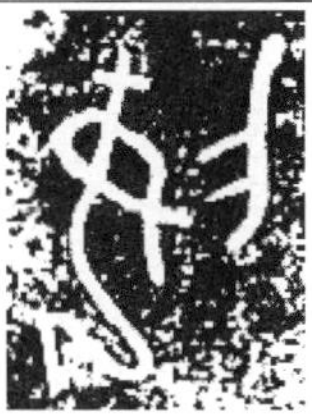

子妥鼎 1302

子妥鼎 1304

子妥簋 3075

子妥觚 6896

子妥爵 8752

妥器 10481

655 婛

齊婛■爵 8753 四期

齊婛■爵 8754 四期

齊婛尊 5686 四期

656 媓

媓觚 6523 四期

媓爵 7416

媓爵 7417

657 姃

婦姃鼎 1709 四期

658 嬣

母嬣日辛簋
E367 四期

母嬣日辛卣
E520 四期

母嬣日辛尊
E569 四期

母嬣日辛尊
E570 四期

母嬣日辛觚
E684 四期

母嬣日辛角
J897 四期

母嬣日辛角
E799 四期

母嬣日辛方
彝 E901 四期

嬣父丁鼎
1851

659 嬉

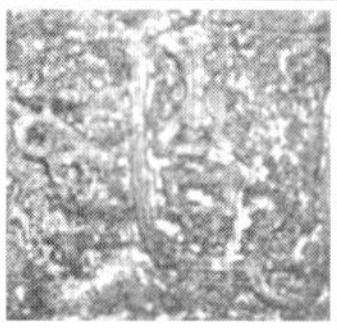

嬉觥 E813 二
三期

嬉器 10480

660 ⿰女卂

⿰女卂爵 7414

⿰女卂爵 7415

661 ⿰女川

婦⿰女川簋 3081
三期

662 ⿰女志

子⿰女志觚 7270
四期

663嫂	664嫊	665嬔	666嬝	667婔	668婳
 嫂簋 2924 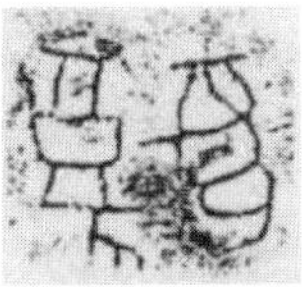 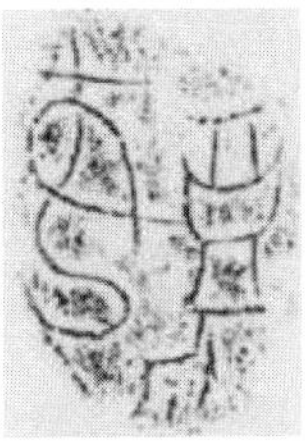 嫂卣 4754 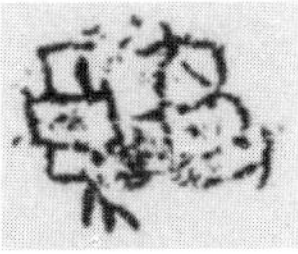 嫂卣 4755	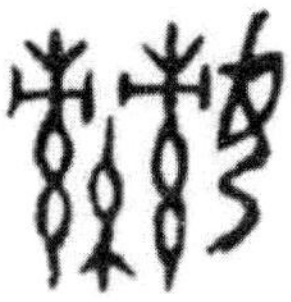 文嫊己觥 9301 四期	 婦嬔觚 7171 三四期 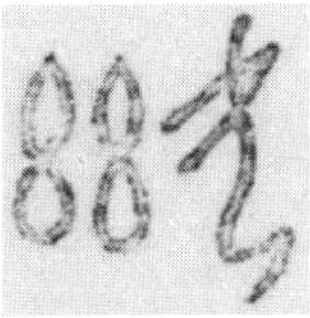 婦嬔觚 7172 三四期	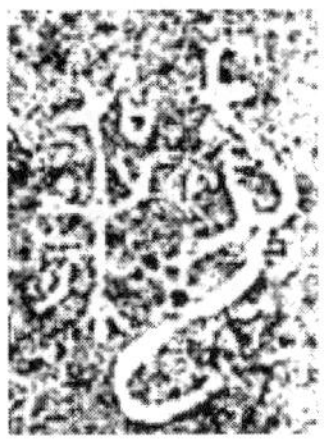 嬝鼎 2578 四 期	 寢婔盤 10029 二期	 婳鼎 998

669 ⿰女呆	670 姀	671 ⿰女𢼄	672 ⿰女朋	673 ⿰女司	674 ⿰女瓦
 咸⿰女呆子作祖丁鼎 2311  ⿱亼口串⿰女呆觚 7196  ⿱亼口串⿰女呆觚 7197	 奄婦姀鼎 1711 三期	 𪗋⿰女𢼄鼎 1488	 亞供⿰女朋鐃 405 三期  亞供⿰女朋鐃 406 三期  亞供⿰女朋鐃 407 三期	 ⿰女司辛鼎 1707 二期 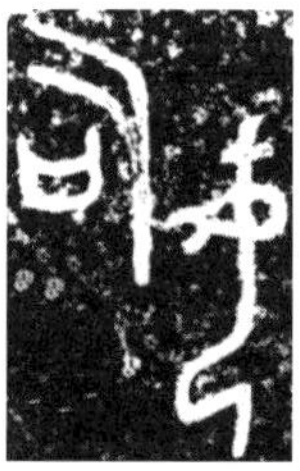 ⿰女司辛鼎 1708 二期  ⿰女司戊鼎 1706 三期 姒字之異體。	 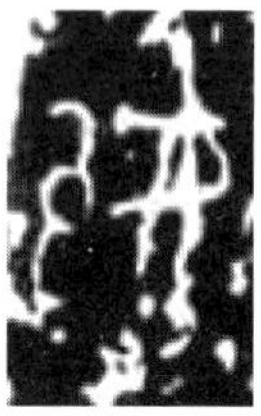 王作⿰女瓦弄卣 5102 四期  王作⿰女瓦弄器蓋 10347 四期  姒瓦爵 9098

675 娉

司甹觚 6888
二期

司娉觚 6889
二期

司娉爵 8743
二期

司娉爵 8744
二期

司娉爵 8745
二期

司娉爵 8746
二期

司娉爵 8747
二期

司娉爵 8748
二期

司娉爵 8749
二期

司娉爵 8750
二期

司娉器蓋
10346 二期

司娉鉞 11741
二期

司娉斝 9222
二期

司娉爵 8751
二期

司娉壺 9511
二期

司娉斝 9223
二期

司娉壺 9510
二期

676 妁

妁罍 9738

677 妹

婦妹觶 6428
三四期

678 幾	679 敄	680 娙	681 民	682 弗	683 戈
 幾脊冊觚 7177	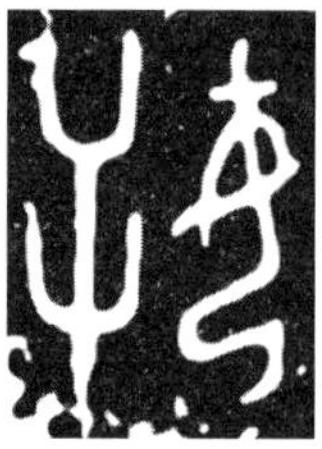 敄盉 E817 商末周初	 婦娙罍 E889	 目◇民爵 8815 三期	 智作祖甲罍 9823 商末周初	 戈鼎 E149 二期  戈簋 3018 二期  戈父丁簋 3172 二期  戈觚 6688 二期  戈觚 6689 二期

 北單戈觚 7195 二期	 戈鉞 11729 二期	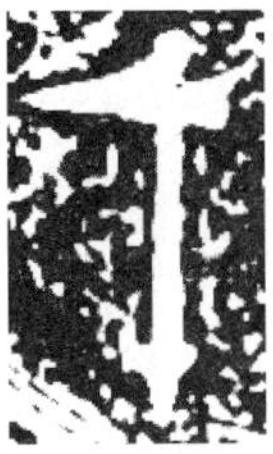 戈觚 6691 二期	 戈鼎 1203 三期	 北單戈鼎 1747 三期	 戈觶 6053 三四期
 戈爵 E714 二期	 戈盂 3020 二期		 戈鼎 E148 三期	 北單戈鼎 1748 三期	 戈祖丁觚 7078 三四期
 亞戈爵 7827 二期	 戈□瓿 9950 二期	 戈卣 4701 二三期	 戈乙簋 3062 三期	 北單戈鼎 1749 三期	 戈父癸觚 7155 三四期
 戈壺 9472 二期	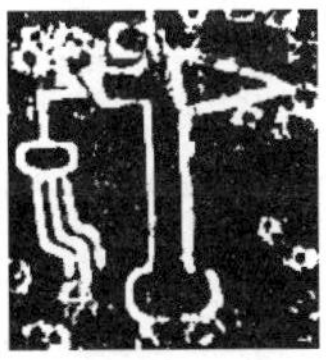 北單戈盤 10047 二期	 北單戈壺 9508 二三期	 戈觚 J711 三期	 戈父甲鼎 1517 三期	
 戈北單爵 8806 二期	 北單戈方彝 9868 二期	 戈鼎 1195 三期	 亞戈鼎 1447 三期	 戈己簋 3066 三四期	 亞其戈父辛卣 5168 三四期

 戈母乙爵 8734 三四期		 戈甗 766 四期	 戈甗 767 四期	 戈尊 5470 四期	 戈觚 J709 四期
 戈父乙爵 J869 三四期	 家戈父庚卣 5082 三四期	 戈祖癸鼎 1513 四期	 戈五甗 797 四期	 戈尊 5471 四期	 戈觚 J710 四期
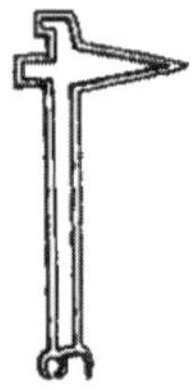 戈盤 E915 三四期	 戈觶 J642 三四期	 戈妣辛鼎 1515 四期	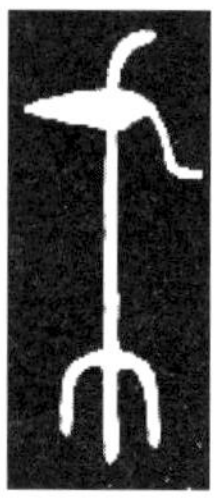 戈簋 3022 四期	 戈觶 J641 四期	 戈甲觚 6818 四期
 戈父己卣 4955 三四期	 戈觚 6690 三四期	 戈父庚鼎 1698 四期	 戈父甲簋 3143 四期		 宁戈觚 7009 四期
 戈父辛觶 6303 三四期	 戈己鼎 E187 四期	 亞戈父己鼎 1869 四期	 戈尊 5469 四期	 戈卣 4707 四期	 戈爵 7615 四期

 门戈爵 8234 四期	 戈乙鼎 J206 乙四期	 戈簋 3023 商末周初	 戈父丁鼎 1599	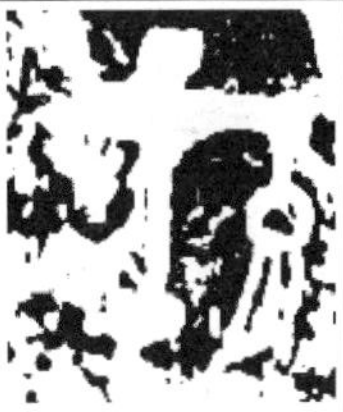 北單戈鼎 1750	 戈父丁簋 3173
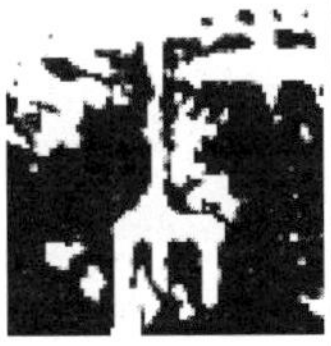 戈父癸爵 8699 四期	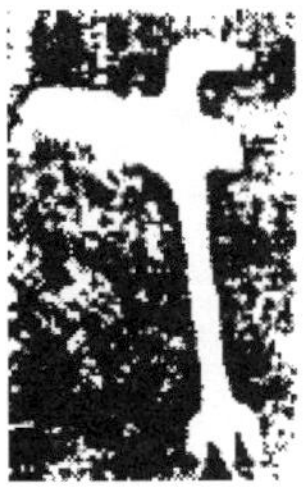 戈祖辛鼎 1511 四期	 戈母丁簋 3221 商末周初	 戈父癸鼎 1676	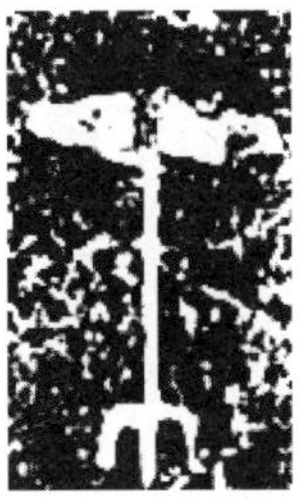 戈甗 765 四期	 戈亳冊父丁簋 3428
 戈斝 9140 四期	 戈鼎 1199 四期	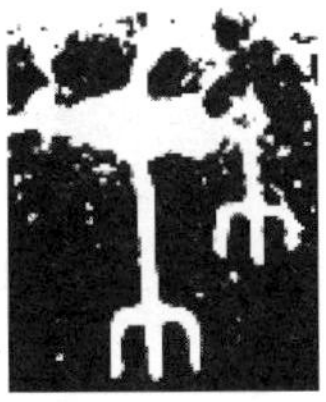 戈厚作兄日辛簋 3665 商末周初	 戈己鼎 1293	 戈簋 3019	 戈卣 4703
 戈鼎 1197 四期	 戈鼎 1204 四期	 戈鼎 1200	 戈鼎 1207	 戈祖己簋 3139	
 戈乙鼎 J206 甲四期	 戈簋 3021 商末周初	 戈鼎 1201	 戈鼎 1206	 戈父乙簋 3156	 戈卣 4702

戈觚 6692

戈觚 6693

戈卣 4869

戈鼎 1202

戈鼎 1196

戈父辛觶 6304

戈觚 6687

戈父己卣 4954

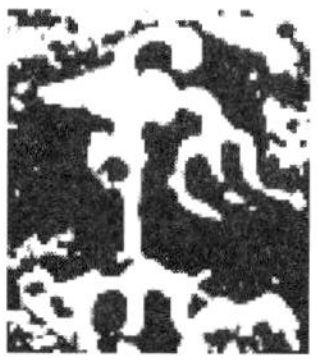
戈祖己觶 6209

戈父丙觶 6251

戈觶 6054

戈觶 6055

戈父壬尊 E560

戈父癸尊 5669

戈尊 5468

戈觚 6694

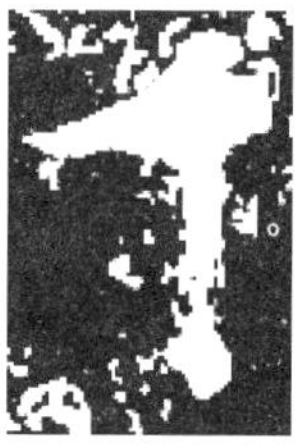
戈觚 6695

戈觚 6696

戈觚 6697

戈祖辛觚 7083

戈乙觚 6826 三四期

戈辛觚 6839

戈觚 7033

亳戈冊乙觚 7253

戈乙觚 6825

戈爵 7616

戈爵 7617

戈爵 7618

戈爵 7619

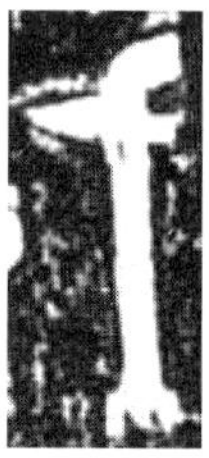
亳戈冊父乙觚 7262

 家戈爵 8235	 门戈爵 8233	 戈辛爵 8053	 戈爵 7624	 戈爵 7623	 戈父己爵 8555
 戈祖戊爵 8329	 戈乙爵 8014	 戈辛爵 8054	 戈爵 7625	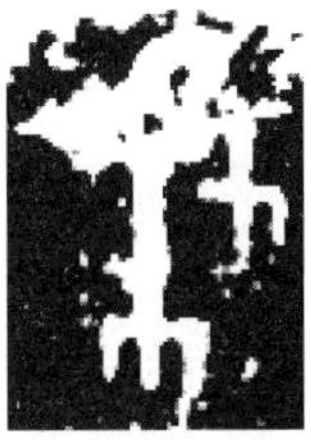 戈父乙爵 8409	 戈父己爵 8556
 戈祖辛爵 8349	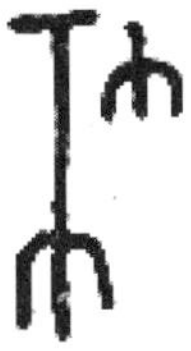 戈乙爵 J818	 戈爵 7620	 戈爵 7626	 戈父乙爵 8410	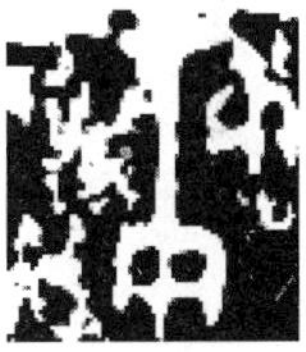 戈父己爵 8557
 戈父乙爵 8407	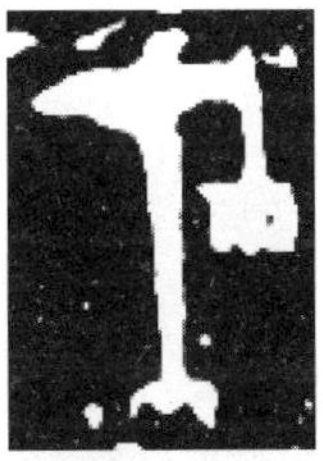 戈丁爵 8026	 戈爵 7621	 戈爵 7627	 戈父乙爵 8411	 戈父辛爵 8657
 戈叀爵 8232	 戈天爵 8142	 戈辛爵 8052	 戈爵 7622	 戈父丁爵 8467	 戈父癸爵 8700

 戈方彝 9840	 戈己戈 10856	 戈戈 10730	 戈戈 10729	 戈罍 9752	 家肈爵 J858 四期
 戈鑿 11798	 戈馬戈 10857	 戈戈 10731	 戈涉系爵 8809	 戈罍 9753	
 戈瓿 9946	 戈馬戈 10858	 戈戈 10732	 戈執父丁爵 8901		
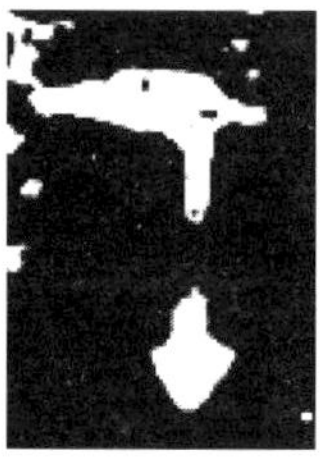	 戈告戈 10859	 戈戈 10733	 戈庚斝 9187	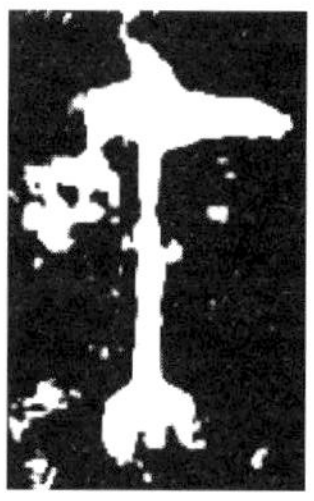 戈罍 9755	
 戈方彝 9841	 戈器 10489	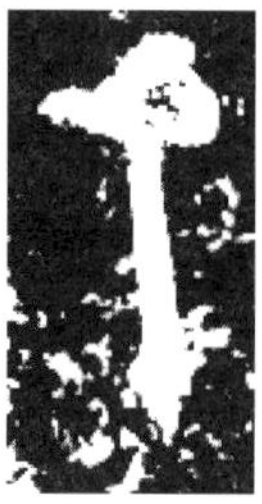 戈乙器 10509	 北單戈父丁 盉 9389		

685 戎

686 [illegible]

戎乙鼎 1287 二三期

戎鼎 J165 三期

戎觚 6706 三期

戎觚 6707 三期

戎觚 6708 三期

戎觚 J682 三期

戎父癸觶 6328 三四期

戎爵 7388 三四期

戎祖丙觚 7076 四期

戎父辛爵 8601 四期

戎母己簋 3222 四期

戎簋 2921 四期

戎父乙鼎 E196 四期

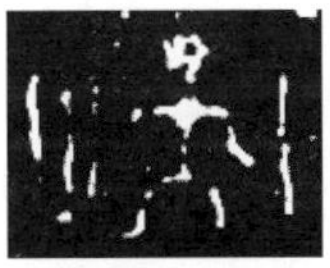

夕戎祖丁鼎 J262 四期

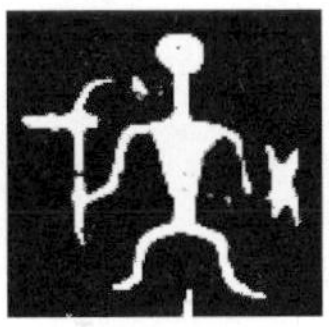

戎父乙鼎 1533 四期

戎甗 784

戎祖辛爵 8344

戎父辛爵 8602

[illegible]祖己父己卣 5145

矢戎父己觶 6401

戎鼎父乙尊 5731

戎翌爵 8239

戎器 10510

[illegible]父辛鼎 1662

687 戍	688 或	689 武	690 戠	691 戔	692 䤎
 戍甬鼎 2694 四期	 其説觚 7302 四期	 武父乙盉 E826 一期	 戠卣 4711 二三期	 亼戔父丁觚 7237 四期	 䤎簋 3025 四期
 戍嗣鼎 2708 四期		 武方罍 J975 二期	 北單戠簋 3239 二期	 戔父丁爵 8465 四期	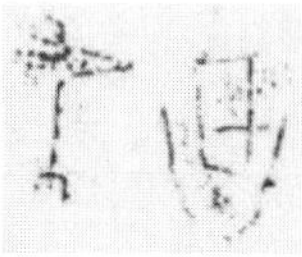 䤎觚 7034
 無壽觚 J757 四期		 鼓方鼎 E314 四期	 北單戠爵 8807		
 戍鈴方彝 9894 四期		 緷作父乙簋 4144 四期	 奴簋 3717 商末周初		 馭卣 5380
		 四祀邲其卣 5413 四期			

693 ⿰戈大

⿰戈大觚 6699 二三期

⿰戈大爵 J760 三期

⿰戈大觚 6700 三期

⿰戈大鼎 J166 四期

⿰戈大觚 J681 四期

⿰戈大父癸盉 9360 商末周初

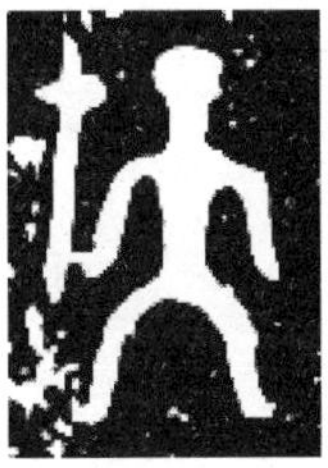

⿰戈大鼎 1008

⿰戈大鼎 1009

⿰戈大父癸方鼎 1677

⿰戈大父癸爵 8678

⿰戈大觚 6698

⿰戈大戈 J1068

694 ⿱屮戈

冊弜祖乙角 9064 三四期

695 ⿰戈关

⿰戈关鳥爵 8248

696 戒

戒觚 6701 二期

戒觚 6702 二期

戒觚 6703 二期

戒觚 6704 二期

697 戟

爻癸婦鼎 2139 四期

698 戉

木戉祖戊觚 7214 二期

戉鼎 1213 三期

戉爵 7642 三四期

戉未父己觚 7244 四期

戉木爵 8209

箙戉冊父辛卣 5169

戉箙觚 E674 四期

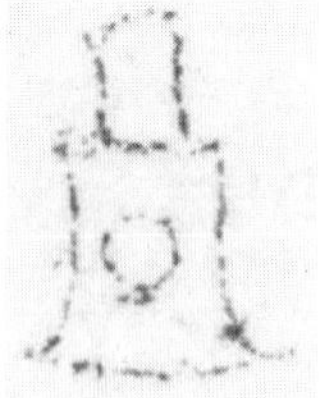

戉箙卣 E497 四期

戉乙簋 3061 三期

戉箙祖乙卣 5047 三四期

子戉戈 10855

699 吠

吠父庚爵 8585 四期

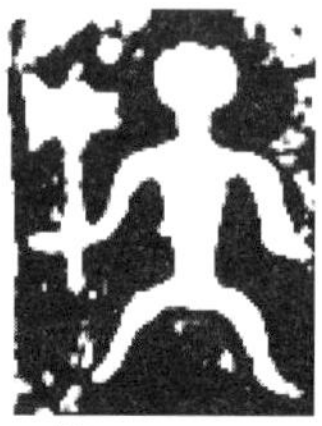

吠父庚爵 8586

700 尧

尧鼎 1021 二期

尧爵 7397 二期

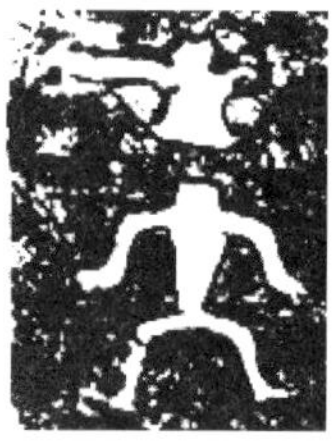

尧觚 E636 二期

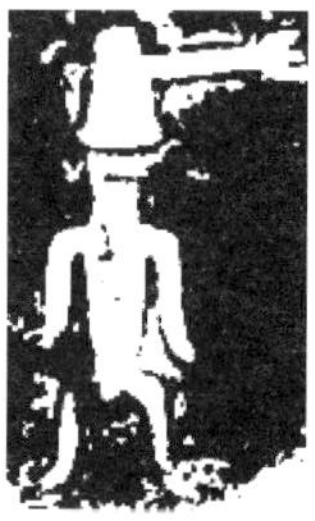

丨尧觚 7066 二期

尧父乙鉞 11756 二期

兇鼎 E136 三期

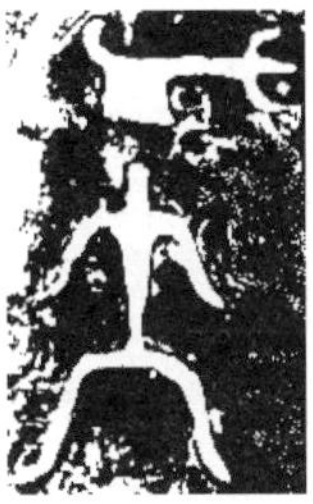
兇父辛觚 7144 三期

兇父己鼎 1605 三四期

兇父癸爵 8680 三四期

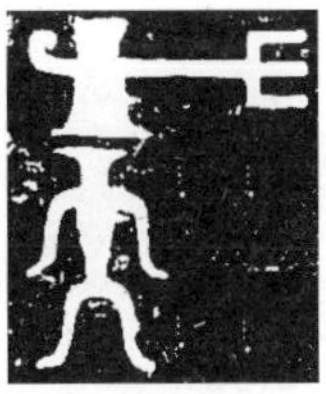
兇父乙鼎 1536

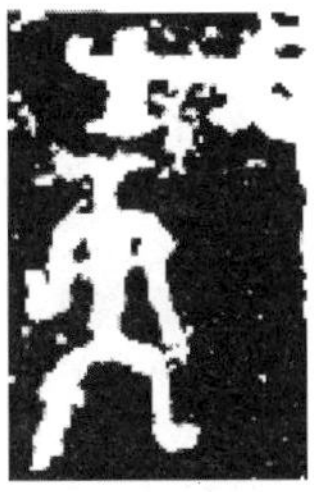
兇父乙盉 9343 商末周初

兇鼎 1020

兇鼎 1022

兇鼎 1023

兇父癸鼎 1669

兇爵 7391

兇爵 7392

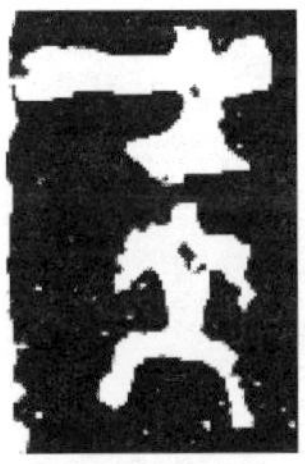
兇爵 7393

兇父辛鼎 1637

兇爵 7394

兇爵 7395

兇爵 7396

兇觚 6716 三四期

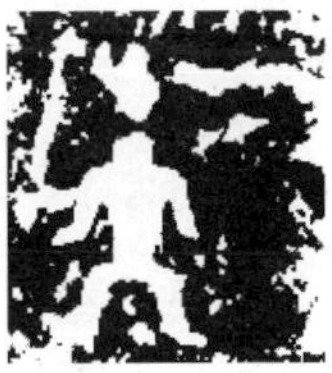
兇觚 6717

兇祖癸爵 8358

兇祖癸爵 8359

兇父乙爵 8398

兇父辛爵 8605

亯戚觥 9262 二期

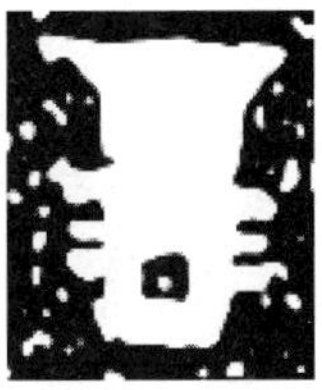
戚箙觶 J654 三期

戚亯父乙器 10532

702 我　703 義　704 亡　705 乍

702 我		703 義	704 亡	705 乍	
 我尊 5467 二期		 子義爵 J843	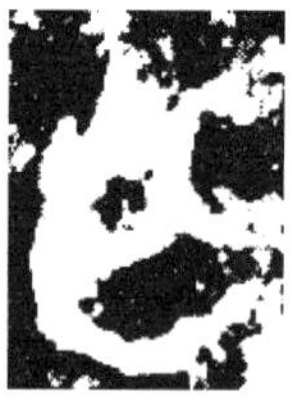 作冊般黿 E967 四期	 [illegible]母鼎 2026 二期	
 我祖丁觶 6205	 我戈 10737			 亞睪盉 9415 三期	 宁月卣 J593 三四期
 我父丁爵 8469				 作太子丁卣 E528 三四期	 闌卣 5114 三四期
 我戈 10735					
 我戈 10736				 釆作父乙卣 5205 三四期	 [illegible]卣 5353 三四期

 冊弜祖乙角 9064 三四期	 𠬝癸婦鼎 2139 四期	 亞魚鼎 J339 四期		 寢孳方鼎 E311 四期	 邲甗 J155 四 期
 小子作父己 鼎 2015 四期	 㜳鼎 2578 四 期	 小臣缶鼎 2653 四期	 寢蔑鼎 2710 四期	 𣪕方鼎 E314 四期	 亞䰘作季尊 彝甗 886 四 期
 小子作父己 鼎 2016 四期	 豆作父丁鼎 E259 四期	 戍甬鼎 2694 四期		 作冊祝鬲 J253 四期	 𠣞作婦姑甗 891 四期
 句父丁鼎 J285 四期	 曆作祖己鼎 2245 四期	 戍嗣鼎 2708 四期		 黽作父辛甗 845 四期	 婦闆甗 922 四 期
 般作父乙鼎 2114 四期	 宁作父丁鼎 2318 四期	 尹光鼎 2709 四期	 作冊豊鼎 2711 四期	 商婦甗 867 四期	 子𪓐簋 E398 四期

 作冊般甗 944 四期	 亞古作父己簋 3861 四期	 王作姒弄卣 5102 四期	 婦[illegible]卣 5359 四期	 慇卣 5362 四期	 協卣 E542 四期
	 卯簋 3975 四期				
 大万簋 3457 四期	 小子[illegible]簋 4138 四期	 小子作母己卣 5176 四期	 婦[illegible]卣 5360 四期	 協卣 E540 四期	 姣作母乙卣 5367 四期
 寢魚簋 J454 四期	 緈作父乙簋 4144 四期	 小臣兒卣 5351 四期	 協卣 E541 四期	 犅伯[illegible]卣 E546 四期	 小子[illegible]卣 5417 四期

		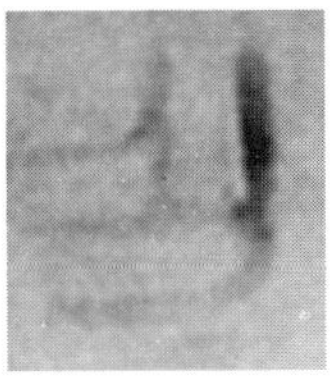 叀尊 E576 四期	 龏姛觚 7311 四期	 [illegible]冊父丁爵 9072 四期	 婦[illegible]角 9093 四期
 小子省卣 5394 四期	 嶲卣 5397 四期	 子啓父辛尊 5965 四期	 麇婦觚 7312 四期		 箙亞作父癸角 9102 四期
		 小子夫父己尊 5967 四期	 史[illegible]爵 E781 四期	 子[illegible]父乙爵 9088 四期	
 宰甫卣 5395 四期	 六祀𠨘其卣 5414 四期	 無壽觚 J757 四期	 鄉爵 J906 四期	 姒瓦爵 9098 四期	 宰椃角 9105 四期
 作祖戊尊 5794 四期	 季尊 5840 四期	 羌[illegible]向觚 7306 四期	 万爵 E787 四期	 寢魚爵 9101 四期	 婦[illegible]斝 9247 四期

 小臣邑斝 9249 四期	 亞羌壺 9544 四期	 何作日辛觶 6505 商末周初	 箙[illegible]卣 J596 商末周初	 乃孙作祖己鼎 2431 商末周初	 作父乙鼎 2008 二三期
 作母戊觥蓋 9291 四期	 王作姛弄器蓋 10347 四期	 徙作祖丁觶 6368 商末周初	 奴作父辛簋 3717 商末周初	 龏姒鼎 2433 商末周初	 丩盾作父戊鼎 2011 四期
 觥觥 J930 四期		 㫃尊 5715 商末周初	 戈厚作兄日辛簋 3665 商末周初	 龏姒鼎 2434 商末周初	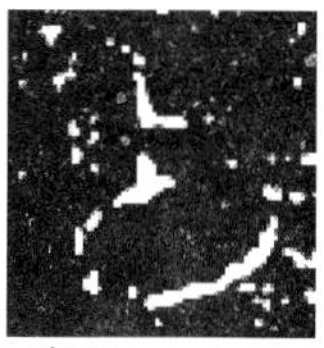 亀作父戊鼎 2013
 文嫊己觥 9301 四期	 作冊般黿 E967 四期		 偁缶作祖癸簋 3601 商末周初	 [illegible]作父丙鼎 2118	 亳作母癸鼎 2262
 奉盉 E833 四期	 劦作父丁罍 9821 商末周初	 狽元作父戊卣 5278 商末周初	 ◆一父丁簋 3429 商末周初	 丮日戊鼎 2124	 咸娸子作祖丁鼎 2311

 亞受鼎 2594	 木[illegible]冊作母辛鼎 2328				 小臣[illegible]卣 5378
 小子[illegible]鼎 2648	 季作兄己鼎 2335	 [illegible]作父乙簋 3602	 小子作母己卣 5175	 黿作丁揚卣 5211	
 束冊作父己鼎 2125	 婦[illegible]鼎 2403	 寢敄簋 3941			 小臣[illegible]卣 5379 四期
 黿婦姑鼎 2137	 乙未鼎 2425		 允冊卣 5186	 亞[illegible]作季卣 5238	
 黿婦姑鼎 2138	 作母皿簋 3240	 [illegible]作父癸卣 5092	 嶲[illegible]簋 3940	 竟作父辛卣 5286	 馭卣 5380

❊作父癸觶 6426

輂作妣癸尊 5893

賊作父丁觚 7307

輂作妣癸卣 5266

尸作父己卣 5280

叡宋卣 5373

光作母辛觶 6427

臼作衜觶 6360

𩁹作父癸爵 9023

ㄐ盾父乙觚 7265

亞示作父己觶 6484

史冊作彝斝 9235

蘋作父乙卣 5148

㝔𥃯作父癸卣 5360

作𢆶從彝觚 7260

子达觶 6485

光作從彝斝 9237

婦𡨄爵 9092

𠂤𠃊作父辛卣 5285

彰作父乙尊 5894

婦鴝觚 7287

子作父戊觶 6496

ㄐ盾作父戊斝 9231

ㄐ盾作父戊爵 8923

			706 無	707 匚	708 匿
 婦□斝 9246		 作父戊器 10570	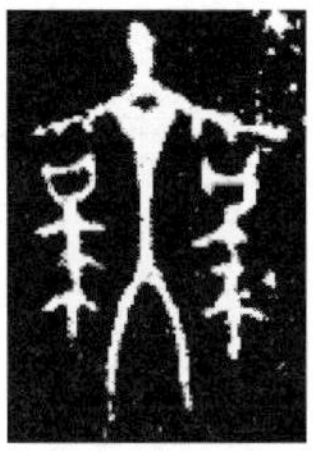 作冊般甗 944 四期	 乃孫作祖己鼎 2431 商末周初	 匿乙尊 5545 二期
 □作父癸角 9100	 婦□罍蓋 9820		 無壽觚 J757 四期	 賓匚爵 8277	 匿斝 9114 二期
 尸作父己壺 9576	 婦姪罍 E889				 匿斝 9115 二期
 冊□祖癸方彝 9877					 匿爵 7373
 汝母作婦己彝器 10562	 智作祖甲罍 9823				 匿爵 7374

709 曲

匿鐃 365

匿鐃 366

匿爵 7375

匿爵 7376

匿爵 7377

曲父丁爵 8501 二期

710 甗

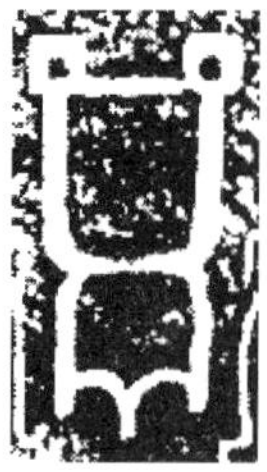
甗鉞 11737 三期

甗征觚 7019 四期

甗奞爵 8283 四期

甗戈 10758 四期

伐甗鉞 11753 四期

甗㠯簋 3123

甗奞觚 7020

▲甗觚 7021

出甗爵 8204

伐甗戈 10872

伐甗戈 10873

711 弓

弓觚 J707 二期

弓壺 9473 二期

父丙卣 5208 三四期

子弓觶 6140 三四期

		712 弴	713 發	714 弓⺀	715 彈
 弓丁□觚 7189 三四期	 弓幸父癸尊 5758	 弴父丁方鼎 1859 三期	 發觶 6067 二期	 弓⺀作父丁鼎 2318 四期	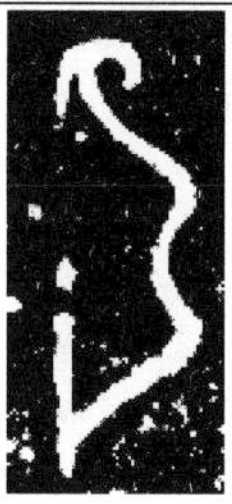 □作父丙鼎 2118
 弓𧊒祖己爵 8843 三四期	 弓丁□觚 7190	 弴方鼎 1449 四期			
	 冊子弓箙卣 5142 四期	 弴爵 8821			
 弓父庚卣 4968 四期		 弴父己鼎 1876			
 弓𠂤戈 10878					

716 弜

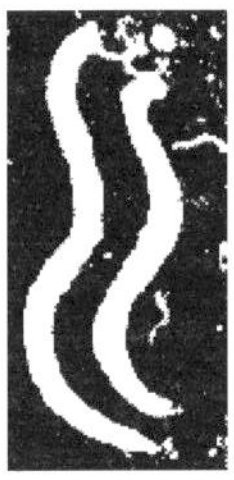 亞弜鼎 1400 二期	 亞弜鼎 1393 二期	 亞弜爵 7821 二三期	 亞弜鼎 1394	 亞弜觚 6958	 亞弜父丁斝 9228
 亞弜父癸簋 3338 二期	 亞弜婦觶 6346 二期	 冊弜祖乙角 9064 三四期	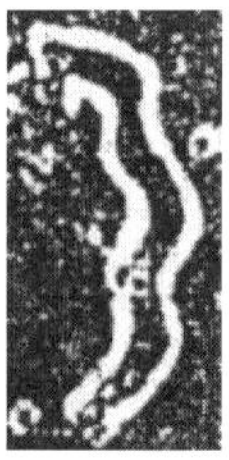 亞弜鼎 1399	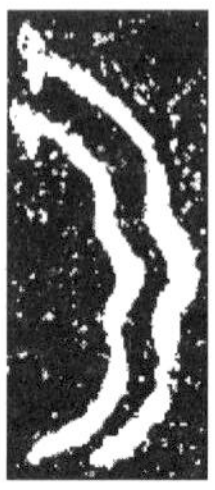 弜爵 7735	 亞弜壺 9479
 亞弜鼎 1398 二期	 亞弜爵 7819 二期	 𦀚作父乙簋 4144 四期	 典弜父丁觶 6393	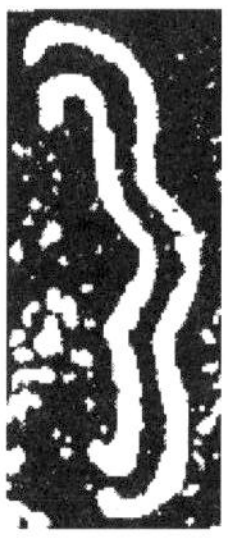 亞弜爵 7820	 亞弜器 10498
 亞弜鐃 383 二期	 亞弜刀 11811 二期	 亞弜鼎 1395	 亞弜觚 6956	 弜父乙爵 8416 四期	 亞弜父丁角 8892
 亞弜鐃 384 二期	 亞弜觚 6957 二期	 亞弜鼎 1396	 亞弜鼎 1397	 亞弜父丁角 8891	 亞弜刀 11810

717⿰弓斤	718⿰弓大	719⿱爫絲		720 孫	721 系
  ⿰虫壴典⿰弓斤盤 10046  ⿰虫壴典⿰弓斤箕 10395	 ⿰弓大爵 7387 三期  ⿰弓大簋 2916 四期  ⿰弓大簋 2917 四期  ⿰弓大耳觚 6931	 小臣⿱爫絲卣 5378 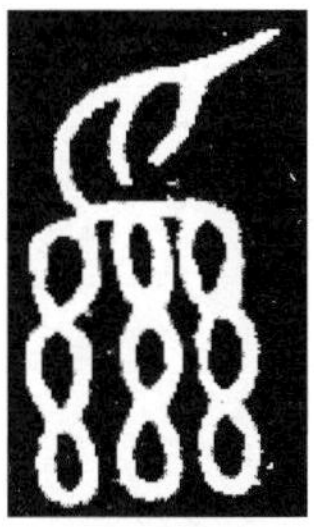  小臣⿱爫絲卣 5379 四期   ⿱爫絲戈 10686	 戈涉⿱爫絲爵 8809	 乃孫作祖己鼎 2431 商末周初  ⿱⿰夗丂日作祖甲罍 9823 商末周初	 子系爵 8105 三四期  子父癸鼎 2136 四期  子系▲刀簋 E366 四期  系保觚 6996 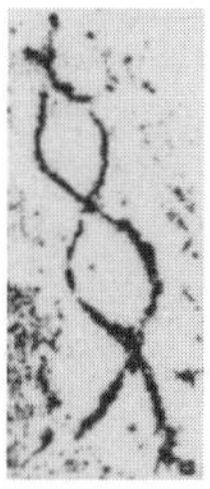 子系▲刀觚 7255

722 幽　　723 彝

子糸爵 8106

子糸爵 8107

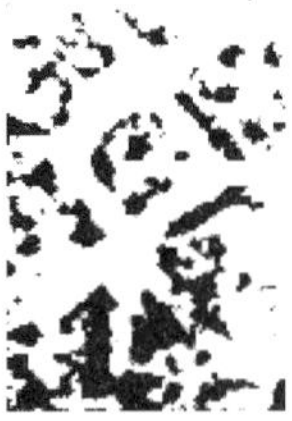
子糸刀父己爵 9055

寇幽作父癸卣 5360

亞[illegible]盉 9415 三期

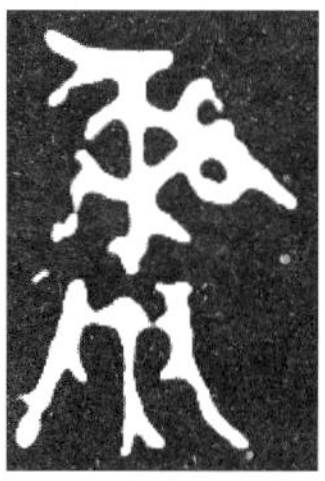

宁月卣 J593 三四期

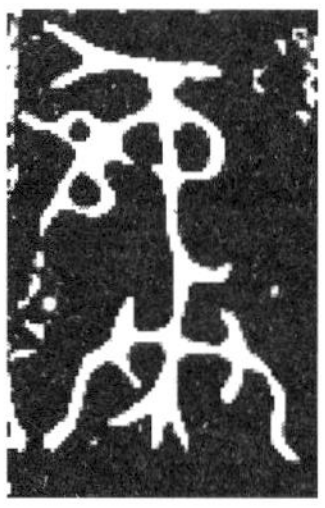

采作父乙卣 5205 三四期

作太子丁卣 E528 三四期

[illegible]卣 5353 三四期

鳥母[illegible]鼎 J276 四期

闌卣 5114 三四期

㕚癸婦鼎 2139 四期

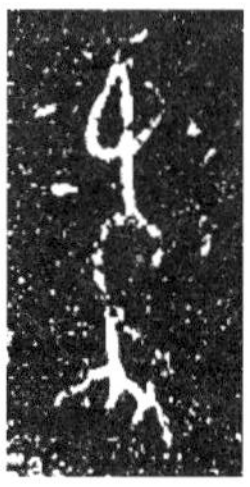
豆作父丁鼎 E295 四期

曆作祖己鼎 2245 四期

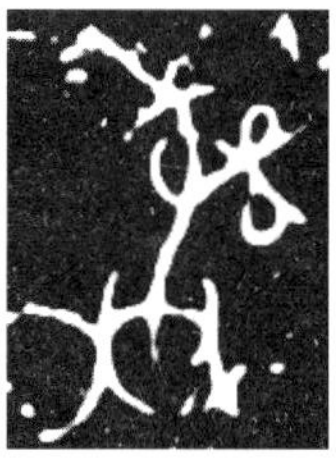
尹光鼎 2709 四期

句父丁鼎 J285 四期

寢孳方鼎 E311 四期

[illegible]方鼎 E314 四期

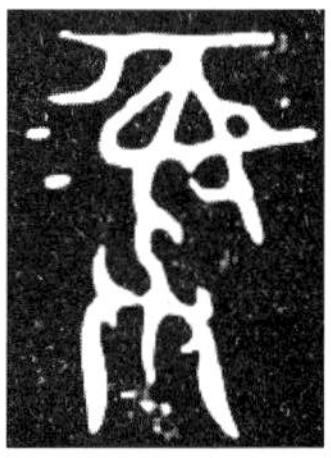
彭母甗 856 四期

商婦甗 867 四期

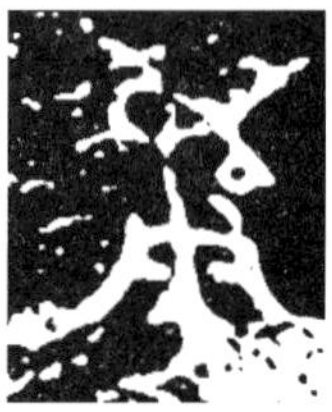
邲甗 J155 四期

 亞䖒作季尊彝甗 886 四期		 子𦤎簋 E398 四期			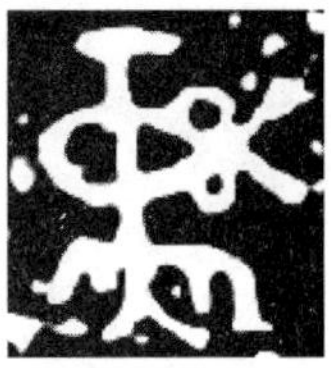
 𠂤作婦姑甗 891 四期	 大万簋 3457 四期	 小子𠬝簋 4138 四期	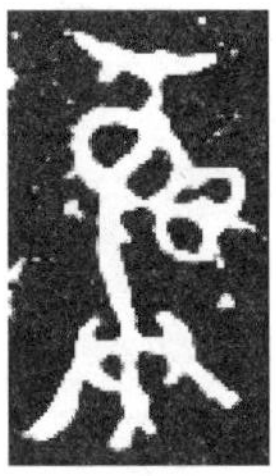 婦闟卣 5350 四期	 𡚤作母乙卣 5367 四期	 小子省卣 5394 四期
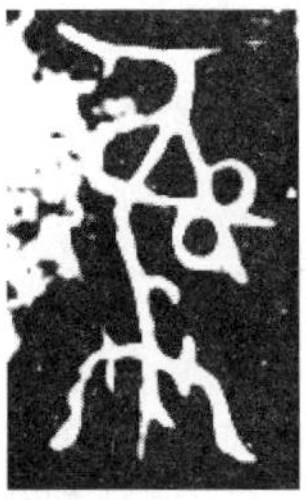 婦闟甗 922 四期	 寢魚簋 J454 四期	 𦁗作父乙簋 4144 四期	 小臣兒卣 5351 四期		
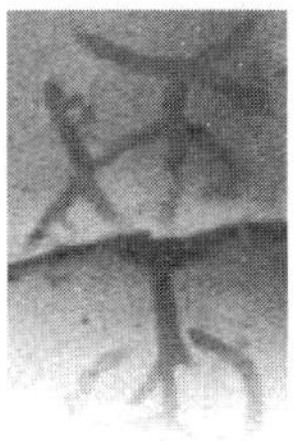 亞䖒簋 3098 四期		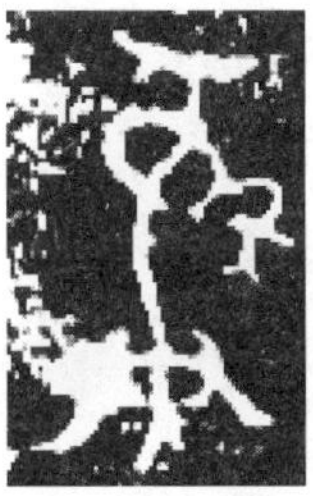		 𤞷伯𧩶卣 E546 四期	 巂卣 5397 四期
 鳥宊簋 J413 四期	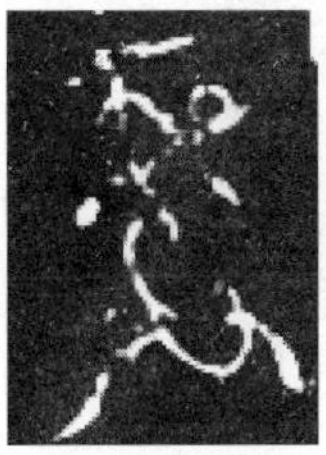 亞古作父己簋 3861 四期	 婦闟卣 5349 四期	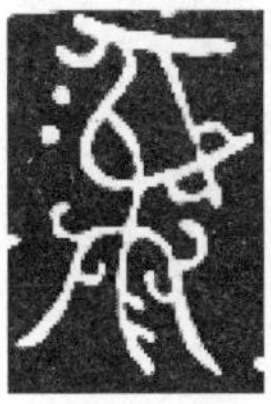 𢝱卣 5362 四期	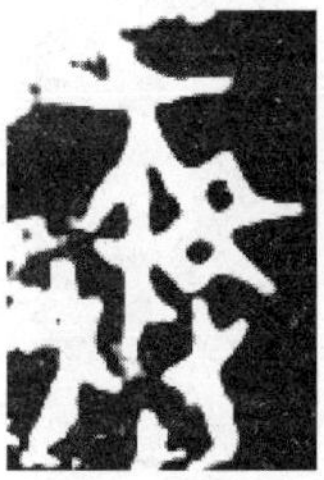 小子𠭯卣 5417 四期	 作祖戊尊 5794 四期

 季尊 5840 四期	 者姒方尊 5936 四期	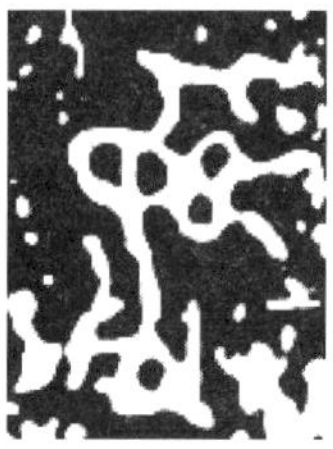 無壽觚 J757 四期	 鄉爵 J906 四期	 者姒爵 9090 四期	
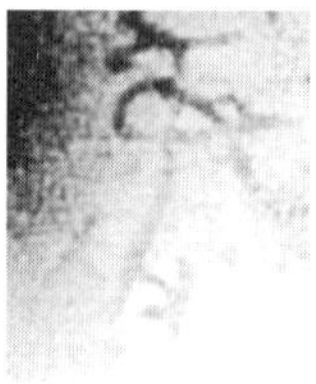 啚尊 E576 四期	 子啓父辛尊 5965 四期	 其記觚 7302 四期	 万爵 E787 四期	 姒瓦爵 9098 四期	 婦[illegible]角 9093 四期
 者姒方尊 5935 四期	 小子夫父己尊 5967 四期	 羌[illegible]向觚 7306 四期	 [illegible]冊父丁爵 9072 四期	 寢魚爵 9101 四期	 小臣邑斝 9249 四期
	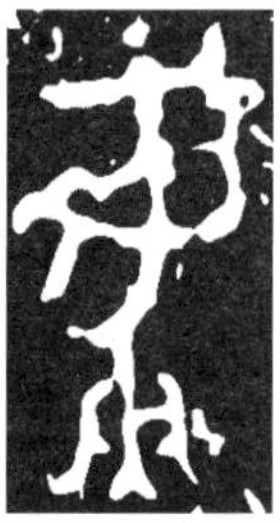 宋婦觚 E685 四期	 龏姛觚 7311 四期		 婦[illegible]角 J910 四期	 作母戊觥蓋 9291 四期
 六祀邲其卣 5414 四期	 亞[illegible]觚 7288 四期	 麇婦觚 7312 四期	 子[illegible]父乙爵 9088 四期	 宰椃角 9105 四期	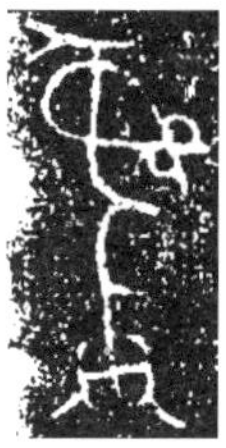 觙觥 J930 四期

	 奉盉 E833 四期	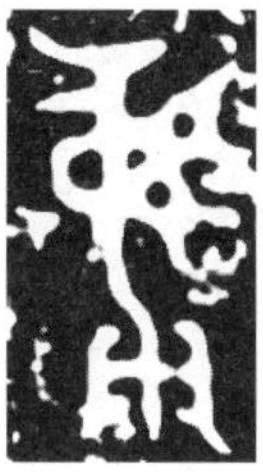 龏姒鼎 2433 商末周初	 戈厚作兄日辛簋 3665 商末周初	 子达觶 6485 商末周初	 咸媒子作祖丁鼎 2311
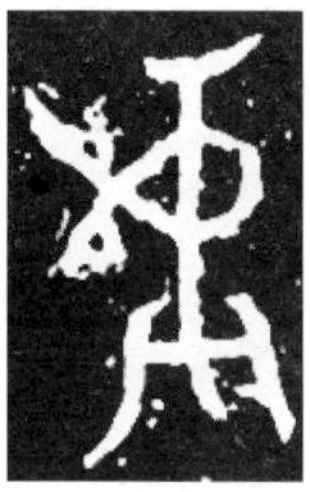 者姒觥 9294 四期	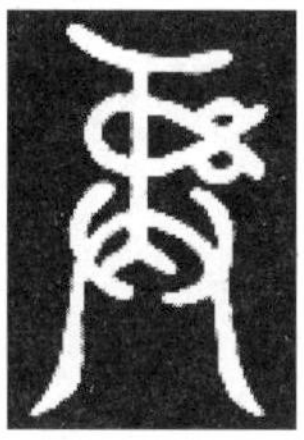 亞羌壺 9544 四期	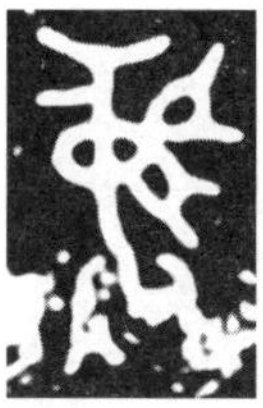 龏姒鼎 2434 商末周初	 彭母卣 5110 商末周初	 何作日辛觶 6505 商末周初	 木□冊作母辛鼎 2328
		 偁缶作祖癸簋 3601 商末周初	 箙□卣 J596 商末周初	 智作祖甲罍 9823 商末周初	 共日戊鼎 2124
 者姒觥 9295 四期	 者姒方罍 9818 四期			 朿冊作父己鼎 2125	 亀婦姑鼎 2138
 文嫊己觥 9301 四期	 戍鈴方彝 9894 四期	 奴作父辛簋 3717 商末周初	 狽元作父戊卣 5278 商末周初	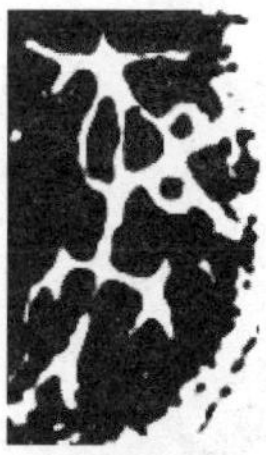 亀婦姑鼎 2137	 亀作父戊鼎 2013

季作兄己鼎 2335

巂𤞷簋 3940

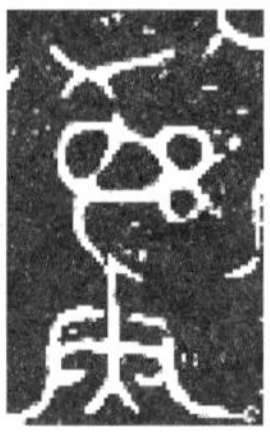

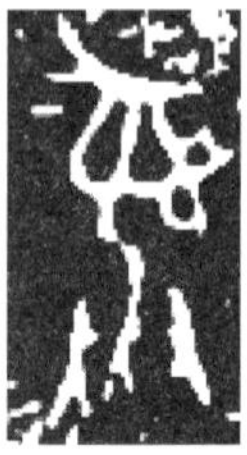

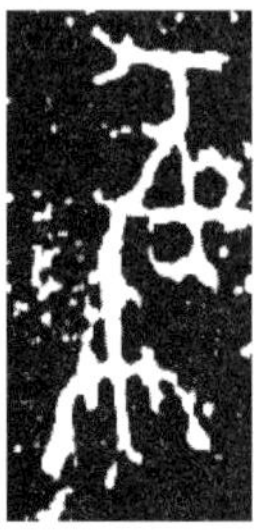

婦[illegible]鼎 2403

[illegible]作父乙簋 3602

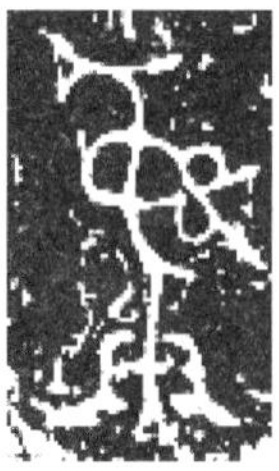

𦮃扶父辛卣 5167

㝉作丁揚卣 5211

輂作妣癸卣 5266

乙未鼎 2425

丯徵母彝卣 5111

亞受鼎 2594

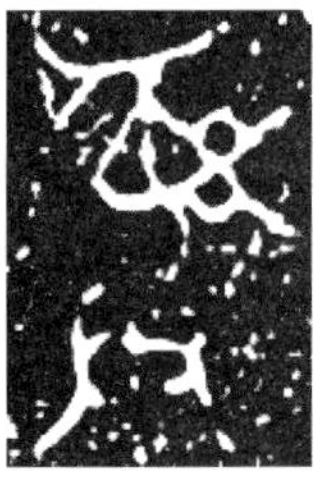

𦮃作父乙卣 5148

允冊卣 5186

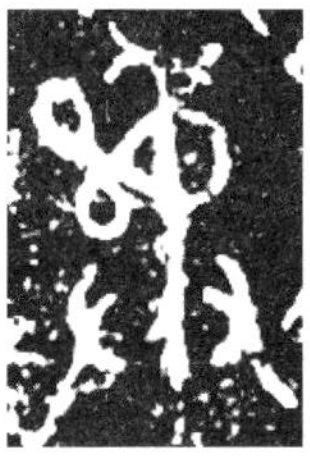

亞䚻作季卣 5238

寇𡆥作父癸卣 5360

𠄞冊簋 3604

彭母簋 3343

尸作父己卣 5280

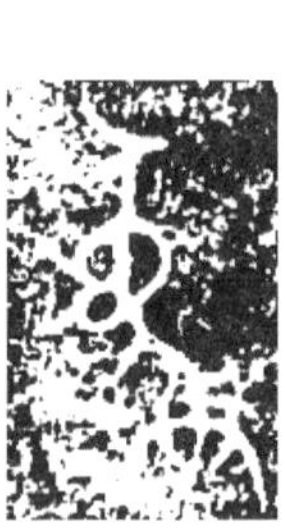

[illegible]作父辛卣 5285

竟作父辛卣 5286

彡作父乙尊 5894

	 亞示作父己觶 6484	 父丁彝爵 8509	 𣪘作父癸角 9100	 者姒罍 9819	 婦娙罍 E899
 𢿋𡩜卣 5373	 子作父戊觶 6496		 史冊作彝斝 9235	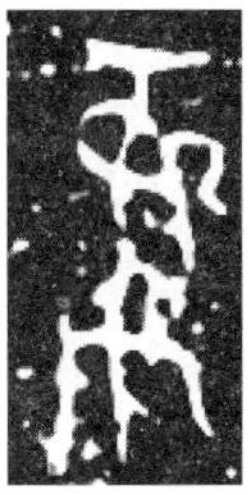	 冊嬰祖癸方彝 9877
	 作扟從彝觚 7260	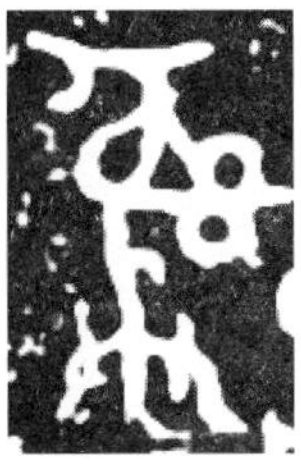 婦闌爵 9092	 光作從彝斝 9237	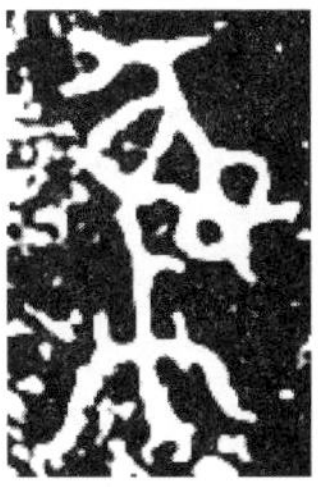 婦闌罍蓋 9820	 汝母作婦己彝器 10562
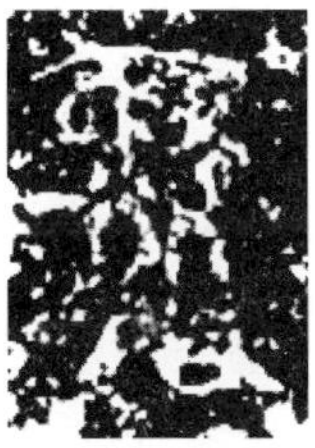 馭卣 5380	 婦鴅觚 7287		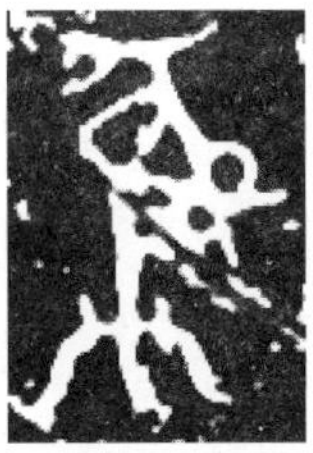 婦闌斝 9246	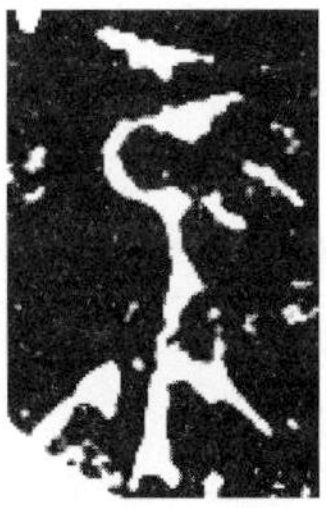 尸作父己壺 9576	 作父戊器 10570
 輦作妣癸尊 5893	 䞣作父丁觚 7307	 箙亞作父癸角 9102	 婦闌斝 9247	 沃父乙壺 9566	

724 [口彝]	725 紷	726 紉	727 率	728 尤	729 虫
  [宀帀]卣 5353 三四期	 紷爵 7369  正紷觚 6942	 紉爵 7613  紉爵 7614	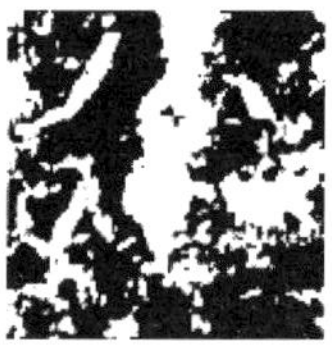 作冊般黿 E967 四期	 亞尤奄■簋 3393 三期  尤辛爵 8055 三四期	 虫乙觶 J650 三四期  它爵 7554 三四期  虫甲爵 8000 四期  虫爵 7555

730 蝠

子蝠鼎 J213
三期

子蝠爵 8096
三四期

子蝠觚 6908
三四期

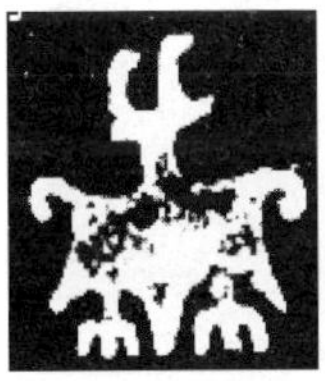
子蝠𠛱觚
7173 四期

子蝠𠛱觚
7174 四期

子不觚 J756
四期

子蝠爵 8091
四期

子蝠方彝
9865 四期

子蝠爵 8092

子蝠斝 9172

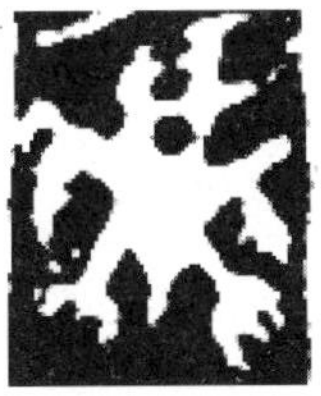
子蝠爵 8093

子蝠爵 8094

子蝠爵 8095

731 𧒒

𧒒父己觶
6279 三四期

732 鼅

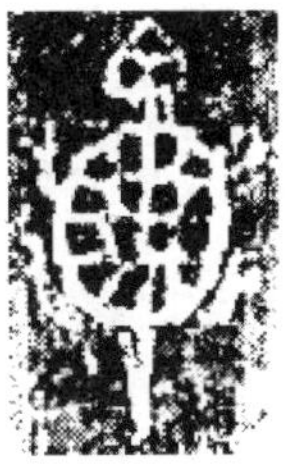
弔鼅鼎 1469
二期

弔鼅爵 8224
二期

弔鼅爵 8228
二期

鼅爵 7535 二
期

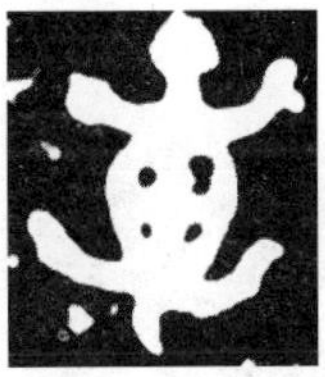
弔鼅戈 10862
二三期

弔鼅鼎 1468
三期

弔鼅祖癸觚
7218 四期

弔鼅觚 7058
四期

弔鼅爵 8225

弔鼅爵 8226

733 黽　　734 奄

弔龜觶 6182 三期

弔龜觚 7059

弔龜觚 7060

弔龜簋 3116 三期

龜父丙鼎 1569

弔龜爵 8227

弔龜斝 9193

弔龜瓿 9951

弔龜鎛 11781

弔龜鎛 11782

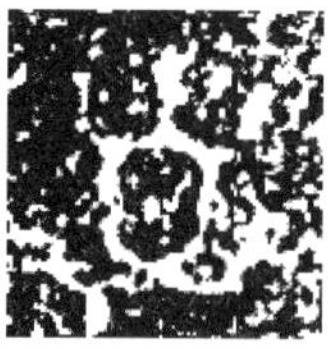
黽作父辛甗 845 四期

黽父辛卣 4979 四期

黽父辛爵 8618 四期

黽父丁鼎 1584

黽祖乙觚 7073

黽爵 7536

奄父乙盤 10040 二期

奄父癸鼎 1683 二期

奄婦姼方鼎 1711 三期

奄父乙角 8396 三四期

奄父乙角 J872 三四期

奄父庚角 8589 三四期

奄卣 4760 三四期

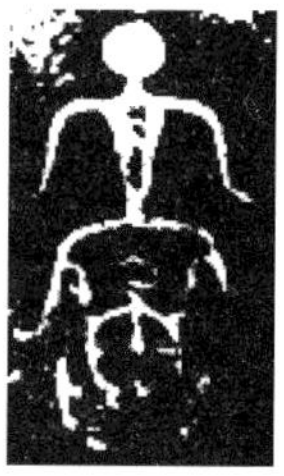
奄父戊卣 4950 三四期

奄父爵 J892 四期

黿鼎 1132 四期

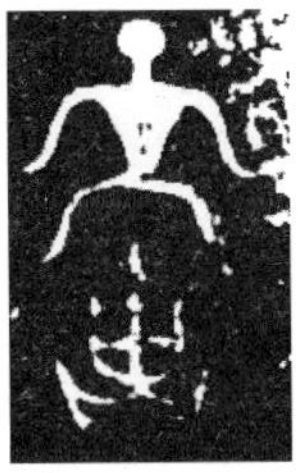

黿父乙鼎 1555 四期

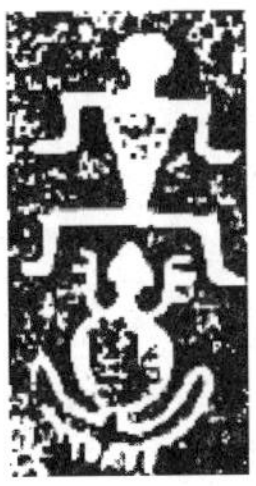

婦未于方鼎 1905 四期

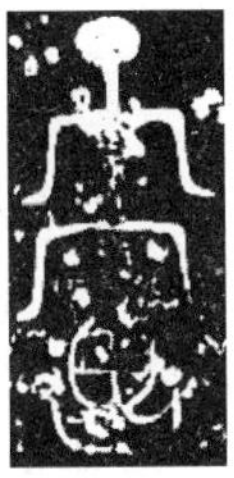

黿父乙簋 3155

黿爵 7428

黿父乙爵 9051 四期

黿父乙鼎 1556

黿鼎 1131

黿父丁簋 3179

黿父癸爵 8693

黿父乙卣 4922

黿父乙觚 7310 四期

黿父乙鼎 1557

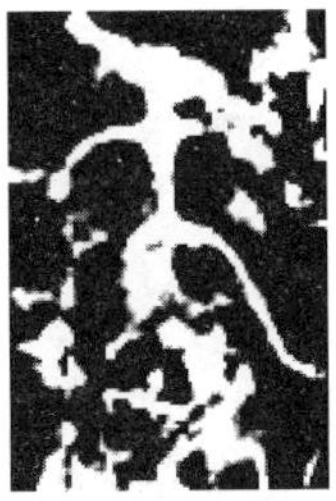

黿作婦姑鼎 2137

黿父戊簋 3187

黿父乙爵 9050

黿父乙斝 9209 四期

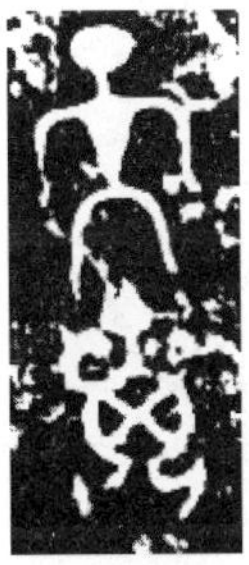

黿父乙鼎 1558

黿作婦姑鼎 2138

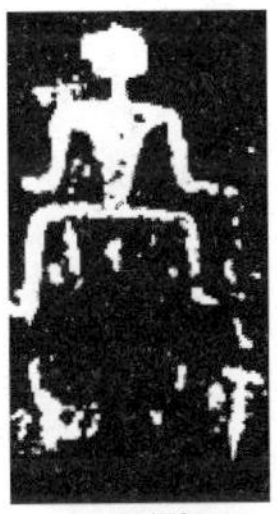

亞疋黿簋 3393

黿父戊角 8518

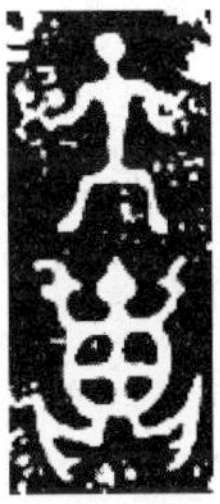

黿父乙觥 9267

黿作婦姑甗 891 四期

黿父癸鼎 1682

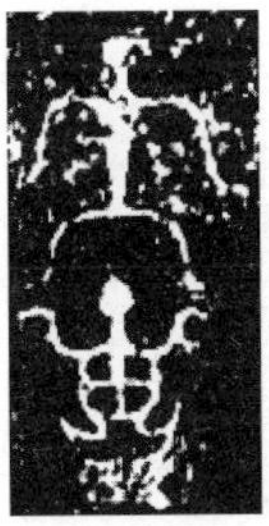

黿作父戊方鼎 2013

黿父乙器 10516

黿觥角 9100

黿盉 9310

奄祖乙尊
5598

奄父辛尊
5655

奄父癸尊
5678

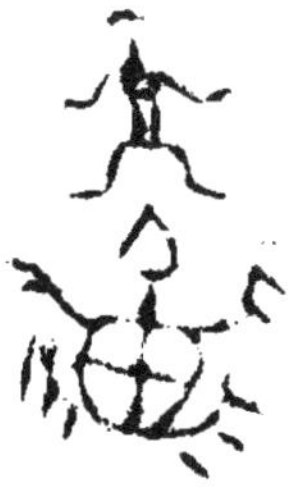

奄觚 6681

奄父癸觥
9279

奄父乙觶
6244

奄父己觶
6289

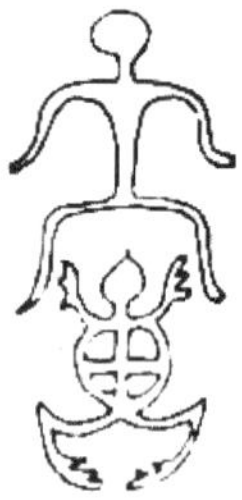

奄斝 9134

奄作婦姑斝
9243

奄父乙觶
6245

奄父乙觚
7095

奄父乙觚
7096

奄獻祖丁觚
7213

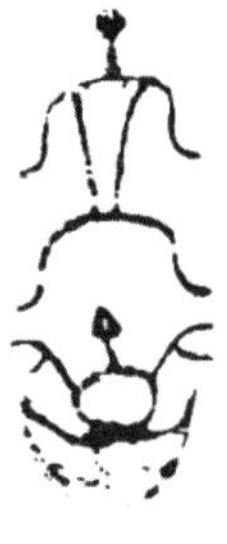

奄卣 4761

奄父乙卣
4923

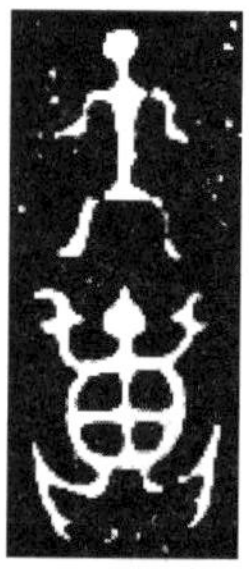

奄父乙卣
4924

奄父癸卣
4993

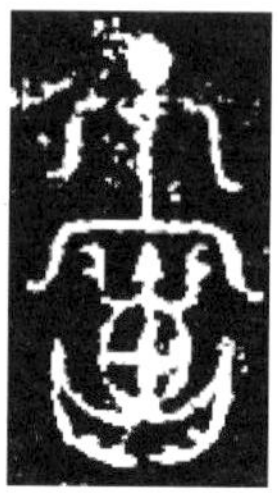

奄父辛卣
4978

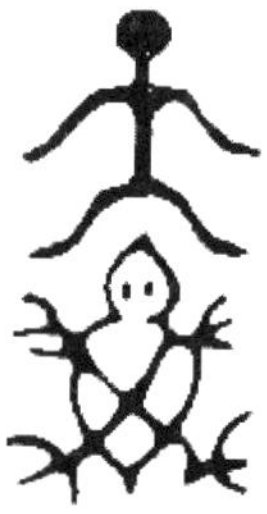

奄作丁揚卣
5211

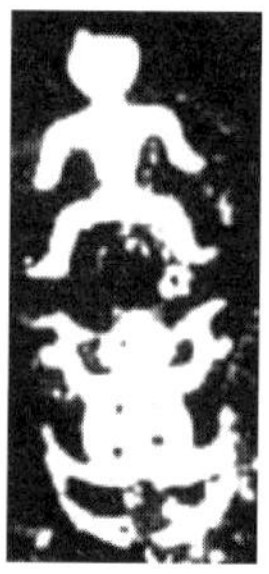

奄父癸盉
9359

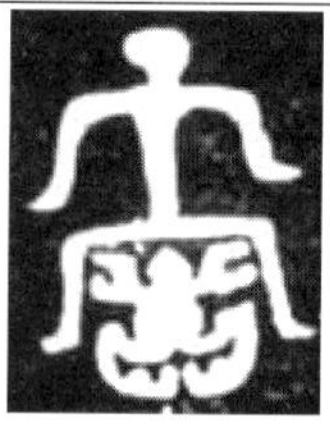

奄父戊盉
9354

奄戈 10654

735 二

寢蔑鼎 2710 四期

寢孳方鼎 E311 四期

[illegible]方鼎 E314 四期

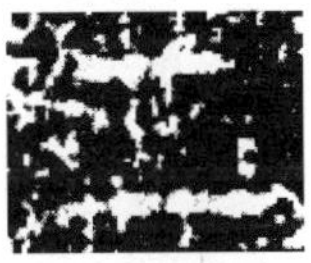

二祀邲其卣 5412 四期

犅伯[illegible]卣 E546 四期

二冑 11894

736 凡

凡龏鐓 11903

或是同字。

737 土

土父癸爵 8708

738 封

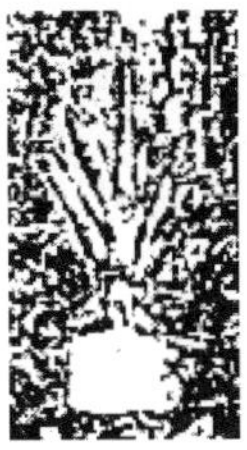

封觚 E638 二期

封乙觚 6819 二期

封祖乙觶 6201 三四期

739 址

亞址鼎 J216 三期

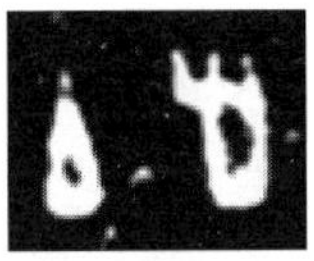

亞址鼎 J215 三期

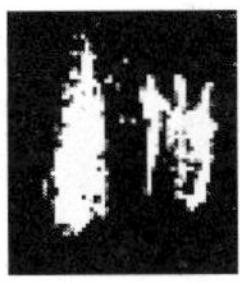

亞址鼎 J214 三期

亞址角 J838 三期

 亞址角 J836 三期	 亞址卣 J561 三期	 亞址方斝 J920 三期	 亞址方觚 J718 三期	 亞址方觚 J725 三期	 亞址角 J832 三期
 亞址角 J835 三期	 亞址罍 J978 三期		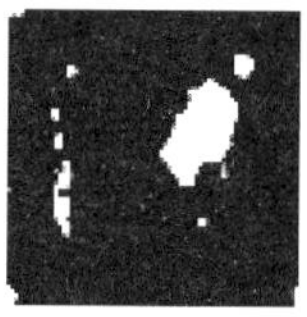 亞址方觚 J719 三期	 亞址方觚 J724 三期	 亞址角 J834 三期
 亞址角 J840 三期	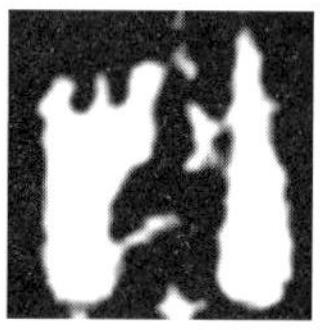 亞址盤 J998 三期	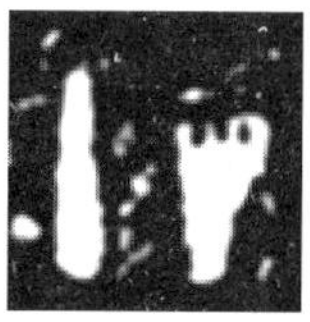 亞址觶 J648 三期	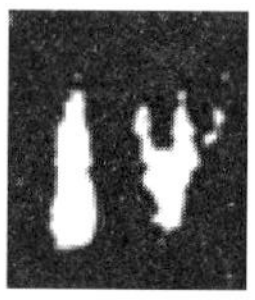 亞址方觚 J720 三期	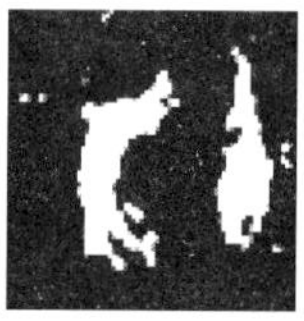 亞址方觚 J726 三期	 亞址角 J833 三期
 亞址角 J839 三期	 亞址盉 J933 三期	 亞址方尊 J610 三期	 亞址方觚 J723 三期	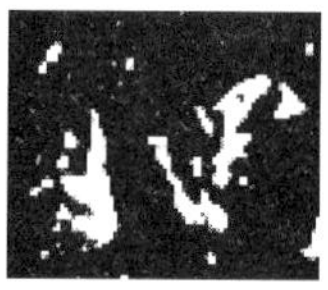 亞址方觚 J721 三期	 亞址角 J841 三期
 亞址角 J837 三期	 亞[illegible]址斝 J924 三期	 亞址尊 J609 三期	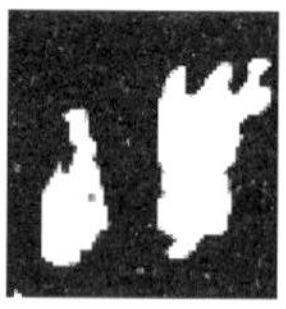 亞址方斝 J919 三期	 亞址方觚 J717 三期	 亞址方觚 J722 三期

740 壴

741 壘

 舭觥 J930 四期	 亞𡧊止鼎 1424 三期	 亞𡧊止鐃 J114 三期			
 亞址父己爵 8926	 亞𡧊止鼎 J247 三期	 亞𡧊止鐃 J115 三期	 亞𠙴觶 6164 三期	 子楚父乙爵 9088 四期	 子癸壘觶 6351 三四期
	 亞𡧊止鼎 J246 三期	 亞𡧊止鐃 J116	 亞𠙴尊 5567 四期		
 亞址父己卣 5079	 亞𡧊址鼎 J245 三期	亞址器集中出土於安陽郭家莊 M160 商墓，且銘文複合，關係緊密。與亞𡧊複合者有 9 器，"址"多省"土"作"止"。此字也可能是湔字，也可能是祉字。	 子楚簋 E398 四期		
 亞址罍方鼎 1759	 亞𡧊止簋 J407 三期		 亞𠙴鬲 455		

742 堇 743 田

742 堇	743 田				
 小子[illegible]卣 5417 四期	 [illegible]田觚 J741 三期	 寢蔑鼎 2710 四期		 妣田干斝 9227 四期	 告田鼎 1482
	 [illegible]田辛爵 J894 三期		 協卣 E542 四 期	 協作父丁罍 9821 四期	 告田鼎 1483
	 田鉞 11735 三 期	 協卣 E540 四 期	 二祀邲其卣 5412 四期	 田父甲簋 3142 商末周 初	 田父辛鼎 1642
		 協卣 E541 四 期			 田告父乙卣 5056
	 乇田舌卣 5019 三四期	 告田觶 6191 四期	 田父甲斝 9205 四期	 田父甲卣 4903 四期	 告田父乙卣 5347

田爵 7700

田父甲爵 8368

田父甲罍 9785

田戈 10738

田戈 10739

田戈 10740

744 黃

黃觚 6598 二期

黃壺 9474 二期

黃斝 9141 二期

黃鉞 11738 二期

黃簋 3045 二三期

黃比戈 10652

或釋作“寅”

745 力

力鼎 1760 二期

力冊父丁觚 7233 二期

746 劦

劦冊竹卣 5006 三四期

劦宁鼎 1365 四期

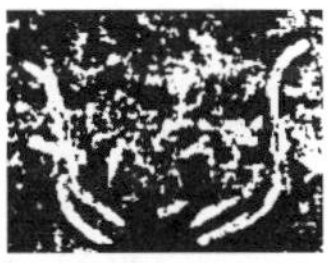

劦冊八辛鼎 1941

劦冊父癸尊 5753

747 協			748 ⿱劦凵	749 鑊	750 鈴
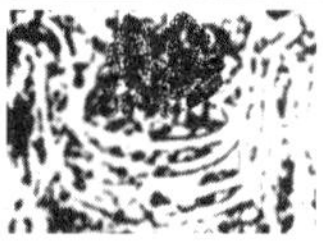 劦冊父癸尊 5754	  協卣 E540 四期  協卣 E541 四期	  協卣 E542 四期  協作父丁罍 9821 四期	 寢孳方鼎 E311 四期  ⿰糸聿作父乙簋 4144 四期   萬卣 5397 四期  戍鈴方彝 9894 四期	 ⿱宀小作父丁鼎 2318 四期	 戍鈴方彝 9894 四期

751 开　752 勺　753 且

竝开戈 10851

勺鼎 1193 三期

受祖己父辛簋 E376 二期

門祖丁簋 3136 二三期

告祖爵 E746 三期

木戉祖戊觚 7214 二期

祖辛禹鼎 2114 三期

祖己斝 J917 三期

戉箙祖乙卣 5047 三四期

祖壬觚 6809 二期

祖辛禹鼎 2111 三期

未祖壬卣 E504 三四期

祖丁觚 J714 二期

祖辛卣 4821 三期

[illegible]祖乙卣 4890 三四期

[illegible]祖辛觚 7216 二期

祖丁觶 6093 三期

祖丁甗 798 三四期

史祖乙觶 6200 三四期

 封祖乙觶 6201 三四期	 祖癸爵 7870 三四期	 冊弜祖乙角 9064 三四期	 祖辛父辛鼎 E243 四期	 曆作祖己鼎 2245 四期	 竹祖丁簋 3137 四期
 [illegible]祖己觚 7079 三四期	 祖辛爵 J807 三四期	 [illegible]祖己角 8337 三四期	 戈祖辛鼎 1511 四期	 寢孳方鼎 E311 四期	 西單[illegible]祖己簋 3417 四期
 [illegible]祖丁觚 7077 三四期	 祖壬爵 7868 三四期	 弓[illegible]祖己爵 8843 三四期	 戈祖癸鼎 1513 四期	 亯祖癸鬲 473 四期	 鳶祖辛卣 4897 四期
 戈祖丁觚 7078 三四期	 祖己爵 7858 三四期	 鳥祖癸爵 8363 三四期	 [illegible]祖■鼎 J229 四期	 鳥宁祖癸 496 四期	
 戈祖辛觚 7083 三四期	 冂祖丙爵 8319 三四期	 亞共方鼎 E245 四期	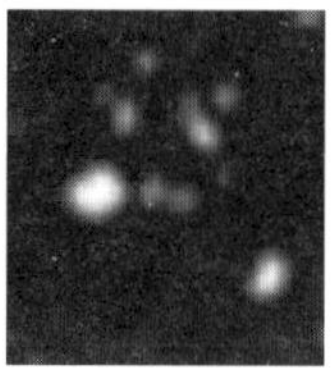 夕戎祖丁鼎 J262 四期	 邲甗 J155 四 期	 [illegible]祖戊卣 4893 四期

			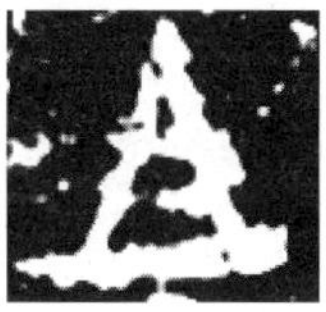 邑祖辛父辛觶 6463 四期	 祖丁父乙觚 7211 四期	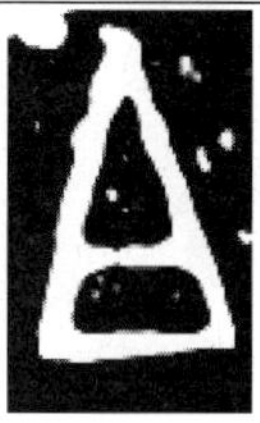 祖乙爵 7847 四期
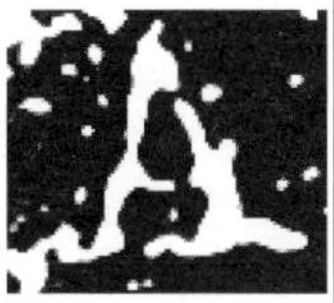 光祖乙卣 J565 四期	 [illegible]祖辛卣 5201 四期	 六祀邲其卣 5414 四期	 祖辛觚 6806 四期	 大中祖己觚 7215 四期	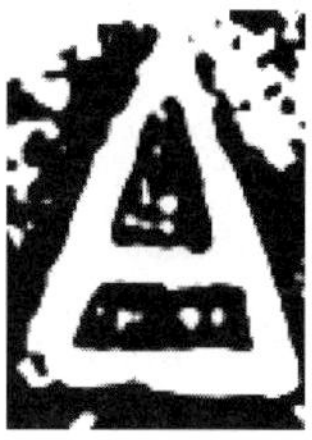 祖戊爵 7854 四期
 [illegible]冊祖丁卣 5045 四期	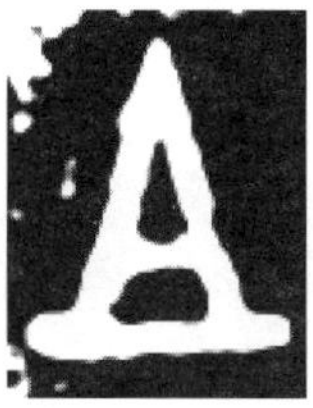	 [illegible]祖癸尊 5610 四期	 戎祖丙觚 7076 四期	 弔龜祖癸觚 7218 四期	 祖戊爵 7856 四期
	 [illegible]示己卣 5265 四期	 子步祖辛尊 5716 四期	 [illegible]祖壬觚 7217 四期	 子不觚 J756 四期	 祖庚爵 7860 四期
 [illegible]冊祖丁卣 5046 四期	 祖戊尊 5510 四期	 作祖戊尊 5794 四期	 子祖癸觚 7085 四期	 無壽觚 J757 四期	 祖辛爵 7862 四期

■祖爵 8293 四期

鄉爵 J906 四期

冊祖丁角 8327 四期

[illegible]丁祖乙角 8837 四期

祖戊斝 9165 四期

襄祖己斝 9203 四期

祖戊鼎 1253 四期

亞冊祖癸鼎 1816 商末周初

亞父庚祖辛鼎 2363 商末周初

乃孫作祖己鼎 2431 商末周初

齒受祖丁尊 5714 商末周初

族尊 5715 商末周初

子祖己觶 E609 商末周初

徙作祖丁觶 6368 商末周初

卷祖乙爵 8311 商末周初

[illegible]祖辛方罍 9806 商末周初

智作祖甲罍 9823 商末周初

祖乙戈 11115 四期或周早

大祖日己戈 11401 四期或周早

祖日乙戈 11403 四期或周早

偁缶作祖癸簋 3601 商末周初

象祖辛鼎 1512

[illegible]祖丁癸鼎 1813

祖己父癸鼎 1815

嶲[illegible]簋 3940

戈祖己簋 3139

祖乙鼎 1251

⊕祖己父己卣 5145

鳥祖甲卣 4889

寢敄簋 3941

[illegible]祖辛簋 3141 四期

祖乙鼎 1252

子祖己卣 4894

子祖丁卣 4891

祖乙簋 3049

祖辛父甲鬲 538

祖辛鼎 1254

[illegible]祖己父辛卣 5146

子祖癸卣 4901

祖乙簋 3050

咸[illegible]子作祖丁鼎 2311

倗祖丁鼎 1510 四期

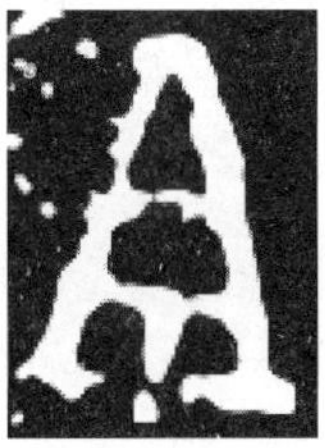

[illegible]祖戊卣 4892

犬祖辛祖癸鼎 2113

[illegible]祖丁簋 3135 二三期

小臣[illegible]卣 5378

[illegible]祖庚父辛鼎 1996

亞[illegible]祖乙父己卣 5199

鳥祖尊 5514

 回祖丁觶 6206	 亢祖丙觶 6202		 羊祖甲觚 7072	 己祖乙尊 5596	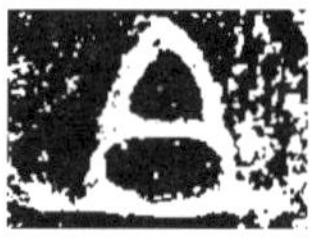 㚔祖癸觚 7084
 監祖丁觶 6207	 我祖丁觶 6205	 冈祖癸卣 4899	 黽祖乙觚 7073	 己祖乙尊 5597	 祖丁父乙觚 7212
 襄祖戊觶 8208		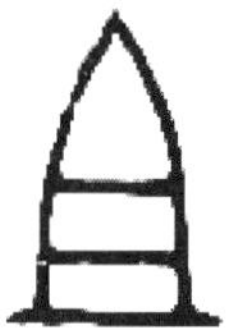	 家祖乙觚 7074	 奄祖乙尊 5598	 奄獻祖丁觚 7213
 戈祖己觶 6209	 𠂤祖己卣 5048	 黄祖癸卣 4900	 匠祖乙觚 7075		 征中祖觶 6213
 叔祖癸觶 6212	 㚔祖丁尊 5600	 冈祖癸尊 5611	 祖觚 6520	 小臣系卣 5379 四期	 唐子祖乙觶 6367

 祖癸爵 7871	 祖辛爵 7863	 祖己爵 7857	 祖丁爵 7852	 祖甲爵 7845	 知祖丙爵 8812
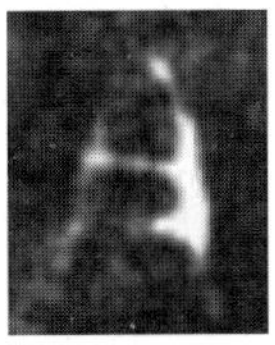 ■ 祖癸爵 8367	 祖癸爵 7869	 祖庚爵 7859	 祖丁爵 7853	 祖甲爵 7846	 唐子祖乙爵 8834
 豕祖乙爵 8315	 襄祖己觚 7080	 祖庚爵 7861	 祖戊爵 7855	 祖乙爵 7848	 唐子祖乙爵 8835
 知祖丙爵 8810	 山祖庚觚 7081	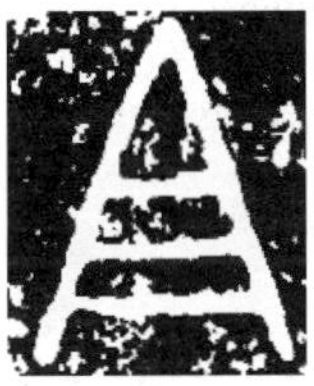 爻祖丁斝 9201	 祖己斝 9166	 祖乙爵 7849	 唐子祖乙爵 8836
 知祖丙爵 8811	 子祖辛觚 7082	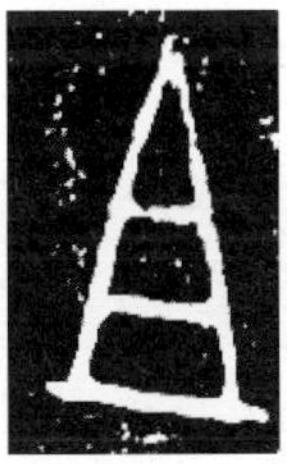 鼎祖丁斝 9202	 冊嬰祖癸方彝 9877	 口亽祖己觶 6370	 盾倗祖己爵 8842

祖癸爵
8358

祖辛爵 8352

襄祖己爵
8334

祖丁爵
8326

祖己爵
8338

祖乙爵
8313

祖癸爵
8359

祖辛爵
8353

祖庚爵
8341

祖丁爵
8328

祖癸爵
8365

祖乙爵
8314

祖癸爵
8360

祖癸爵
8366

子祖辛爵
8343

戈祖戊爵
8329

■祖乙爵
8318

祖丙爵
8321

倗祖癸爵
8361

祖日壬爵
8354

戎祖辛爵
8344

戈祖辛爵
8349

車祖丁爵
8322

祖乙爵
8316

倗祖癸爵
8362

山祖壬爵
8356

皀祖辛爵
8351

襄祖己爵
8333

爵聑倗祖丁
爵 8840

祖乙爵
8317

754 新　755 斝　756 車

[illegible]祖丁父乙爵 8993

754 新

作冊豊鼎 2711 四期

755 斝

斝器 10495

756 車

亦車簋 2989 二期

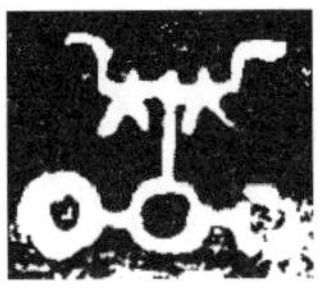
亦車戈 10863 二三期

車犬爵 J864 三期

車觚 6751 二期

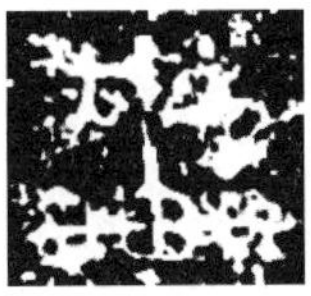
車徙簋 3126 三期

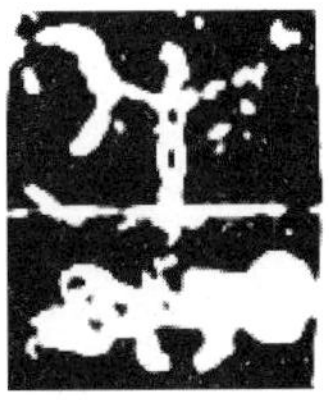
亦車矛 11447 三期

車涉觚 7040 二期

車[illegible]鼎 1455 三期

車父己簋 3194 三四期

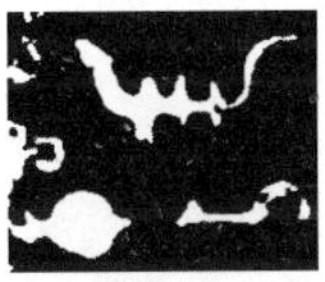
車[illegible]斝 9197 二期

車乙丁鼎 1702 三期

車卣 E489 二三期

卪車觚 7049 三期

買車卣 4874 三四期

 弔車爵 8253 三四期	 亦車觚 7045 四期	 車𩫖觚 7047	 亦車觚 7043	 車觚 6750	 車豕觶 6190
 買車尊 5590 三四期	 車徙父乙觚 E682 四期	 買車觚 7048	 亦車觚 7044 四期	 車觚 6752	 車祖丁爵 8322
 車虤戈 J1091 三四 期	 車父己鼎 1622 四期	 羊以車觚 7201	 車𩫖觚 7046	 車冂觚 7041	 車父甲爵 8371
 車觚 6749 四 期	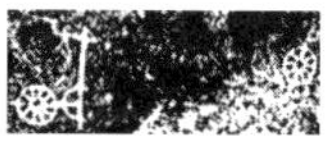 車鼎 1150	 亦車爵 7718	 車買爵 8250	 貝車爵 8252	 車父丁爵 8506
 亦車觚 7042 四期	 車冂鼎 1456	 亦車爵 7719	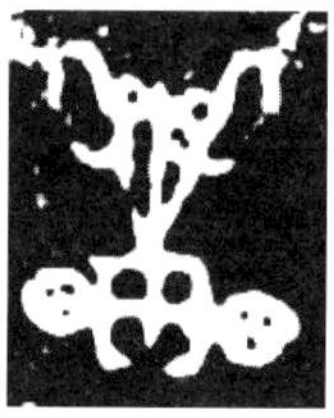 車買爵 8251	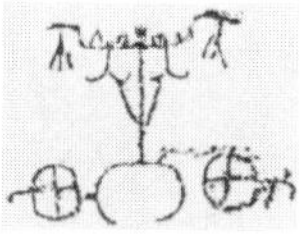 車簋 2988	 羊以車爵 8804

757 輦 758 自 759 皀 760 𠂤帀

買車罍 9196

車[illegible]罍 9776

車方彝 9838

車瓿 9944

車敎戈 10866

亦車矛 11448

車車飾 12000

車盤 10009

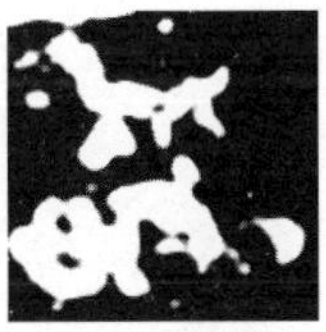
亦車戈 10865

輦作妣癸卣 5266

輦作妣癸尊 5893

自父丁爵 8498

[illegible]自觚 7187

皀鼎 1244 三期

皀父丁觶 6264

尹光鼎 2709 四期

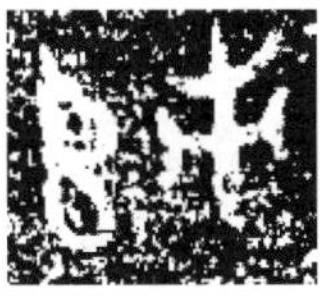

宰甫卣 5395 四期

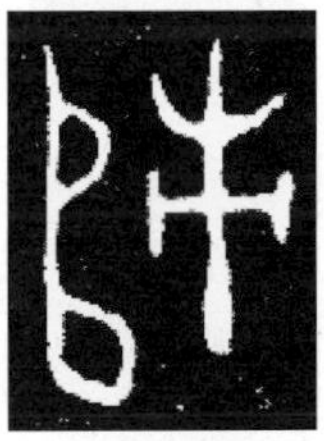
小子𦉢鼎 2648

761 陸

陸冊父庚卣 5081

陸父甲角 8372 四期

陸冊父乙爵 8874 四期

陸冊鼎 1359 商末周初

陸冊父甲卣 5050

陸冊父乙卣 5052

762 ⿰阝恖

亞受鼎 2594

763 ⿰阝盧

亞⿰阝盧鼎 1422 三期

亞⿰阝盧鼎 1421

764 四

寢蔑鼎 2710 四期

小子䍙簋 4138 四期

四祀邲其卣 5413 四期

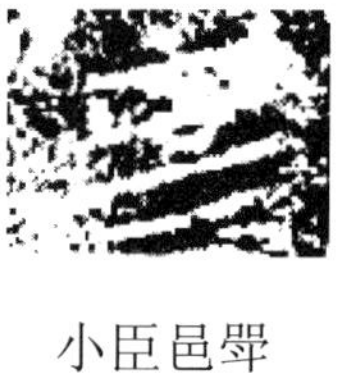

小臣邑斝 9249 四期

765 宁

宁[illegible]甗 792 一期

美宁鼎 1361 二期

鄉宁鼎 1362 二期

鄉宁尊 5577 二期

鄉宁辛觚 7163 二期

 鄉宁斝 9195 二期	 鄉宁壺 9482 二三期	 鄉宁觚 7003 三期	 鄉宁爵 8175 三四期	 亞寞鄉宁鼎 2362 四期	 宁箙爵 E749 四期
 鄉宁方彝 9857 二期	 矢宁爵 8244 二三期	 鄉宁爵 E730 三期		 鳥宁祖癸鬲 496 四期	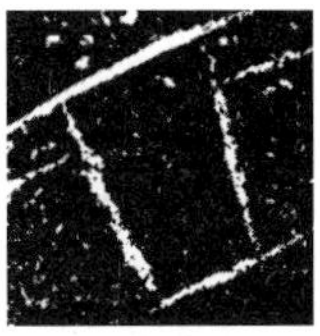 宁箙觚 E673 四期
 鄉宁方彝 9856 二期	 矢宁父乙鼎 1825 三期	 鄉宁戈 J1089 三期	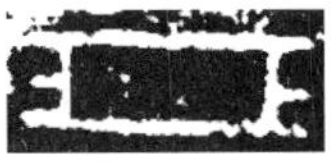 宁月卣 J593 三四期	 亞从父丁鬲 539 四期	 鄉宁己觚 7162 四期
 宁■鍑 J1043 二期	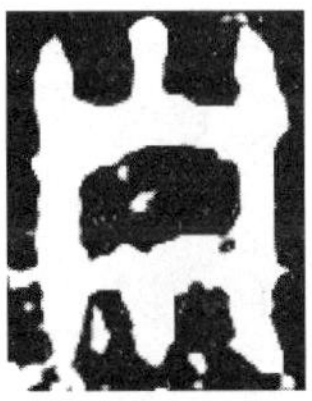 告宁觚 7006 三期		 告宁鼎 1368 四期	 鄉宁簋 3111 四期	 告宁爵 8265 四期
 鄉宁壺 9481 二三期	 告宁觚 7005 三期	 鄉宁方彝 9858 三期	 酉宁鼎 1366 三期	 宁箙簋 E 宁 箙簋 349 四 期	 宁父乙爵 J870 四期

 宁觚 6625 四期	 宁鼎 1166 四期	 [illegible]宁觚 7070 四期	 鄉宁觚 7004 四期	 宁朋觚 7011	 鄉宁鼎 1364
 宁觚 J708 四期	 宁矢鼎 1453 四期	 宁矢觥 9258 四期	 鄉宁乙鼎 1699	 鄉宁爵 8177	 尹宁鼎 1367
 鄉宁父乙鼎 1824 四期	 宁矢鼎 J224 四期	 亞鳥父丁盉 9403 商末周初	 鄉宁癸鼎 1700	 [illegible]宁爵 8210	 亞宁父癸觚 7248
 鄉宁父癸簋 3337 四期	 矢宁觚 E670 四期	 告宁父戊觶 6398	 鄉宁癸鼎 1701	 告宁爵 8264	 鄉宁爵 8176
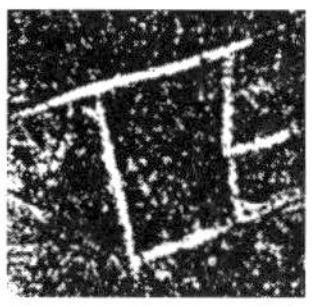 宁箙斝 E809 四期	 宁戈觚 7009 四期	 鄉宁父乙觶 6382	 鄉宁鼎 1363	 劦宁鼎 1365	 美宁觚 7010

766 亞

鄉宁辛爵 8797

宁未口爵 8801

宁啓▲父戊爵 9014

宁矢觚 7007 三四期

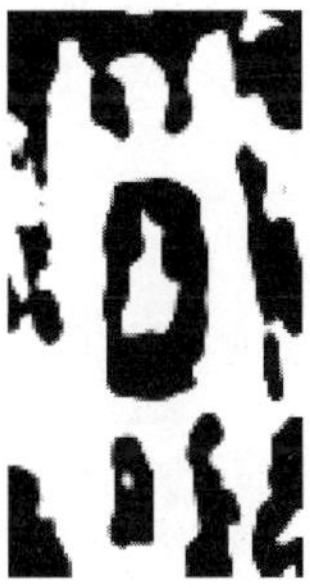
宁矢觚 7008

鄉宁器 10502

鄉宁器 10503

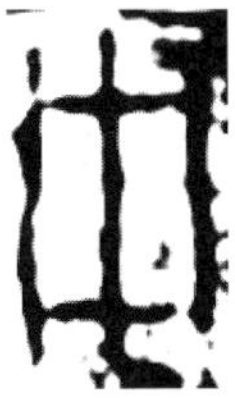
刬甲宁爵 8787

宁戈 10716

宁刀 11806

矢宁爵 8243

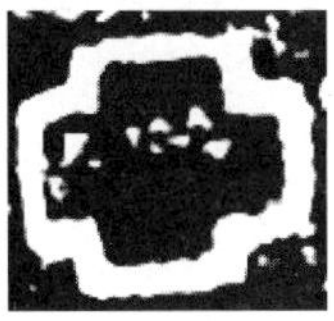
亞弜鐃 383 二期

亞弜鐃 384 二期

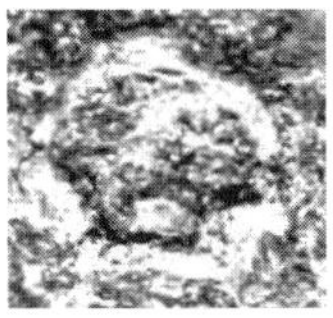
亞長鐃 二期

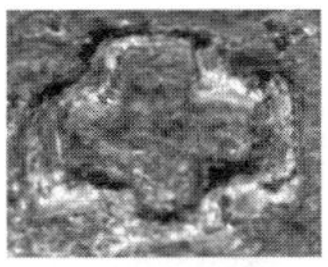
亞長鐃 二期

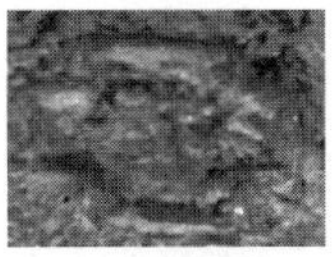
亞長鐃 二期

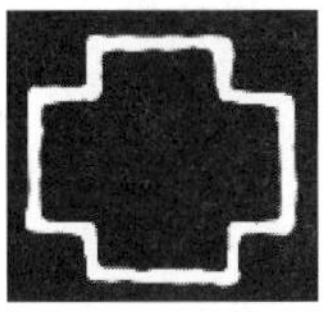
亞弜鼎 1393 二期

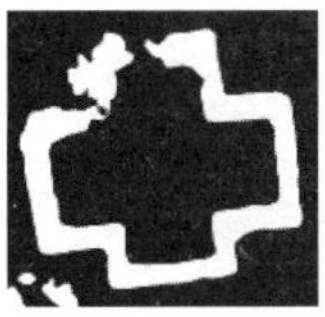
亞弜鼎 1398 二期

亞弜鼎 1400 二期

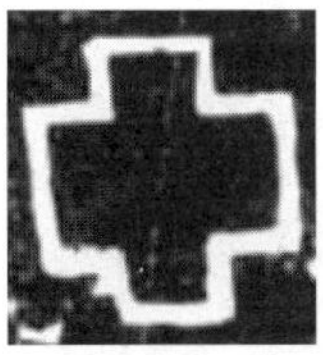
亞豖鼎 1401 二期

亞長鼎 E166 二期

亞長鼎 E168 二期

亞建鼎 E185 二期

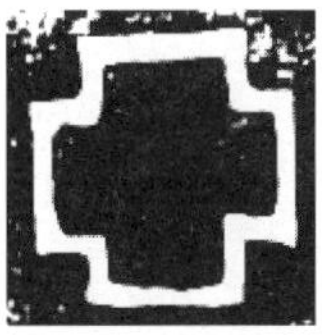
亞亢丁鼎 1758 二期

亞矢父乙簋 3298 二期

亞長甗 E102 二期

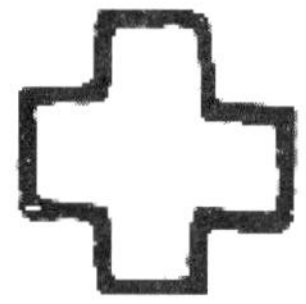 亞簋 J382 二期	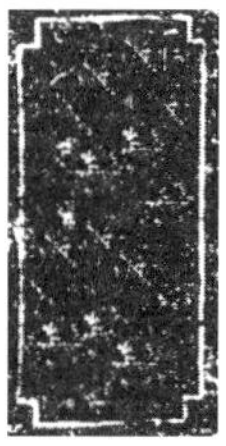 亞弜父癸簋 3338 二期	 亞史觚 6976 二期	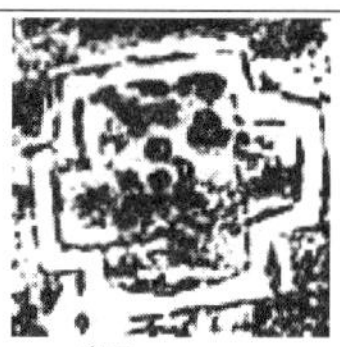 亞㠱觚 6954 二期	 亞㠱觚 6947 二期	 亞卩犬觚 7179 二期
	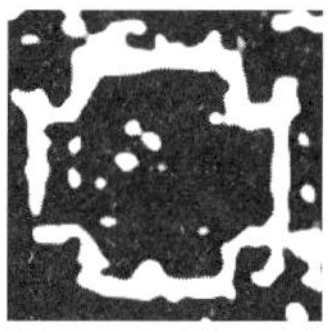 亞長尊 E557 二期	 亞隻觚 6982 二期	 亞㠱觚 6946 二期	 亞㠱觚 6948 二期	 亞木守觚 7181 二期
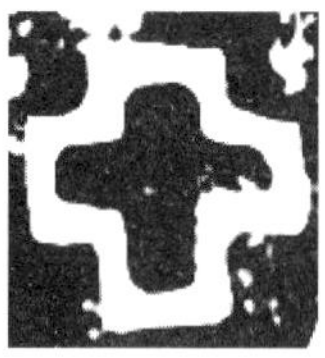 亞㠱卣 4817 二期		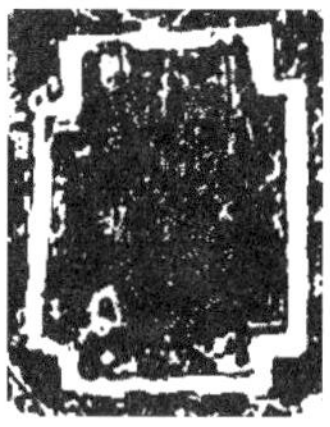 亞告觚 6972 二期	 亞隻觚 J729 二期	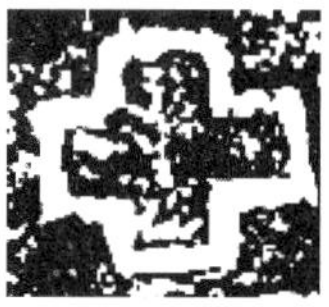 亞㠱觚 6949 二期	 亞豖馬觚 J748 二期
	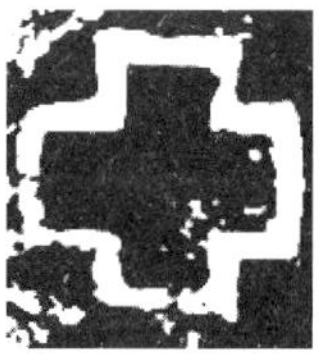 亞卬鴞尊 5565 二期	 亞㠱觚 6952 二期	 亞長觚 E666 二期	 亞㠱觚 6950 二期	 亞干示觚 J750 二期
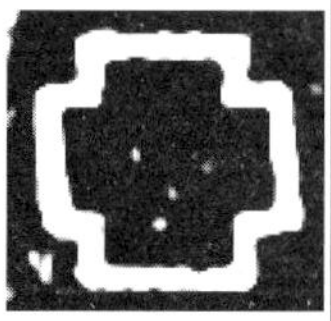 亞長牛尊 E589 二期	 亞弜婦觶 6346 二期	 亞㠱觚 6953 二期	 亞長觚 E667 二期	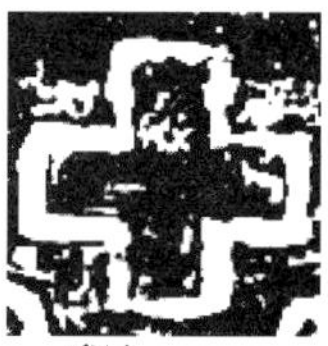 亞㠱觚 6951 二期	 亞牧爵 7801 二期

 亞隻爵 7813 二期	 亞㠱爵 7832 二期	 亞㠱爵 7837 二期	 亞㠱爵 7842 二期	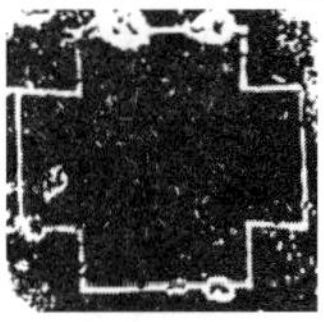 亞毃斝 9161 二期	 亞伐方罍 E882 二期
 亞弜爵 7819 二期	 亞㠱爵 7833 二期	 亞㠱爵 7838 二期	 亞㠱爵 7843 二期	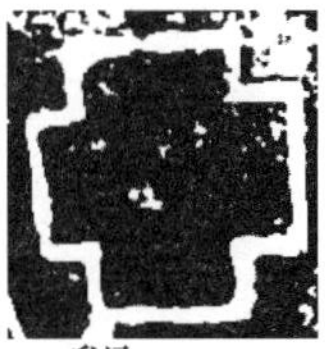 亞㠱斝 9163 二期	 亞㠱勺 9912 二期
 亞舟爵 E738 二期	 亞㠱爵 7834 二期	 亞㠱爵 7839 二期	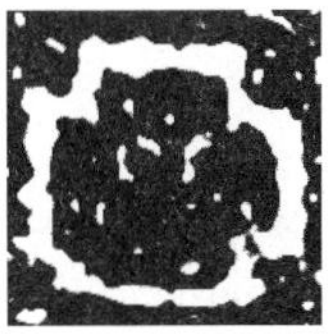 亞長爵 E737 二期	 亞長斝 E808 二期	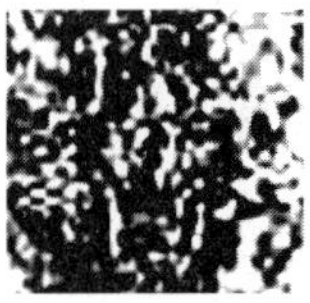 亞長勺 E905 二期
 亞戈爵 7827 二期	 亞㠱爵 7835 二期	 亞㠱爵 7840 二期	 亞𦍌斝 9143 二期		
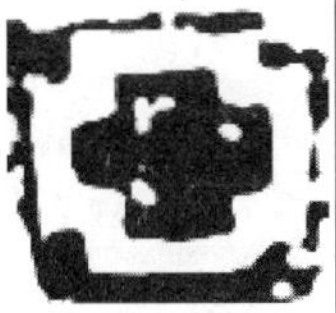 亞㠱爵 7831 二期	 亞㠱爵 7836 二期	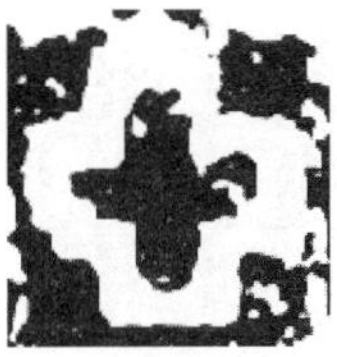 亞㠱爵 7841 二期	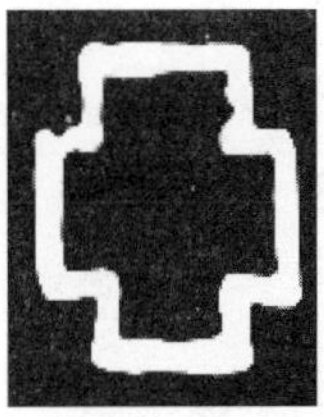 亞母斝 9177 二期	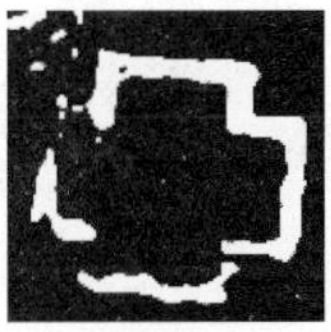 亞長觥 E814 二期	 亞長方彝 E899 二期

 亞屰方彝 9854 二期		 亞夫盤 E916 二期		 亞啓鉞 11742 二期	 亞長鉞 E1329 二期
	 亞長戈 E1069 二期	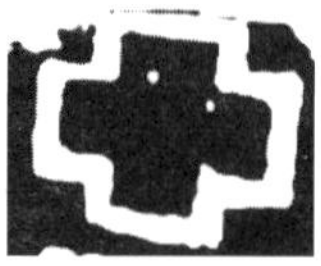 亞長盂 E961 二期	 亞長戈 E1071 二期	 亞父鉞 11747 二期	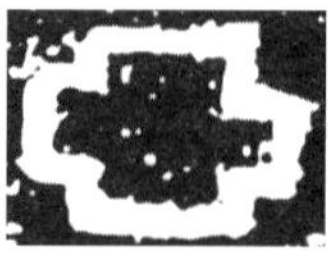 亞長鉞 E1330 二期
 亞啓方彝 9847 二期		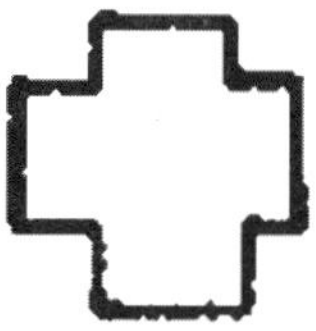 亞長戈 E1065 二期	 亞長矛 E1263 二期	 亞父鉞 11748 二期	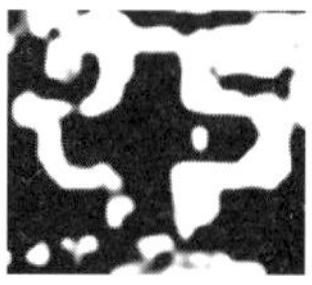 亞長刀 E1336 二期
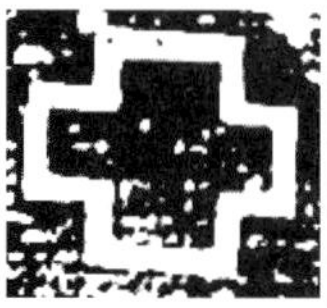	 亞長戈 E1070 二期	 亞長戈 E1067 二期	 亞長矛 E1258 二期	 亞父鉞 11749 二期	
 亞豕方彝 9851 二期	 亞長戈 E1066 二期	 亞長戈 E1068 二期	 亞長矛 E1261 二期	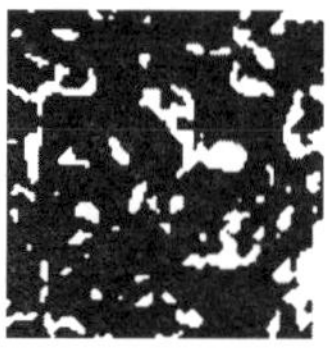 亞長鉞 E1328 二期	 亞長弓形器 E1332 二期

 亞弜刀 11811 二期	 亞屰勺 9910 二三期	 亞又羖戈 10950 二三期		 亞盥觚 6991 三期	 亞址觚 J720 三期
 亞禽爵 8281 二三期	 亞又羖戈 10946 二三期	 亞又羖戈 10951 二三期	 亞址觶 J648 三期	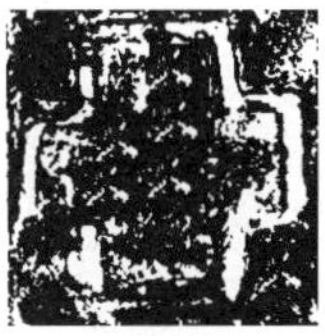 亞址觚 6992 三期	 亞址觚 J721 三期
 亞□爵 7806 二三期	 亞又羖戈 10947 二三期	 亞㝨觶 J652 三期	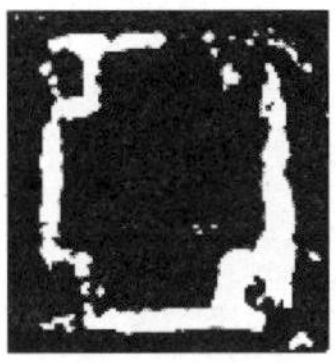 亞址觚 J725 三期	 亞址觚 J717 三期	 亞址觚 J722 三期
 亞弜爵 7821 二三期	 亞又羖戈 10948 二三期		 亞址觚 J726 三期	 亞址觚 J718 三期	 亞址觚 J723 三期
 亞□爵 7825 二三期	 亞又羖戈 10949 二三期	 亞□觶 6164 三期	 亞㝨觚 6986 三期	 亞址觚 J719 三期	 亞址觚 J724 三期

 亞𡨦止鐃 J115 三期	 亞仉姍鐃 407 三期	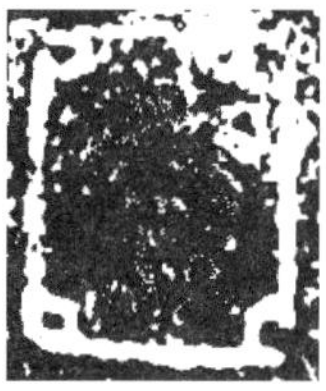 亞寏鼎 1420 三期	 亞址鼎 J216 三期	 亞𡨦止鐃 J114 三期	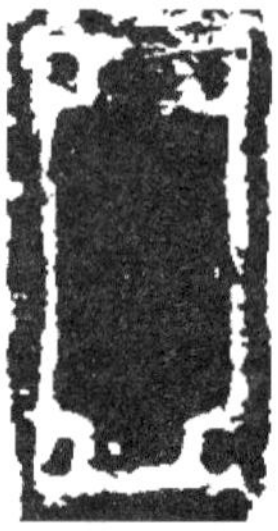 亞址角 J833 三期
 亞𡨦止鐃 J116 三期	 亞隭鼎 1422 三期	 亞告鼎 1411 三期	 亞旃父丁鼎 1846 三期	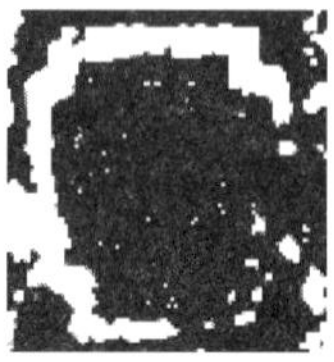 亞盥爵 7800 三期	 亞址角 J834 三期
 亞𡨦鐃 386 三期	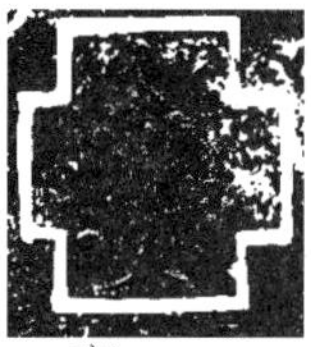 亞𡨦鼎 1423 三期	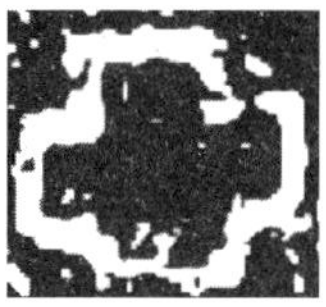 亞鼎鼎 E180 三期	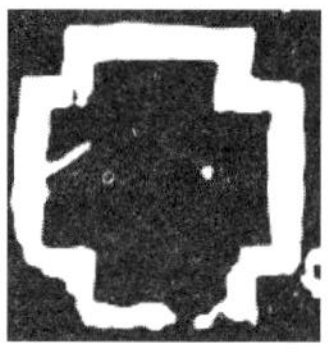 亞受鼎 1740 三期	 亞𡨦角 7793 三期	 亞址角 J835 三期
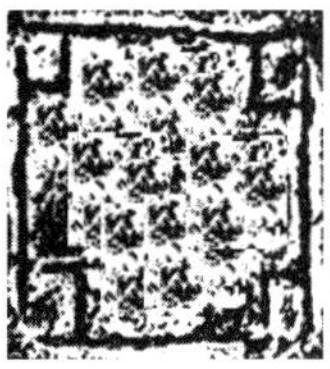 亞仉姍鐃 405 三期	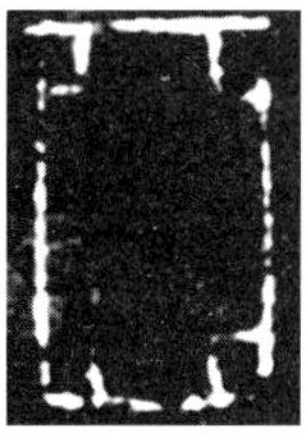	 亞盥鼎 E176 三期	 亞𡨦止鼎 1424 三期	 亞𡨦角 7794 三期	 亞址角 J836 三期
 亞仉姍鐃 406 三期	 亞址鼎 J214 三期	 亞址鼎 J215 三期	 亞𡨦址鼎 J245 三期	 亞址角 J832 三期	 亞址角 J837 三期

 亞㚖止鼎 J246 三期	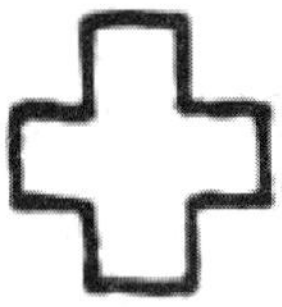 亞夫簋 3103 三期		 亞址尊 J609 三期	 亞址角 J838 三期	 亞址斝 J919 三期
 亞㚖止鼎 J247 三期	 亞奚簋 3093 三期	 亞[illegible]卣 4809 三期	 亞址尊 J610 三期	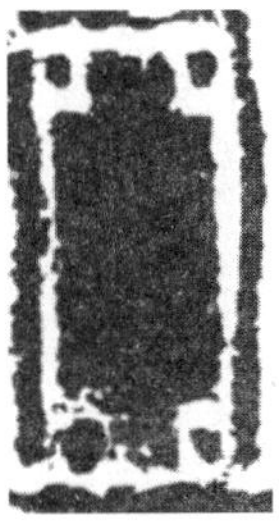 亞址角 J839 三期	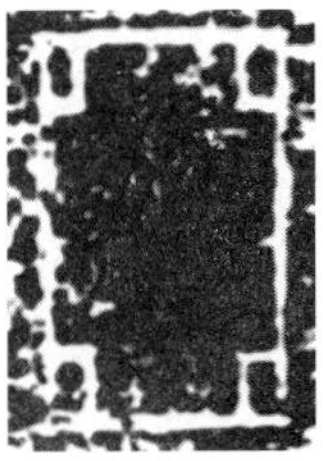 亞址斝 J920 三期
 祖辛禹鼎 2111 三期	 亞告簋 3094 三期	 亞盥卣 4819 三期	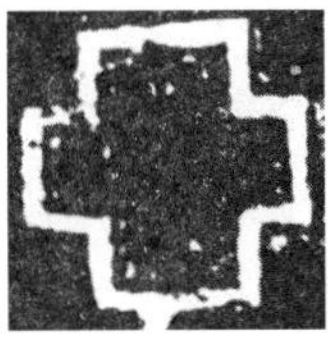	 亞址角 J840 三期	 亞次[illegible]斝 9234 三期
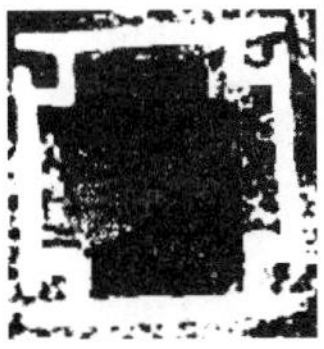 祖辛禹鼎 2112 三期	 亞盥簋 3100 三期	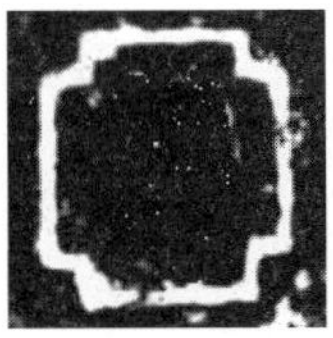	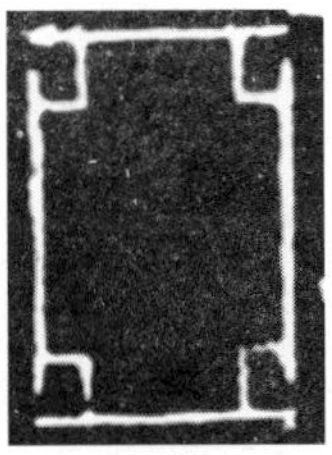 亞址卣 J561 三期	 亞址角 J841 三期	 亞址盉 J933 三期
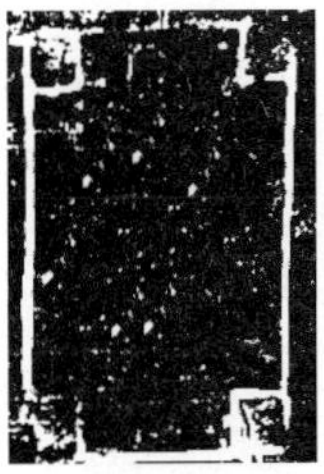 亞得父庚鼎 1880 三期	 亞㚖止簋 J407 三期	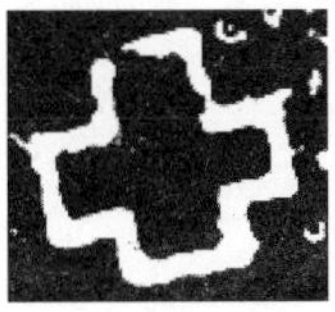 亞伐卣 4805 三期	 亞[illegible]鐃 387 三 四期	 亞㚖址斝 J924 三期	 亞[illegible]盉 9415 三期

 亞旁罍 9768 三期	 亞□鉞 11743 三期	 亞虹左鐃 403 三四期	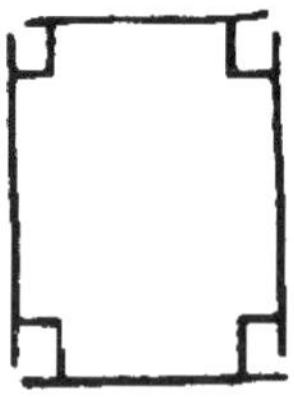 亞□卣 J560 三四期	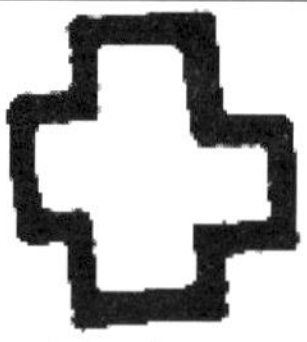 亞告爵 J828 三四期	 亞果戈 10837 三四期
 亞址罍 J978 三期	 亞羌鼎 1405 三期	 亞萬父己鐃 411 三四期	 亞母卣 4818 三四期	 亞□爵 J829 三四期	 亞□矛 11443 三四期
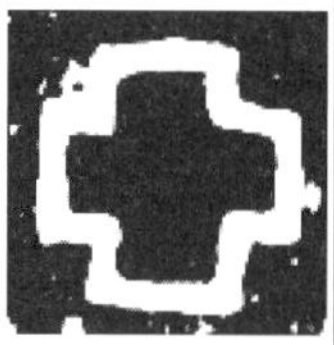 亞又方彝 9853 三期	 亞□觶 6159 三四期	 亞□母鬲 485 三四期		 亞父□爵 8775 三四期	 亞□矛 11438 三四期
 亞址盤 J998 三期	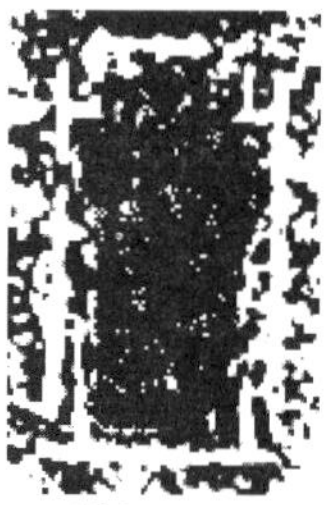 亞□觶 6160 三四期	 亞盤父丁簋 J417 三四期	 亞址父乙卣 5079 三四期	 亞羌乙爵 8779 三四期	 亞□矛 11439 三四期
 亞□戈 10844 三期	 亞□□觶 6356 三四期	 亞若癸簋 3713 三四期	 亞□父辛卣 5085 三四期	 冊弜祖乙角 9064 三四期	 亞□矛 11442 三四期

		 亞屰爵 7796 三四期	 亞歔鼎 1418 四期	 亞醜鼎 1436 四期	 亞醜鼎 1439 四期
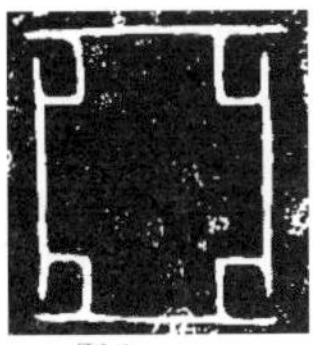 亞醜杞婦卣 5097 三四期	 亞寞父丁卣 5271 三四期	 亞鼎 1145 四期	 亞矣鼎 1429 四期	 亞醜鼎 1438 四期	 亞醜鼎 1440 四期
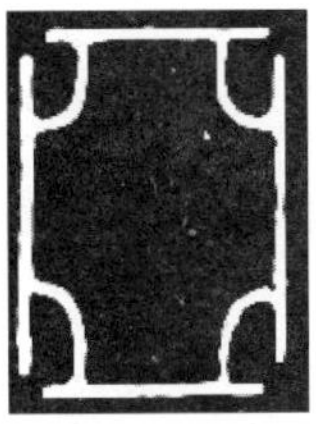		 亞鼎 1147 四期	 亞醜鼎 1433 四期	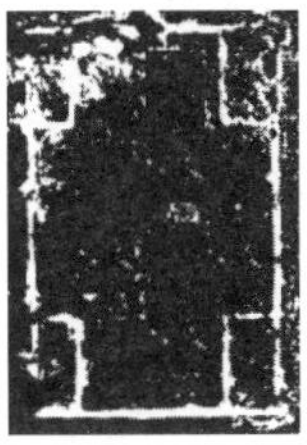 亞醜鼎 1444 四期	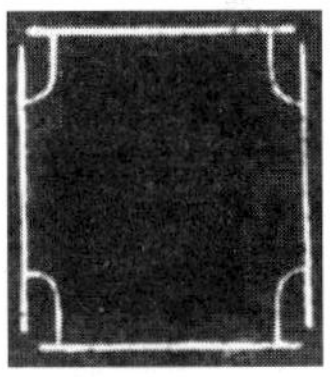 亞醜鼎 1441 四期
 亞得父癸卣 5094 三四期	 亞寞皇祈卣 5100 三四期	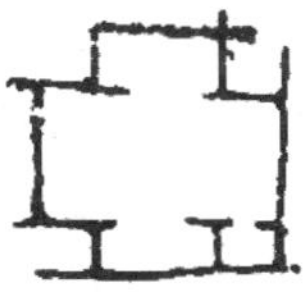 亞鼎 J188 四期	 亞醜鼎 1434 四期	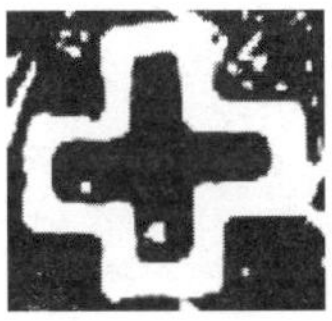 亞叔鼎 E181 四期	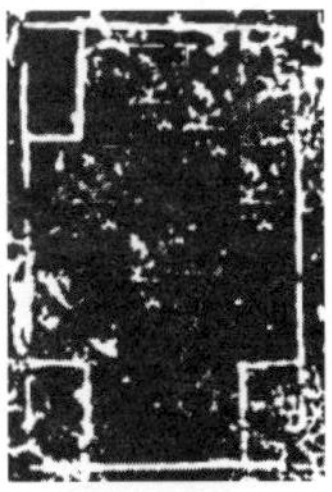 亞醜鼎 1442 四期
 亞□父辛尊 5745 三四期	 亞醜矛 11441 三四期	 亞卯鼎 1413 四期	 亞醜鼎 1435 四期	 亞丮鼎 E169 四期	 亞醜鼎 1443 四期

亞卂鼎 E170 四期

亞醜父乙鼎 1819 四期

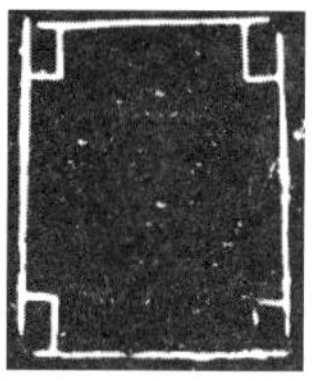
亞[illegible]父戊鼎 1863 四期

亞共方鼎 E245 四期

亞若癸鼎 2402 四期

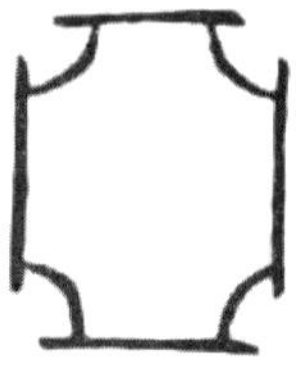
亞[illegible]母乙鬲 505 四期

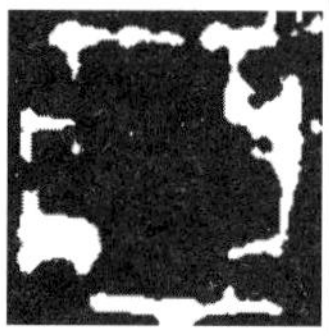
亞卂鼎 E171 四期

亞醜父丙鼎 1837 四期

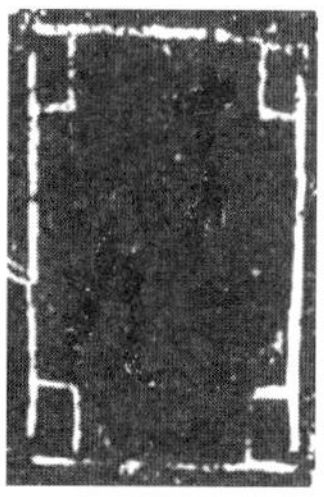
亞戈父己鼎 1869 四期

曆作祖己鼎 2245 四期

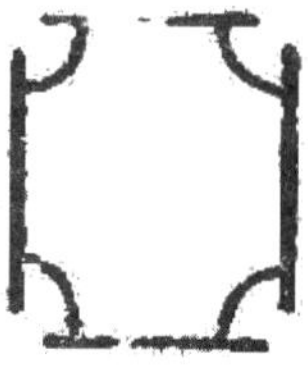
亞㠱鼎 2427 四期

亞醜作季尊彝甗 886 四期

亞卂鼎 E172 四期

亞醜父丁鼎 1839 四期

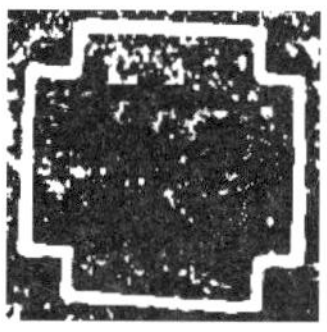
亞魔父己鼎 1870 四期

亞㠱鄉宁鼎 2362 四期

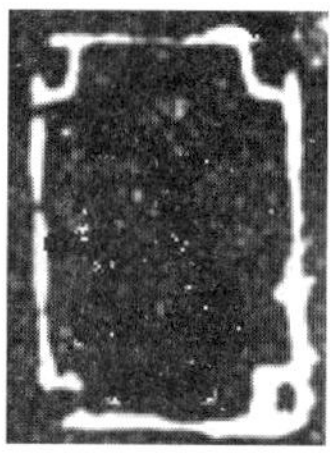
亞魚鼎 J339 四期

亞醜簋 3096 四期

亞卂鼎 E173 四期

亞醜父己鼎 1867 四期

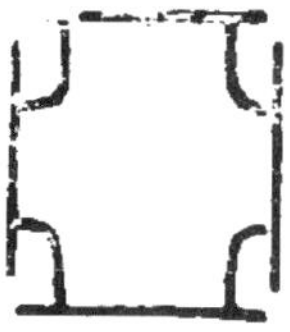
亞㠱孤竹迺鼎 2033 四期

亞若癸鼎 2400 四期

戍甬鼎 2694 四期

亞醜簋 3098 四期

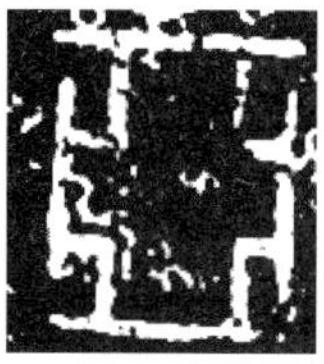
亞明乙鼎 J241 四期

亞獏父丁鼎 1845 四期

亞醜父丁鼎 E229 四期

亞若癸鼎 2402 四期

亞牧鬲 456 四期

亞醜簋 3099 四期

亞醜簋 3095 四期

亞古作父己簋 3861 四期

亞告卣 4820 四期

𤠕伯𧩯卣 E546 四期

亞光簋 3104 四期

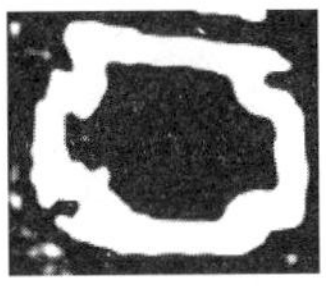
聑簋 3975 四期

亞岂衔卣 5014 四期

亞獏父辛卣 5086 四期

亞醜父丁簋 3310 四期

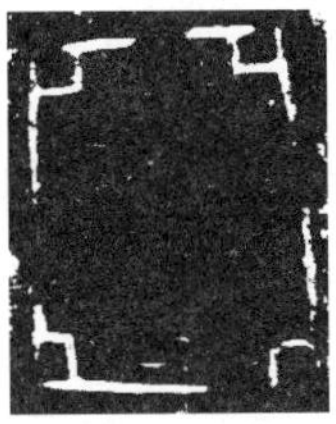

亞奠卣 E495 四期

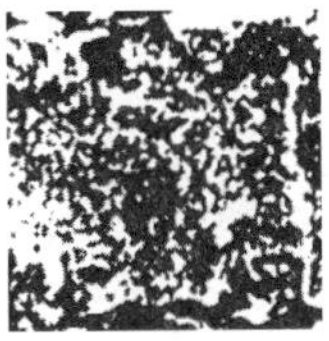
亞宫丮卣 E505 四期

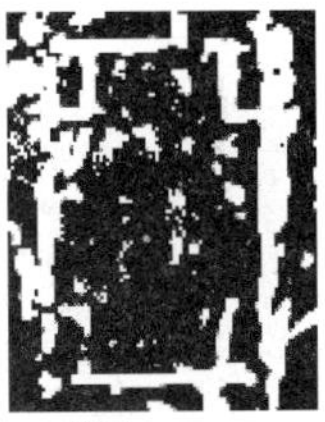
亞醜尊 5562 四期

亞獏母辛簋 J412 四期

亞醜卣 4808 四期

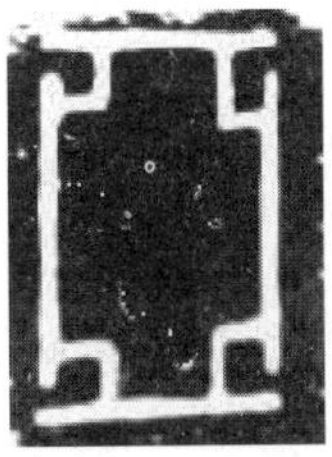

亞其戈父辛卣 5168 四期

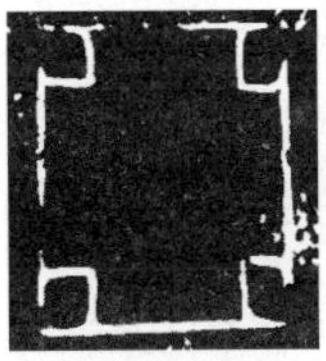
亞𠙵覃父乙簋 3419 四期

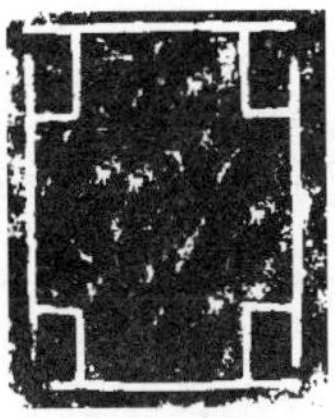
亞醜卣 4810 四期

亞父乙卣 4933 四期

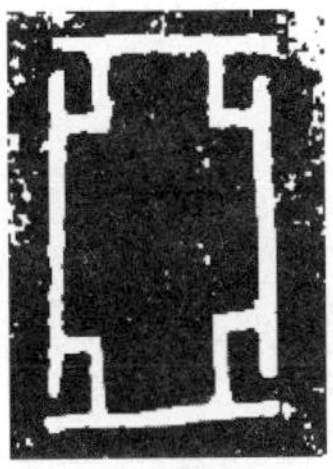
亞厷父乙卣 5055 四期

亞醜尊 5561 四期

𦵏祖辛卣 5201 四期

		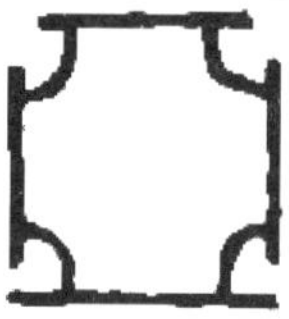 亞妣辛尊 5612 四期	 亞髸父辛尊 5747 四期	 亞覃尊 5949 四期	 亞觚 E630 四 期
 四祀邲其卣 5413 四期	 二祀邲其卣 5412 四期	 亞□父乙尊 5728 四期	 季尊 5840 四 期	 者㚸方尊 5935 四期	 亞觚 E631 四 期
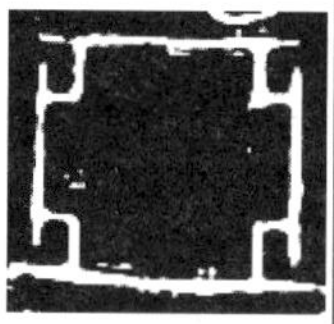	 亞□尊 5567 四期	 亞啓父乙尊 5730 四期	 亞夫鐃 385 四 期	 者㚸方尊 5936 四期	 亞其觚 6955 四期
 六祀邲其卣 5414 四期	 亞耴尊 E553 四期	 亞獇父丁尊 5736 四期	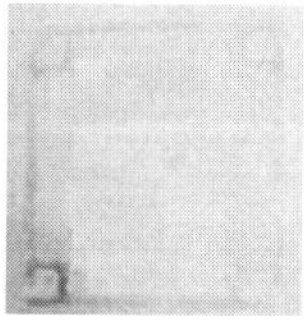 叀尊 E576 四 期		 亞□觚 6968 四期
 亞□尊 5564 四期	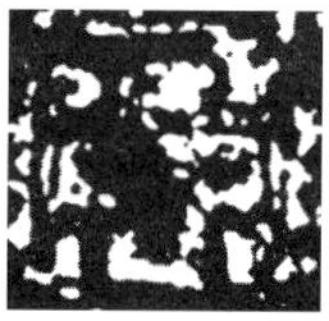 亞耴尊 E554 四期	 亞獇父丁尊 1841 四期	 亞覃尊 5911 四期	 亞牧觶 6158 四期	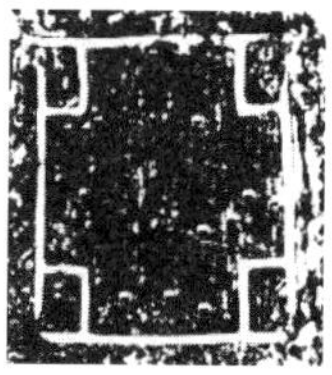 亞□觚 6969 四期

亞□方觚 6970 四期

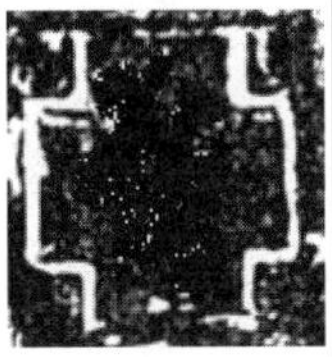
亞□觚 J728 四期

亞□觚故青 86 四期

亞弔觚 6988 四期

亞西觚 6989 四期

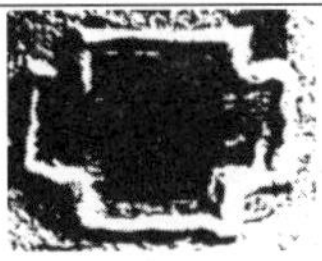
亞西觚 J730 四期

亞奚觚 E660 四期

亞父乙觚 7097 四期

黄亞次觚 7180 四期

亞□父丁觚 7230 四期

亞古父己觚 7239 四期

髟莫父乙觚 7264 四期

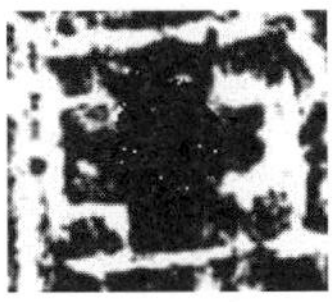
亞登兄日庚觚 7271 四期

亞□父丁觚 7293 四期

亞□觚 7288 四期

其□觚 7302 四期

亞若癸觚 7308 四期

亞若癸觚 7309 四期

亞□爵 J827 四期

亞□爵 7783 四期

亞□爵 7784 四期

亞□爵 7786 四期

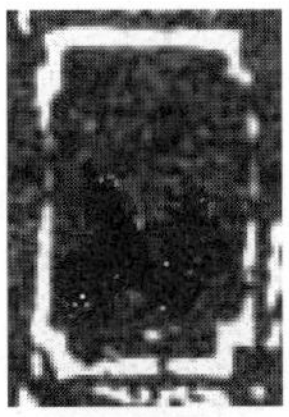
亞□爵 7791 四期

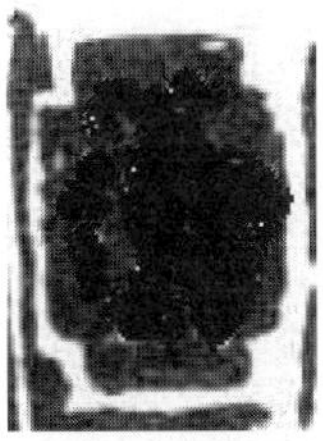
亞□爵 7792 四期

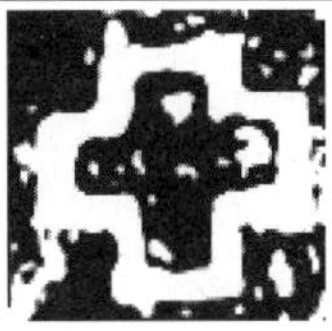
亞豕爵 7802 四期

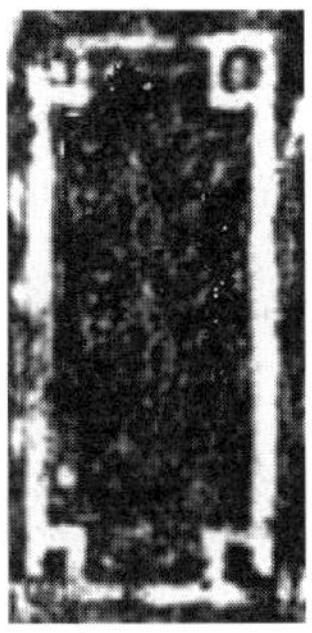
亞過爵 7815 四期

亞父乙爵 8406 四期

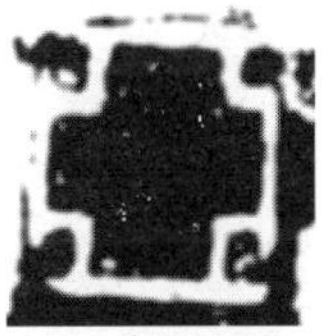
亞□爵 8783 四期

亞□爵 8784 四期

 亞天[illegible]爵 8781 四期	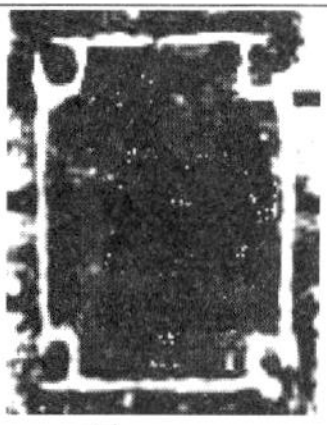 亞若父乙爵 8854 四期	 者姒爵 9090 四期	 亞獏父丁角 8894 四期	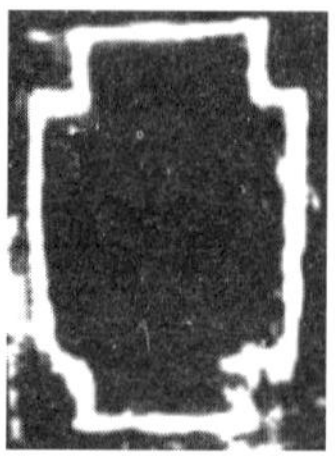 亞禽示辛罍 9238 四期	
 舌亞䒑爵 8788 三四期	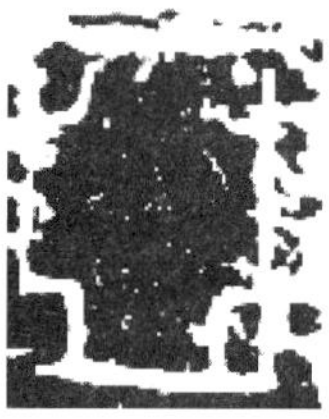 亞魚父丁爵 8888 四期	 寑魚爵 9101 四期	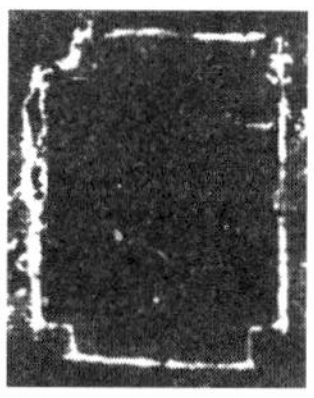 亞醜罍 9159 四期	 小臣邑罍 9249 四期	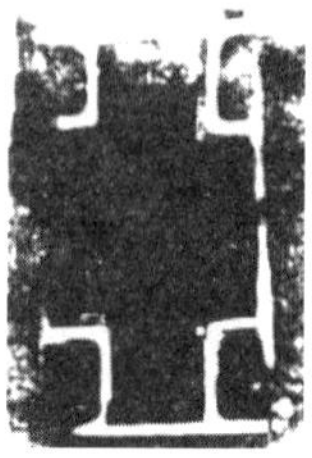 亞䒑盉 9326 四期
 亞宁卂爵 E761 四期	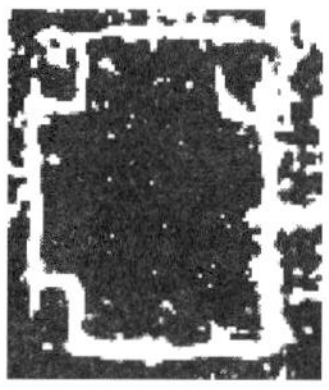 亞魚父丁爵 8889 四期	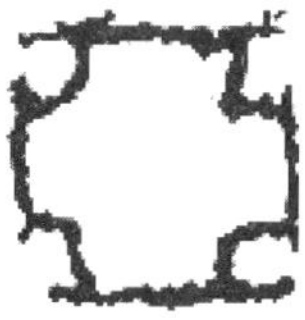 亞角 E793 四 期	 亞䒑衛罍 9225 四期	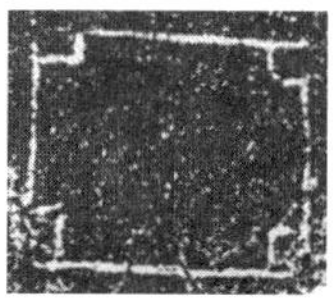 觬觥 J930 四 期	 亞羌壺 9544 四期
 亞夫畏爵 J895 四期	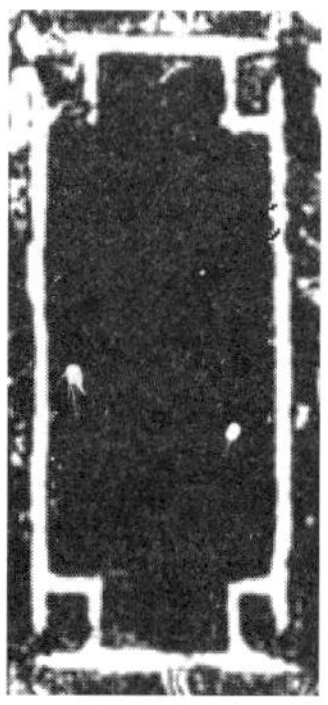 亞覃父丁爵 8890 四期		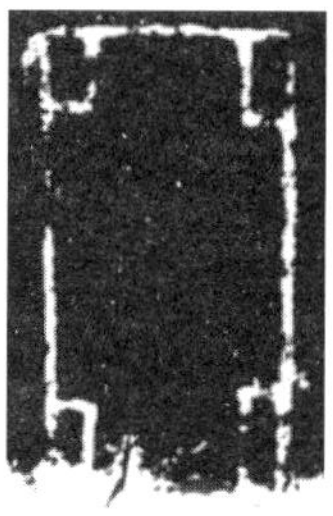 亞郯其罍 J925 四期	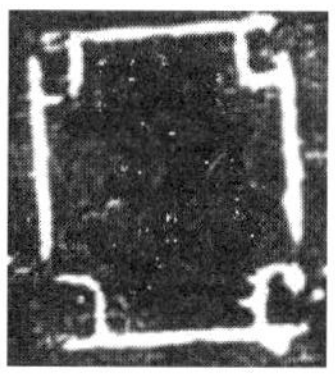 者姒觥 9294 四期	
 亞僕父乙爵 8852 四期	 亞獏父丁爵 8895 四期	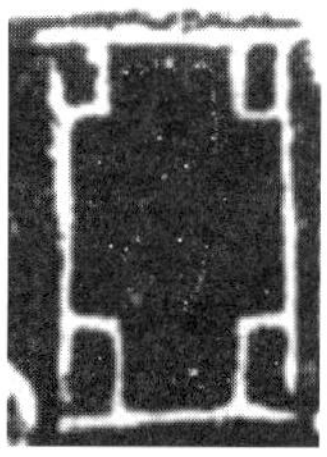 亞醜父丙角 8882 四期	 亞宁卂罍 E812 四期	 者姒觥 9295 四期	 亞醜罍 9766 四期

 亞[illegible]罍 9764 四期	 者姒方罍 9818 四期	 亞[illegible]方彝 9848 四期		 亞守鼎 1402 四期	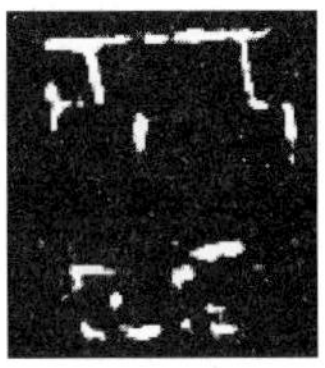 亞冊祖癸鼎 1816 商末周初
			 亞若癸方彝 9887 四期	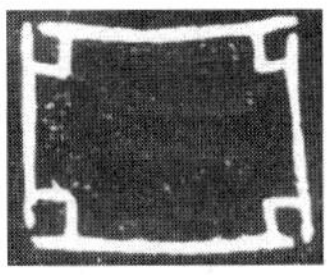 亞[illegible]嫡鐃 399 四期	 亞[illegible]父丁鼎 1840 商末周初
 亞[illegible]罍 9767 四期	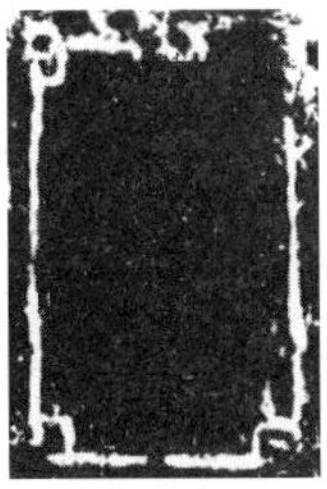 亞[illegible]方彝 9848 四期	 亞[illegible]丮方彝 E900 四期	 亞丮盤 E917 四期	 亞[illegible]觶 6157 商末周初	 亞[illegible]父辛鼎 1883 商末周初
	 亞[illegible]方彝 9850 四期		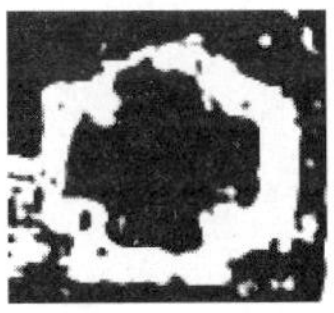 亞犬戈 10840 四期	 父乙觶 E618 商末周初	 亞父庚祖辛鼎 2363 商末周初
 亞丮方罍 E884 四期	 亞羲方彝 9852 四期	 亞若癸方彝 9886 四期	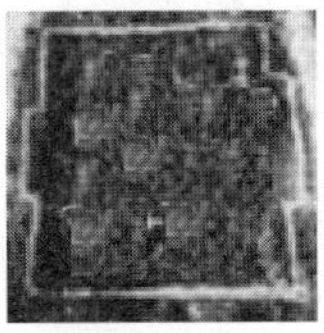 亞[illegible]矛 11440 四期	 亞父丁觶 E611 商末周初	 亞竝父己簋 3326 商末周初

 告田父乙卣 5347 商末周初		 亞寞孤竹方罍 9793 商末周初	 何作日辛觶 6505 商末周初	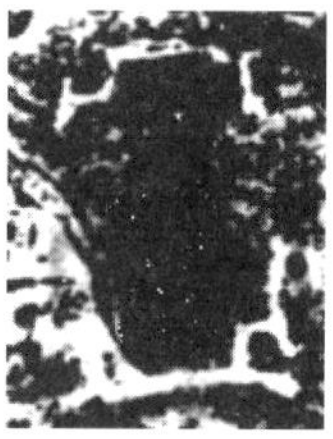 亞束觶 6161	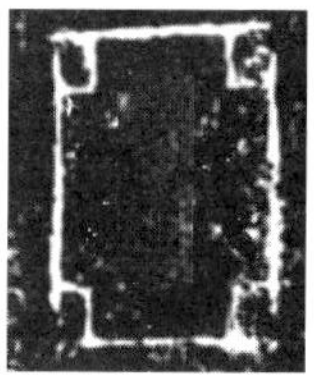
 亞束父丁簋 3308 商末周初	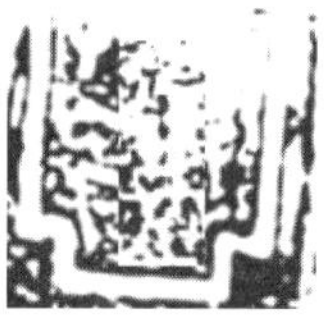 亞獏父丁盉 9374 商末周初		 亞盤爵 7808 商末周初	 亞重觶 6162	 亞執父己觶 6404
		 亞醜方罍 9765 商末周初	 冉彡作父乙尊 5894	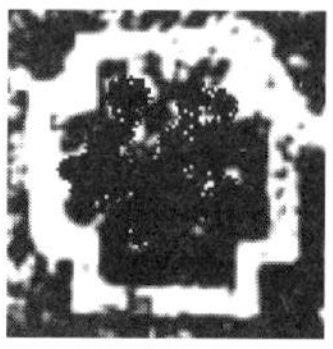 亞■鼎 1403	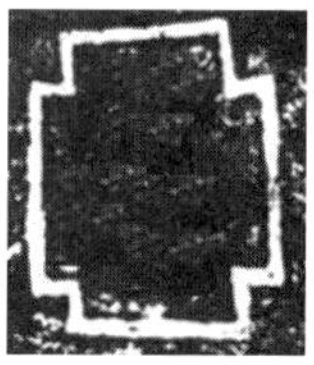 亞若癸觶 6430
 亞醜盉 9324 商末周初	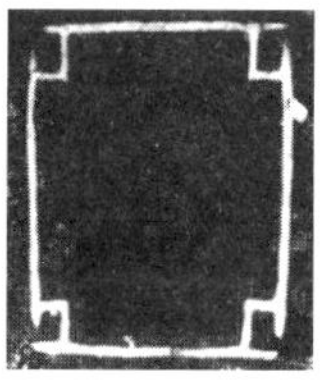 亞鳥父丁盉 9403 商末周初	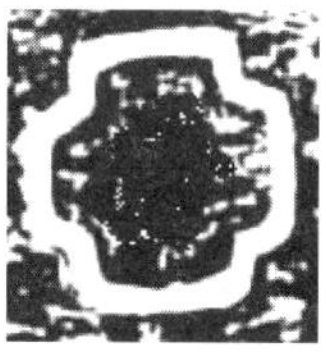 亞止方罍 9769 商末周初	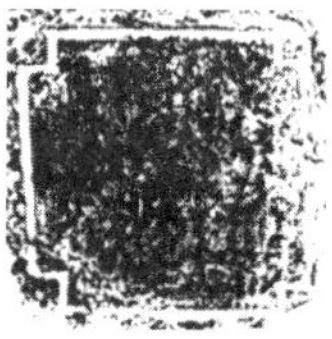 亞若癸尊 5937	 亞舟鼎 1406	 亞示作父己觶 6484
 亞醜父丁盉 9373 商末周初	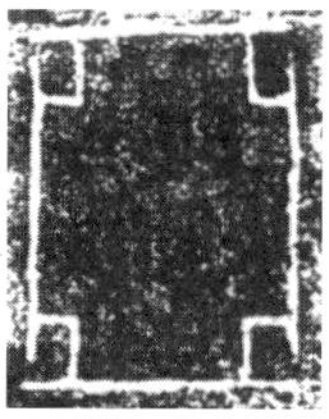 亞醜罍 9763 商末周初	 孤竹父丁罍 9810 商末周初	 亞若癸尊 5938	 亞天鼎 1408	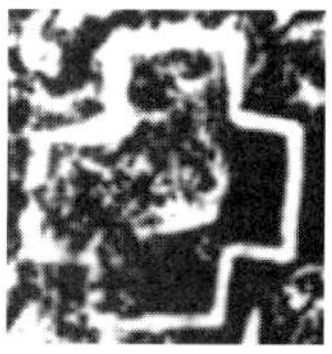 亞万父丁觶 6395

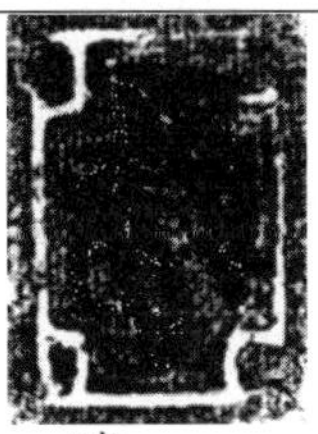 亞⿰阝畐鼎 1421	 亞⿱夂冉鼎 1416	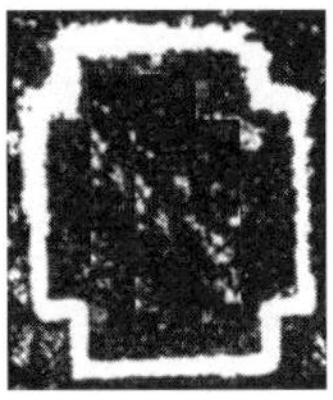 亞厷鼎 1409	 亞戈鼎 1447 三期	 亞⿰酉兇父辛鼎 1884	 亞酉父丁鼎 1847 四期
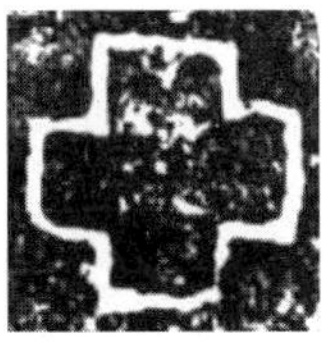 亞弜鼎 1397	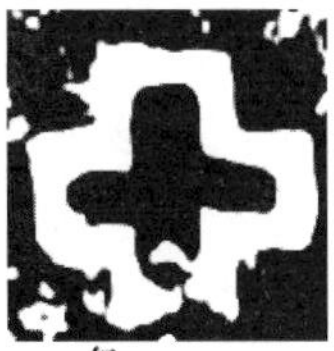 亞⿱夂冉鼎 1417	 亞告鼎 1410	 亞乙丁鼎 1703	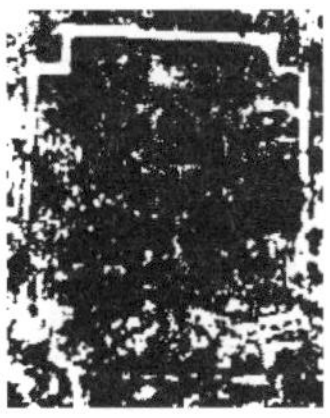 亞獏父丁鼎 1841	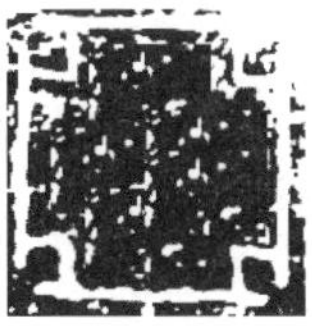 亞⿰𦍌彡父己鼎 1865 四期
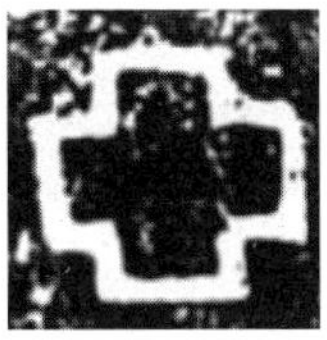 亞弜鼎 1399	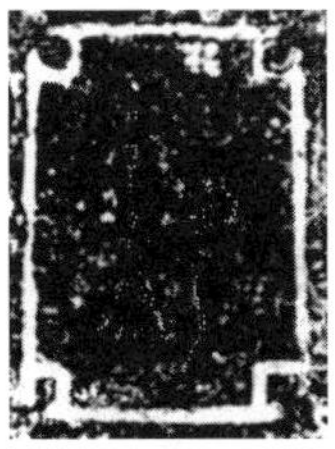 亞⿱罒天鼎 1419	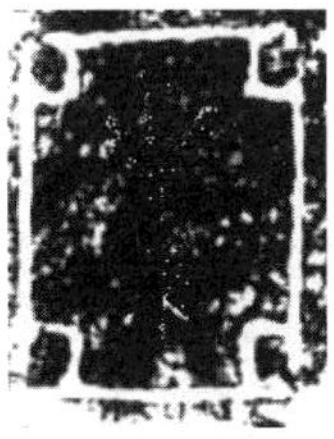 亞果鼎 1412	 亞魚鼎 1741	 亞獏父丁鼎 1842 四期	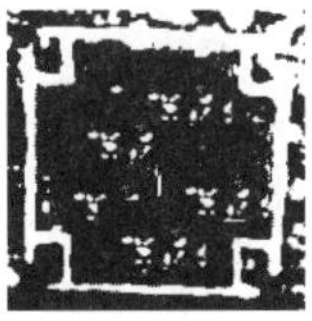 亞⿰𦍌彡父己鼎 1866
 亞⿰酉兇鐃 398	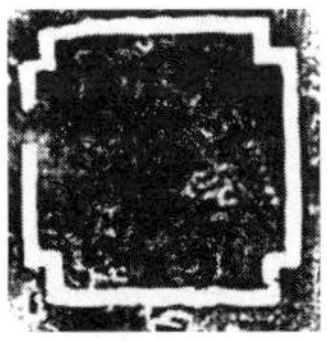 亞衡鼎 1425	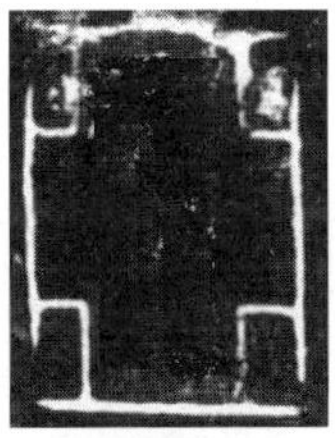 亞⿰酉兇鼎 1445	 亞鳥父甲鼎 1817	 亞獏父丁鼎 1843 四期	 亞毆父乙鼎 1820
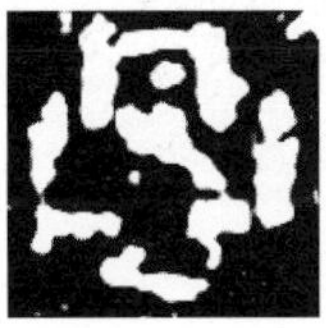 亞弜鼎 1396	 亞⿰酉兇鼎 1437	 亞甶鼎 1446	 亞⿰方虍父己鼎 1871	 亞獏父丁鼎 1844 四期	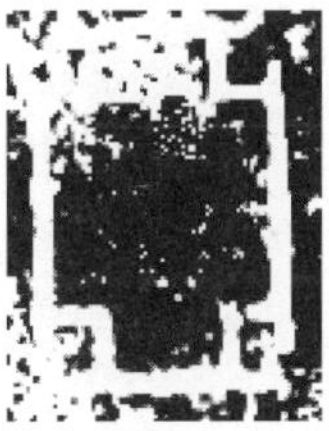 亞受鼎 2594

 亞貫父己鼎 1868	 亞㝬汝子鼎 1909	 亞䰻父辛簋 3331	 亞䰻簋 3097	 亞啓父乙簋 3297	 亞尤龠■簋 3393 三期
 亞寘聞䩲鼎 1944	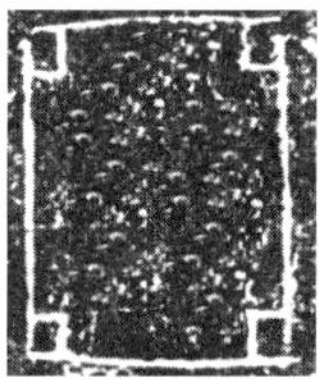 亞凡覃父甲 鼎 1998	 亞䰻父辛簋 3332	 亞登簋 3101	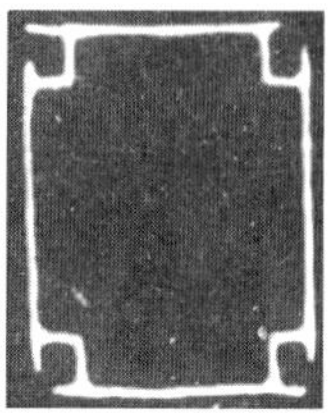 亞豈父丁簋 3309	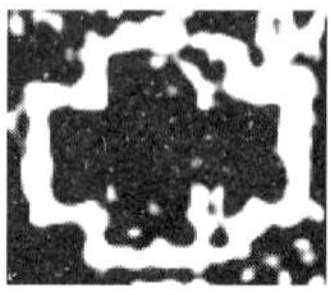 亞念匕 968
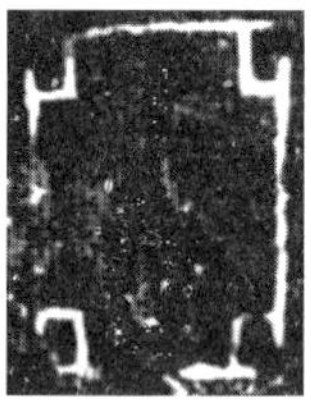 亞■其鬲 472	 亶作母癸鼎 2262	 亞䰻父辛簋 3333	 亞獇簋 3102	 亞弜鼎 1394	 亞凡匕 10476
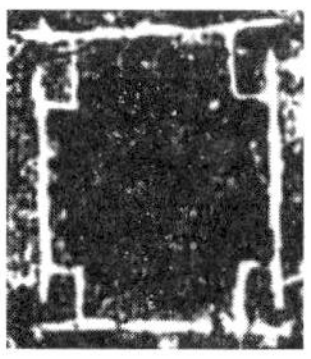 亞牧父戊鬲 503	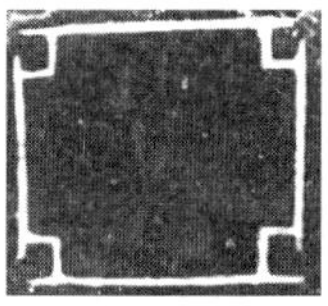 季作兄己鼎 2335	 亞龏父辛簋 3330 三期	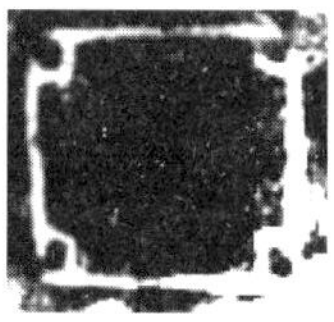 亞登簋 3105	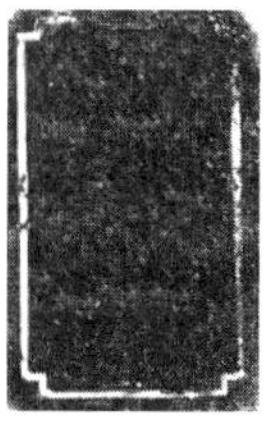 嶲欥簋 3940	 亞䰻卣 4806
 亞从父丁鬲 539	 子商甗 866	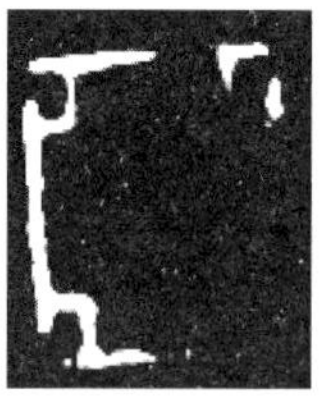 亞得父己甗 844	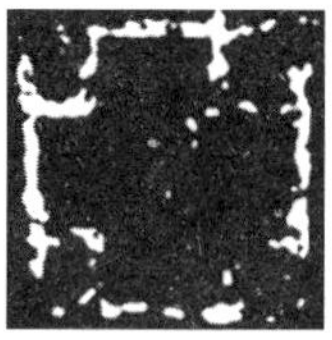 亞丮簋 E348	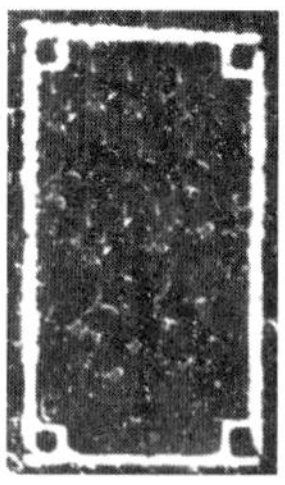 亞凡父癸簋 3339 四期	 亞䰻卣 4807

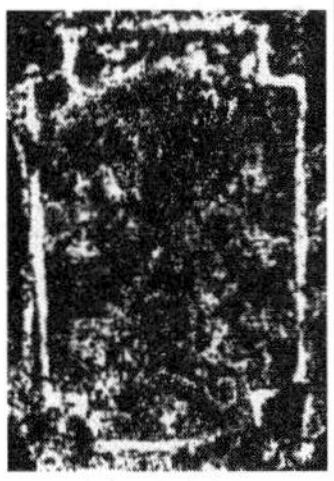	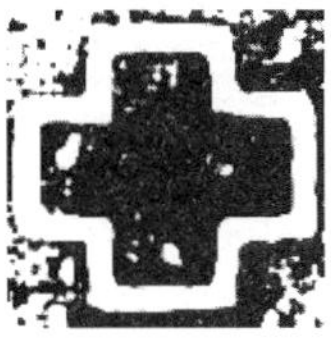			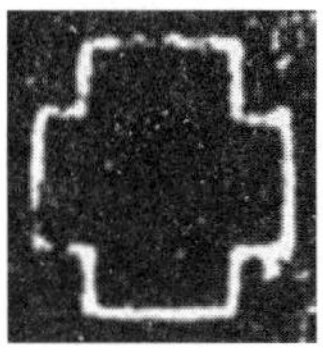 柜父乙壺 5147 四期	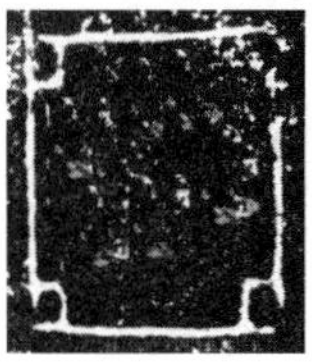 亞□尊 5559
 亞奚卣 4812	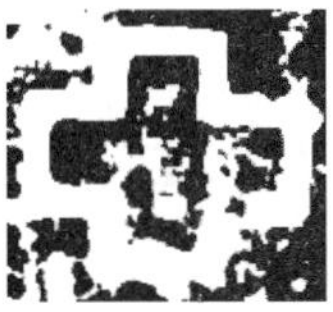 亞屰卣 4816 二三期	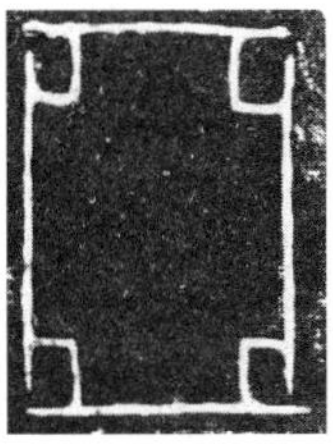 亞覃父乙卣 5053	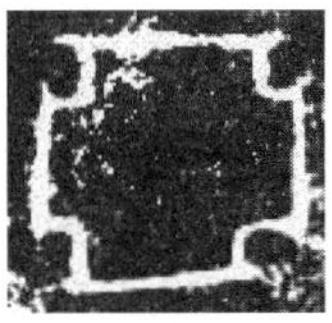 林亞俞卣 5013		 亞□尊 5560
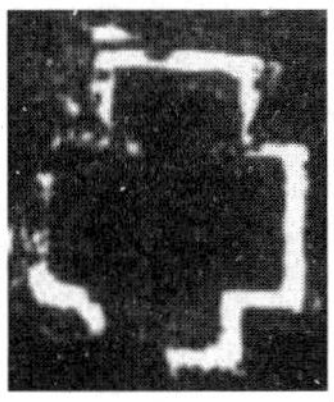				 亞□作季卣 5238	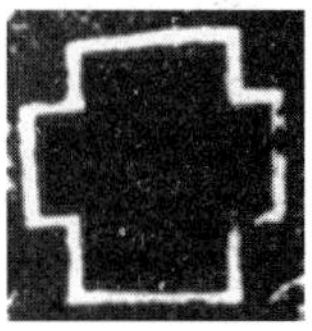 亞天父癸尊 5751
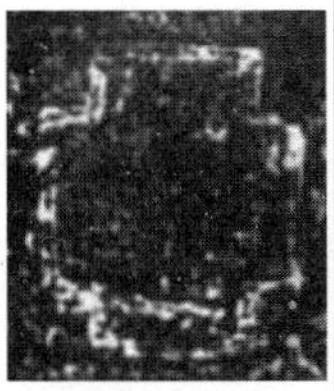 亞万卣 4814	 亞屰卣 4815 二三期	 亞俞父乙卣 5054	 亞□祖乙父 己卣 5199 四 期		 亢父癸尊 5808
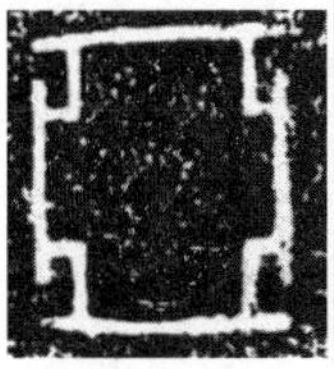 亞□卣 4811	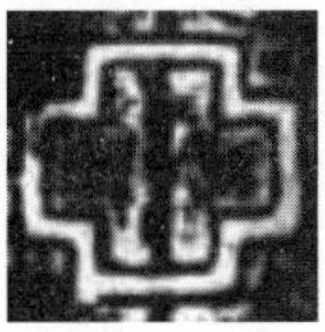 □□卣 5011	 亞其矦卣 5014	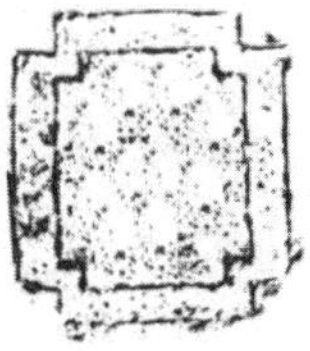 亞矢望父乙 卣 5206	 □弜作父癸 卣 5360	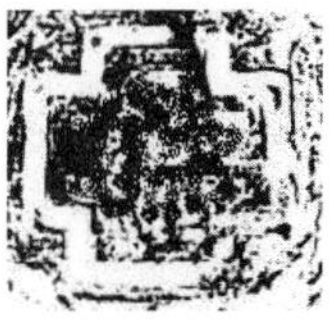 亞井觶 6163

亞守尊 5566

亞醜父丁尊
5735

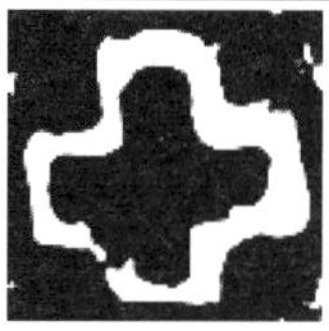
亞弜觚 6957
二期

亞牧觚 6973

亞豕觚 6983

亞丁丮觚
7182

亞□尊 5568

亞子父辛尊
5836

亞弜觚 6958

亞□觚 6975

亞妥觚 6984

亞貫乙觚
7183

亞盤尊 5571

亞醜觚 6967

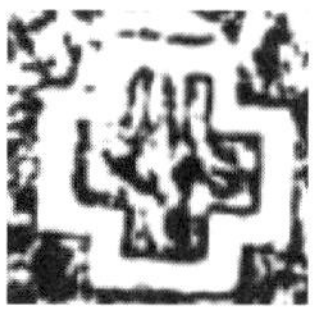
亞隻觚 6891

亞癸觚 6985

亞□亢觚
7184

亞奚尊 5572

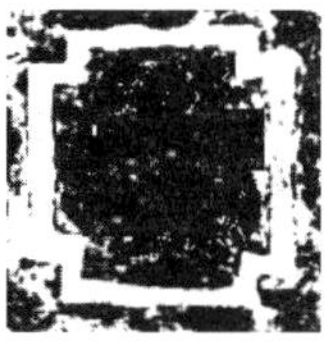
亞隻觶 6165

亞□觚 6945

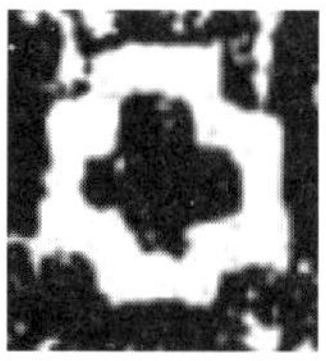
亞耳觚 6987

婦□觚 7287

□作父丁觚
7307

亞醜尊 5563

亞果觚 6974

亞弜觚 6956

亞酉觚 6990

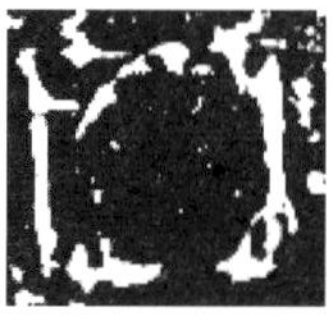
美□向觚
7306

亞弜鼎 1395

 亞沚爵 7817	 亞隻爵 7811	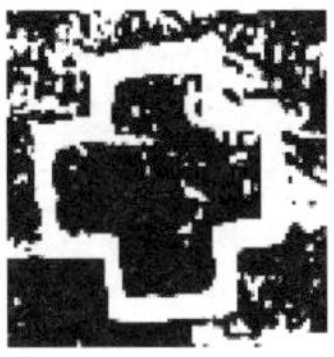 亞[illegible]爵 7805	 亞犬爵 7803	 亞屰爵 7795	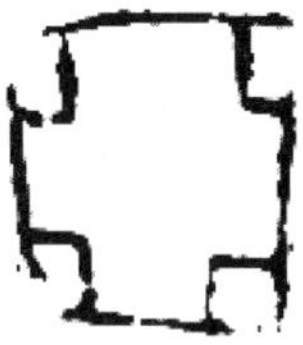 亞[illegible]爵 7787
 亞沚爵 7818	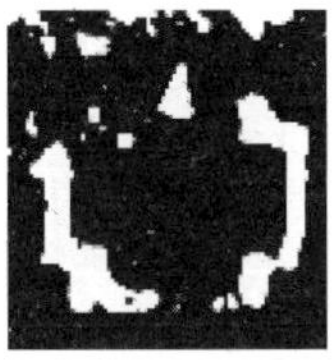 亞隻爵 7812	 亞馬爵 7807	 亞犬爵 7804	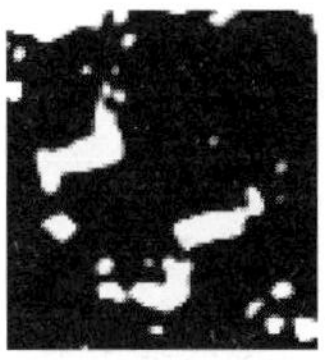 亞叔爵 7798	 亞子爵 7788
 亞弜爵 7820	 亞鼀爵 7814	 亞鳥爵 7809	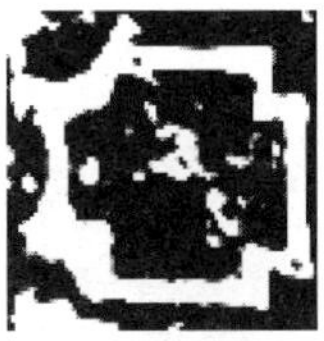 亞舟爵 7823	 亞叔爵 7799	 亞倗爵 7789
	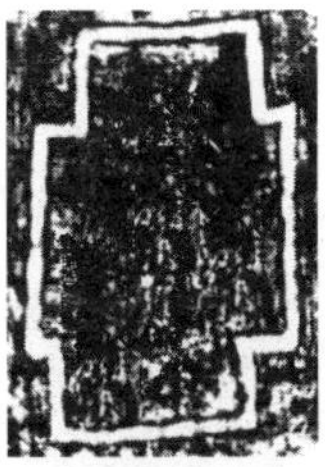 亞鷹父丁觚 7228	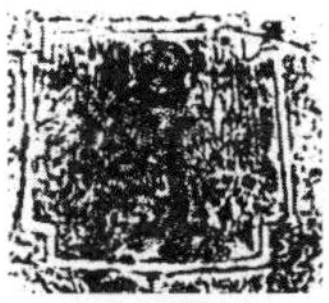 亞獏父丁觚 7231	 亞[illegible]爵 7826	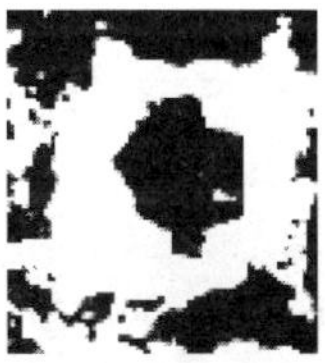 亞告爵 7828	 亞[illegible]爵 7790
 亞[illegible]爵 7785	 亞宁父癸觚 7248	 亞禽辛■■ 觚 7277	 亞辛爵 7844	 亞[illegible]爵 7829	 亞鼀舟爵 8782

 亞天爵 8143	 亞址父己爵 8926	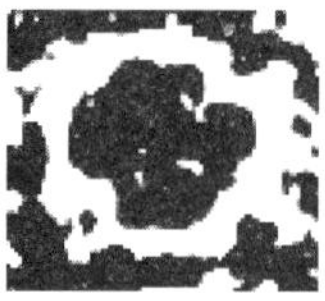 □亞□爵 9774	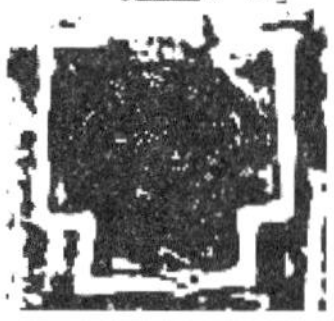 亞豕父甲爵 8850	 亞古父己角 8927	
 亞父辛爵 8631	 亞□父己爵 9015	 亞□父爵 8776	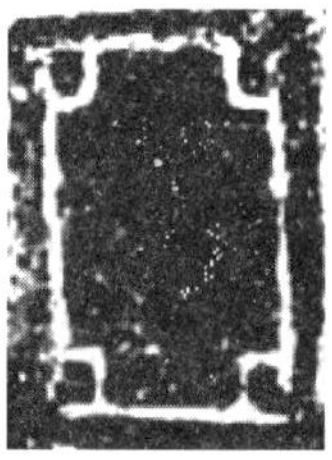 亞□父乙爵 8853		 箙亞作父癸 角 9102
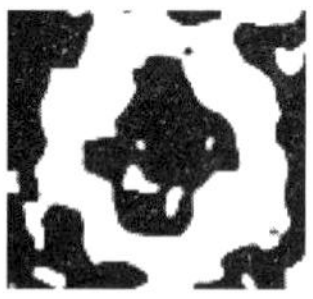 □亞□爵 8771	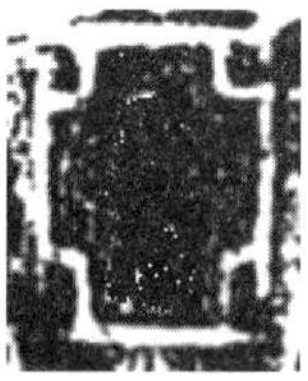 亞□父辛爵 8943	 亞□□爵 8777	 亞聿父乙爵 8858	 亞□父丁角 9008	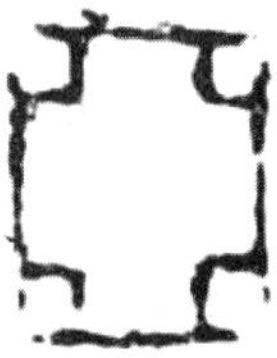 亞酉斝 9160
 □亞□爵 8772	 亞父丁爵 9007	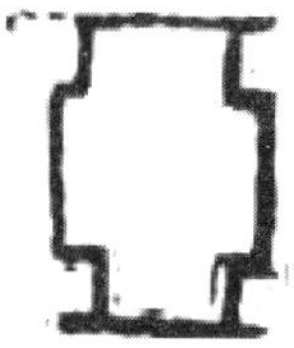 亞方母爵 8778	 亞向父戊爵 9010	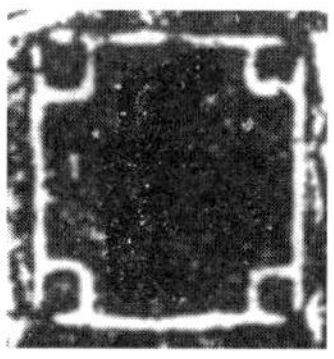 亞弜父丁角 8891	 亞□斝 9162
 亞■父乙爵 8860	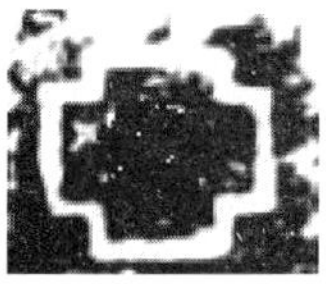 亞□□爵 8786	 亞干示爵 8785	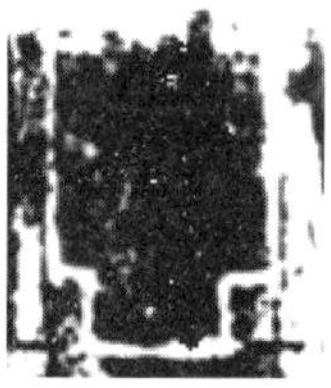 亞弜父丁角 8892	 亞獏斝 9164	 亞弜父丁斝 9228

亞若觥 9253

亞高父丁罍 9807

亞父辛器 10521

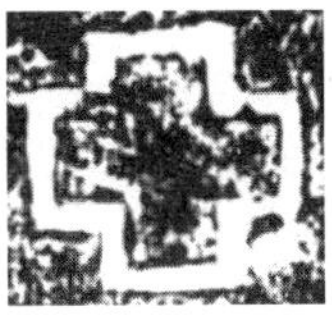
亞倗壺 9478

亞醜盉 9323

者姒罍 9819

亞禽父丁器 10535

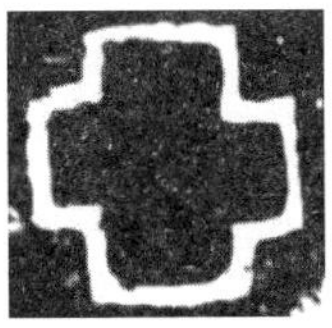
亞弜壺 9479

亞古父己盉 9378

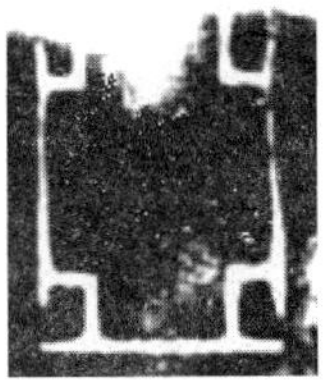
亞得父丁盉 9375

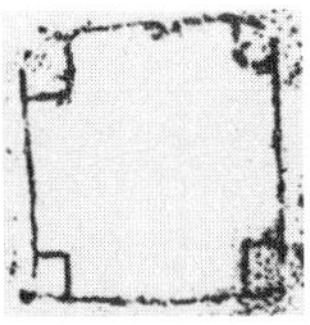
亞醜母盉 9366

婦娙罍 E889

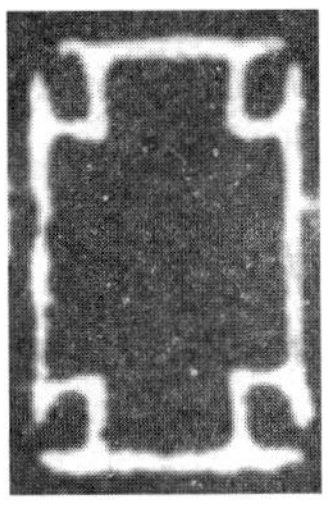
作父戊器 10570

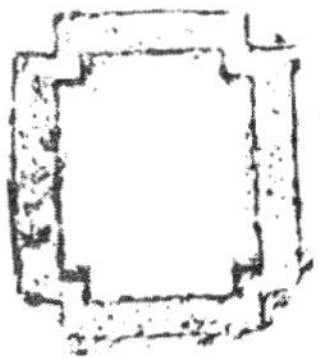
亞矢父乙壺 9565

亞孳父辛盉 9379

亞醜戈 10839

亞舟方彝 9846

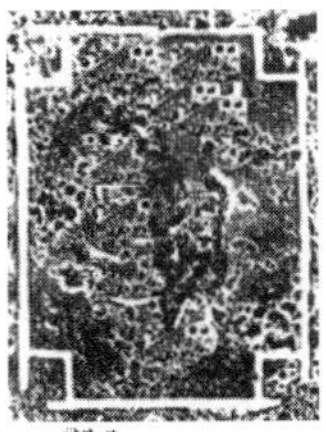
亞醜器 10497

亞倗戈 10838

亞亦戈 J1090

亞醜鋳 11777

亞[illegible]戈 10841

亞[illegible]㐭瓿 9956

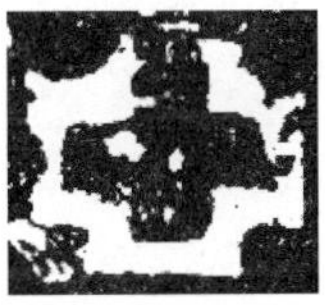
亞弜器 10498

亞啓戈 10845

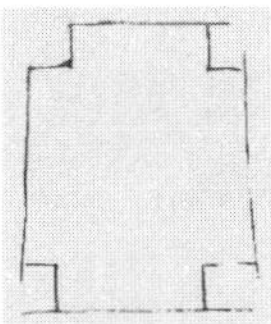
亞寊矛 11444

亞醜鋳 11796

亞受戈 10843

767 五

亞弜刀 11810

亞啓戈 11010

亞若癸戈 11114

五己鼎 E175 四期

小臣缶鼎 2653 四期

[illegible]方鼎 E314 四期

戈五甗 797 四期

小臣俞尊 5990 四期

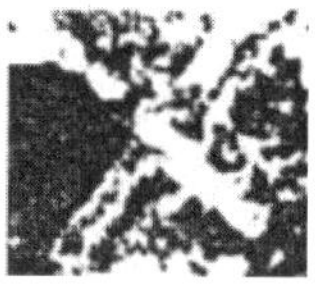
五箙爵 8240 四期

戉鈴方彝 9894 四期

朋父庚方罍 9808 商末周初

五簋 3026

五胄 11895

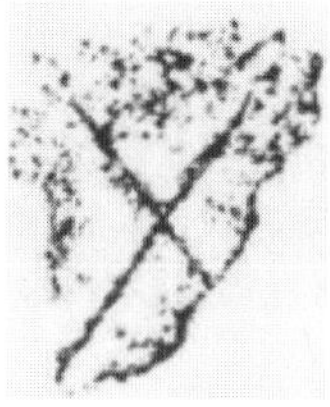
五胄 11896

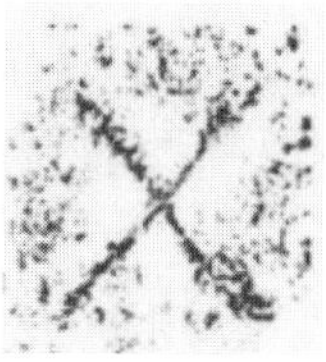
五胄 11897

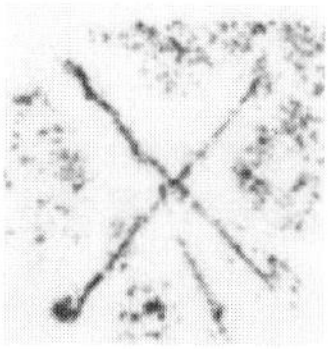
五胄 11898

768 六

亞魚鼎 J339 四期

六祀𨛭其卣 5414 四期

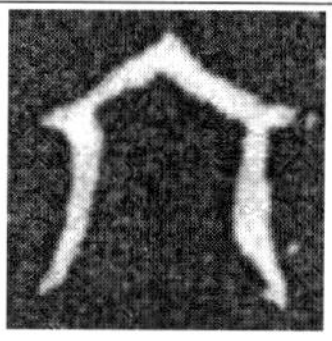
宰椃角 9105 四期

小臣邑斝 9249 四期

769 七	770 九		771 馗	772 ⿱凶十	773 禽
 亞魚鼎 J339 四期	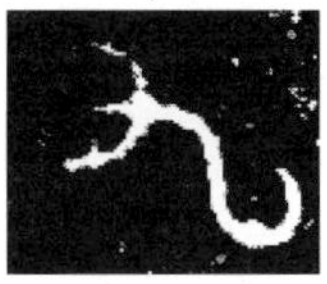 戍嗣鼎 2708 四期   戍鈴方彝 9894 四期  九簋 3035 四期  九簋 3040	   嵩卣 5397 四期	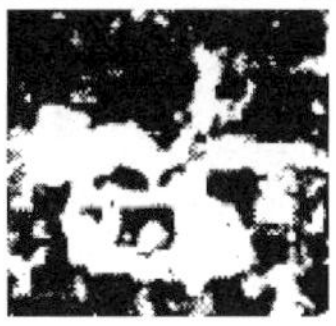 作冊般黿 E967 四期	 ⿱凶十爵 7649  卒盉 E833 四期 用爲擒字	 亞禽爵 8281 二三期  亞禽示辛觚 7277  亞禽示辛斝 9238 四期  亞禽父丁器 10535  禽戈 E1045

774 萬

 萬爵 7551 二期	 萬鼎 1134 四期	 萬父丁觶 6257	 萬爵 7552	 萬父辛爵 8619	 萬戈 10698
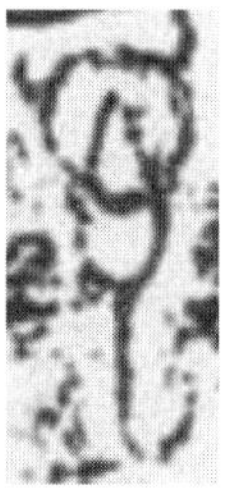 亞萬父己鐃 411 三四期	 萬父己爵 E764 四期	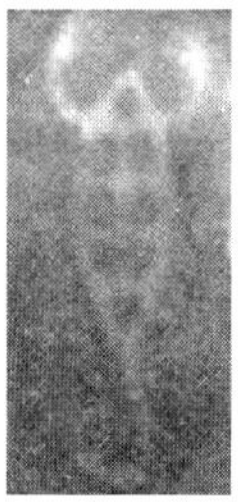 萬父丁觶 E608	 萬爵 7553	 子▲萬爵 8763	
 萬爵 7550 三四期	 子▲萬爵 8764 四期		 萬父己爵 8564	 萬戈 10697	 萬戈 10700
 萬戈 J1070 三四期		 萬父己觶 6291	 萬父己爵 8565		
 萬觚 6680 三四期	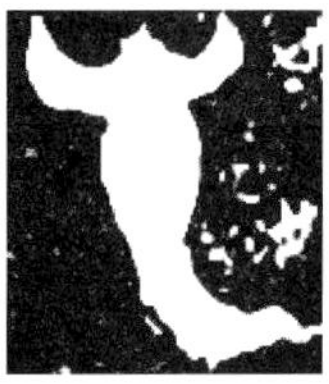 ▲萬盉 E823 四期	 ▲萬簋 3117	 萬觶 6070	 萬戈 10699	 萬戈 10701

775 禹	776 㗊	777 獸		778 甲
 祖辛禹鼎 2111 四期	 耵㗊簋 3124		 獸父辛鼎 1640	 示甲爵 7999 二期
 祖辛禹鼎 2112 四期	 耵㗊器 10507	 宰甫卣 5395 四期	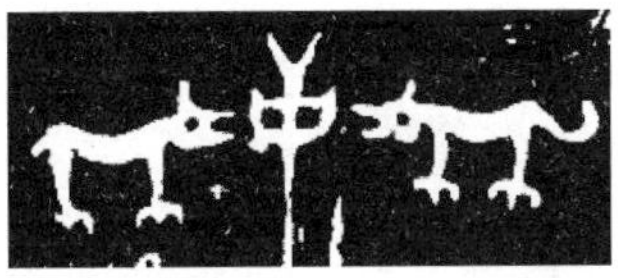 獸父辛鼎 1641 商末周初	 [illegible]甲爵 8001 二期
		 獸觚 6670	 獸父癸簋 3212	 甲婦爵 8136 二期
 [illegible]祖辛卣 5201 四期		 獸觚 6671		 犬父甲觚 E677 二三期
 [illegible]祖辛方罍 9806 四期				 戈父甲鼎 1517 三期

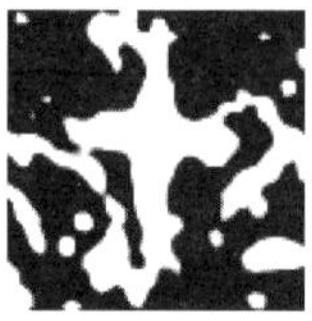		 亞若癸鼎 2401 四期	 卷父甲觚 7221 四期	 陸父甲角 8372 四期	
 丰父甲卣 4905 三四期	 寢孳方鼎 E311 四期	 亞覃尊 5911 四期	 亞□觚 7288 四期		 鳥祖甲卣 4889
 亞鳥父甲鼎 1817 三四期	 戈父甲簋 3143 四期	 亞覃尊 5949 四期	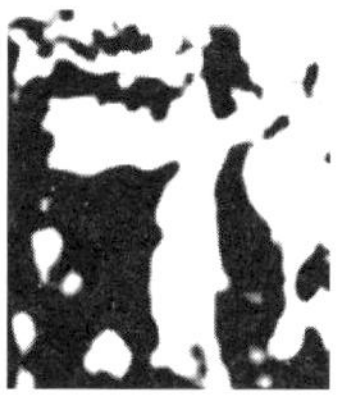 麇婦觚 7312 四期	 田父甲斝 9205 四期	 鳥父甲卣 4902
 □甲罍 9773 三四期		 戈甲觚 6818 四期	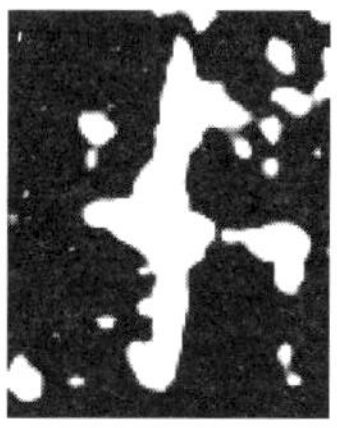 父甲爵 7874 四期	 田父甲簋 3142 商末周 初	
 父甲盤 10024 三四 期	 小子省卣 5294 四期	 甲母□觚 7165 四期	 虫甲爵 8000 四期	 智作祖甲罍 9823 商末周 初	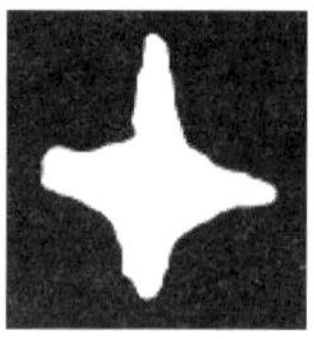 田父甲卣 4903 四期

執甲爵 8002

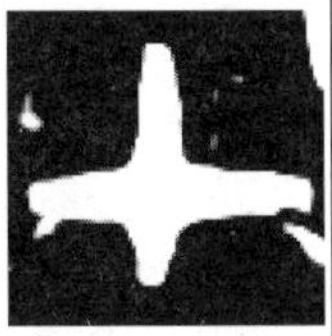
祖辛父甲鬲 538

[illegible]父甲鼎 1522

亞[illegible]覃父甲鼎 1998

甲母[illegible]觚 7164

祖甲爵 7846

父甲爵 7875

父甲爵 7876

父甲爵 7877

羊祖甲觚 7072

[illegible]冊父甲觚 7222

甲爵 7668

祖甲爵 7845

[illegible]父甲卣 4904

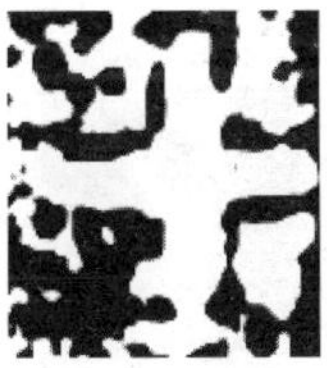
[illegible]父甲卣 4906

陸冊父甲卣 5050

[illegible]甲宁爵 8787

亞豖父甲爵 8850

[illegible]作父癸角 9100

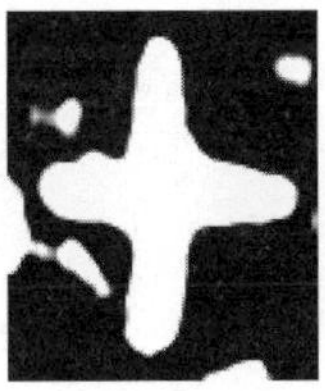
[illegible]父甲斝 9204

車父甲爵 8371

田父甲爵 8368

串父甲爵 8369

啓父甲爵 8374

啓父甲爵 8375

甲盉 9318

子◇[illegible]父甲盉 9387

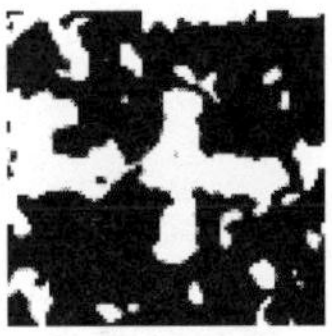
田父甲罍 9785

779 乙

 甲冑 11874	 武父乙盉 E826 一期	 係父乙觚 7089 二期	 ■父乙爵 8435 二期	 𠬝父乙鉞 11756 二期	 車乙丁鼎 1702 三期
 甲冑 11875	 酉乙鼎 1285 二期	 父乙爵 7885 二期	 宁父乙爵 J870 二期	 戎乙鼎 1287 二三期	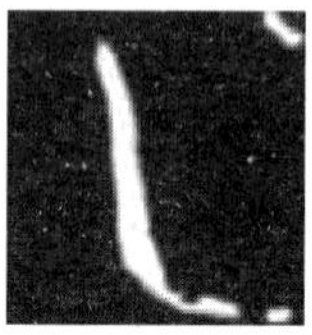 箙父乙鼎 1539 三期
 甲冑 11876	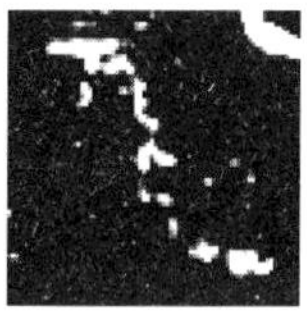 亞矢父乙簋 3298 二期	 守乙爵 8012 二期	 酋乙斝 9183 二期	 父乙爵 7891 二三期	 子乙鼎 1315 三期
	 東父乙尊 5615 二期	 父乙爵 7892 二期	 奄父乙盤 10040 二期	 父乙爵 7893 二三期	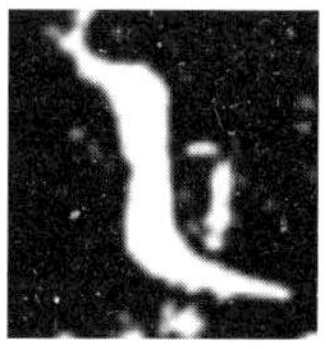 酋乙鼎 1286 三期
	 父乙觚 E658 二期	 父乙爵 7895 二期	 封乙觚 6819 二期	 ■羊乙爵 8789 二三期	 矢宁父乙鼎 1825 三期

 西單光父乙 鼎 2001 三期		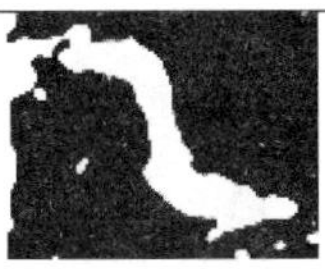 息乙觚 J737 三期		 □父乙卣 4925 三四期	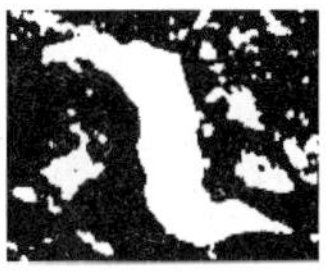 何父乙卣 4910 三四期
 戉乙簋 3061 三期	 父乙觶 6098 三期	 朿乙爵 8013 三期	 □乙卣 4823 三四期	 魚父乙卣 4915 三四期	 子□父乙卣 5057 三四期
 戈乙簋 3062 三期	 息乙觚 6824 三期	 □癸□乙方 彝 9874 三期		 魚父乙卣 4917 三四期	
 子□簋 E398 三期			 □祖乙卣 4890 三四期		 戉箙祖乙卣 5047 三四期
 亞□匕 10476 三期	 □父乙觶 6238 三期	 亞若癸簋 3713 三四期	 子犬父乙甗 838 三四期	 采作父乙卣 5205 三四期	 牧父乙觶 6226 三四期

 □父乙觶 6228 三四期	 □冊父乙尊 5724 三四期	 □乙爵 J817 三四期	 戈母乙爵 8734 三四期	 □乙鼎 1284 四期	 息父乙鼎 1535 四期
 封祖乙觶 6201 三四期	 □父乙觚 7094 三四期	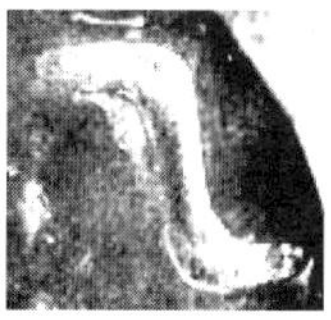 □乙爵 E727 三四期	 冊弜祖乙角 9064 三四期	 戈乙鼎一 J206 四期	 □父乙鼎 E195 四期
 父乙觶 6097 三四期	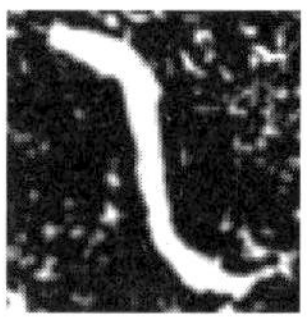 □父乙觚 7087 三四期	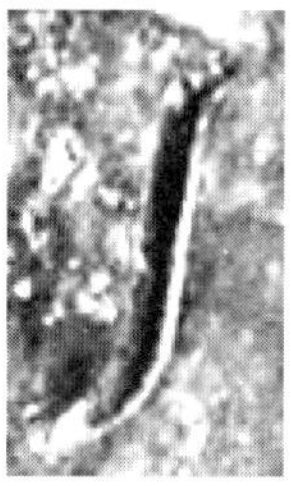 □乙爵 E728 三四期	 □父乙角 8396 三四期	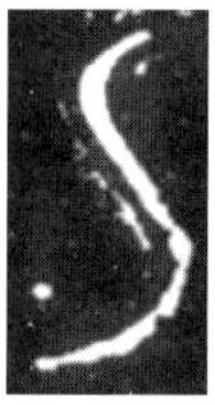 戈乙鼎二 J206 四期	 亞明乙鼎 J241 四期
 虫乙觶 J650 三四期	 □乙觚 6829 三四期	 父乙爵 7894 三四期	 □父乙角 J872 三四期	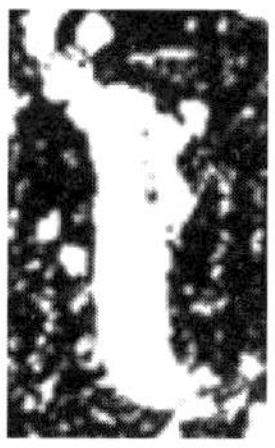 □父乙鼎 1524 四期	 戎父乙鼎 E196 四期
 史祖乙觶 6200 三四期	 父乙爵 7890 三四期	 戈父乙爵 J869 三四期	 □父乙角 8381 三四期	 戎父乙鼎 1533 四期	 子□父乙鼎 1828 四期

 亞[illegible]父乙鼎 1819 四期		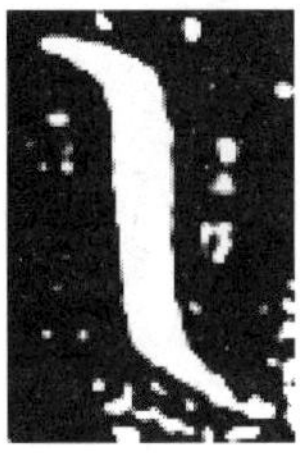		 [illegible]父乙簋 3147 四期	 亞[illegible]覃父乙簋 3419 四期
 扶冊父乙鼎 1821 四期	 亞若癸鼎 2400 四期	 小臣缶鼎 2653 四期	 [illegible]方鼎 E314 四期	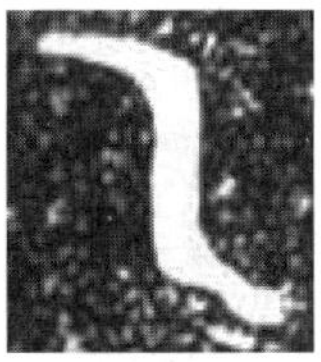 [illegible]父乙簋 3149 四期	 秉盾冊父乙簋 3421 四期
 鄉宁父乙鼎 1824 四期	 般作父乙鼎 2114 四期	 戍甬鼎 2694 四期	 鳥父乙鬲 476 四期	 雋父乙簋 3153 四期	 肄作父乙簋 4144 四期
 亞共方鼎 E245 四期		 尹光鼎 2709 四期	 亞[illegible]母乙鬲 505 四期	 北單父乙簋 E369 四期	 子父乙卣 9500 四期
 [illegible]犬犬魚父乙鼎 2117 四期	 亞若癸鼎 2402 四期	 寢[illegible]鼎 2710 四期	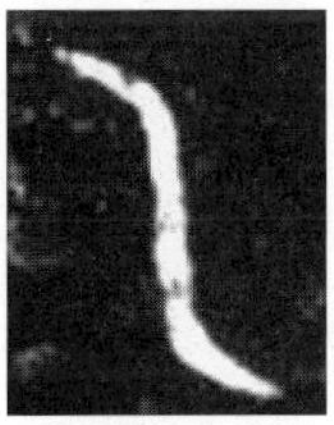 [illegible]乙簋 3086 四期	 庚豕馬父乙簋 3418 四期	 [illegible]父乙卣 4926 四期

 [illegible]父乙卣 4919 四期	 [illegible]父乙卣 J567 四期		 二祀邲其卣 5412 四期	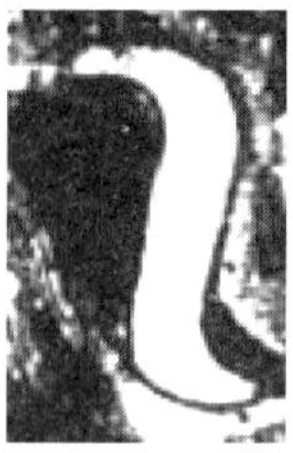 [illegible]父乙尊 5617 四期	 亞覃尊 5911 四期
		 六祀邲其卣 5414 四期	 小子[illegible]卣 5417 四期	 子步父乙尊 5726 四期	 亞覃尊 5947 四期
 [illegible]父乙卣 4923 四期	 亞厷父乙卣 5055 四期		 父乙尊 5517 四期	 亞[illegible]父乙尊 5728 四期	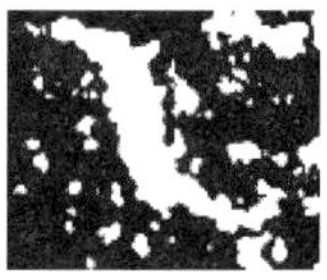
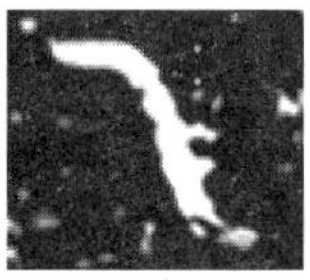			 魚乙尊 5589 四期	 亞啓父乙尊 5730 四期	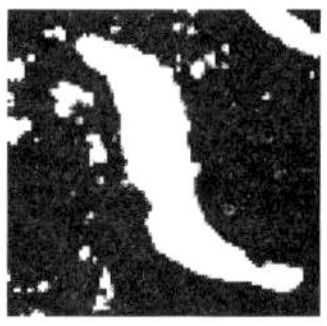 文父乙觶 E607 四期
 光祖乙卣 J565 四期	 [illegible]作母乙卣 5367 四期	 四祀邲其卣 5413 四期	 [illegible]父乙尊 5620 四期	 臣辰[illegible]父乙尊 J628 四期	 子[illegible]觶 J665 四期

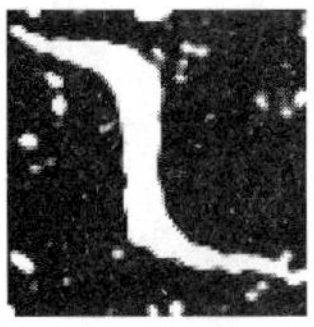 ✻集母乙觶 6450 四期	 𠆢父乙觚 7098 四期	 車徙父乙觚 E682 四期		 父乙爵 7882 四期	 豕乙爵 J819 四期
 [illegible]父乙觚 7100 四期	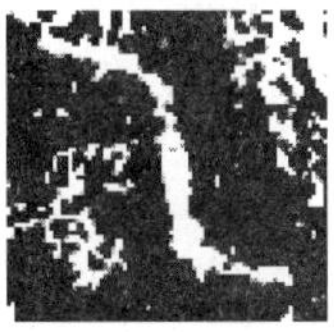 盂父乙觚 7099 四期	 庚豕馬父乙觚 7263 四期	 亞若癸觚 7309 四期	 父乙爵 J808 四期	 家乙爵 J820 四期
 鳥父乙觚 7088 四期	 執父乙觚 E678 四期	 彭莫父乙觚 7264 四期	 麋婦觚 7312 四期	 母乙爵 J814 四期	 亞父乙爵 8406 四期
 [illegible]父乙觚 7092 四期	 息父乙觚 J742 四期	 亞若癸觚 7308 四期	 祖乙爵 7849 四期	 戈乙爵 J818 四期	 弜父乙爵 8416 四期
 亞父乙觚 7097 四期	 祖丁父乙觚 7211 四期	 龏姛觚 7311 四期	 父乙爵 7880 四期	 𠆢乙爵 E729 四期	 束父乙爵 8424 四期

 史父乙爵 E767 四期		 陸冊父乙爵 8874 四期	 耶□父乙方彝 9871 四期		 龏姛鼎 2433 商末周初
 史父乙爵 E768 四期	 子□父乙爵 9088 四期	 □父乙斝 9209 四期			 㚇□父乙鼎 1833 商末周 初
 亞僕父乙爵 8852 四期	 姛瓦爵 9098 四期				 耳衡父乙鼎 1834 商末周 初
 亞□父乙爵 8854 四期	 □丁祖乙角 8837 四期	 □父乙觥 9269 四期		 亞若癸方彝 9887 四期	 耳衡父乙鼎 1835 商末周 初
 庚豕父乙爵 8865 四期	 □父乙㚇角 8857 四期	 桒盉 E833 四 期	 亞若癸方彝 9886 四期	 □父乙鼎 1523 商末周 初	 龏姛鼎 2434 商末周初

 天父乙卣 4909 商末周初		 山父乙觥 9271 商末周初	  [illegible]父乙盉 9344 商末周初	 魚正乙鐃 410 四期或周早	 [illegible]父乙鼎 1536
	 告田父乙卣 5347 商末周初	 豙父乙觥 9272 商末周初		 大兄日乙戈 11392 四期或周早	 賊父乙鼎 1537
 ㄐ盾父乙卣 5059 商末周初	 史乙觶 E603 商末周初		 箙参父乙盉 9370 商末周初	 大祖日己戈 11401 四期或周早	 [illegible]父乙鼎 1541
 [illegible]父乙尊 5618 商末周初	 父乙觶 E618 商末周初	 子父乙盉 9338 商末周初	 魚正乙鐃 408 四期或周早	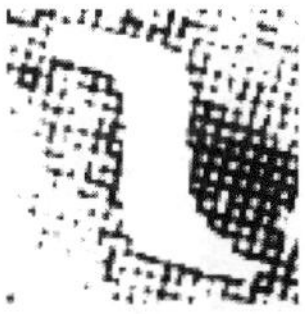 祖日乙戈 11403 四期或周早	 [illegible]父乙鼎 1545
 父乙尊 5518 商末周初	 卷祖乙爵 8311 商末周初	 [illegible]父乙盉 9343 商末周初	 魚正乙鐃 409 四期或周早	 母乙鼎 1281	 [illegible]乙鼎 1385

 奄父乙鼎 1557	 [illegible]父乙鼎 1546	 亞乙丁鼎 1703	 天冊父乙鼎 1822	 乙未鼎 2425	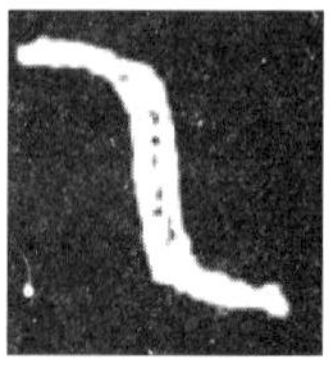 魚乙簋 3063
 奄父乙鼎 1558	 [illegible]父乙鼎 1547 二期	 丯徵父乙鼎 1823	 [illegible]父乙鼎 1830	 小子[illegible]鼎 2648	 戈父乙簋 3156
 鄉宁乙鼎 1699 二期	 [illegible]父乙鼎 1548	 耳衡父乙鼎 2002	 [illegible]父乙鼎 1829	 父乙甗 800	 [illegible]父乙簋 3145
 [illegible]父乙鼎 1525	 奄父乙鼎 1555 四期	 子刀父乙鼎 1826	 馬羊[illegible]父乙鼎 2000 四期	 子商甗 866	 [illegible]父乙簋 3146
 [illegible]父乙鼎 1527	 奄父乙鼎 1556	 亞[illegible]父乙鼎 1820	 作父乙鼎 2008 二三期	 祖乙簋 3049	 [illegible]父乙簋 3148

 咸父乙簋 3150	 𠆢父乙簋 3152 四期	 子眉▲父乙 簋 3420		 冈父乙卣 4920	
 𠂤父乙簋 3154	 㫃乙簋 3232		 𠂤𦍒作父乙簋 3602		 冊父乙卣 4913 三四期
 奄父乙簋 3155	 亞啓父乙簋 3297	 𠂤𦍒作父乙簋 3602 四期	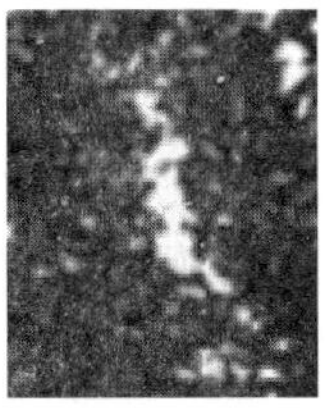 嶲𢦔簋 3940	 羖父乙卣 4931	 魚父乙卣 4914
 箙父乙簋 . 3157	 ◆冊父乙簋 3303	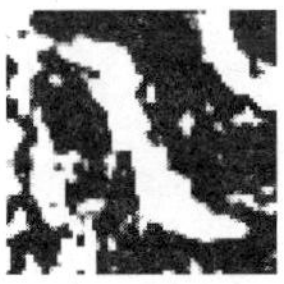 ◇𡚬箙父乙簋 3302	 父乙卣 4822		
 爻父乙簋 3163	 子𨙸父乙簋 J410	 文父乙簋 3502	 父乙卣 E502	 天父乙卣 4908	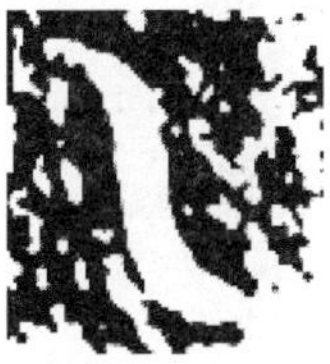 魚父乙卣 4916

 光父乙卣 4927 二三期					 丩盾父乙父 戊卣 5060 三 四期
 [illegible]父乙卣 4928	 [illegible]父乙卣 4930	 卷父乙卣 4918	 亞父乙卣 4933	 亞俞父乙卣 5054	
 史父乙卣 4929					 [illegible]作父乙卣 5148 四期
	 [illegible]父乙卣 4932	 奄父乙卣 4922	 亞覃父乙卣 5053	 陸冊父乙卣 5052	
 奄父乙卣 4924	 [illegible]父乙卣 4934	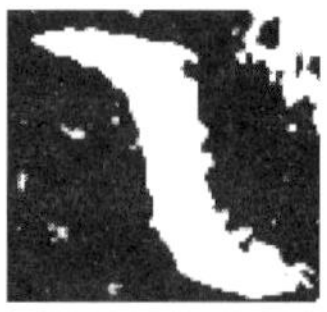 [illegible]典父乙卣 5051	 田告父乙卣 5056	 聑[illegible]父乙卣 5058	 亞[illegible]祖乙父 己卣 5199

 休父乙尊 5626 三四期	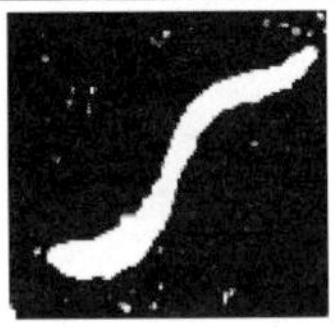 己祖乙尊 5597	 父乙尊 5516	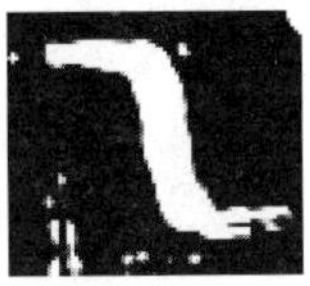 父乙觶 6099	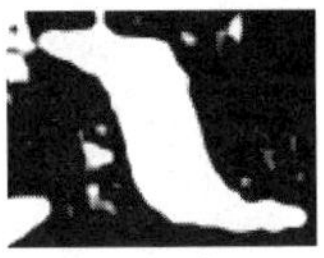 小臣[网絲]卣 5378	 亞矢望父乙 卣 5206
 史父乙尊 E560	 黿祖乙尊 5598	 己祖乙尊 5596	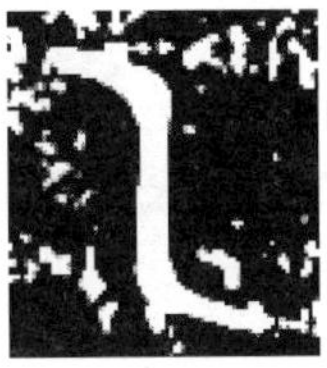 宀父乙觶 6233		 [illegible]父乙觶 6231
 柩父乙卣 5147	 山父乙尊 5614	 亞若癸尊 5937	 宀父乙觶 6234	 小臣[网絲]卣 5379 四期	 [illegible]父乙觶 6237
 [illegible]父乙尊 5721	 戎鼎父乙尊 5731		 黃父乙觶 6218		 冡父乙觶 6240
 [illegible]父乙尊 5722	 [酉彡]作父乙尊 5894	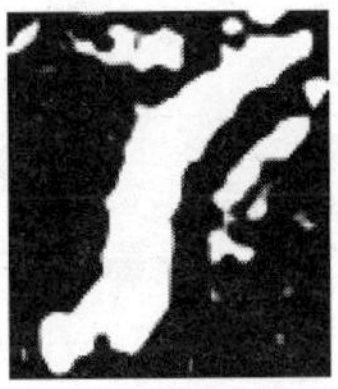 亞若癸尊 5938	 [illegible]父乙觶 6224	 受父乙觶 6229	 黿父乙觶 6245

丯乙觚 6820

正乙觚 6821

正乙觚 6822

[illegible]觚 6823

[illegible]冊父乙觶 6380

父乙觚 6811

戈乙觚 6825

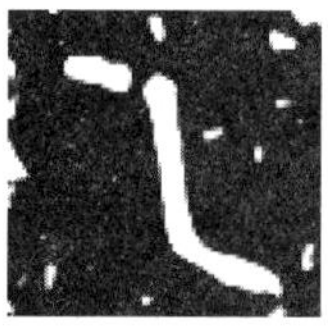

戈乙觚 6826

祖乙鼎 1251

祖乙鼎 1252

箙[illegible]父乙觶 6386

聑父乙觶 6385

父乙觚 6810

唐子祖乙觶 6367

虢父乙觚 7223

庚豕父乙觶 6381

鄉宁父乙觶 6382

[illegible]父乙觶 6383

西單父乙觶 6384 四期

[illegible]乙觚 6827

[illegible]乙觚 6828

[illegible]羊乙觚 7160

[illegible]父乙觚 7090

冢父乙觚 7091

黽祖乙觚 7073

家祖乙觚 7074

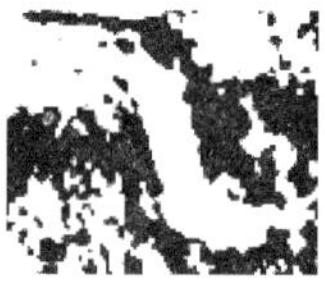

[illegible]祖乙觚 7075

得父乙觚 7086

祖丁父乙觚 7212

 父乙爵 7887	 父乙爵 7883	 祖乙爵 7847	 乙爵 7752	 [illegible]父乙觚 7093	 [illegible]冊父乙觚 7224
 父乙爵 7888	 父乙爵 7884	 祖乙爵 7848	 癸乙爵 8003	 奄父乙觚 7095	 丩盾父乙觚 7226
 父乙爵 7889	 父乙爵 7886	 父乙爵 7881	 何乙爵 8004	 奄父乙觚 7096	 丩盾父乙觚 7265
 亳戈冊乙觚 7253	 [illegible]乙爵 8011	 [illegible]乙爵 8007	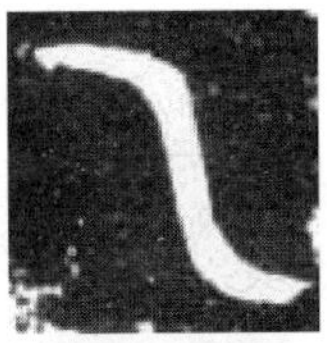 [illegible]乙爵 8005	 魚母乙觚 7166	 [illegible]冊父乙觚 7227
 亳戈冊父乙 觚 7262	 戈乙爵 8014	 [illegible]乙爵 8008	 [illegible]乙爵 8006	 亞貫乙觚 7183	

 中父乙爵 8414	 㑺父乙爵 8399	 [illegible]父乙爵 8390	 庤父乙爵 8412	 戈父乙爵 8409	 [illegible]祖乙爵 8317
 酉父乙爵 8415	 㑺父乙爵 8413	 [illegible]父乙爵 8391	 癸父乙爵 8389	 脊日乙爵 8790	 ■祖乙爵 8318
 冟父乙爵 8418	 魚父乙爵 8400	 [illegible]父乙爵 8392	 天父乙爵 8376	 唐子祖乙爵 8834	 臤父乙爵 8394
 [illegible]乙爵 8009	 魚父乙爵 8401	 虎父乙爵 8397	 令父乙爵 8378	 唐子祖乙爵 8835	 戈父乙爵 8407
 戈父乙爵 8411	 魚父乙爵 8402	 [illegible]父乙爵 8398	 [illegible]父乙爵 8384	 唐子祖乙爵 8836	 戈父乙爵 8410

 [illegible]冊父乙爵 8875	 犬山父乙爵 8866	 亞[illegible]父乙爵 8853	 [illegible]祖乙爵 8313	 [illegible]妣乙爵 8735	 [illegible]父乙爵 8421
 子翌父乙爵 8861	 [illegible]犬父乙爵 8867	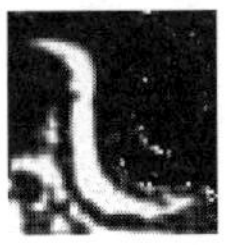 亞聿父乙爵 8858	 [illegible]祖乙爵 8314	 竝妣乙爵 8736	 [illegible]父乙爵 8422
 子[illegible]乙辛爵 8987	 秉盾父乙爵 8871	 亞■父乙爵 8860	 [illegible]父乙爵 8427	 [illegible]父乙爵 8870	 奄父乙爵 9050
 [illegible]祖丁父乙爵 8993	 盾[illegible]父乙爵 8872	 天曹父乙爵 8864	 [illegible]父乙爵 8428	 酉乙斝 9182	 [illegible]父乙角 8379
 子冊父乙爵 9049	 父乙斝 9167	 [illegible]父乙觥 9270	 [illegible]祖乙爵 8316	 [illegible]父乙斝 9208	 子父乙角 8383

780 丙

 戈乙器 10509	 亞乙斝 9185	 倗父乙盤 10039	 丩盾父乙盉 9346	 牧丙爵 8016 二期	 冂祖丙爵 8319 三四期
 奄父乙器 10516	 魚乙斝 9186	 洑父乙壺 9566	 亞矢父乙壺 9565	 天丙爵 8144 二三期	 亞䚕父丙鼎 1837 四期
 亯父乙器 10517		 𠘧父乙罍 9786	 祖乙戈 11115	 𠕁父丙鼎 1566 三四期	 戍嗣鼎 2708 四期
 戚亯父乙器 10532	 酋乙斝 9184	 騶父乙罍 9796			
 亞若癸戈 11114	 黄父乙角 8380	 子父乙盉 9339		 父丙卣 5208 三四期	 𡩜作母乙卣 5367 四期

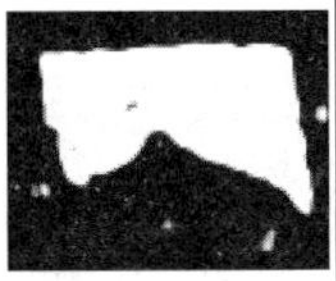 析父丙卣 4936 四期	 魚父丙爵 8437 四期	 文嫊己觥 9301 四期	 作父丙鼎 2118	 犬父丙鼎 1565 三期	 丙觚 6793
 戎祖丙觚 7076 四期	 主妣丙爵 8737 四期	 作冊般黿 E967 四期	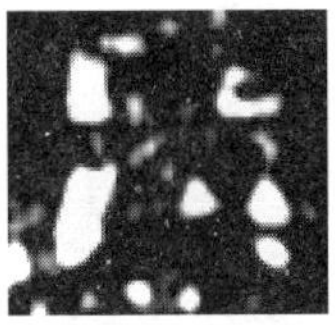 重父丙鬲 478	 龜父丙鼎 1569	 牧父丙觚 7104
		 大兄日乙戈 11392 四期或 周早		 南門父丙鼎 1567	 丙爵 8015
 二祀邲其卣 5412 四期	 箙亞作父癸 角 9102 四期	 重父丙觶 6249	 丙卣 4824	 祖丙觶 6202	 矢丙爵 8245
 四祀邲其卣 5413 四期	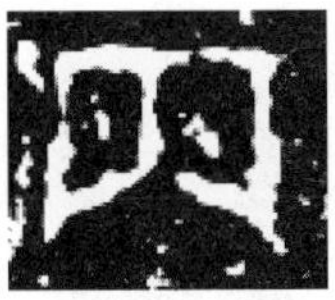 觚觥 J930 四 期	 父丙觶 6389	 父丙觚 6812	 戈父丙觶 6251	 祖丙爵 8321

 冎父丙爵 8436	 重父丙爵 8438	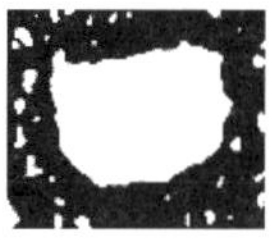 乚父丁鼎 J233 二期	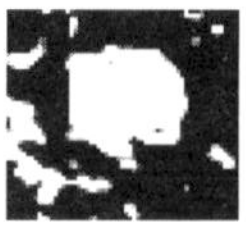 鳶父丁觚 7118 二期	 曲父丁爵 8501 二期	 己竝父丁爵 8900 二三期
 聑父丙爵 8440	 知祖丙爵 8810	 冈父丁鼎 1576 二期	 舟尹父丁觚 7236 二期	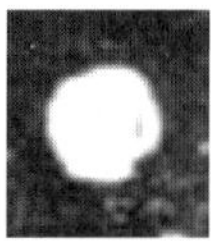 亞㐬丁鼎 1758 二期	 己竝父丁爵 8898 二三期
 西單父丙爵 8884	 知祖丙爵 8811	 戈父丁簋 3172 二期	 史父丁觚 7106 二期	 門祖丁簋 3136 二三期	 𠕁丁壺 9484 二三期
	 知祖丙爵 8812	 㒸父丁尊 5634 二期	 示丁觚 E653 二期	 𠕁父丁爵 8481 二三期	 𦍒丁鼎 1289 三期
 亞䖒父丙角 8882		 力冊父丁觚 7233 二期	 祖丁觚 J714 二期	 己竝父丁爵 8899 二三期	 弴父丁鼎 1859 三期

<table>
<tr>
<td>
車乙丁鼎
1702 三期</td>
<td>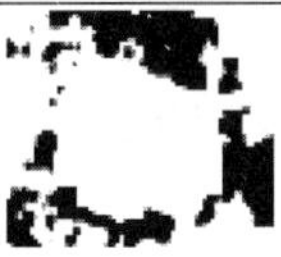
[illegible]丁觚 6832
三期</td>
<td>
守父丁甗 813
三四期</td>
<td></td>
<td>
作太子丁卣
E528 三四期</td>
<td>
萬父丁觶
E608 三四期</td>
</tr>
<tr>
<td>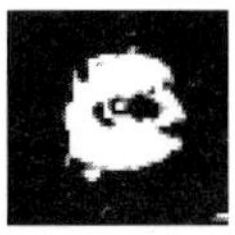
[illegible]父丁鼎
1579 三期</td>
<td>
伐父丁爵
J877 三期</td>
<td>
亞盤父丁簋
J417 三四期</td>
<td>
耒父丁卣
4946 三四期</td>
<td>
[illegible]父丁尊
5631 三四期</td>
<td>
父丁觶 6107
三四期</td>
</tr>
<tr>
<td>
[illegible]冊父丁鼎
J264 三期</td>
<td>
[illegible]父丁罍
9797 三期</td>
<td></td>
<td>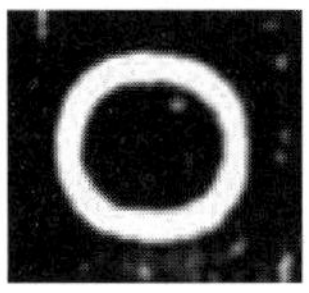
聑丁卣 E499
三四期</td>
<td>
[illegible]丁尊 5549
三四期</td>
<td>
弓丁[illegible]觚
7189 三四期</td>
</tr>
<tr>
<td>
亞[illegible]父丁鼎
1846 三期</td>
<td>
[illegible]父丁鼎
1838 三期</td>
<td>
[illegible]父丁卣
4949 三四期</td>
<td></td>
<td></td>
<td>
[illegible]祖丁觚
7077 三四期</td>
</tr>
<tr>
<td>
卷丁簋 3064
三期</td>
<td>
弔丁鼎 1290
三期</td>
<td>
丰丁卣 4825
三四期</td>
<td>
亞[illegible]父丁卣
5271 三四期</td>
<td>
奞兄丁觶
6354 三四期</td>
<td>
戈祖丁觚
7078 三四期</td>
</tr>
</table>

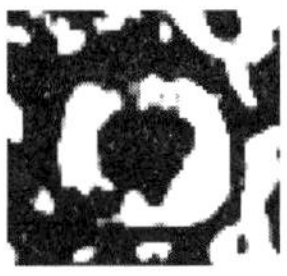 [illegible]丁觚 6831 三四期	 ■丁爵 8028 三四期	 祖丁甗 798 三 四期	 鼻父丁鼎 1586 四期	 [illegible]冊父丁鼎 1858 四期	 亞若癸鼎 2402 四期
 [illegible]丁觚 E669 三四期	 叀庚父丁爵 8915 三四期	 [illegible]父丁鼎 1594 三四期	 亞[illegible]父丁鼎 1839 四期	 亞[illegible]父丁鼎 E229 四期	 戉甬鼎 2694 四期
 父丁爵 7902 三四期	 [illegible]父丁爵 8902 三四期	 [illegible]父丁鼎 1581 四期	 亞[illegible]父丁鼎 1840 四期	 豆作父丁鼎 E259 四期	 尹光鼎 2709 四期
 束父丁爵 8471 三四期		 [illegible]父丁鼎 1582 四期	 亞獏父丁鼎 1845 四期	 宀作父丁鼎 2318 四期	 [illegible]方鼎 E314 四期
 [illegible]父丁爵 8491 三四期	 [illegible]丁盤 10026 三四期	 夕戎祖丁鼎 J262 四期	 庚豩父丁鼎 1855 四期	 亞若癸鼎 2401 四期	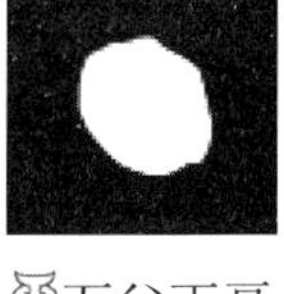 [illegible]万父丁鬲 499 四期

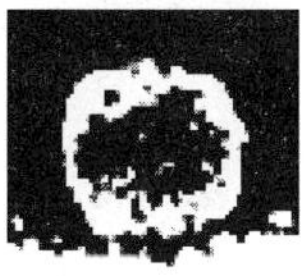 [illegible]丁簋 3087 四期	 亞鬩父丁簋 3310 四期	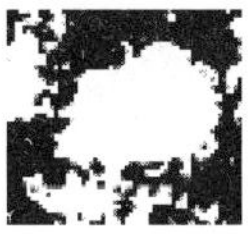 小子[illegible]簋 4138 四期	 秉盾丁卣 5008 四期		
 竹祖丁簋 3137 四期	 ■父丁簋 3321 四期	 析父丁卣 E506 四期	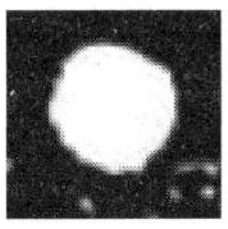 [illegible]冊祖丁卣 5045 四期	 西單盾父丁卣 5156 四期	 [illegible]卣 5362 四期
 [illegible]父丁簋 3170 四期	 亞若癸簋 3713 四期	 [illegible]丁卣 5009 四期			
 [illegible]父丁簋 3174 四期	 寢魚簋 J454 四期		 執公父丁卣 5074 四期	 [illegible]示己卣 5265 四期	 協卣 E540 四期
 [illegible]父丁簋 3177 四期	 [illegible]簋 3975 四期	 [illegible]冊祖丁卣 5046 四期	 [illegible]父丁卣 J579 四期	 協卣 E541 四期	 父丁尊 5523 四期

		 蘱父丁尊 5629 四期	 豙父丁尊 J616 四期	 襄父丁觶 6256 四期	 祖丁父乙觚 7211 四期
 協卣 E542 四期	 巂卣 5397 四期	 母父丁尊 5627 四期	 𩣡父丁尊 5737 四期	 山父丁觚 7115 四期	 ⺊戔父丁觚 7237 四期
		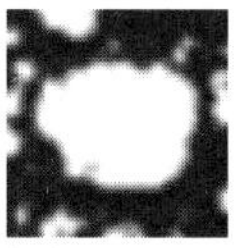 [illegible]婦丁尊 E559 四期	 亞㺇父丁尊 5736 四期	 山父丁觚 7116 四期	 兮建父丁觚 J751 四期
	 二祀邲其卣 5412 四期	 魚父丁尊 5635 四期	 亞㺇父丁尊 1841 四期	 雁父丁觚 E679 四期	 子刀父丁觚 7229 四期
 四祀邲其卣 5413 四期	 [illegible]丁尊 5547 四期	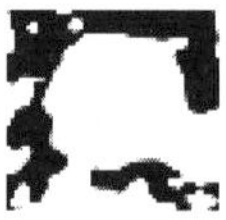 豙父丁尊 5638 四期	 小臣俞尊 5990 四期	 亞𩰫父丁觚 7230 四期	 亞寞父丁觚 7293 四期

 亞若癸觚 7308 四期	 刹父丁爵 8464 四期	 麝父丁爵 8904 四期	 [illegible]冊父丁爵 9072 四期		
 亞若癸觚 7309 四期	 戔父丁爵 8465 四期	 亞魚父丁爵 8888 四期	 寢魚爵 9101 四期	 亞[illegible]父丁角 9008 四期	 亞若癸方彝 9886 四期
 父丁爵 E748 四期	 木父丁爵 8477 四期	 亞魚父丁爵 8889 四期	 冊祖丁角 8327 四期	 宰椃角 9105 四期	
 子父丁爵 8442 四期	 [illegible]父丁爵 8490 四期	 亞覃父丁爵 8890 四期	 [illegible]丁祖乙角 8837 四期	 單父丁斝 9212 四期	 亞若癸方彝 9887 四期
 史父丁爵 J874 四期	 [illegible]父丁爵 8445 四期	 亞獏父丁爵 8895 四期	 亞獏父丁角 8894 四期	 冎父丁斝 9221 四期	 戍鈴方彝 9894 四期

 祖乙戈 11115 四期			 齒兄丁觶 6353 商末周初		 孤竹父丁罍 9810 商末周初
 丁鼎 986 四期	 文䫉父丁簋 3312 商末周初	 子[illegible]父丁卣 5070 商末周初	 徙作祖丁觶 6368 商末周初	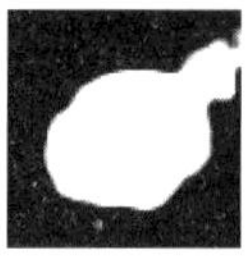 子父丁盉 9349 商末周初	 協作父丁罍 9821 商末周初
 戈母丁簋 3221 商末周初	 [illegible]羊父丁簋 3314 商末周初	 齒受祖丁尊 5714 商末周初	 亞[illegible]父丁盉 9373 商末周初	 [illegible]父丁盉 9352 商末周初	 亞束父丁簋 3308 商末周初
	 ◆[illegible]父丁簋 3429 商末周初	 㫃尊 5715 商末周初			
 天己丁簋 3233 商末周初	 串雋父丁卣 5069 商末周初	 [illegible]丁觶 6176 商末周初	 亞獏父丁盉 9374 商末周初	 亞鳥父丁盉 9403 商末周初	 大祖日己戈 11401 四期或周早

 句父丁鼎 1597 商末周初	 [illegible]丁鼎 1386	 天父丁鼎 1590	 [illegible]父丁鼎 1580	 子羊父丁鼎 1850	 亞獏父丁鼎 1841
 父丁鼎 1255	 倗祖丁鼎 1510 四期	 何父丁鼎 1591	 黽父丁鼎 1584	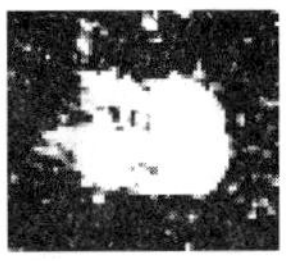 [illegible]祖丁癸鼎 1813	 亞獏父丁鼎 1842 四期
 共丁鼎 1288	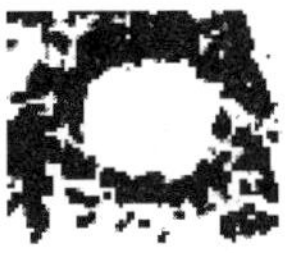 戈父丁鼎 1599	 此父丁鼎 1595	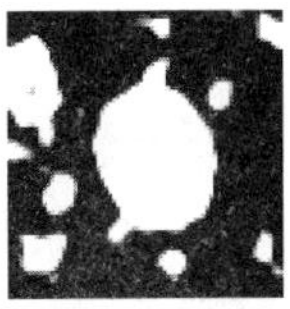 亞乙丁鼎 1703	 亞酉父丁鼎 1847 四期	 亞獏父丁鼎 1843 四期
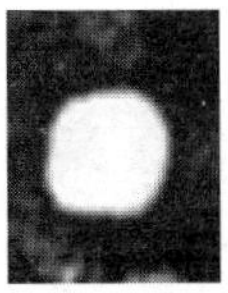 [illegible]父丁鼎 1572	 [illegible]父丁鼎 1570	 子父丁鼎 1596	 [illegible]父丁鼎 1857	 嬣父丁鼎 1851	 亞獏父丁鼎 1844 四期
 [illegible]父丁鼎 1573 四期	 [illegible]父丁鼎 1571	 耳衡父丁鼎 1853	 咸媒子作祖丁鼎 2311	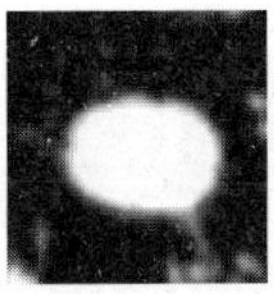 [illegible]冊父丁鼎 1856 四期	 亞受鼎 2594

 [illegible]父丁簋 3316	 [illegible]父丁簋 3311	 亞[illegible]父丁簋 3309		 [illegible]丁卣 4827	 束父丁卣 4944
 戈亳冊父丁簋 3428	 [illegible]羊父丁簋 3313	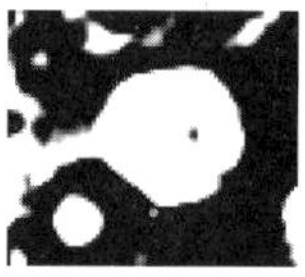 戈父丁簋 3173	 犬丁卣 4826		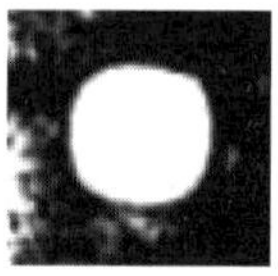 耒父丁卣 4945
 亞从父丁鬲 539	 [illegible]父丁簋 3175 三期	 [illegible]父丁簋 3169	 子祖丁卣 4891	 [illegible]父丁卣 4938	
 [illegible]冊簋 3604	 [illegible]父丁簋 3179	 [illegible]祖丁簋 3135 二三期	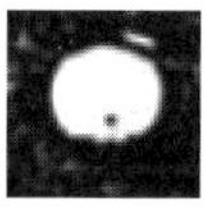		 [illegible]作丁揚卣 5211
 [illegible]簋 3940	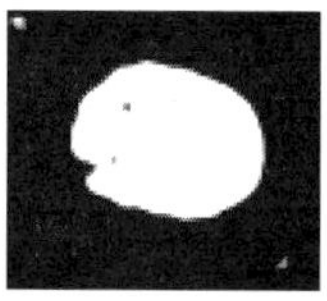 [illegible]父丁簋 3178 四期	 串[illegible]父丁豆 4658	 子父丁卣 4943	 爻父丁卣 4948 三四期	 串[illegible]父丁卣 5068

 亞䰟父丁尊 5735	 豙父丁尊 5637	 □父丁尊 5632	 父丁觶 6105	 □祖丁觶 6206	 舌父丁觶 6260
 舟万父丁卣 5073	 倗兄丁尊 5683 四期	 亞若癸尊 5938	 父丁觶 6106	 監祖丁觶 6207	 爻父丁觶 6263
	 幸丁尊 5550	 祖丁觶 6093	 我祖丁觶 6205	 [illegible]父丁觶 6255	 𠂤父丁觶 6264
 [illegible]宲卣 5373	 □祖丁尊 5600	 父丁觶 6103	 弔丁觚 6833	 萬父丁觶 6257	 □父丁觶 6267
 □丁尊 5548 二三期	 母父丁尊 5628	 父丁觶 6104	 [illegible]父丁觚 7119	 亞万父丁觶 6395	 允冊丁觚 7176

 冉[illegible]父丁觶 6394	 山父丁觚 7117	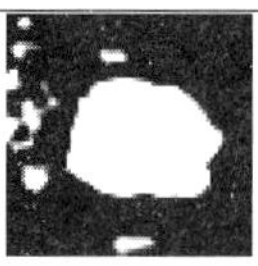 汝子妣丁觚 7220	 父丁爵 7903	 冉丁爵 8019	 冉丁爵 8024
 西單父丁觶 6396	 冉父丁觚 7112	 亞鳥父丁觚 7228	 父丁爵 7904	 冉丁爵 8020	 戈丁爵 8026
 [illegible]冊父丁觶 6390	 [illegible]父丁觚 7109	 亞獏父丁觚 7231	 父丁爵 7905	 冉丁爵 8021	 山丁爵 8017
 典弜父丁觶 6393	 弓丁□觚 7190	 文父丁觚 7107	 父丁爵 7906	 冉丁爵 8022	 羞丁爵 8018
 登串父丁觶 6443	 祖丁父乙觚 7212	 [illegible]獻祖丁觚 7213	 父丁爵 7907	 冉丁爵 8023	 共丁爵 8025

 賊作父丁觚 7307	 祖丁爵 7853	 祖丁爵 7852	 屰丁爵 8027	 魚父丁爵 8460	 父丁爵 8488
 父丁爵 8483	 叙祖丁爵 8328	 父丁爵 7909	 丁爵 8146	 卩父丁爵 8448	 父丁爵 8499
 車祖丁爵 8322	 戈父丁爵 8467	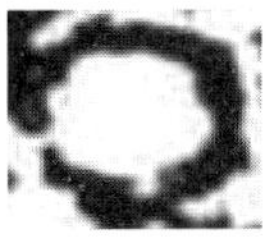 父丁爵 7910	 父丁爵 8480	 史父丁爵 8453	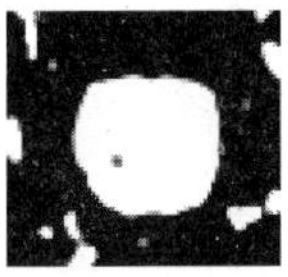 爻父丁爵 8505
 車父丁爵 8506	 我父丁爵 8469	 父丁爵 7912	 弔父丁爵 8462	 父丁爵 8458	 父丁彝爵 8509
 祖丁爵 8326	 子父丁爵 8441	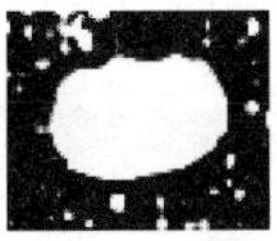 父丁爵 7915	 皿父丁爵 8474	 皿父丁爵 8475	 ■ 父丁爵 8511

 亞父丁爵 9007	 玉冊父丁爵 8911	 [illegible]冊父丁爵 8907	 爻祖丁斝 9201	 [illegible]祖丁斝 9202	 亞高父丁罍 9807
 亞弜父丁斝 9228	 子八父丁爵 8443	 困冊父丁爵 8909	 亞弜父丁角 8891		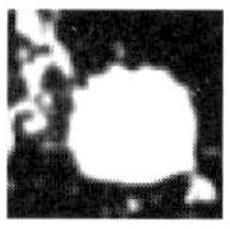 騳父丁方彝 9872
	 爵耳佣祖丁 爵 8840	 玉冊父丁爵 8910	 亞弜父丁角 8892	 亞得父丁盉 9375	 弔父丁盤 10041
 [illegible]文父丁觥 9284	 丙祖丁父乙 爵 8993	 [illegible]丁冊爵 8791	 北單戈父丁 盉 9389	 子天父丁罍 9798	 豆冊父丁盤 10051
 佣父丁盉 9350	 [illegible]父丁盉 9351	 兮建父丁爵 8896	 [illegible]父丁壺 9524	 川子父丁罍 9799	 子父丁器 10518

782 戊

 亼父丁器 10519	 秉盾戊鼎 1764 二期	 姛戊鼎 1706 三期	 奄父戊卣 4950 三四期	 父戊爵 8533 三四期	 祖戊尊 5510 四期
 黄父丁器 10520	 木戉祖戊觚 7214 二期	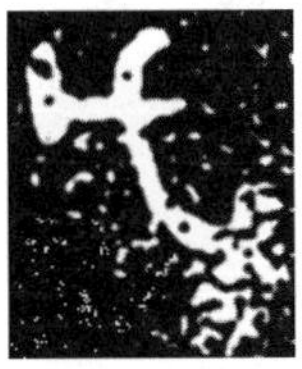 子父戊子鼎 J265 三期	 戊觶 6177 三四期	 木戊卣 4864 三四期	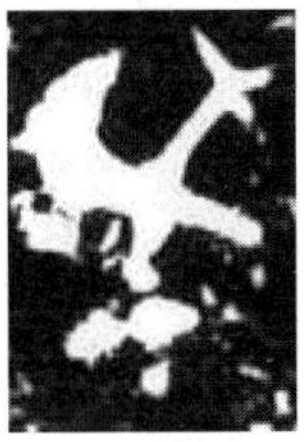 父戊尊 5641 四期
 亞禽父丁器 10535	 卩父戊觚 J743 二期	 戊斝 9152 三 期	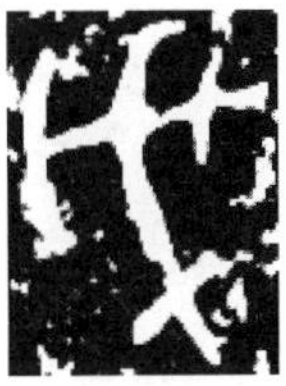 父戊爵 8532 三四期	 父戊盤 10042 三四期	 作祖戊尊 5794 四期
 母康丁器 10537	 秉盾戊觶 6357 二三期	 父戊鼎 1259 三期		 亞父戊鼎 1863 四期	 舌兽戊觚 7161 四期
 父丁鼎 1578	 戊斝 9153 二 三期	 丩盾父戊甗 9957 三期	 丩盾父戊卣 5161 三四期	 子父戊簋 3186 四期	 無壽觚 J757 四期

	 聿父戊罍 9213 四期	 竹宦父戊方彝 9878 四期	 母戊觶 6134 商末周初	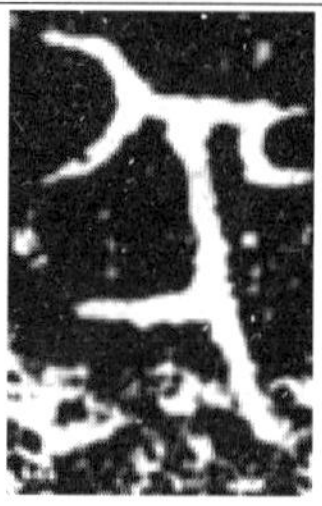 丠日戊鼎 2124	 何戊簋 3065 三期
 翌鳳觶 J671 四期	 作母戊觥蓋 9291 四期	 祖戊鼎 1253 四期	 大兄日乙戈 11392 四期或 周早	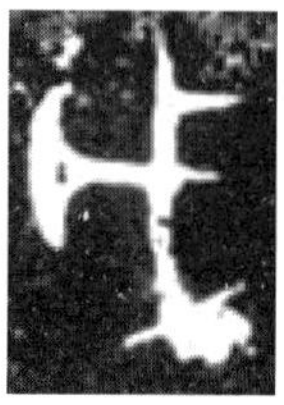 亞受鼎 2594	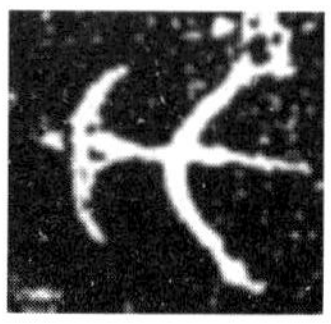 黿父戊簋 3187
 箙戊爵 J859 四期	 緁作父乙簋 4144 四期	 父戊觶 6115 商末周初	 子戊鼎 1316	 亞牧父戊鬲 502	 舊父戊簋 3188
 ◇⊔父戊爵 8527 四期	 叙父戊簋 3189 四期		 季父戊子鼎 1862 三期	 戊甗 779	 丩盾父戊簋 3185
 祖戊罍 9165 四期	 竹宦父戊方彝 9879 四期	 狽元作父戊 卣 5278 商末 周初	 角字父戊鼎 1864 三期	 祖戊簋 3050	 黃兄戊父癸 鼎 2019

 ㄐ盾父乙父戊卣 5060	 ㄐ盾作父戊鼎 2011 四期	 天父戊尊 5640	 子作父戊觶 6496	 祖戊爵 7854	 父戊爵 7927
 [illegible]祖戊卣 4892	 父戊鼎 1257	 ㄐ盾父戊尊 5739	 木戊觚 6834	 祖戊爵 7855	 父戊爵 7928
 山父戊尊 5642	 父戊鼎 1258	 襄祖戊觶 6208	 母戊觚 6875	 祖戊爵 7856	 父戊爵 7929
	 句戊鼎 1291	 [illegible]父戊觶 6397	 黄父戊觚 7121	 [illegible]父戊觚 7238	 [illegible]戊爵 8262
 [illegible]祖戊卣 4893 四期	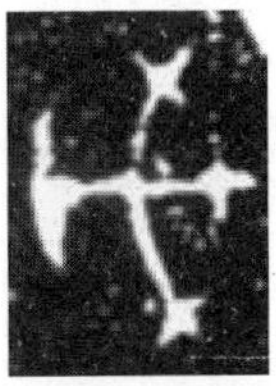 奄作父戊鼎 2013	 告宁父戊觶 6398	 臽父戊觚 7122	 戈祖戊爵 8329	 [illegible]戊爵 8029

丩盾作父戊斝 9231

亀父戊盉 9354

㐭父戊盉 9356

丩盾父戊角 8531

黄父戊爵 8517

亀父戊爵 8518

㚇父戊爵 8520

斿父戊爵 8521

舌父戊爵 8522

才父戊爵 8535

畢何戊爵 8795

亞向父戊爵 9010

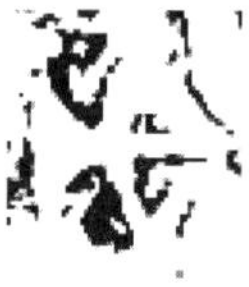

宁啓▲父戊爵 9014

齒戊爵 8208

㐭父戊盉 9357

作父戊器 10570

783 己

己鼎 J187 二期

父己鼎 1264 二期

小子父己鼎 1874 二期

介父己鼎 1613 二期

冎父己鼎 1607 二期

𠔿父己簋 3195 二期

受祖己父辛簋 E376 二期

父己尊 5526 二期

𠬝己觚 6845 二期

𠬝己觚 6846 二期

 父己觚 6814 二期	 夕己爵 8032 二三期	 己竝鼎 J209 三期	 父己鼎 1265 三期	 酉己簋 E347 三期	 祖己斝 J917 三期
 丰父己觚 7136 二期	 己竝父丁爵 8898 二三期	 朿己鼎 J210 三期	 己竝鼎 J207 三期	 守父己觶 6287 三期	 父己斝 9168 三期
 中父己爵 8547 二期	 己竝父丁爵 8899 二三期	 亼己鼎 E178 三期	 冈父己鼎 1610 三期	 息己爵 J822 三期	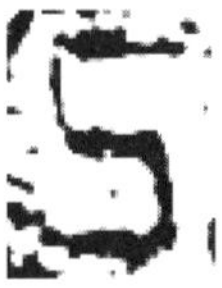 亞萬父己鐃 411 三四期
 竝己爵 8030 二三期	 己竝父丁爵 8900 二三期	 酉己鼎 E188 三期		 周𠔉天父己 爵 J900 三期	 子雨己鼎 1717 三四期
 夕己爵 8031 二三期	 己竝鼎 J208 三期	 𠬝己鼎 1294 三期	 亞址父己卣 5079 三期	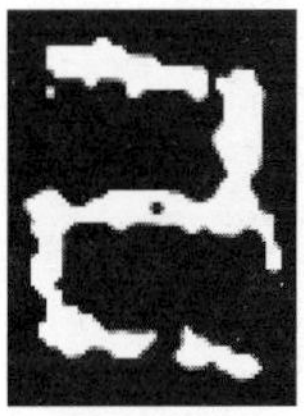 山父己罍 E886 三期	 㚇父己鼎 1605 三四期

 車父己簋 3194 三四期	 戈父己卣 4955 三四期		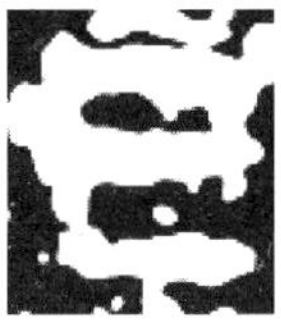 父己爵 7942 三四期	 㫃父己爵 8541 三四期	 父己鼎 1263 四期
 冈父己卣 4966 三四期	 馬父己尊 5651 三四期	 木父己觶 6280 三四期	 𠬝己爵 8040 三四期	 父己角 7936 三四期	 亯己鼎 1292 四期
 賊己卣 4831 三四期	 冓祖己觚 7079 三四期	 丰父己觶 6283 三四期	 祖己爵 7858 三四期	 黃祖己角 8337 三四期	 戈己鼎 E187 四期
		 字父己觶 6270 三四期	 西單己觚 7193 三四期	 弓䡴祖己爵 8843 三四期	 五己鼎 E175 四期
 𦥑己卣 4832 三四期	 執父己觶 6282 三四期	 䊗父己觶 6279 三四期	 黃父己爵 8540 三四期	 父己鼎 1260 四期	 黃父己鼎 1603 四期

 黄父己鼎 1604 四期	 亞醜父己鼎 1867 四期	 小子作父己 鼎 2016 四期	 作冊般甗 944 四期	 西單畐祖己簋 3417 四期	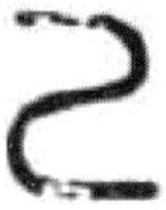
 天父己鼎 1602 四期	 亞戈父己鼎 1869 四期	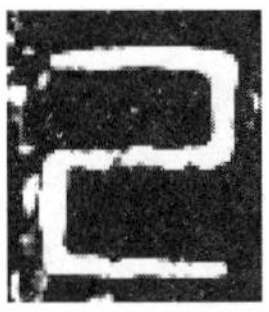 曆作祖己鼎 2245 四期	 父己簋 3057 四期		 黄父己卣 4961 四期
 叩父己鼎 1612 四期	 亞麑父己鼎 1870 四期	 作冊豊鼎 2711 四期		 亞古作父己 簋 3861 四期	 黄父己母癸 卣 5163 四期
 守父己鼎 1617 四期	 又羖父己鼎 1875 四期	 齒父己鬲 481 四期	 □父己簋 3192 四期		
 車父己鼎 1622 四期	 小子作父己 鼎 2015 四期	 父己甗 801 四 期	 戎母己簋 3222 四期	 黄父己卣 4960 四期	 瀘示己卣 5265 四期

	 四祀郯其卣 5413 四期	 [舟尹]父己尊 5741 四期	 父己觶 6120 四期	 鄉宁己觚 7162 四期	 戉未父己觚 7244 四期
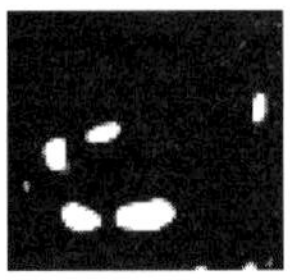 小子作母己 卣 5176 四期	 [黄黄]母己尊 5679 四期	 卷父己尊 J617 四期	 [虫主虫]辰父己觶 6400 四期	 大中祖己觚 7215 四期	 父己爵 7937 四期
 小臣兒卣 5351 四期	 鼎父己尊 5648 四期	 辰[虫主虫]父己尊 5647 四期	 心己觚 E668 四期	 亞古父己觚 7239 四期	 母己爵 7992 四期
	 鼎父己尊 5649 四期	 又[羊支]父己尊 5740 四期	 雔父己觚 7134 四期	 天冊父己觚 7240 四期	 西己爵 8036 四期
 小子省卣 5394 四期	 [亼木]父己尊 5650 四期	 小子夫父己 尊 5967 四期	 息父己觚 E676 四期	 [虫主虫]辰父己觚 7242 四期	 執己爵 8045 四期

 [illegible]父己爵 8571 四期	 覃父己爵 8577 四期		 [illegible]父己鼎 1615 商末周初	 守父己觶 6286 商末周初	
 [illegible]父己爵 8561 四期	 凵父己爵 8578 四期	 [illegible]己觥 9263 四期	 乃孫作祖己鼎 2431 商末周初	 子祖己觶 E609 商末周初	
 [illegible]父己爵 8572 四期	 息父己爵 E765 四期	 文嫊己觥 9301 四期		 [illegible]父己方罍 9788 商末周初	 大祖日己戈 11401 四期或周早
 刹父己爵 8563 四期	 羊己姃爵 8796 四期	 戍鈴方彝 9894 四期	 天己丁簋 3233 商末周初	 祖乙戈 11115 四期或周早	 父己鼎 1266
 萬父己爵 E764 四期	 襄祖己斝 9203 四期	 [illegible]父己鼎 1608 商末周初	 亞竝父己簋 3326 商末周初	 祖日乙戈 11403 四期或周早	 戈己鼎 1293

 冈父己鼎 1611	 己鼎 1295	 祖己父癸鼎 1815	 季作兄己鼎 2335	 亞得父己甗 844	 己簋 3088
 父己鼎 1614	 己鼎 1388	 亞旐父己鼎 1871	 小子罨鼎 2648	 父己簋 3058	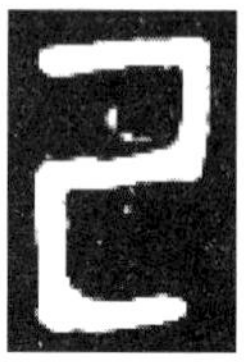 戈祖己簋 3139
 舌父己鼎 1616	 己鼎 1471	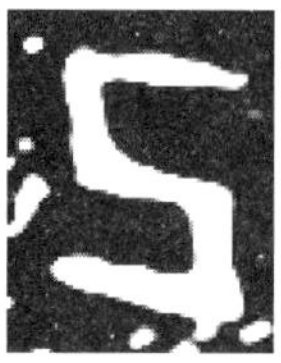 亞父己鼎 1865 四期	 冈父己鬲 482	 戈己簋 3066	
 ■史己鼎 1736	 子父己鼎 1621 四期	 亞父己鼎 1866	 亞獇父己鬲 503		 父己簋 3191
 穿父己鼎 1876	 亞巽父己鼎 1868	 束冊作父己 鼎 2125	 令父己甗 815	 天己簋 3067	 京父己簋 3193

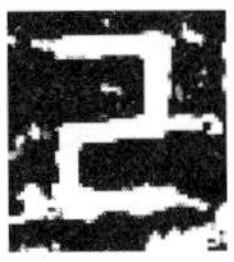					
 黄母己卣 5000	 冈父己卣 4965	 父己卣 4953	 己卣 4833	 宀父己卣 4957 四期	 亞祖乙父 己卣 5199
 己祖乙尊 5596		 戈父己卣 4954	 賊己卣 4829		
 執父己簋 3196	 子祖己卣 4894		 賊己卣 4830	 受父己卣 4958	 酉父己卣 4952
 舟尹父己簋 3325	 北單父己簋 3324	 倗父己卣 4956	 己尊 5551	 己祖乙尊 5597	 父己觶 6119

				 父己觶 6275	 矢戎父己觶 6401
 尸作父己卣 5280	 小子作母己 卣 5175	 祖己父己 卣 5145 三四 期	 祖己卣 5048	 字父己觶 E610	 子父己觶 6399
			 戈祖己觶 6209	 主父己觶 6274	 亞示作父己 觶 6484
 又敄父己卣 5077	 馭卣 5380	 祖己父辛卣 5146	 父己觶 6289	 父己觶 6285	 口己觚 6805
 父己尊 5643	 史父己觶 6272	 襄父己觶 6271	 萬父己觶 6291	 口祖己觶 6370	 聿己觚 6837

 母己爵 7993	 父己爵 7933	 祖己爵 7857	 冉父己爵 8569	 舌父己觚 7132	 襄祖己觚 7080
 [illegible]己爵 8041	 父己爵 7934	 父己爵 7932	 冉父己爵 8570	 [illegible]父己觚 7133	 子父己觚 7124
 父己觚 6813	 父己爵 7935	 束己爵 8035	 𠆢父己爵 8575	 戈父己爵 8556	 亞父己觚 7126
 父己觚 6815	 父己爵 7938	 丰己爵 8034	 戈父己爵 8555	 戈父己爵 8557	 𠆢父己觚 7129
 丰己觚 6836	 羊己觚 6835	 𠆢己爵 8037	 執己爵 8044	 襄祖己爵 8333	 [illegible]父己觚 7127

 共父己爵 8537	 子父己爵 8536	 [illegible]父己爵 8550	 [illegible]父己爵 8582	 [illegible]箙父己爵 8929	 保父己斝 9214
 [illegible]父己爵 8538	 冋母己爵 8738	 心父己爵 8554	 盾仲祖己爵 8842	 辰[illegible]父己爵 8930	
 [illegible]父己爵 8542	 旅父己爵 8931	 舟父己爵 8562	 盾單父己爵 8937	 子糸刀父己 爵 9055	 亞古父己盉 9378
 面父己爵 8546	 旅父己爵 8932	 萬父己爵 8564	 亞址父己爵 8926	 祖己斝 9166	 父己壺 9493
 面父己爵 8548	 襄祖己爵 8334	 萬父己爵 8565	 亞[illegible]父己爵 9015	 [illegible]父己斝 9215	 尸作父己壺 9576

784 㠱			785 庚（𢊁）		
 汝母作婦己彝器 10562	 亞罼 9245 四期	 亞尊 5888	 㚔父庚鼎 1626 二期	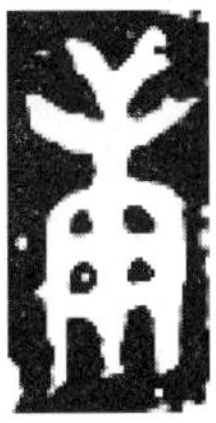 奄父庚角 8589 三四期	 箙父庚鼎 1625 四期
 戈己戈 10856	 亞爵 9075		 父庚觚 6816 二三期	 𢊁冊父庚角 J902 三四期	 屰父庚鼎 J234 四期
 己鍨 11791	 亞鼎 2262	 亞卣 5295	 亞得父庚鼎 1880 三期		 婋鼎 2578 四期
 己鍨 11792	 亞觚 7297		 𢊁冊父庚鼎 E244 三期	 家戈父庚卣 5082 三四期	 寢蔑鼎 2710 四期
 己刀 11808	 亞觚 7298		 萬庚爵 8050 三四期	 戈父庚鼎 1698 四期	 [illegible]盾父庚尊 5744 四期

	 八盾父庚觚 J752 四期	 子父庚爵 8584 四期	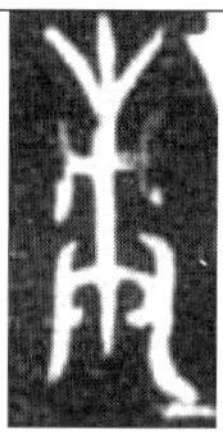 羊父庚鼎 1627 商末周初	 大祖日己戈 11401 四期或周早	
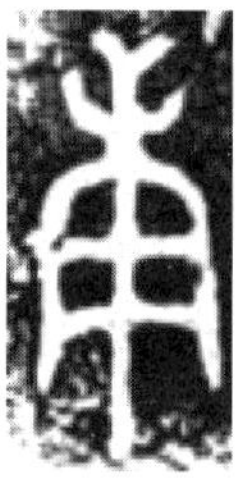 弓父庚卣 4968 四期	 父庚觚 J753 四期	 父庚爵 8587 四期	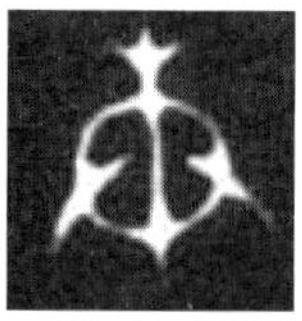 父庚叟鼎 1628 商末周初	 史父庚鼎 1623	 陸冊父庚卣 5081
	 亞登兄日庚觚 7271 四期	 䖵父庚爵 8585 四期	 亞父庚祖辛鼎 2363 商末周初	 𥂴祖庚父辛鼎 1996	 婦隻父庚卣 5083
 犅伯𧩙卣 E546 四期	 祖庚爵 7860 四期	 宰椃角 9105 四期	 子父庚觶 6292 商末周初		 父庚觶 6294
 子父庚觚 7138 四期	 息庚爵 J823 四期	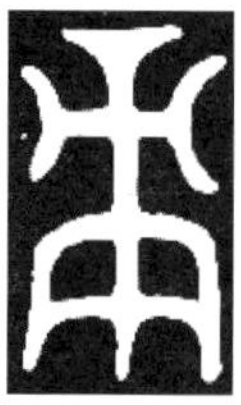 父庚方彝 9867 四期	 朋父庚方罍 9808 商末周初	 子父庚卣 4969	 山祖庚觚 7081

 □父庚觚 7137	 祖庚爵 7861	 庚子爵 8049	 朿父庚爵 9057	 庚斧 11759	 腐爵 J777 二期
 腐冊父庚□ 觚 7266 三期	 父庚爵 7948	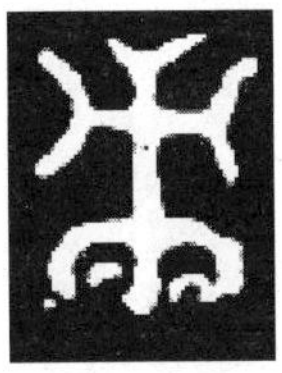 □祖庚爵 8341	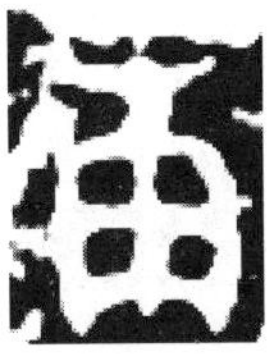 耳衡父庚爵 9074	庚與腐非一字之異，前者多作日名，後者多作族名，但二者偶有混同，故本文將其放在一字頭下而分列。	 腐觚 6721 二期
 朿父庚觚 7281	 主庚爵 8047	 □父庚爵 8586	 父庚斝 9169		 腐瓿 9947 二期
 朿父庚觚 7282	 □庚爵 8048	 □父庚爵 8592	 戈庚斝 9187		 腐爵 E722 三期
 祖庚爵 7859	 羊庚爵 8051	 朿父庚爵 9056	 庚執觥 9264		 腐觚 E639 三期

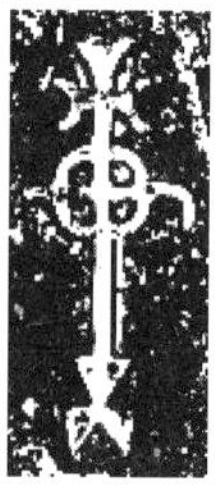 ⿸广⿺冉寸尊 E549 三期	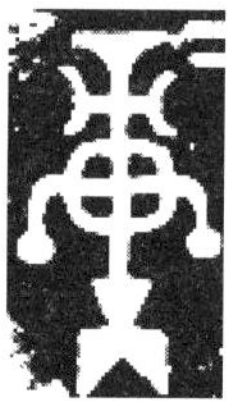	 叀⿸广⿺冉寸父丁爵 8915 三四期	 宰椃角 9105 四期	 ⿸广⿺冉寸爵 7670	 ⿸广⿺冉寸冊咢 9198
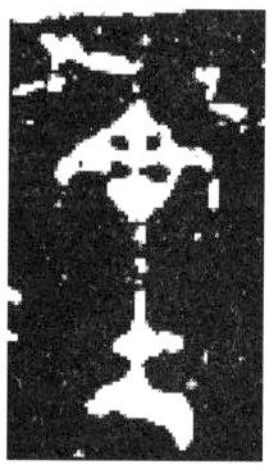 ⿸广⿺冉寸冊爵 8256 三期	 婦聿卣 5099 三四期	 ⿸广⿺冉寸壴父癸爵 8972 三四期	 庚豕觶 6183 四期	 ⿸广⿺冉寸父乙爵 8412	 ⿸广⿺冉寸冊父乙爵 8875
 ⿸广⿺冉寸冊觚 J738 三期		 ⿸广⿺冉寸鼎 988 四期	 庚豕馬父乙觚 7263 四期	 ⿸广⿺冉寸兄癸爵 8742	 ⿸广⿺冉寸冊父乙觚 7227
 ⿸广⿺冉寸冊父丁鼎 J264 三期	 ⿱宀冉卣 5353 三四期	 ⿸广⿺冉寸冊觶 E602 四期	 庚豕父乙爵 8865 四期	 ⿸广⿺冉寸冊鼎 1355	 ⿸广⿺冉寸冊父乙觶 6380
 ⿸广⿺冉寸冊觚 6994 三四期	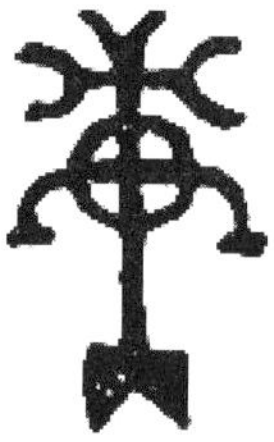 ⿸广⿺冉寸冊父庚角爵 J902 三四期	 ⿰女棗鼎 2578 四期	 ⿸广⿺冉寸鼎 987	 ⿸广⿺冉寸冊爵 8255	 ⿸广⿺冉寸冊父丁爵 8907

786 康　　787 辛

廙冊父癸鼎 1897

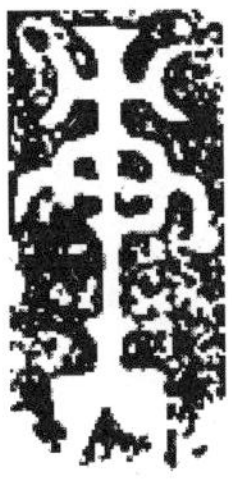
幾廙冊觚 7177

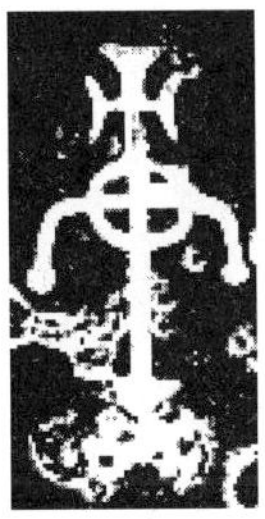
廙册父庚鼎 E244

廙册父庚觚 7266 三期

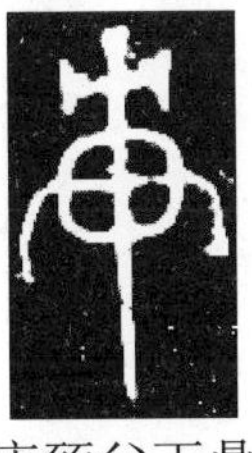
庚豩父丁鼎 1855

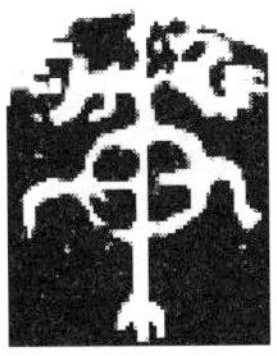
庚豕父乙觶 6381

庚觚 6722

户庚觚 6838

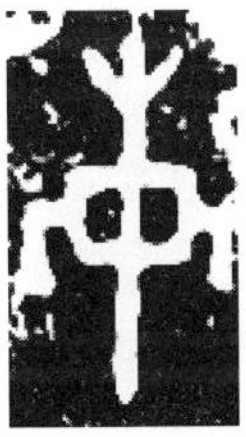
庚爵 7667

筆者以爲庚與廙爲一字之異，廙字多用作族氏銘文。

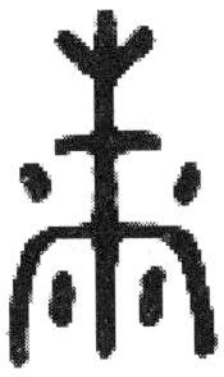
戍鈴方彝 9894 四期

母康丁器 10537

𩫖辛鼎 1296 二期

守辛鼎 J212 二期

姛辛鼎 1707 二期

姛辛鼎 1708 二期

受祖己父辛簋 E376 二期

鄉宁辛觚 7163 二期

[illegible]祖辛觚 7216 二期

[illegible]辛觚 E651 二期

光父辛爵 8600 二期

姛辛方形器 10345 二期

姛辛觥 9280 二期

姛辛觥 9281 二期

父辛鼎 1268 二三期

 子父辛罍 J922 二三期	 祖辛卣 4821 三期	 光父辛爵 E766 三期	 □日辛爵 8800 三期	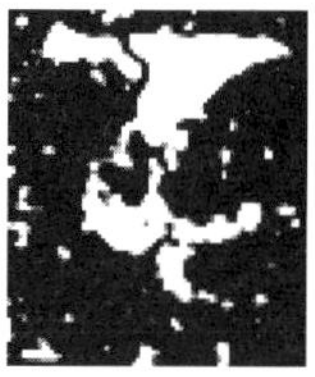 亞□父辛卣 5085 三四期	
 □辛鼎 1389 三期	 辛觶 6017 三 期	 □田辛爵 J894 三期	 妣辛鐃 412 三 四期		 □卣 5353 三 四期
 □辛鼎 1390 三期	 □父辛觚 7144 三期	 史父辛爵 8615 三期	 □父辛鼎 1656 三四期	 弔父辛卣 4981 三四期	
 □父辛鼎 1634 三期	 息辛爵 J824 三期	 亞□盉 9415 三期	 □父辛鼎 1652 三四期	 □父辛卣 4983 三四期	 亞其戈父辛 卣 5168 三四 期
 倗辛簋 3068 三期	 亞□匕 10476 三期	 息辛爵 J825 三期	 □辛簋 3069 三四期	 亞□父辛尊 5745 三四期	 守父辛觶 6311 三四期

 馬[illegible]父辛尊 5749 三四期	 尤辛爵 8055 三四期	 [illegible]父辛角 8608 三四期	 戈妣辛鼎 1515 四期	 [illegible]父辛鼎 1889 四期	
 戈父辛觶 6303 三四期	 父辛爵 7959 三四期	 秉盾辛爵 8798 三四期	 豻父辛鼎 1645 四期	 祖辛禹鼎 2111 四期	 祖辛父辛鼎 E243 四期
 冊父辛叟觚 7247 三四期	 父辛爵 7953 三四期	 舟辛鼎 1298 四期	 聑父辛鼎 1657 四期	 祖辛禹鼎 2112 四期	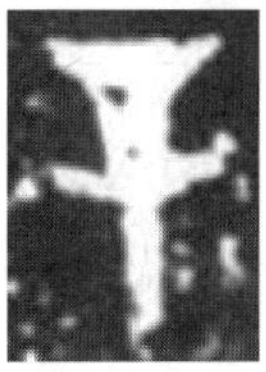 盂鼎 J307 四 期
 劦冊父辛叟 觚 7269 三四 期	 父辛爵 7955 三四期	 [illegible]辛鼎 J211 四期	 ■父辛鼎 1664 四期	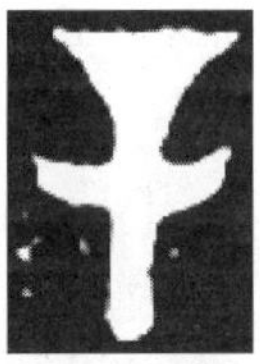 亞共方鼎 E245 四期	 寑孳方鼎 E311 四期
 启父辛觚 7152 三四期	 祖辛爵 J807 三四期	 戈祖辛鼎 1511 四期	 息父辛鼎 J235 四期	 盂鼎 J306 四 期	 [illegible]父辛甗 E106 四期

 黽作父辛甗 845 四期	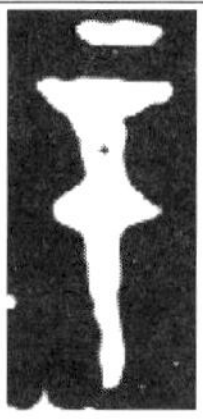 母嫜日辛簋 E367 四期		 黽父辛卣 4979 四期		
 枚父辛簋 3202 四期	 寢魚簋 J454 四期	 天父辛卣 4976 四期		 箙貝父辛卣 5088 四期	 母嫜日辛卣 E520 四期
 串父辛簋 3203 四期	 [illegible]簋 3975 四 期	 酉父辛卣 4987 四期	 翌父辛卣 4985 四期		
 串父辛簋 3204 四期	 鳶祖辛卣 4897 四期			 亞獏父辛卣 5086 四期	 北子冉父辛 卣 5165 四期
 亞獏母辛簋 J412 四期	 [illegible]父辛卣 4980 四期	 執父辛卣 4977 四期	 冉父辛卣 4986 四期	 父辛尊 5530 四期	 父辛尊 5531 四期

	 聿辛尊 5555 四期	 母嫜日辛尊 E569 四期	 亞覃尊 5911 四期		
 黄祖辛卣 5201 四期	 奄父辛尊 5655 四期	 母嫜日辛尊 E570 四期	 亞覃尊 5949 四期	 榮門父辛觶 J669 四期	 邑祖辛父辛 觶 6463 四期
	 冈父辛尊 5658 四期	 子步祖辛尊 5716 四期	 子啓父辛尊 5965 四期		 [illegible]父辛觚 7141 四期
 小子畲卣 5417 四期	 亞妣辛尊 5612 四期	 亞龔父辛尊 5747 四期	 子父辛觶 J661 四期	 子[illegible]父辛觶 6410 四期	 椃父辛觚 7146 四期
 父辛尊 5529 四期	 [illegible]父辛尊 J619 四期	 [illegible]箙父辛尊 5748 四期	 祖辛觚 6806 四期	 父辛觚 E680 四期	 椃父辛觚 7150 四期

 弔父辛觚 7147 四期	 子父辛爵 8594 四期	 [illegible]父辛爵 8603 四期	 母嫜日辛角 J897 四期	 祖日乙戈 11403 四期或周早	 戈厚作兄日辛簋 3665 商末周初
 串父辛觚 7151 四期	 戎父辛爵 9601 四期	 黽父辛爵 8618 四期	 母嫜日辛角 E799 四期	 [illegible]父辛鼎 1651 商末周初	 奴作父辛簋 3717 商末周初
 母嫜日辛觚 E684 四期	 [illegible]辛爵 E743 四期	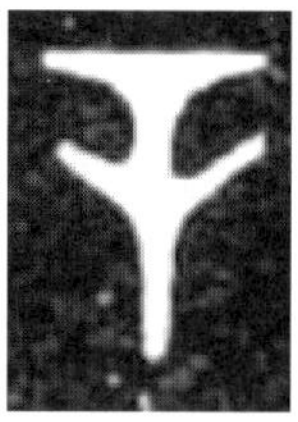 畐父辛 8628 四期	 亞禽示辛斝 9238 四期	 獸父辛鼎 1641 商末周初	 何作日辛觶 6505 商末周初
 亞[illegible]觚 7288 四期	 [illegible]父辛爵 8650 四期	 又父辛爵 J881 四期	 [illegible]祖辛方罍 9806 四期	 亞[illegible]父辛鼎 1883 商末周初	 [illegible]父辛觶 6301 商末周初
 祖辛爵 7862 四期	 囝父辛爵 8597 四期	 寢魚爵 9101 四期	 母嫜日辛方彝 E901 四期	 亞父庚祖辛鼎 2363 商末周初	 祖辛鼎 1254

 □父辛鼎 1662	 田父辛鼎 1642 四期	 需父辛鼎 1635	 子父辛鼎 1661	 □母辛鬲 484	 □祖辛簋 3141 四期
 父辛鼎 1269	 剢父辛鼎 1644	 需父辛鼎 1636	 句父辛鼎 1658	 祖辛父甲鬲 538	 黄母辛簋 3224
 子刀父辛鼎 1882	 木父辛鼎 1654	 猷父辛鼎 1640	 旅父辛鼎 1632		 鳶父辛簋 3201
 亞□父辛鼎 1884	 □祖庚父辛鼎 1996	 犬祖辛祖癸 鼎 2113	 象祖辛鼎 1512	 父辛簋 3059	 豖妣辛簋 3223
 劦冊八辛鼎 1941	 子克冊父辛 鼎 2017	 木□冊作母 辛鼎 2328	 □父辛鼎 1647	 □父辛簋 3199	 亞□父辛簋 3331

		 寑敄簋 3941			
 父辛卣 4978	 父辛卣 4835	 辛卣 4834 四期	 句飲父辛卣 5089 三四期	 箙戉冊父辛 卣 5169	 祖己父辛卣 5146
	 子辛智卣 5004	 亞䰧父辛簋 3332 四期		 作父辛卣 5285	
 父辛卣 4972	 父辛卣 4973	 亞䰧父辛簋 3333	 扶父辛卣 5167		 木父辛卣 5166
 父辛卣 4975	 父辛卣 5084	 亞髸父辛簋 3330 三期	 竟作父辛卣 5286	 馭卣 5380	 盾父辛尊 5657

 光作母辛觶 6427	 立父辛觶 6297		 □父辛觶 6308	 □辛觶 6153	 □父辛尊 5802
 戈辛觚 6839	 矦父辛觶 6298	 黄母辛觶 6345	 戈父辛觶 6304	 □辛觶 6178	 亞子父辛尊 5836
 戈祖辛觚 7083	 □父辛觶 6306	 子父辛觶 6296	 黄父辛觶 6300	 辛爵 7672	 父辛爵 7952
 子祖辛觚 7082	 羊父辛觶 6315	 竝父辛觚 7142	 父辛鼎 1267	 亞辛爵 7844	 父辛爵 7954
 黄父辛觚 7140	 □兄辛觶 6355	 亞禽示辛觚 7277	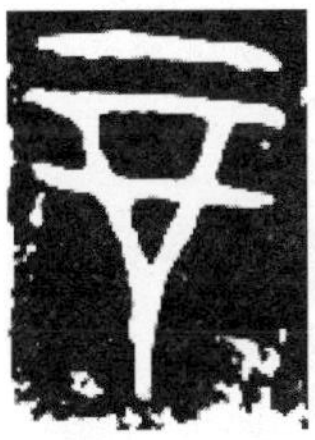 辛爵 7671	 祖辛爵 7863	 □父辛爵 8644

父辛爵 7956

[illegible]辛爵 8056

𠆢父辛爵 8655

子祖辛爵 8343

皀祖辛爵 8351

皿父辛爵 8625

父辛爵 7957

[illegible]辛爵 8057

亞父辛爵 8631

戎祖辛爵 8344

[illegible]祖辛爵 8352

木父辛爵 8633

父辛爵 7962

戈辛爵 8052

戈祖辛爵 8349

倗父辛爵 8604

网祖辛爵 8353

宋父辛爵 8634

父辛爵 7963

戈辛爵 8053

戈父辛爵 8657

天父辛爵 8598

[illegible]父辛爵 8605

[illegible]父辛爵 8607

戎父辛爵 8602

戈辛爵 8054

襄父辛爵 8643

[illegible]父辛爵 8642

豕父辛爵 8617

屰父辛爵 8599

<table>
<tr>
<td>
[illegible]父辛爵
8620</td>
<td>
冊父辛爵
8641</td>
<td>
子▲乙辛爵
8987</td>
<td>
山U父辛斝
9232</td>
<td>
鳥父辛盤
10044</td>
<td>
家父辛器
10522</td>
</tr>
<tr>
<td>
弔父辛爵
8621</td>
<td>
鄉宁辛爵
8797</td>
<td>
父辛斝 9170</td>
<td>
亞孳父辛盉
9379</td>
<td>
父辛器 10499</td>
<td></td>
</tr>
<tr>
<td>
[illegible]父辛爵
8626</td>
<td>
[illegible]辛爵 8799</td>
<td>
[illegible]辛斝 9188</td>
<td></td>
<td>
父辛器 10500</td>
<td></td>
</tr>
<tr>
<td>
畐父辛 8627</td>
<td>
亞[illegible]父辛爵
8943</td>
<td>
[illegible]父辛斝
9216</td>
<td>
黄兄辛壺
9507</td>
<td>
亞父辛器
10521</td>
<td></td>
</tr>
<tr>
<td>
東父辛爵
8636</td>
<td>
[illegible]興父辛爵
8951</td>
<td>
[illegible]父辛斝
9217</td>
<td>
冂父辛壺
9505</td>
<td>
■父辛器
10523</td>
<td></td>
</tr>
</table>

788 辪　　789 壬

 辪鼎 990 或是辛。	 史父壬尊 5662 二期	 重父壬鼎 1666 四期	 鄉爵 J906 四期	 木父壬鼎 1665	 父壬爵 7971
	 祖壬觚 6809 二期	 亞魚鼎 J339 四期	 舟父壬尊 5663	 父壬爵 7972	 祖日壬爵 8354
	 朿父壬觚 J745 三期	 父壬尊 5806 四期	 父壬尊 5664	 父壬爵 7973	 山祖壬爵 8356
	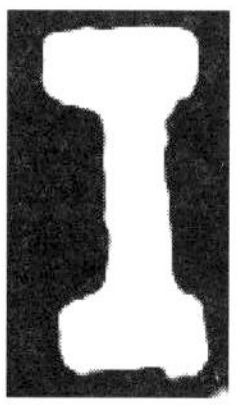 未祖壬卣 E504 三四期	 丮徵祖壬觚 7217 四期	 戈父壬尊 E560	 父壬爵 7466	 子翌父壬爵 8954
	 祖壬爵 7868 三四期	 子父壬爵 8662 四期	 何兄日壬觶 6429	 舟壬爵 8254	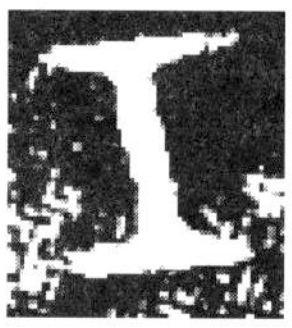 大兄日乙戈 11392

790 癸

 賊父癸鼎 1695 二期	 司娉癸尊 5680 二期	 重癸觚 6840 二期	 隻父癸爵 8697 二期	 子父癸爵 8666 二三期	 癸鼎 1392 三期
 父癸鼎 1681 二期	 司娉癸尊 5681 二期	 癸觚 6841 二期		 父癸爵 8726 二三期	 癸鼎 J227 三期
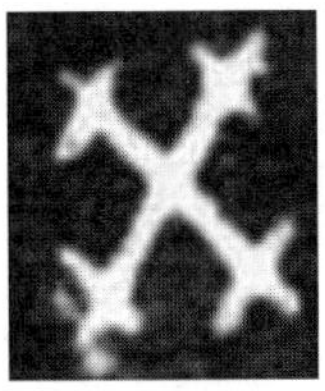 奄父癸鼎 1683 二期	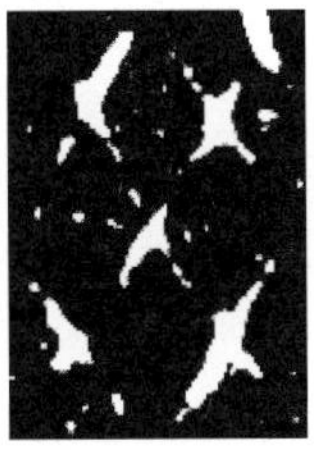 父癸尊 5668 二期	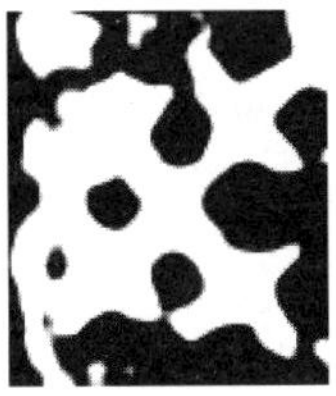 父癸爵 7981 二期	 行天父癸卣 5093 二三期	 屰癸爵 8059 二三期	 得父癸鼎 J240 三期
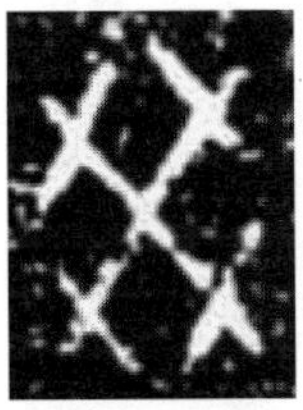 亞弜父癸簋 3338 二期	 子父癸觚 7158 二期	 癸爵 J876 二期	 父癸爵 7979 二三期	 賊父癸爵 8704 二三期	 又羖癸鼎 1738 三期
 癸簋 3089 二期	 癸觚 6842 二期	 癸爵 8064 二期	 又羖父癸觚 7303 二三期	 父癸爵 8675 二三期	 玄冊父癸簋 J411 三期

<table>
<tr>
<td>
□父癸觚
J746 三期</td>
<td>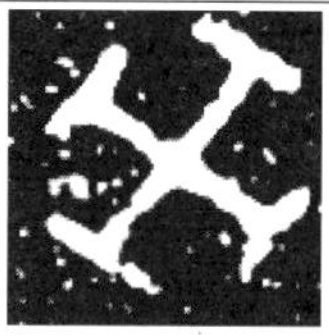
箙□父癸甗
846 三四期</td>
<td></td>
<td>
亞得父癸卣
5094 三四期</td>
<td>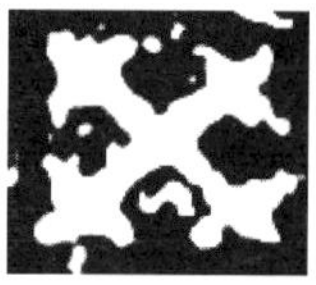</td>
<td>
齊[豸+丁]父癸觶
6423 三四期</td>
</tr>
<tr>
<td>
□癸□乙方
彝 9874 三期</td>
<td>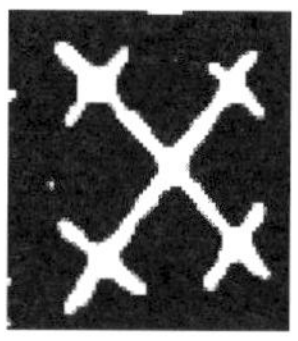</td>
<td>
取父癸卣
4994 三四期</td>
<td></td>
<td>
□父癸卣
4989 三四期</td>
<td>
何疾父癸觶
6424 三四期</td>
</tr>
<tr>
<td></td>
<td>
父癸卣 4837
三四期</td>
<td>
比丁癸卣
J575 三四期</td>
<td>
何疾父癸卣
5091 三四期</td>
<td>
子癸□觶
6351 三四期</td>
<td>
癸觚 E628 三
四期</td>
</tr>
<tr>
<td>
爰父癸觶
6339 三期</td>
<td></td>
<td></td>
<td>
癸觶 6018 三
四期</td>
<td>
戌父癸觶
6328 三四期</td>
<td>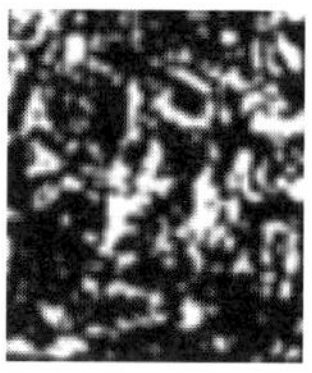
屰癸觚 E657
三四期</td>
</tr>
<tr>
<td>
正癸鼎 1300
三期</td>
<td>
□癸卣 4838
三四期</td>
<td>
宁月卣 J593
三四期</td>
<td>
重父癸觶
6324 三四期</td>
<td>
羖父癸觶
6344 三四期</td>
<td>
戈父癸觚
7155 三四期</td>
</tr>
</table>

卒箙父癸觚 7249 三四期

冉父癸爵 8723 三四期

黄父癸爵 8673 三四期

爰父癸甗 824 三四期

冂父癸鼎 1673 四期

鳥父癸鼎 1685 四期

何父癸疾觚 7250 三四期

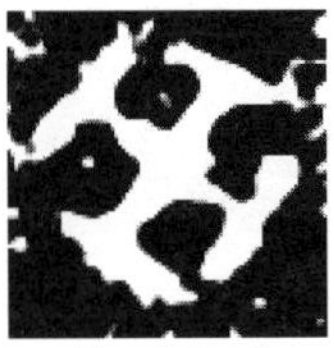
冉父癸爵 8724 三四期

雔父癸爵 8698 三四期

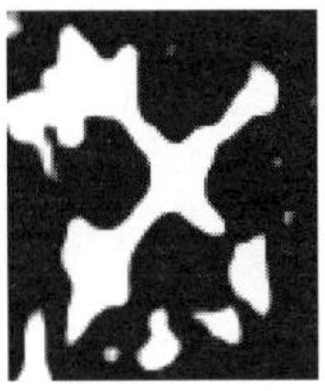
父癸鼎 1276 四期

冂父癸鼎 J239 四期

[illegible]父癸鼎 1687 四期

何父癸疾觚 7251 三四期

襄父癸爵 8714 三四期

[illegible]父癸爵 8718 三四期

戈祖癸鼎 1513 四期

子父癸鼎 1697 四期

嬰父癸鼎 1688 四期

祖癸爵 7870 三四期

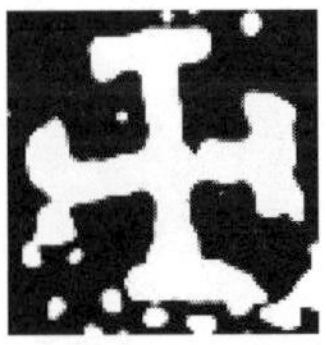
鳥祖癸爵 8363 三四期

何父癸疾爵 8958 三四期

黄父癸鼎 1670 四期

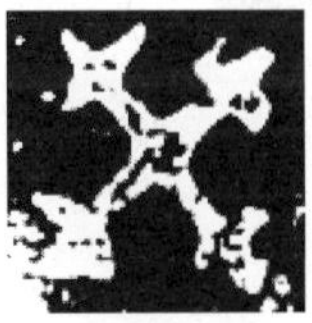
[illegible]父癸鼎 1668 四期

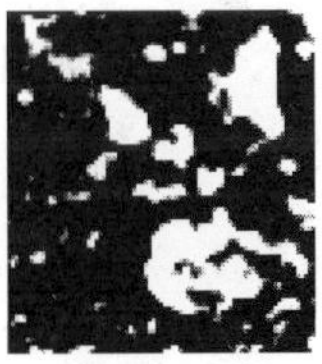
嬰父癸鼎 1689 四期

父癸爵 7978 三四期

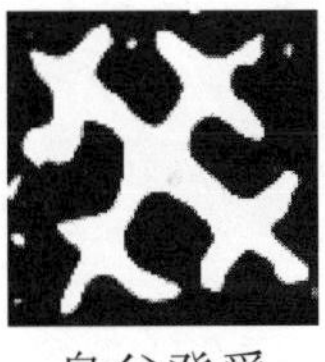
鳥父癸爵 8695 三四期

日癸罍 9779 三四期

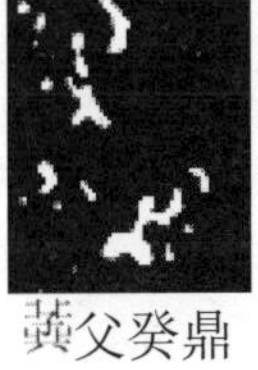
黄父癸鼎 J236 四期

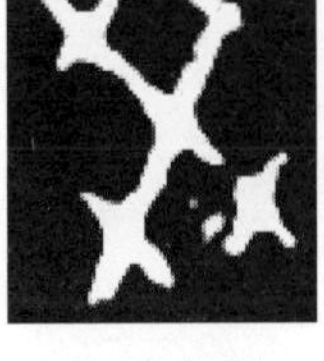
酉父癸鼎 1679 四期

串父癸鼎 1693 四期

 何疾父癸鼎 1893 四期	 亞若癸鼎 2400 四期	 戍嗣鼎 2708 四期	 婦闆甗 922 四 期	 小子䍙簋 4138 四期	
 何疾父癸鼎 1894 四期	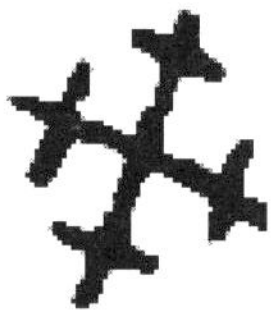 亞若癸鼎 2401 四期	 作冊豊鼎 2711 四期	 子癸簋 3071 四期	 黄父癸豆 J540 四期	 𥁕示己卣 5265 四期
 S2冊父癸鼎 1898 四期	 亞若癸鼎 2402 四期	 亯祖癸鬲 473 四期	 酉父癸簋 3210 四期	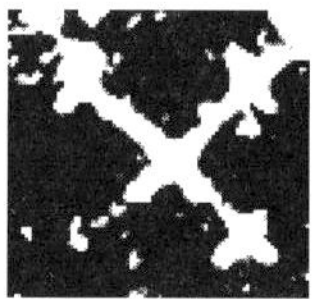	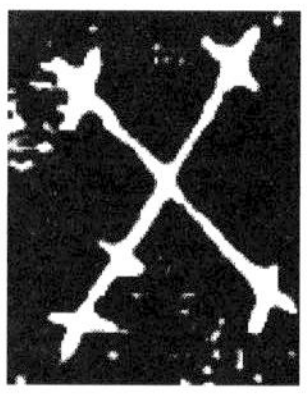
 子父癸鼎 2136 四期	 亞寞鼎 2427 四期	 南單母癸甗 E111 四期	 鄉宁父癸簋 3337 四期	 冊父癸卣 4995 四期	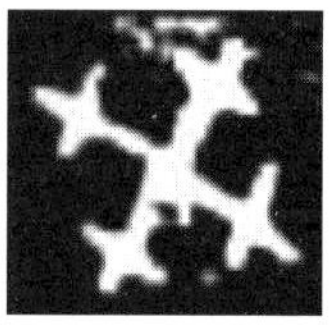 婦闆卣 5349 四期
 爻癸婦鼎 2139 四期	 亞魚鼎 J339 四期	 邲甗 J155 四 期	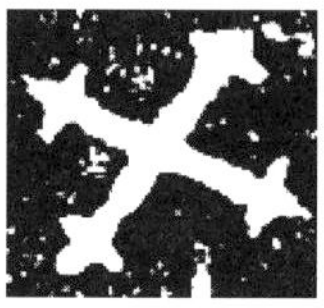 亞若癸簋 3713 四期	 黄父己母癸 卣 5163 四期	 咸妣癸尊 5613 四期

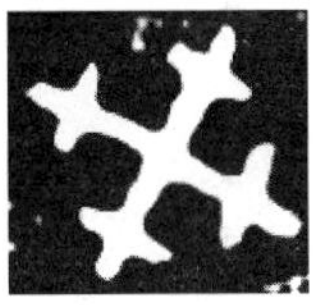	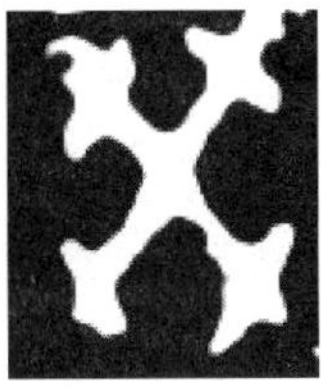	 何父癸疾尊 5757 四期	 [illegible]癸觚 6843 四期	 子不觚 J756 四期	 鳥父癸爵 8694 四期
 婦[illegible]卣 5350 四期	 六祀邲其卣 5414 四期	 父癸觶 J649 四期	 子癸觚 J731 四期	 亞若癸觚 7308 四期	 [illegible]父癸爵 J887 四期
	 鳥父癸尊 5677 四期	 [illegible]父癸觶 J663 四期	 子祖癸觚 7085 四期	 亞若癸觚 7309 四期	 [illegible]父癸爵 8674 四期
 巂卣 5397 四 期	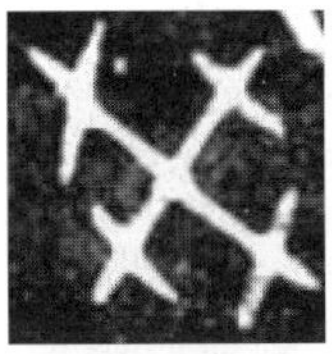 [illegible]父癸尊 J620 四期	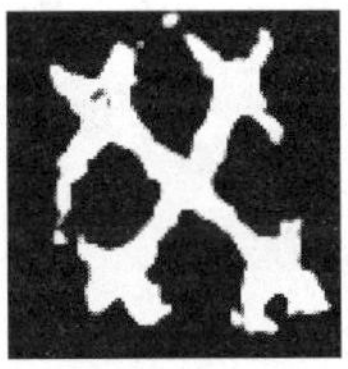 臤父癸觶 6338 四期	 史母癸觚 J747 四期	 母癸爵 J815 四期	 [illegible]父癸爵 8715 四期
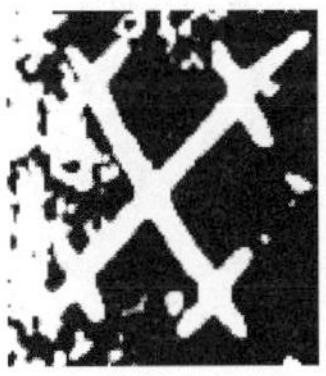 [illegible]祖癸尊 5610 四期	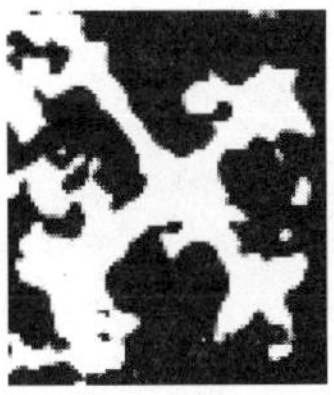 何父癸疾尊 5756 四期	 魚父癸觶 6343 四期	 弔龜祖癸觚 7218 四期	 [illegible]癸爵 8070 四期	 [illegible]父癸爵 8722 四期

穷父癸爵 J886 四期

叏偁父癸爵 8968 四期

庚壴父癸爵 8972 四期

又羖父癸爵 9084 四期

又羖父癸爵 9085 四期

婦闆角 9093 四期

箙亞作父癸角 9102 四期

亞若癸方彝 9887 四期

小臣邑斝 9249 四期

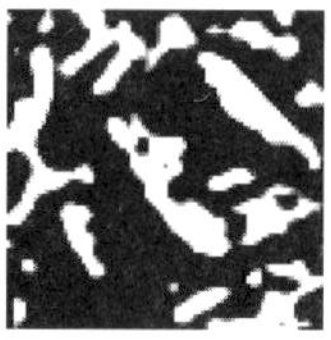

亞若癸方彝 9886 四期

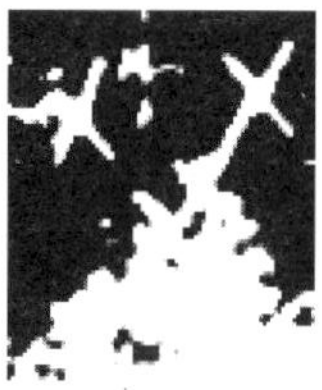

婦闆斝 9247 四期

黄父癸鼎 J237 四期

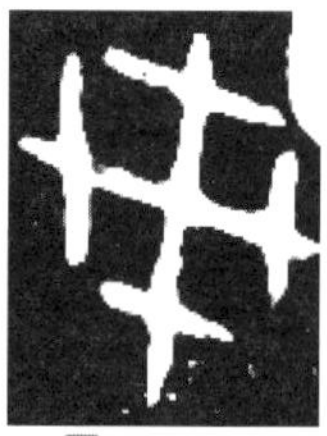

冊父癸斝 9220 四期

衠父癸鼎 1692 商末周初

衜父癸鼎 1896 商末周初

亞皿祖癸鼎 1816 商末周初

箙𠂤卣 J596 商末周初

黄父癸觶 6326 商末周初

史子日癸角 E800 商末周初

史子日癸角 E801 商末周初

㚘父癸盉 9360 商末周初

冉父癸盉 9365 商末周初

宀父癸盉 9363 商末周初

大兄日乙戈 11392 四期或周早

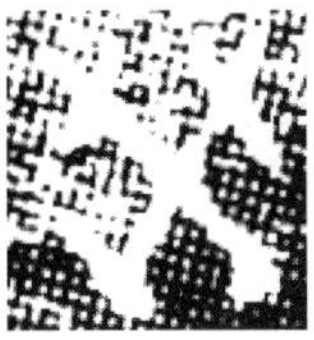	 父癸鼎 1277	 戈父癸鼎 1676	 [illegible]父癸鼎 1680 四期	 鄉宁癸鼎 1700 二期	 祖己父癸鼎 1815
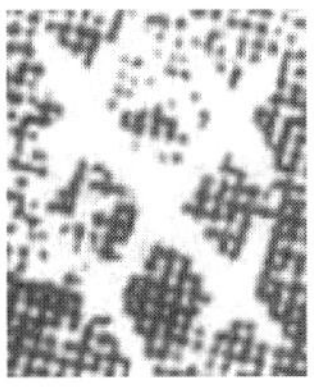	 母癸鼎 1282	 [illegible]父癸鼎 1669	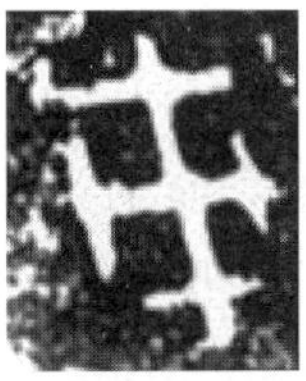 奄父癸鼎 1682	 鄉宁癸鼎 1701 二期	 疋冊父癸鼎 1900 三期
	 父癸鼎 1275	 天父癸鼎 1667	 [illegible]父癸鼎 1694	 又羖癸鼎 1739 三期	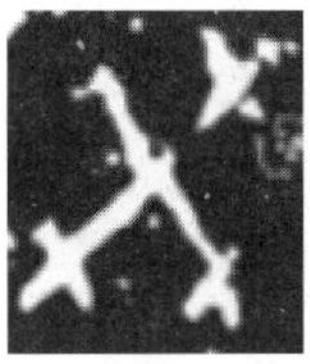 黃兄戊父癸 鼎 2019
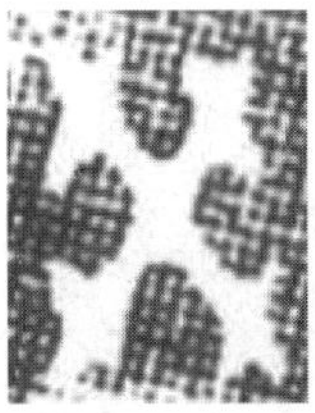 祖日乙戈 11403 四期 或周早	 子癸鼎 1317	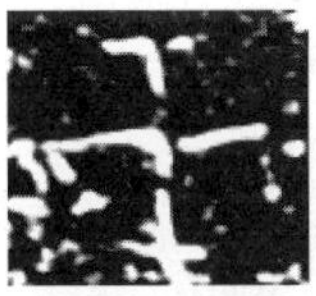 [illegible]父癸鼎 1672 四期	 又羖父癸鼎 1939	 子舁父癸鼎 1891	 黃母[illegible]父癸 鼎 2020
 偁缶作祖癸 簋 3601 商末 周初	 [illegible]癸鼎 1391	 𢦏父癸鼎 1677	 [illegible]冊父癸鼎 1897	 [illegible]祖丁癸鼎 1813	 犬祖辛祖癸 鼎 2113

獸父癸簋 3212

□癸鬲 467

臤父癸簋 3213

□父癸簋 3211

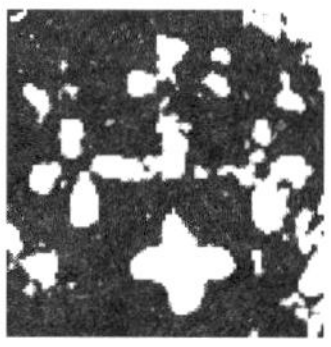

飲癸卣 4839 三四期

□祖癸卣 4900

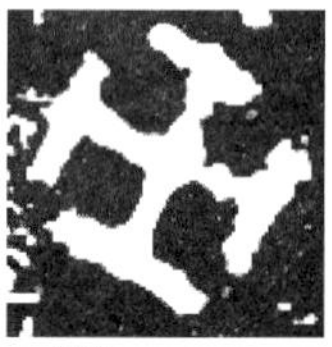

□祖癸卣 4899

亞□父癸簋 3339 四期

□父癸鬲 483

□父癸卣 4998

耳□父癸簋 3340

豕癸卣 4841

飲癸卣 4840

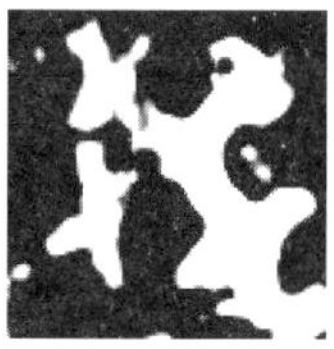

鳥宁祖癸鬲 496

魚父癸卣 4997 三四期

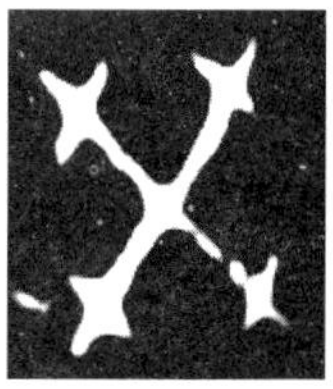

華作妣癸卣 5266

□作母癸鼎 2262

子祖癸卣 4901

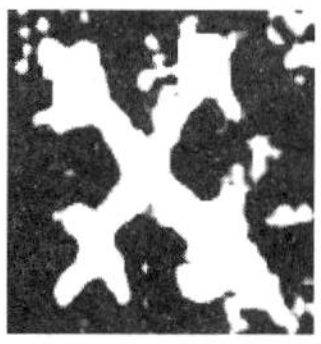

寢孜簋 3941

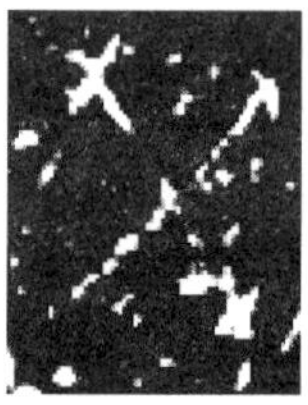

婦□鼎 2403

□父癸卣 4993

□父癸尊 5678

 冈父癸尊 5671	 冈祖癸尊 5611	 又羖癸卣 5174	 畀SS父癸卣 5096	 亞天父癸尊 5751	 𠂇父癸尊 5670
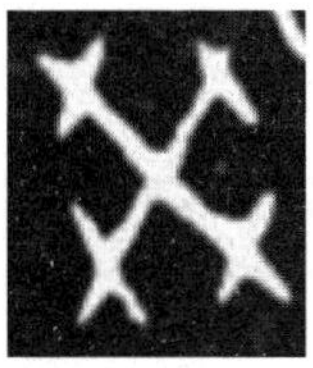 肇作妣癸尊 5893	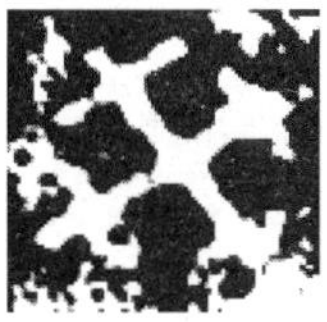 冈父癸尊 5673	 壴典癸卣 5010 三期		 劦冊父癸尊 5753	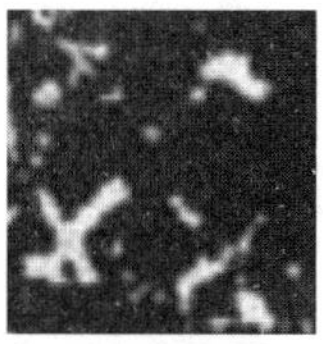 㕚祖癸觶 6212 三期
 亞若癸尊 5937	 冈父癸尊 5674	 劦冊父癸尊 5754	 黄父癸仙母卣 5172 四期	 戈父癸尊 5669	 黄父癸觶 6327
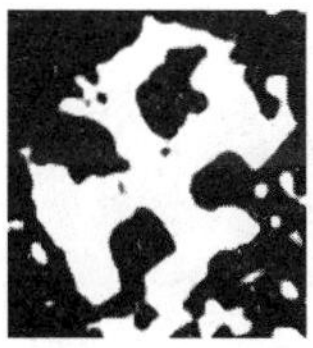 亞若癸尊 5938	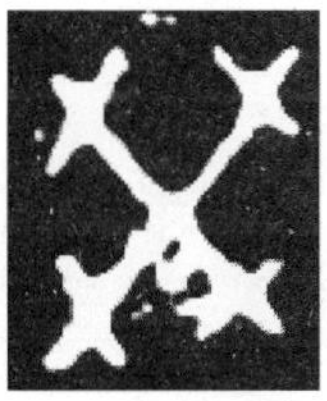	 弓羍父癸尊 5758		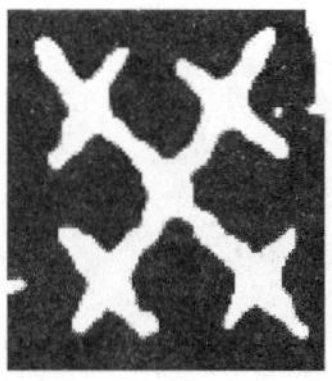	 重父癸觶 6325 商末周初
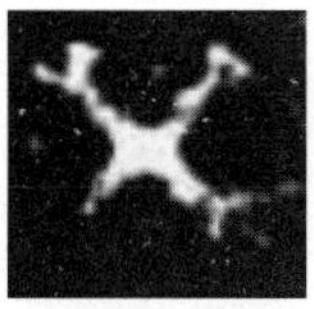 癸觶 6019	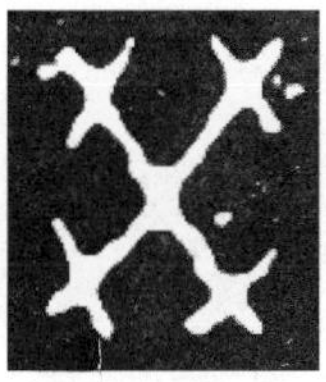 夆作父癸卣 5092	 亢父癸尊 5808	 天冊父癸卣 5173	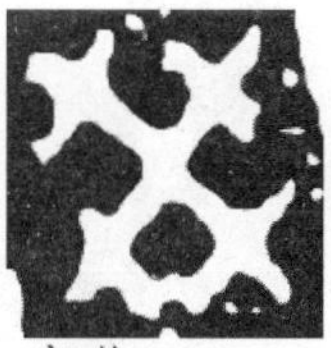 寇𢆶作父癸卣 5360	 舟尹父癸觶 6422

 妣癸爵 7998	 父癸爵 7977	 癸爵 7673	 企癸爵 8060	 宔癸爵 E760	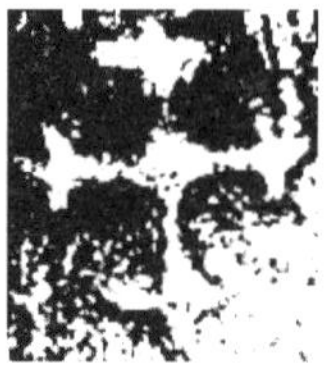 冄祖癸觚 7084
 癸乙爵 8003	 父癸爵 7980	 祖癸爵 7869	 𡖊癸爵 8063	 子癸爵 8071	 隻父癸觚 7154
 冄癸爵 8061	 亞若癸觶 6430	 祖癸爵 7871	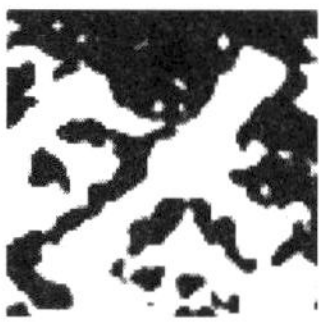 皿癸爵 8067	 冄父癸爵 8725	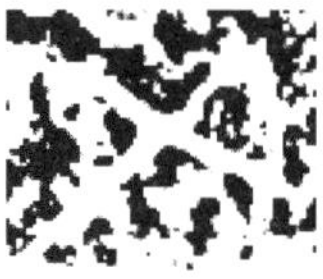 丫父癸觚 7156
 冄癸爵 8062	 子𡖊父癸觶 6420	 父癸爵 7976	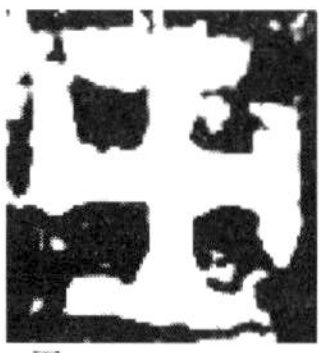 盥癸爵 8068	 戈父癸爵 8700	 𠃉父癸觚 7159
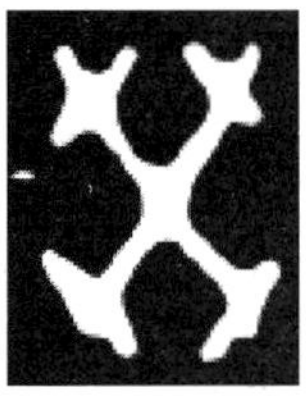 亞宁父癸觚 7248	 ❉作父癸觶 6426	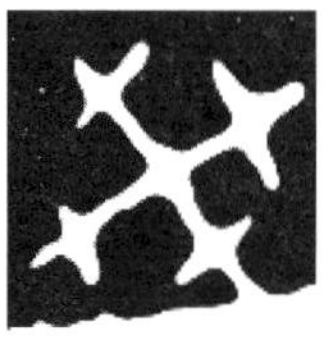 史癸爵 8065	 隽癸爵 8069	 冈祖癸爵 8366	 冈父癸爵 8717

 ⿴父癸爵 8727	 䏊兄癸爵 8742	 ■祖癸爵 8367	 奄父癸爵 8693	 人父癸爵 8672	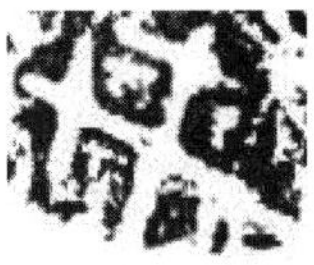 亯父癸爵 8709
 ⺆祖癸爵 8365	 𢍺祖癸爵 8358	 天父癸爵 8668	 𡚬父癸爵 8678	 ⿰父癸爵 8681	 丰父癸爵 8710
 ⺆父癸爵 8729	 𢍺祖癸爵 8359	 旅父癸爵 8969	 矢父癸爵 8701	 盥父癸爵 8685	 ⿱父癸爵 8713
 冂父癸爵 8712	 𢍺父癸爵 8360	 舟尹父癸爵 8967	 矢父癸爵 8702	 徙父癸爵 8690	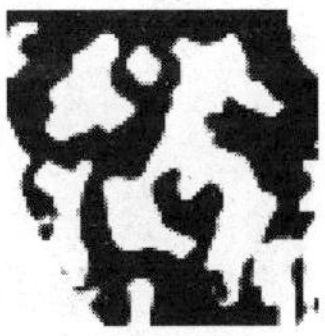 玄父癸爵 8719
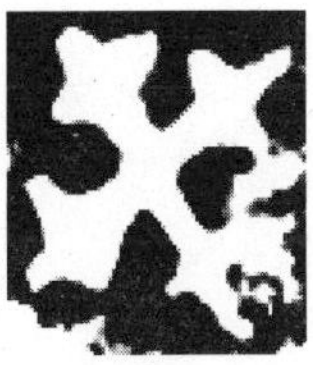 倗祖癸爵 8362	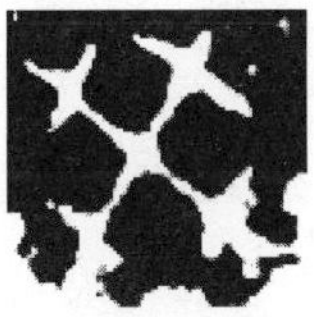 ⿱祖癸爵 8361	 倗父癸爵 8677	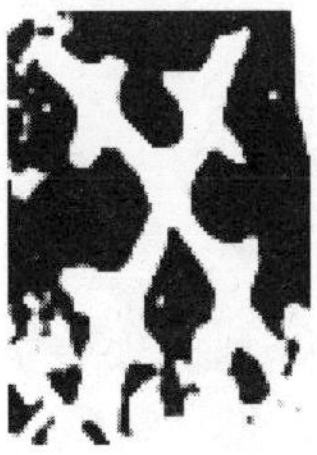 ⿱父癸爵 8707	 土父癸爵 8708	 父癸■爵 8730

 □作父癸角 9100		 □作父癸爵 9023	 何父癸疾爵 8959	 天曹父癸爵 8956	 □癸瓿 9954
 癸斝 9154	 婦□爵 9092	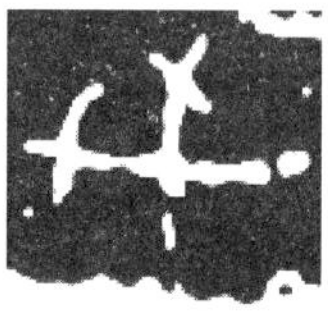 丩盾作父癸 爵 8923	 北酉父癸爵 8962	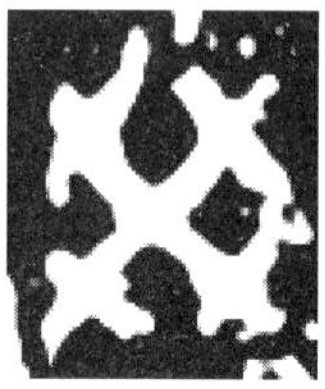 盾□父癸爵 8973	
 父癸斝 9171	 □父癸盉 9359	 子□木父癸 爵 9022	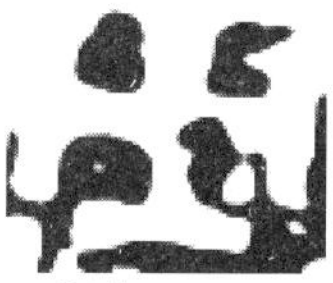 □□父癸爵 8970	 子□父癸爵 8961	
 □父癸斝 9219	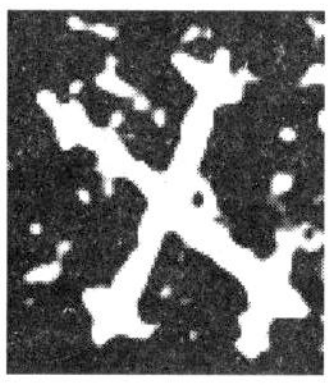	 婦□斝 9246	 婦□罍 E889	 何父癸疾爵 8957	
 何父癸疾斝 9233	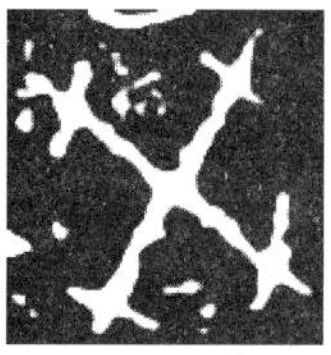 婦□罍蓋 9820	 □父癸觥 9279	 冊□祖癸方彝 9877	 亞若癸戈 11114	

791 子

 子妥鼎 1301 二期	 子⿱束示尊 5541 二期	 子觚 J695 二期	 了8觚 6900 二期	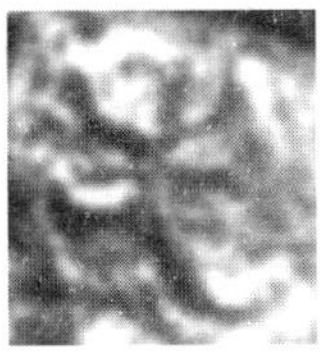 子雨觚 6913 二期	 子爵 E710 二期
 子亰鼎 1313 二期	 子漁尊 5542 二期	 子⿱束示觚 6891 二期	 子8觚 6901 二期	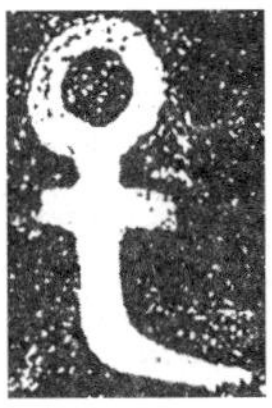 子⿰亻冉觚 E655 二期	 子媚爵 8076 二期
 小子父己鼎 1874 二期	 子觚 6525 二期	 子⿱束示觚 6892 二期	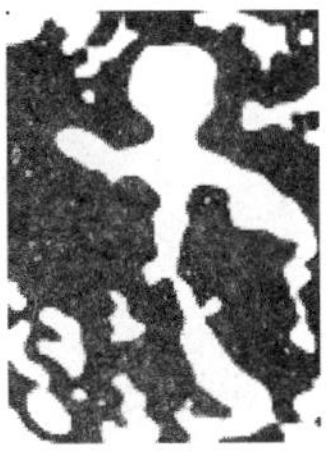 子龏觚 J732 二期	 子父癸觚 7158 二期	 子媚爵 8079 二期
 子妥簋 E346 二期	 子觚 6526 二期	 子⿱束示觚 6893 二期	 子龏觚 6914 二期	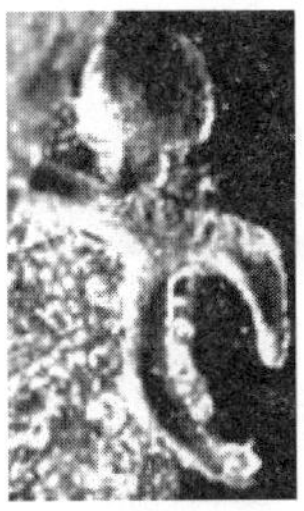 子守爵 E744 二期	 子媚爵 8082 二期
 子⿱束示尊 5540 二期	 子觚 6527 二期	 子臬觚 6894 二期	 子⿰亻冉觚 E654 二期	 子爵 J780 二期	 子嬴爵 8100 二期

 子♠母爵 8759 二期	 子㝅罍 9224 二期	 子義爵 J843 二三期	 子鼎 1042 三期	 子乙鼎 1315 三期	 子𧊒爵 8090 三期
 子♠母爵 8756 二期	 子漁罍 9174 二期	 子父癸爵 8666 二三期	 子鼎 J185 三期	 子脊主鼎 1716 三期	 子𧊒爵 8087 三期
 子♠母爵 8757 二期	 子豕方彝 E898 二期	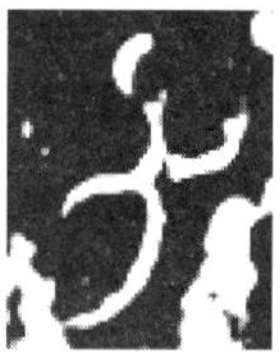 子父辛罍 J922 二三期	 子𧊒鼎 1311 三期	 子𡗜簋 3076 三期	 子𧊒爵 8088 三期
 子♠母爵 8758 二期	 龏子鉞 11751 二期	 子▲戈 10853 二三期	 子𧊒鼎 E177 三期	 子觶 J640 三期	 子▲目爵 8762 三期
 子由爵 E735 二期	 子南簋 3072 二三期	 史子𠂤壺 E844 二三期	 子蝠鼎 J213 三期	 子𧊒觚 6903 三期	 亞𠦪盉 9415 三期

	 子龏鼎 1307 三期		 子糸爵 8105 三四期	 子雨己鼎 1717 三四期	 子⿰兀兀鼎 1319 四期
 子媚罍 J980 三期	 子龏鼎 1308 三期	 ⿱宀而卣 5353 三 四期	 子蝠爵 8096 三四期		 子父癸鼎 1697 四期
 子妥鼎 1303 三期	 子天▲單勺 E906 三四期	 子癸⿱壴土觶 6351 三四期	 子脊爵 8098 三四期	 子▲卣 4848 三四期	 子⿱吅鼎父乙鼎 1828 四期
 子妥鼎 1305 三期	 子媚鼎 1309 三四期	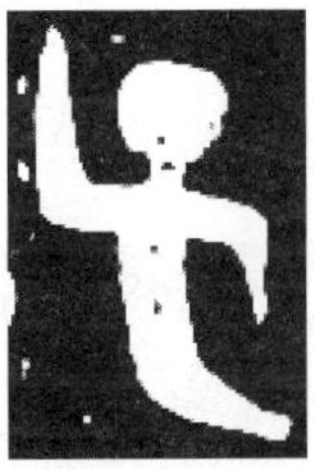 子弓觶 6140 三四期	 子八父丁爵 8443 三四期	 作太子丁卣 E528 三四期	 子每君⿱聿皿鼎 1910 四期
 子龏鼎 1306 三期	 子犬父乙甗 838 三四期	 子■爵 8121 三四期	 子▲單爵 8760 三四期	 子⿰兀兀父乙卣 5057 三四期	 小子作父己 鼎 2015 四期

 小子作父己鼎 2016 四期	 子癸簋 3071 四期	 [illegible]簋 3975 四期	 子父乙卣 9500 四期		 子步祖辛尊 5716 四期
 子父癸鼎 2136 四期	 子父丁簋 J394 四期	 小子[illegible]簋 4138 四期			 子步父乙尊 5726 四期
 小臣缶鼎 2653 四期	 子父戊簋 3186 四期	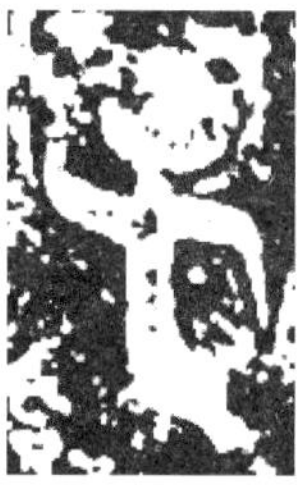 子卣 4732 四期	 小子作母己卣 5176 四期		 者姒方尊 5935 四期
 戍甬鼎 2694 四期	 子糸[illegible]刀簋 E366 四期	 龏子卣 J562 四期	 小臣兒卣 5351 四期		 者姒方尊 5936 四期
 作冊豊鼎 2711 四期	 子[illegible]簋 E398 四期	 子祖丁卣 4891 四期	 子[illegible]尊 E552 四期	 小子[illegible]卣 5417 四期	 小子夫父己尊 5967 四期

	 子[illegible]觶 J665 四期	 子[illegible]觚 7270 四期	 子蝠[illegible]觚 7174 四期	 子爵 7315 四期	 子[illegible]爵 8104 四期
 子啓父辛尊 5965 四期		 子癸觚 J731 四期	 子刀父丁觚 7229 四期	 子爵 J781 四期	 子不爵 8110 四期
 子父辛觶 J661 四期	 子[illegible]父辛觶 6410 四期	 子祖癸觚 7085 四期	 子不觚 J756 四期	 子[illegible]爵 8074 四期	 子[illegible]爵 8111 四期
	 子保觚 6909 四期	 子父庚觚 7138 四期	 子爵 7313 四期	 子蝠爵 8091 四期	 子刀爵 8116 四期
 鼻子觶 6349 四期	 子[illegible]觚 6911 四期	 子蝠[illegible]觚 7173 四期	 子爵 7314 四期	 子[illegible]爵 8103 四期	 子析爵 8120 四期

 子▼爵 E736 四期	 子▲萬爵 8764 四期		 子蝠盉 9332 四期	 子鼎 1043 四期	 子▲戈 10854 四期
 子父丁爵 8442 四期	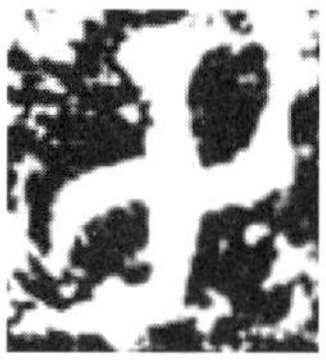 子▲[illegible]爵 8765 四期	 者姒觥 9294 四期		 子鼎 J186 四期	
 子父庚爵 8584 四期	 者姒爵 9090 四期		 者姒方罍 9818 四期	 子龏鼎 E165 四期	 子[illegible]父丁卣 5070 商末周初
 子父辛爵 8594 四期		 者姒觥 9295 四期		 寢孳方鼎 E311 四期	 子祖己觶 E609 商末周初
 子父壬爵 8662 四期	 子[illegible]父乙爵 9088 四期	 文嫊己觥 9301 四期	 子蝠方彝 9865 四期	 子[illegible]鼎 1314 四期	 子[illegible]尊 5544 商末周初

 子达觶 6485 商末周初		 子妥鼎 1302	 子戊鼎 1316	 屰子干鼎 1718	 子[illegible]父癸鼎 1891
 史子日癸角 E800 商末周初	 子父乙盉 9349 商末周初	 子妥鼎 1304	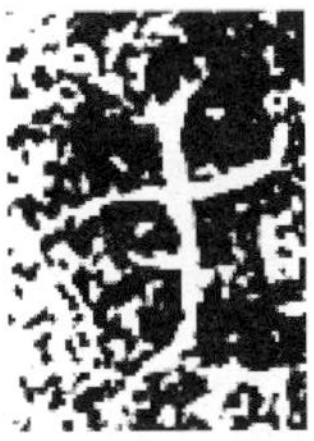 子癸鼎 1317	 子脊鼎 1715	
 史子日癸角 E801 商末周初	 子眉鬲 487 四期或周早	 子[illegible]鼎 1310	 子父丁鼎 1596	 子刀父乙鼎 1826	 子父戊子鼎 J265
	 子鼎 1044	 子[illegible]鼎 1312	 子父己鼎 1621	 子刀父辛鼎 1882	 亞敢汝子鼎 1909
 子父乙盉 9338 商末周初	 子鼎 1045	 子克冊父辛鼎 2017	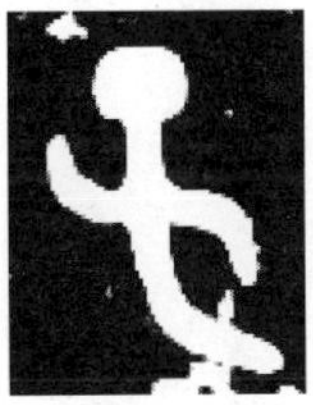 子父辛鼎 1661	 子羊父丁鼎 1850	 季父戊子鼎 1862 三期

 咸娸子作祖丁鼎 2311	 子妥簋 3075	 子[illegible]父乙簋 J410			 亞子父辛尊 5836
 小子𦣞鼎 2648	 子孤簋 3077	 子眉▲父乙簋 3420	 子祖己卣 4894	 子父庚卣 4969	 子觶 6020
 子商甗 866	 子龏簋 3078 三期	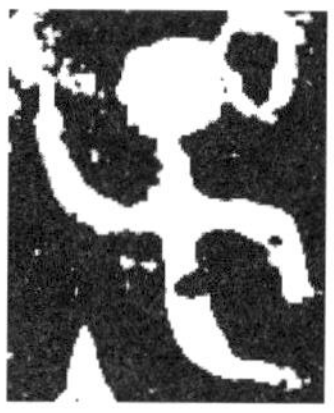 子臭卣 4849	 子祖癸卣 4901	 子辛智卣 5004	 子父庚觶 6292 子父庚觶
 子𦘔簋 3073	 子▲止簋 3234			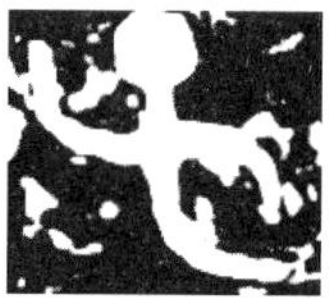 𤰔子弓箙卣 5142 四期	 子父辛觶 6296
 子𦘔簋 3074	 子侯卣 4847	 子兓卣 4850	 子父丁卣 4942	 子龏尊 5543 二期	 唐子祖乙觶 6367

 子蚩觚 6904 三期	 子媚觚 6898	 子臭觚 6895	 子觚 6528	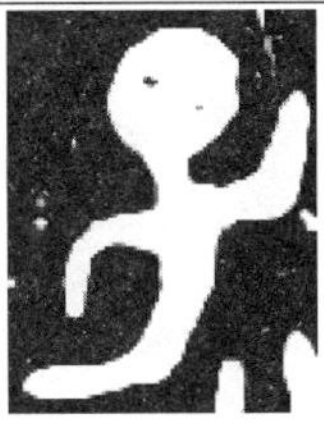 子作父戊觶 6496	
 子蚩觚 6905	 子媚觚 6899	 子妥觚 6896		 子觚 6524 二 期	
 子嬴觚 6906	 子蚩觚 6902	 子脊觚 6897	 叡宋卣 5373		
 子共觚 6907		 子觚 6529		 子媚觶 6136	 小子省卣 5394
 子蚩父癸觶 6420	 小子作母己 卣 5175	 子叀父己觶 6399	 馭卣 5380	 子臭觶 6138	 子臭觶 6137

子爵 7316

汝子妣丁觚
7220 四期

子眉▲觚
7175

子癸爵 8071

子炣爵 8075

子媚爵 8083

子爵 7317

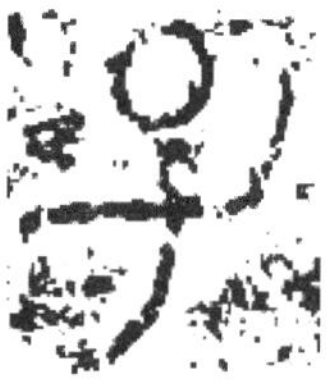
子糸▲刀觚
7255

子光觚 6912

子[illegible]爵 8072

子媚爵 8077

子女爵 8084

子刀觶 6139

子▲木冊觚
7256

子爵 7318
二三期

子[illegible]爵 8073

子媚爵 8078

子蚩爵 8089

子祖辛觚
7082

子蝠觚 6908
三四期

亞子爵 7788

子守爵 8085

子媚爵 8080

子蝠爵 8092

子父己觚
7124

子▲觚 6910

庚子爵 8049

子又爵 8086

子媚爵 8081

子蝠爵 8093

子■爵 8117

子雨爵 8114

子禾爵 8109

子糸爵 8106

子祖辛爵 8343

子不爰爵 8766

子吕爵 8118

子梟爵 8115

子▲爵 8112

子糸爵 8107

子父丁爵 8441

唐子祖乙爵 8834

子免爵 8119

子京爵 8767

子雨爵 8113

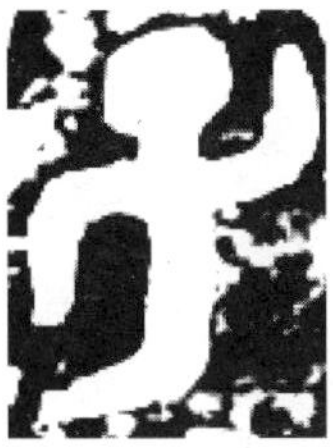
子禾爵 8108

■子妥爵 8752

唐子祖乙爵 8835

子蝠爵 8094

子啚爵 8768

子脊爵 8099

子亭爵 8102

子▲單爵 8761

唐子祖乙爵 8836

子蝠爵 8095

子蝠爵 8097

子𠂤爵 8101

子父己爵 8536

子▲萬爵 8763

子翌父乙爵 8861

	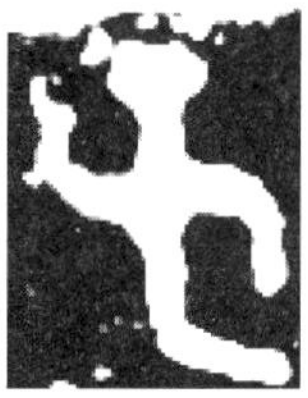 子□乙辛爵 8987	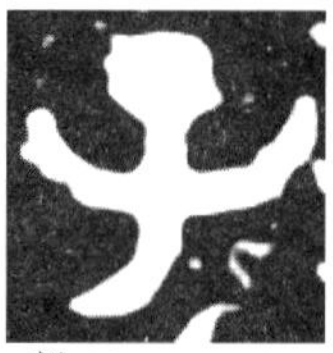 □作父癸角 9100	 子龍壺 9485	 子□單箕 E969	 子戈 10693
 子◇□父甲 盉 9387	 子□木父癸 爵 9022			 子□器 10513	 子戈 10694
 子翌父壬爵 8854	 子冊父乙爵 9049	 子蝠斝 9172	 子媚罍 9784	 子□器 10514	 子戈 10695
 子□父癸爵 8961	 子糸刀父己 爵 9055	 子天父丁罍 9798	 子勹 9902	 子□器 10515	 子戈 10696
 子父乙盉 9339	 子父乙角 8383	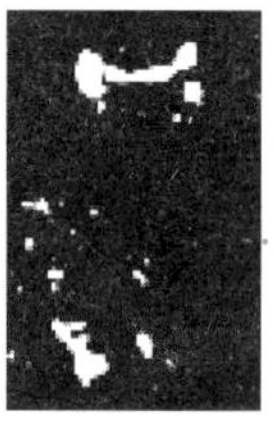 者姒罍 9819	 子龏勹 9914	 子父丁器 10518	 子龏戈 J1093

	792 㝅	793 挽	794 字	795 季	
 子商戈 10852		 角挽父戊鼎 1864 三期	 字父己觶 6270 三四期	 亞[illegible]作季尊彝甗 886 四期	 季作兄己鼎 2335
 子戊戈 10855	 六祀邲其卣 5414 四期	 挽父己爵 8929	 字觚 6530 三四期	 季尊 5840 四期	
 子▲鉞 11752			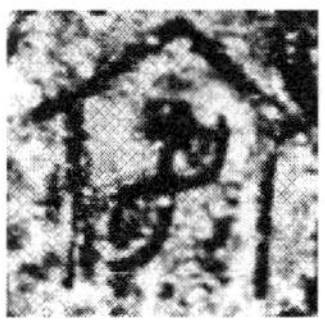 字父己觶 E610	 季父戊子鼎 1862	
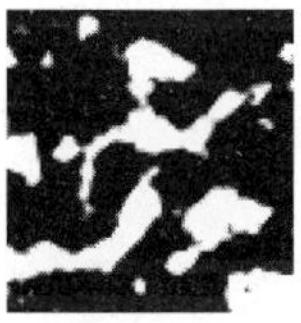 子鏟 11789				  亞[illegible]作季卣 5238	

796 孟

孟父乙觚 7099 四期

797 孳

寑孳方鼎 E311 四期

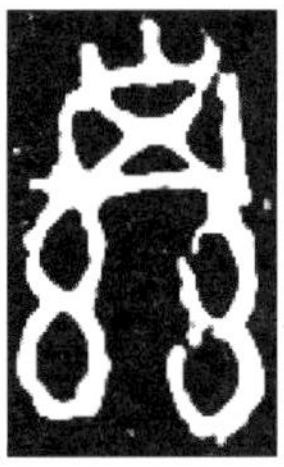
亞孳父辛盉 9379

798 孤

亞㠱父丁卣 5271 四期

亞㠱父丁觚 7293 四期

亞㠱孤竹迺鼎 2033 四期

亞㠱孤竹方罍 9793 商末周初

孤竹父丁罍 9810 商末周初

子孤簋 3077

799 羞

羞鉞 11731 二期

羞鼎 1071 二期

羞觶 6028 三四期

羞鼎 1070

羞鼎 1072 三期

羞丁爵 8018

800 寅

㚣作母乙卣
5367 四期

犅伯[illegible]卣
E546 四期

文嫊己觥
9301 四期

小子省卣
5394 四期

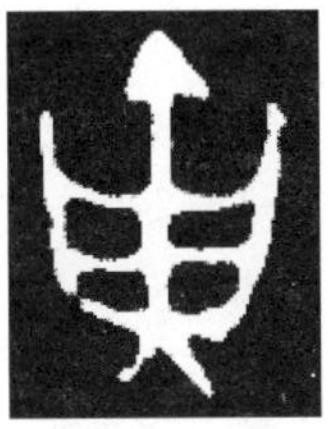

亞受鼎 2594

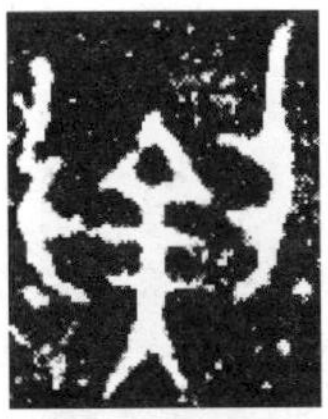

𠭯作父癸角
9100

寅爵 7632

801 卯

寓卣 5353 三四期

鳥卯爵 8221
三四期

亞卯鼎 1413
四期

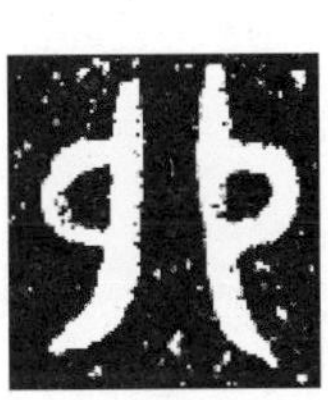

成甬鼎 2694
四期

寢魚簋 J454
四期

寢魚爵 9101
四期

文父乙簋
3502

802 辰

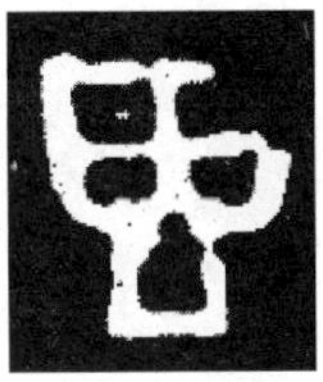

辰寢出簋
3238 二期

[illegible]箙[illegible]辰卣
5101 三四期

肆作父乙簋
4144 四期

二祀邲其卣
5412 四期

臣辰[illegible]父乙尊
J628 四期

辰■爵 8297

803 巳

小臣邑斝 9249 三四期

嶲卣 5397 四期

四祀邲其卣 5413 四期

卬簋 3975 四期

小子[illegible]簋 4138 四期

小臣俞尊 5990 四期

小子畬卣 5417

馭卣 5380

巳鐃 E51 三期

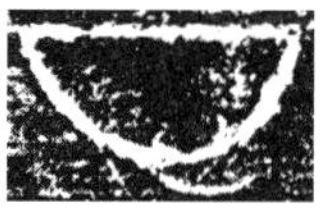

巳鐃 E52 三期

巳鐃 E53 三期

804 以

以父丁爵 8449 四期

以鼎 1027

小子畬卣 5417 四期

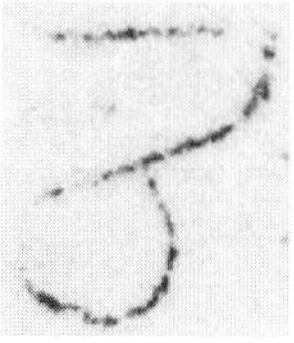

朿父庚觚 7281

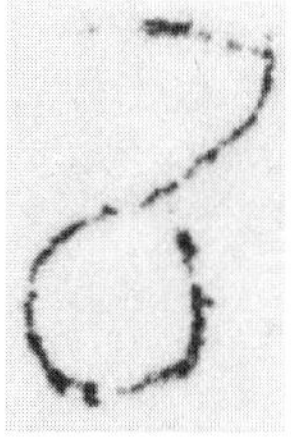

朿父庚觚 7282

朿父庚爵 9056

朿父庚爵 9057

805 午

戍嗣鼎 2708 四期

寑蕽鼎 2710 四期

四祀邲其卣 5413 四期

史午觚 E675 四期

麋婦觚 7312 四期

<table>
<tr><td colspan="3">806 未</td><td>807 申</td><td colspan="2">808 酉</td></tr>
<tr>
<td>
疋未鼎 J218
三期

父丙卣 5208
三四期

未祖壬卣
E504 三四期

四祀邲其卣
5413 四期</td>
<td>
戉未父己觚
7244 四期

[illegible]方鼎 E314
四期
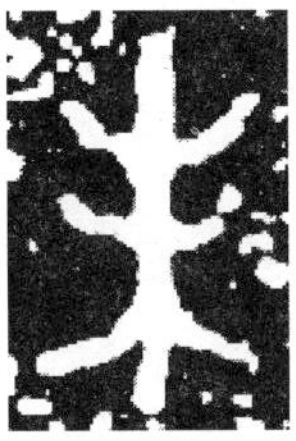
姒瓦爵 9098
四期

婦未于黿鼎
1905 四期
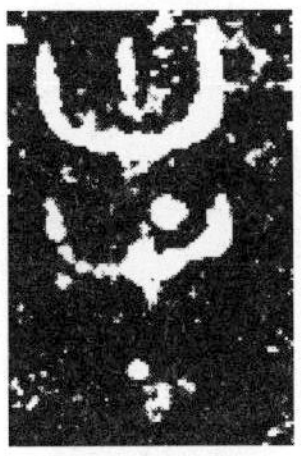
乙未鼎 2425</td>
<td>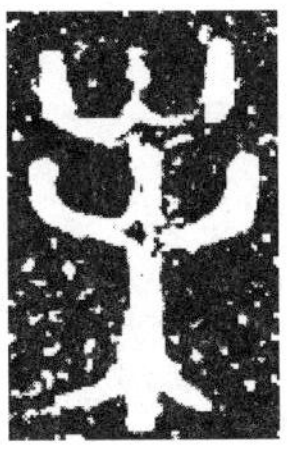
宁未口爵
8801

未戈 10762

襄未觚 6915</td>
<td>
亞魚鼎 J339
四期
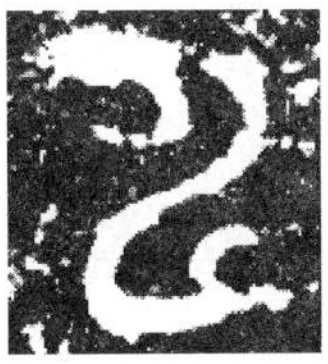

𥫩亞作父癸
角 9102 四期

宰椃角 9105
四期

作冊般黿
E967 四期</td>
<td>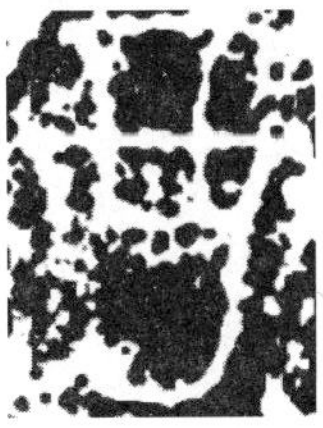
酉鼎 E153 二
期
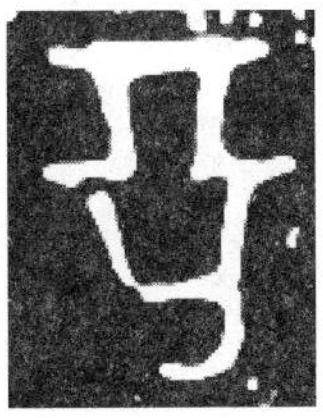
酉乙鼎 1285
二期

酉爵 7590 二
期

酉爵 7591 二
三期
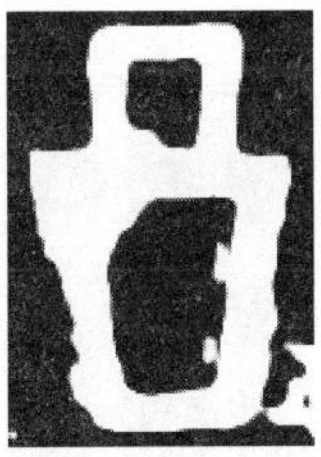
酉宁鼎 1366
三期</td>
<td>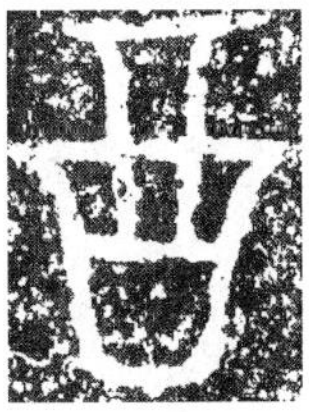
酉己鼎 E188
三期
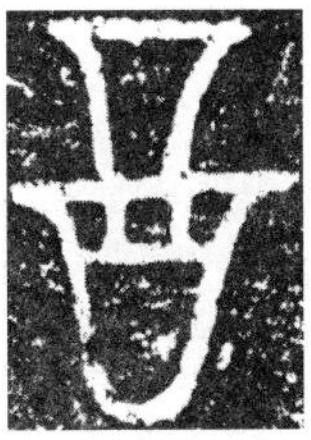
酉己簋 E347
三期
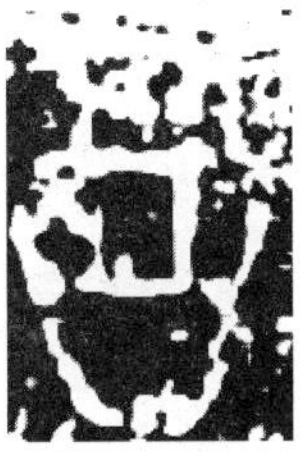
亞酉父丁鼎
1847 三期
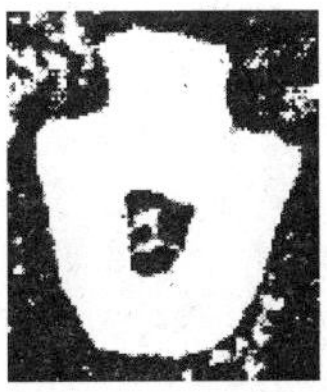
酉冎戈 10880
三四期

酉父癸簋
3210 四期</td>
</tr>
</table>

			809 酒	810 ⿰酉卩	811 欶
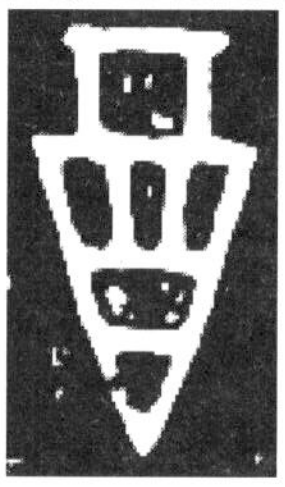 酉父辛卣 4987 四期 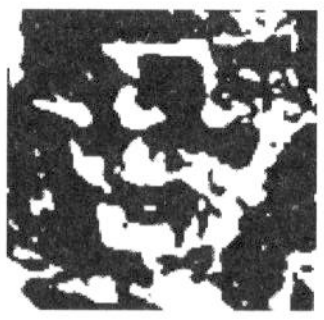 亞酉觚 J730 四期  四祀邲其卣 5413 四期 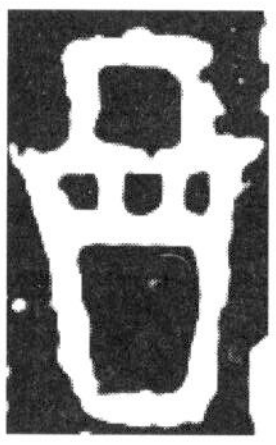 亞酉觚 6989 四期  戍鈴方彝 9894 四期	 亞酉觚 6990 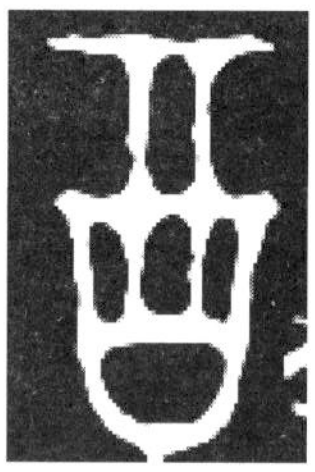 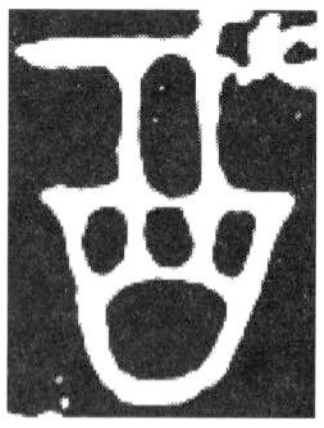 酉父丁卣 4947  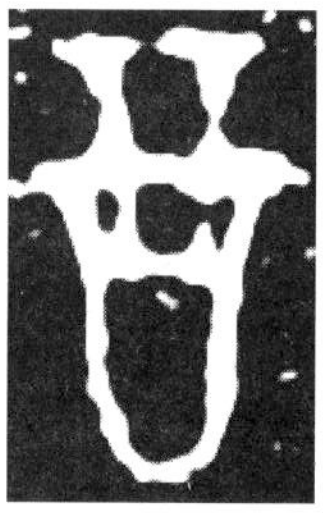 酉父己卣 4952	 酉冎爵 8275  酉冎爵 8276  酉父乙爵 8415  亞酉斝 9160	  宰甫卣 5395 四期 不從氵。	 配勹 9903 三 四期  婦⿰酉卩咸簋 3229 商未周 初	 欶戈 10643

812 次　813 酓　814 酉彡　815 酉

亞次騶斝 9234 三期

黃亞次觚 7180 四期

耶簋 3975 四期

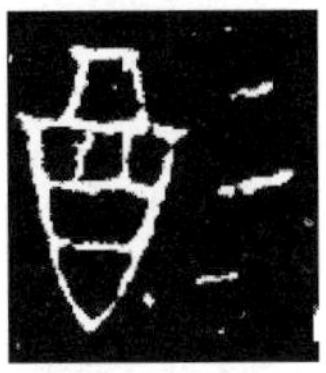

亞受鼎 2594

酉彡作父乙尊 5894

酉乙斝 9183 二期

酉觚 6759 二期

酉鼎 J198 三期

酉爵 7592 三期

酉乙鼎 1286 三期

酉父癸鼎 1679 四期

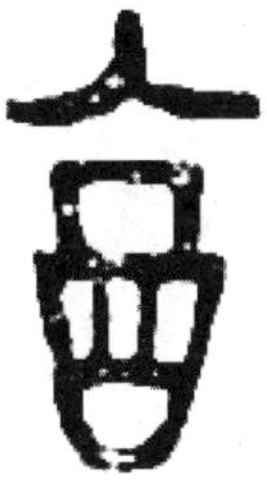

酉父丁爵 8490 四期

酉爵 7593

酉尊 5492

酉乙斝 9182

酉乙斝 9184

酉卣 4756

酉卣 4757

816 奠 817 尊

 酉父戊盉 9356		 闌卣 5114 三四期	 小臣缶鼎 2653 四期	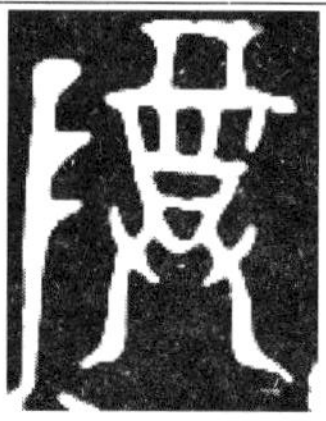 婦[illegible]甗 922 四期	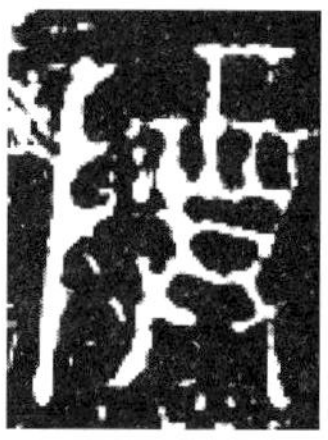
 酉父戊盉 9357	 亞奠卣 E495 四期	 作太子丁卣 E528 三四期	 寢蔑鼎 2710 四期	 作冊般甗 944 四期	 婦[illegible]卣 5349 四期
	 耳奠爵 8268	 盂鼎 J306 四期	 寢孳方鼎 E311 四期		
	 聑奠戈 10869	 盂鼎 J307 四期	 [illegible]方鼎 E314 四期	 亞古作父己簋 3861 四期	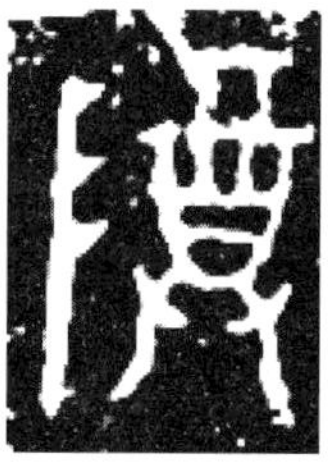 婦[illegible]卣 5350 四期
		 亞魚鼎 J339 四期	 亞[illegible]作季尊彝甗 886 四期	 小子[illegible]簋 4138 四期	 小臣兒卣 5351 四期

	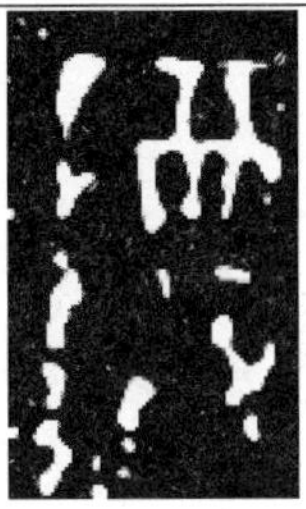 協卣 E541 四期	 四祀邲其卣 5413 四期	 子啓父辛尊 5965 四期	 麇婦觚 7312 四期	
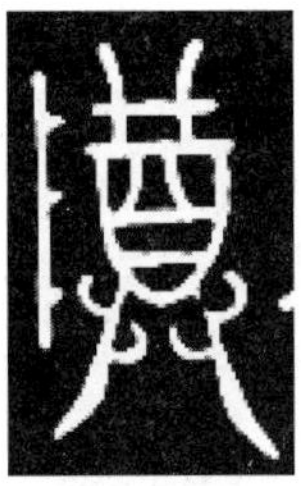 憼卣 5362 四期		 季尊 5840 四期	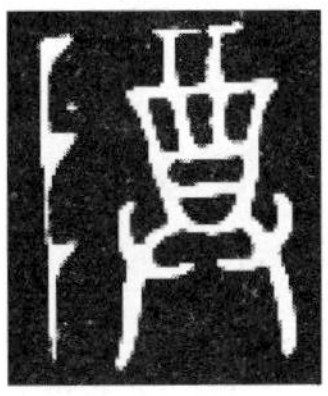 小子夫父己尊 5967 四期	 㠱冊父丁爵 9072 四期	 婦闖角 9093 四期
 作祖戊尊 5794 四期	 協卣 E542 四期	 害尊 E576 四期	 尊息觚 7071 四期	 者姛爵 9090 四期	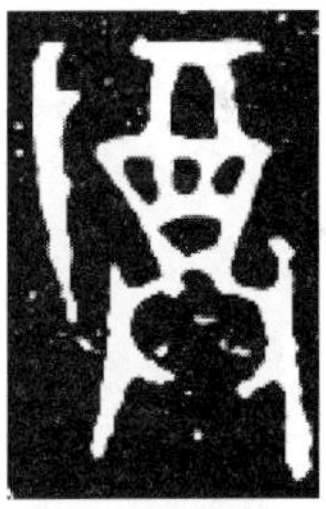 𠭯作父癸角 9100 四期
		 者姛方尊 5935 四期	 亞旟觚 7288 四期	 姛瓦爵 9098 四期	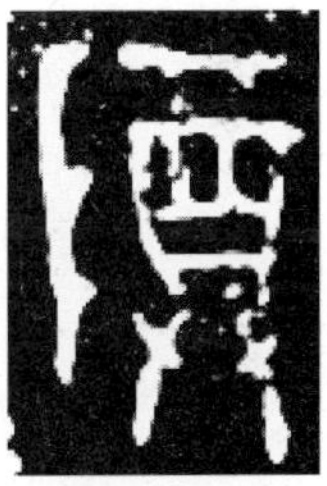 宰椃角 9105 四期
 協卣 E540 四期	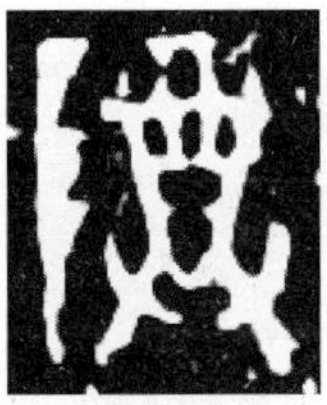 六祀邲其卣 5414 四期	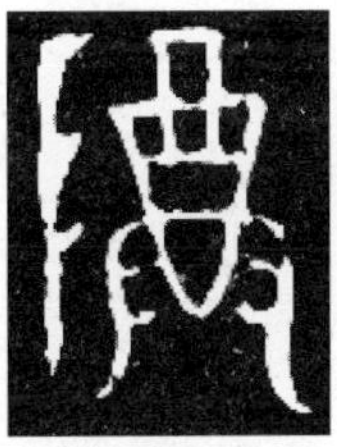 者姛方尊 5936 四期	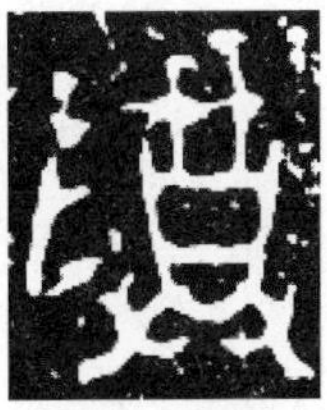 羌旐向觚 7306 四期	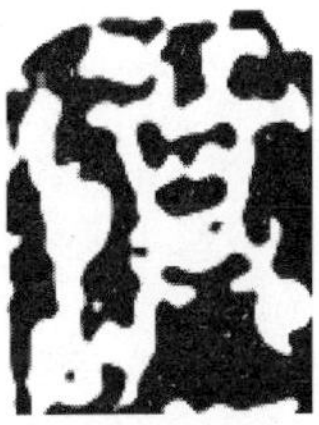 婦闖角 J910 四期	 小臣邑斝 9249 四期

 作母戊觥蓋 9291 四期	 㚔盉 E833 四期	 㑩缶作祖癸簋 3601 商末周初	 協作父丁罍 9821 商末周初	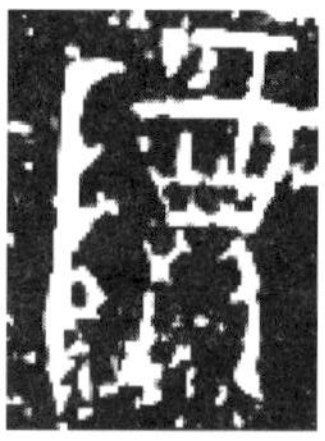 婦𡢁鼎 2403	
		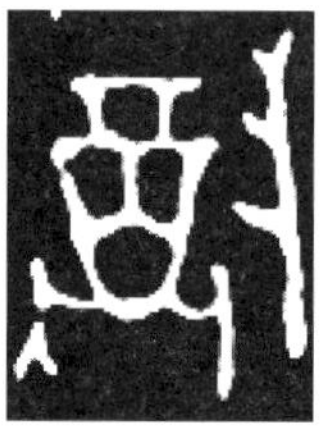 奴作父辛簋 3717 商末周初	 何作日辛觶 6505 商末周初	 亞受鼎 2594	 允冊卣 5186
 者姒觥 9294 四期	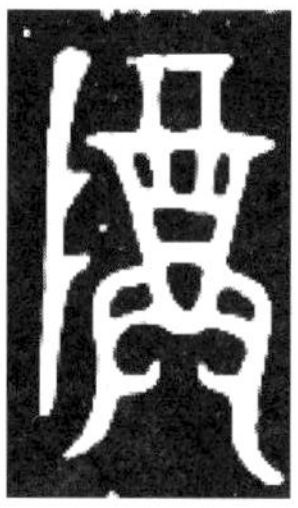 者姒方罍 9818 四期	 箙[illegible]卣 J596 商末周初	 咸𡚬子作祖丁鼎 2311	 𡭕冊簋 3604	
	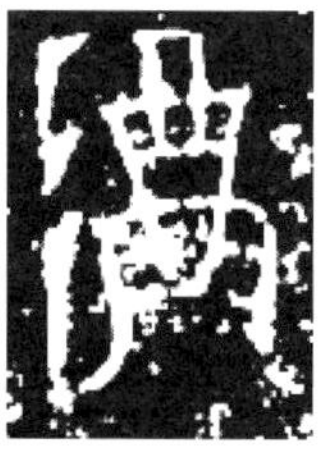 者姒罍 9819 四期		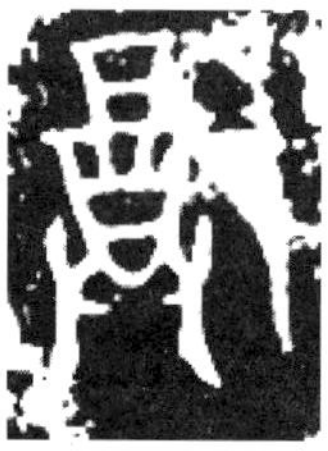 木[illegible]冊作母辛鼎 2328	 寢敄簋 3941	 黽作丁揚卣 5211
 者姒觥 9295 四期	 戍鈴方彝 9894 四期	 狽元作父戊卣 5278 商末周初	 季作兄己鼎 2335	 小子[illegible]鼎 2648	 竟作父辛卣 5286

亞𩰫作季卣
5238

犨作妣癸卣
5266

[illegible]作父辛卣
5285

尸作父己卣
5280

[illegible]作父癸
卣 5360

小臣𢆶卣
5378

小臣𢆶卣
5379 四期

馭卣 5380

彭作父乙尊
5894

犨作妣癸尊
5893

亞示作父己
觶 6484

朿父庚觚
7281

朿父庚觚
7282

[illegible]作父丁觚
7307

朿父庚爵
9056

朿父庚爵
9057

婦[illegible]爵 9092

婦[illegible]斝 9246

尸作父己壺
9576

婦姪罍 E889

婦[illegible]罍蓋
9820

818 亥

尹光鼎 2709 四期

亞古作父己簋 3861 四期

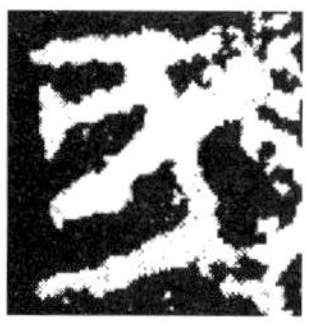

六祀𨛭其卣 5414 四期

作冊豊鼎 2711 四期

小子𦊱鼎 2648

嶲𤎼簋 3940

寢敄簋 3941

819 敢

殳敢父乙鼎 1833 商末周初

小臣𥁕卣 5378 四期

小臣𥁕卣 5379 四期

殳敢父乙鼎 8857

亞敢汝子鼎 1909

820 𠦪

𠦪盉 E833 四期

821 𠕁

𠕁勺 9909

822 丨

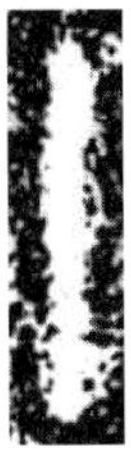 丨觚 6802 四期					

合　文

1二朋	2五朋		3十朋	4廿朋	5上下
 戍甬鼎 2694 四期	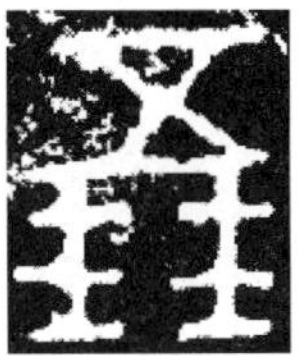	 宰椃角 9105 四期	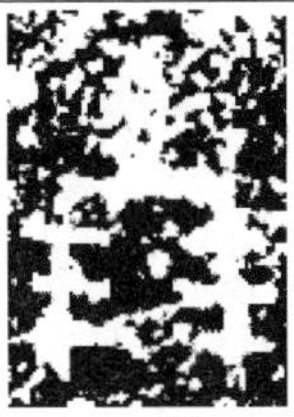 小子𦉢簋 4138 四期	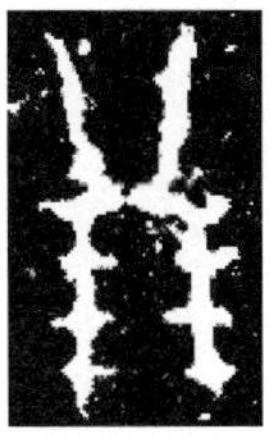 戍嗣鼎 2708 四期	 二祀邲其卣 5412 四期
 卯簋 3975 四期	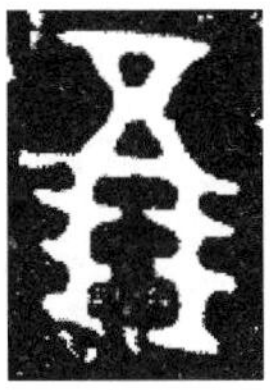 小子省卣 5394 四期		 小臣邑斝 9249 四期		
 小子畬卣 5417 四期			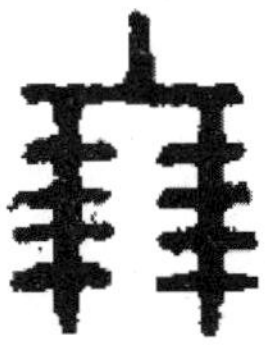 戍鈴方彝 9894 四期		
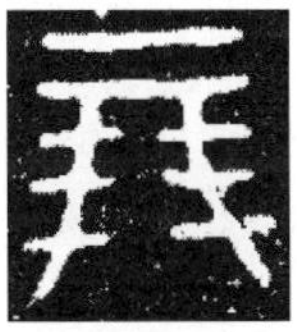 小子夫父己尊 5967 四期	 宰甫卣 5395 四期				
 寢孜簋 3941	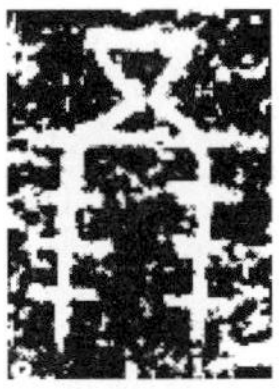 二祀邲其卣 5412 四期				

6 南門

南門父丙鼎 1567

7 無終

無終鼎 1450 三期

無終鼎 1451 三期

無終爵 7611 三四期

亡終戈 10881 三四期

無終鼎 1452 四期

無終觚 7023 四期

無終觚 7024 四期

無終爵 7612

8 北單

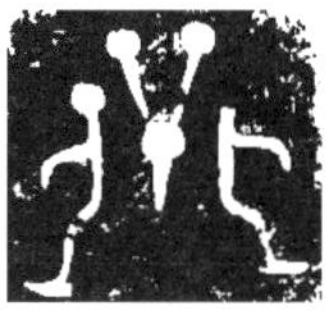

北單戠簋 3238 二期

戈北單爵 8806 二期

北單觚 7017 二期

北單戈觚 7195 二期

北單戈方彝 9868 二期

北單戈盤 10047 二期

北單矛 11445 二期

北單鐃 388 二期

北單鐃 389 二期

北單鐃 390 二期

北單矛 11446 二期

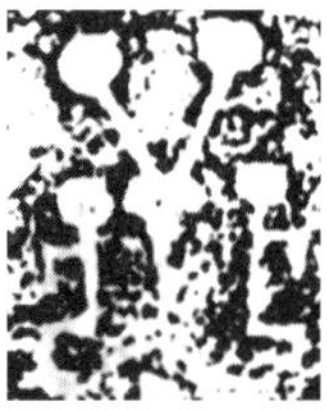

北單戈壺 9508 二三期

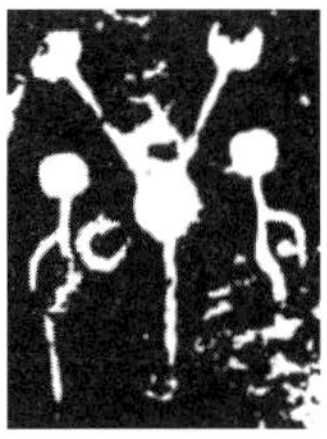

北單觶 6188 三四期

北單父乙簋 E369 四期

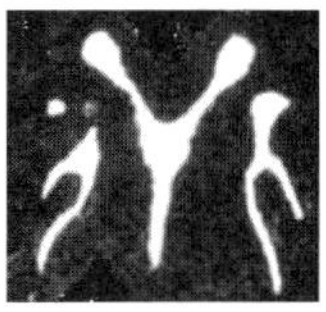

奴作父辛簋 3717 商末周初

9 西單

北單戈鼎 17477 三期

北單戈鼎 1748 三期

北單戈鼎 1749 三期

北單戈鼎 1750

北單簋 3120

北單觚 E662

北單爵 8174

戠北單爵 8807

北單戈父丁盉 9389

西單斝 9200 二期

西單光父乙鼎 2001 三期

西單觚 7015 三期

西單觚 7016 三期

西單觚 6784 三期

西單觚 J740 三期

西單爵 8259 三期

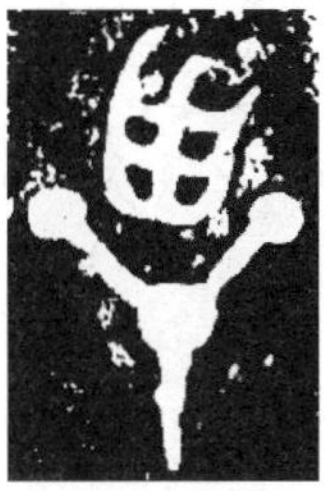
西單己觚 7193 三四期

西單父乙觶 6384 四期

□西單爵 E763 四期

西單父丁觶 6396

西單□觚 7194

西單爵 8257

西單光觚 7192

西單爵 8258

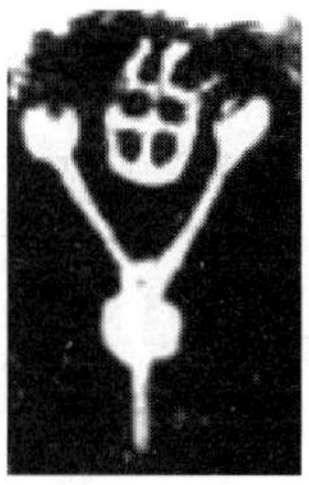
西單父丙爵 8884

10 西單[?]	11 西單盾	12 隻西單	13[?]典	14[?]冊	15[?]辰
 西單[?]祖己簋 3417 四期		 西單隻簋 3243 三四期		 [?]冊觚 J734 四期	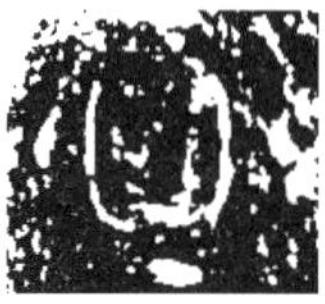 辰[?]父己尊 5646 四期
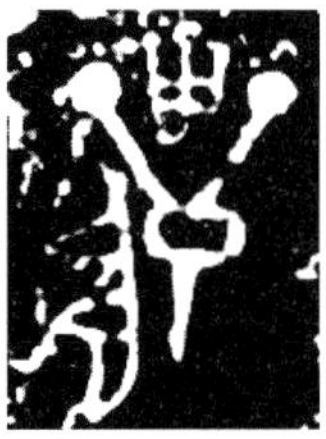 西單[?]觶 6364 三四期	 西單盾父丁 卣 5156 四期		 [?]典癸卣 50102 三期	 [?]典斦盤 10046	 [?]辰父己觚 7242 四期
 西單[?]爵 8808		 西單隻卣 5007	 [?]典鼎 1358	 [?]冊斦箕 10395	 [?]辰尊 5580
			 [?]典父乙卣 5051		 [?]辰父己觶 6400
					 辰[?]父己爵 8930

16 子[illegible]　　17 㚔旅　　18 正紟

子[illegible]觚 6903
三期

子[illegible]器
10515

㚔旅斝 J923
二期

㚔旅盤 10033
二期

㚔旅方彝
1371 二期

㚔旅觥 9259
二三期

㚔旅鼎 1370

㚔旅爵 7424

㚔旅觚 7000

㚔旅觚 7002

㚔旅尊 5578

㚔旅尊 5579

㚔旅觚 7001

㚔旅器 10343

㚔旅觚 7001

正紟觚 6942

19 正侯	20旜侯	21 來盾	22 聑□	23 北子	24 北覃
 正侯簋 3127 二期	 □戈 10770	 來盾觚 7027  來盾觚 7028  來盾戈 10868	 聑□□鼎 1752 二期  聑□勺 9913 三 四期  聑□父乙方彝 9871 四期  聑□父乙觶 6385  聑□爵 7723	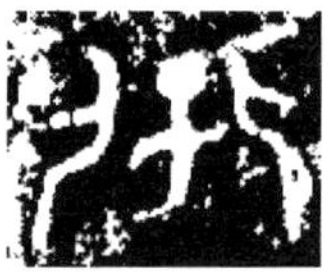 北子□父辛 卣 5165 四期 或周早	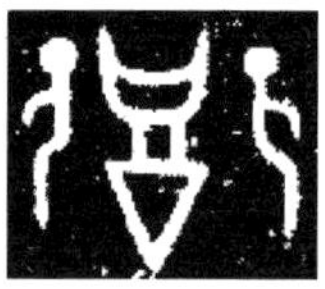 北覃父己簋 3324

25 北西

北西父癸爵
8962

26 羊□

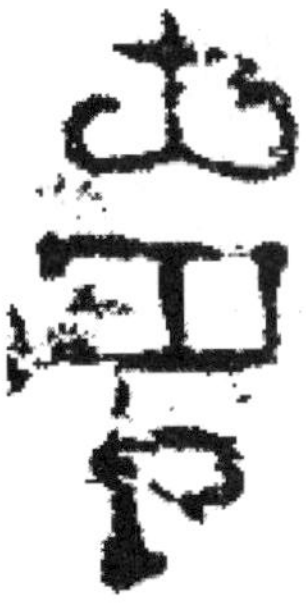

羊□觶 6184
三四期

羊□爵 8219
四期

羊□爵 8220
四期

羊□尊 5585
四期

27 [illegible]何

[illegible]何戊爵
9785

28 亞[illegible]

亞[illegible]鼎 1404

亞[illegible]觚 6977

亞[illegible]觚 6978

亞[illegible]觚 6979

亞[illegible]爵 7816

亞[illegible]弓形器
11872

亞[illegible]弓形器
11873

29 亞雔

亞雔觚 6980
三期

亞雔觚 J727
三期

亞雔觚 E656
三期

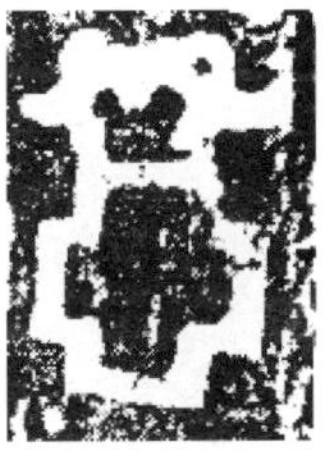

亞雔爵 7810

30 亞車

亞車邑瓿 9958

31 亞舟

亞舟鼎 1427 二期

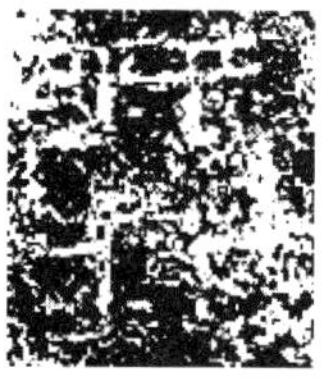
亞舟鼎 E186 二期

亞舟爵 7822

亞舟勺 9911 四期

32 豖癸

豖癸卣 4841

33 丯徵

丯徵祖壬觚 7217 四期

小子夫尊 5967 四期

丯徵父乙鼎 1823

丯徵母彝卣 5111

丯徵乎方鼎 1756

34 丩盾

丩盾父戊瓿 9957 三期

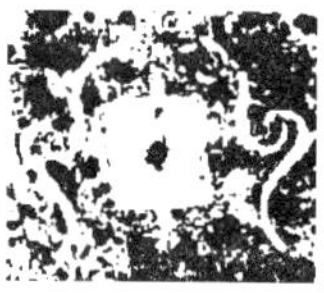
丩盾父戊卣 5161 三四期

丩盾父乙卣 5059 商末周初

35 六六六　36 七六八

 丩盾作父戊鼎 2011 四期	 丩盾父戊尊 5739	 丩盾父戊角 8531		 耳衡父庚爵 9074	
	 丩盾觚 7030	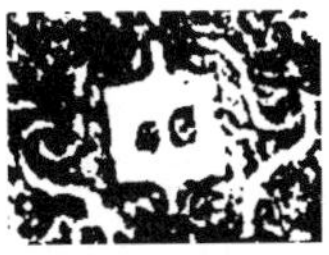 丩盾作父戊斝 9231	 丩盾父戊卣 5161 三四期		
 丩盾父乙父戊卣 5060 三四期	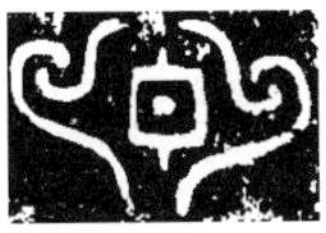 丩盾父乙觚 7226				
 丩盾父戊簋 3185	 丩盾父乙觚 7265	 丩盾父乙盉 9346			
 丩盾尊 5583	 丩盾作父癸爵 8923				

附　录

1⿰酉兇（酌）

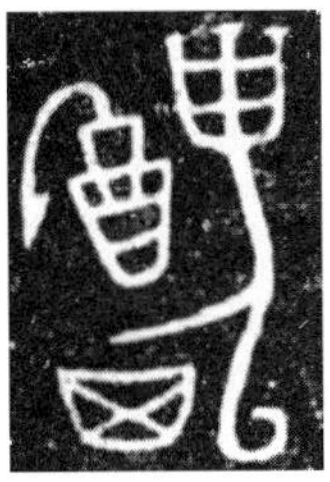 亞⿰酉兇鼎 1433	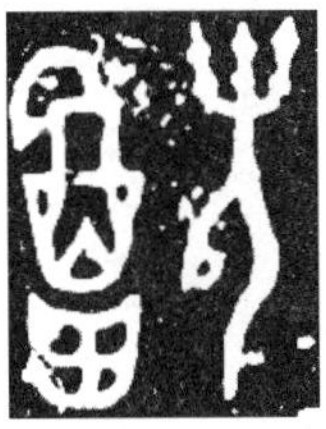 亞⿰酉兇鼎 1438 四期	 亞⿰酉兇鼎 1443 四期	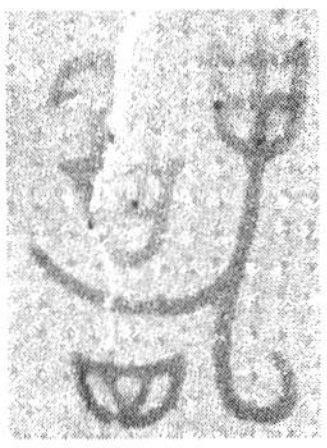 亞⿰酉兇簋 3098 四期	 亞⿰酉兇爵 7783 四期	 亞⿰酉兇爵 7786 四期
 亞⿰酉兇鼎 1434 四期	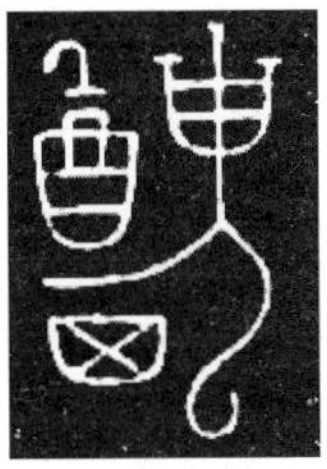 亞⿰酉兇鼎 1439 四期	 亞⿰酉兇鼎 1444 四期	 亞⿰酉兇簋 3095 四期		 亞⿰酉兇爵 7787
 亞⿰酉兇鼎 1435 四期	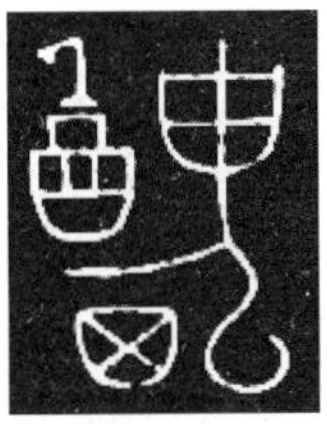 亞⿰酉兇鼎 1441 四期	 亞⿰酉兇簋 3096 四期	 亞⿰酉兇爵 J872 四期	 亞⿰酉兇爵 7784 四期	 亞⿰酉兇觶 6159 三四期
 亞⿰酉兇鼎 1436 四期	 亞⿰酉兇鼎 1442 四期	 亞⿰酉兇簋 3097	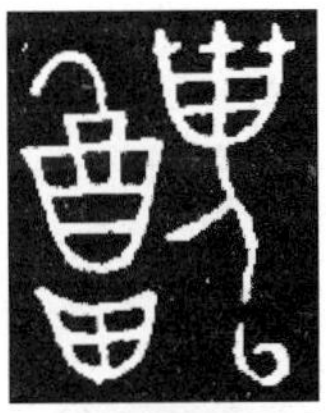 亞⿰酉兇簋 3099 四期		 亞⿰酉兇觶 6160 三四期
 亞⿰酉兇鼎 1437 四期	 亞⿰酉兇鼎 1440 四期	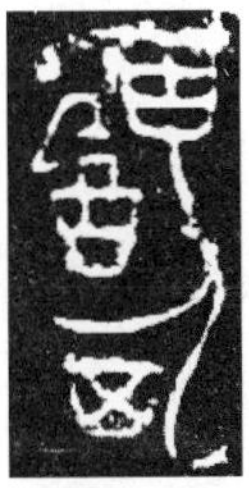 亞⿰酉兇鼎 1445 四期	 亞⿰酉兇器亞⿰酉兇器 10497	 亞⿰酉兇爵 7785 四期	 亞⿰酉兇觚 6967

亞醜卣 4810
四期

亞醜方彝
9849 四期

亞醜方彝
9850 四期

亞醜罍 9763
商末周初

亞醜罍 9764
四期

亞醜卣 4809
三期

亞醜卣 J560
三四期

亞醜方彝
9848 四期

亞醜尊 5563

亞醜卣 4806

亞醜卣 4807

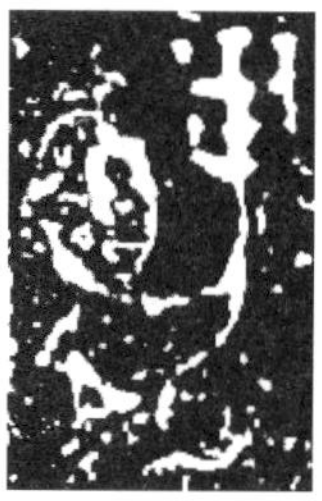
亞醜卣 4808
四期

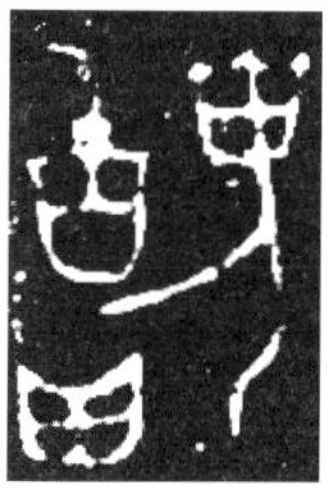
亞醜斝 9159
三期

亞醜尊 5559

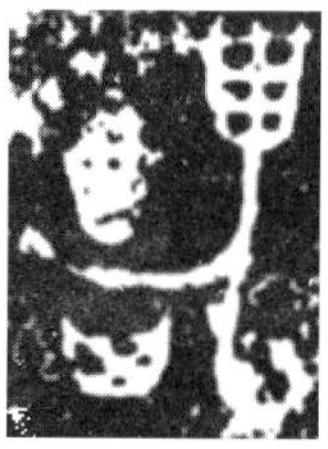
亞醜尊 5560

亞醜尊 5561
四期

亞醜尊 5562
四期

亞醜觚 J728
四期

亞醜觚 6968
四期

亞醜觚 6969
四期

亞醜方觚
6970 四期

亞醜觚故青
86 四期

亞醜罍 9766
四期

亞醜盉 9323

亞醜方罍
9765 商末周
初

 亞醜父丙鼎 1837 四期	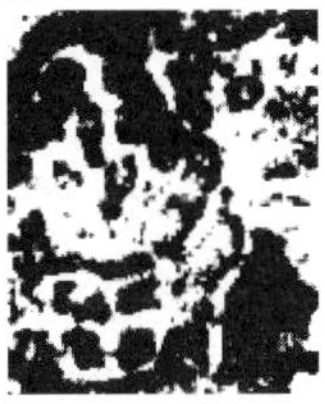 亞醜鉞 11743 三期	 亞醜矛 11439 四期	 亞醜鐃 398 四期		 亞醜父辛鼎 1884
 亞醜父丁鼎 1839 四期	 亞醜斧 11777 四期	 亞醜矛 11440 四期	 亞醜父丁盉 9373 商末周 初	 亞醜罍 9767 四期	 亞醜父乙尊 5728 四期
 亞醜父丁鼎 1840 四期	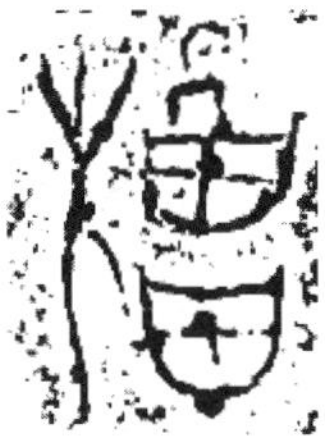 亞醜錛 11796 四期	 亞醜矛 11441 四期			 亞醜父丁尊 5735
 亞醜父己鼎 1867 四期	 亞醜錛 11797 四期	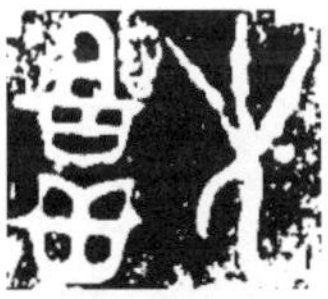 亞醜矛 11442 四期	 亞醜戈 10839 四期	 亞醜盉 9324 商末周初	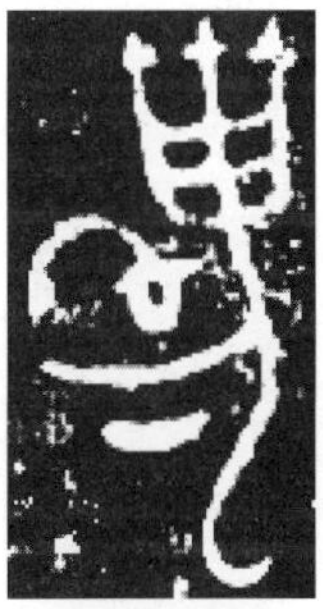
 亞醜父辛鼎 1883 商末周 初	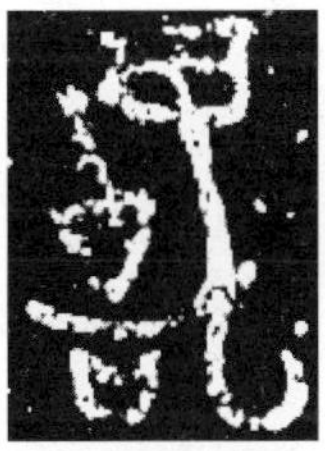 亞醜父乙鼎 1819 四期	 亞醜矛 11443 四期	 亞醜矛 11438 四期	 亞醜母盉 9366	 亞醜父丙角 8882 四期

 者姒方尊 5936 四期	 季作兄己鼎 2335 四期	 亞䰘嫞鐃 399 四期	 亞䰘父丁觚 7230 四期	 䰘父丁簋 3178 四期	 者姒方尊 5935 四期
	 季甗 886 四 期	 季尊 5840 四 期	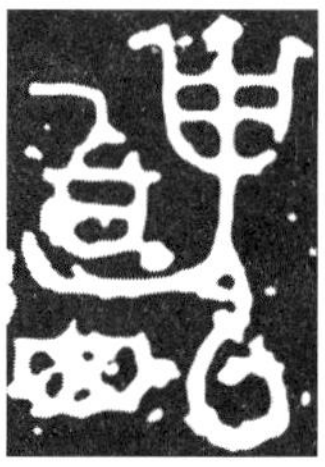 亞䰘父丁鼎 E229 四期	 亞䰘父丁簋 3310 四期	
 者姒觥 9294 四期		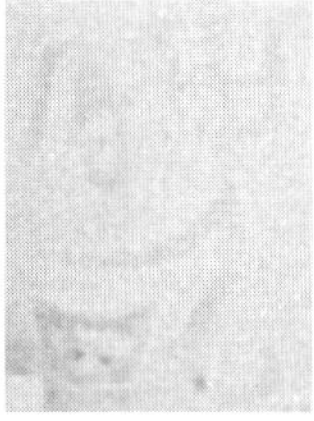 叀尊 E576 四 期	 亞䰘父辛卣 5085 三四期	 亞䰘父辛簋 3331	 者姒方罍 9818 四期
	 季卣 5238 四 期	 彭作父乙尊 5894		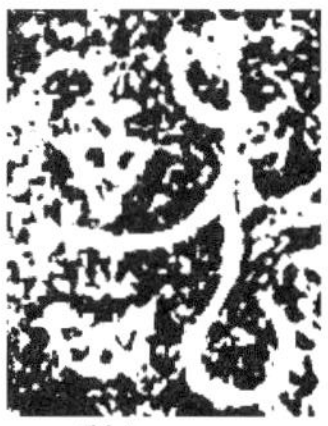 亞䰘父辛簋 3332 四期	 者姒罍 9819
 者姒觥 9295 四期	 者姒爵 9090 四期	 婦鴴觚 7287 四期	 亞䰘杞婦卣 5097 四期	 亞䰘父辛簋 3333	

2

 冎父己鼎 1607 二期	 冎天爵 8144 二三期	 冎觶 647 三四期	 冎父癸鼎 1673 四期	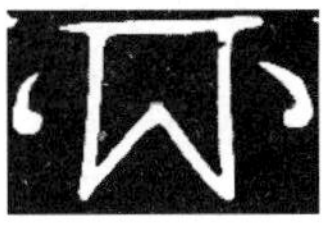 冎鼎 J201 四期	 冎爵 J801 四期
 冎父丁鼎 1576 二期	 冎鼎 1158 三期	 冎爵 7657 三四期	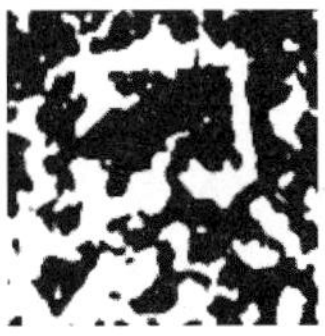 冎作父辛鼎 1886 四期	 尹光鼎 2709 四期	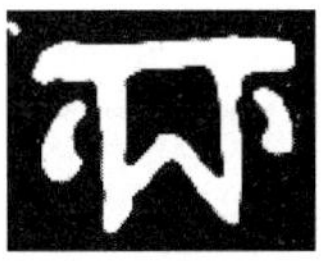 冎爵 J802 四期
 冎鼎 1161 二期	 冎鼎 1160 三期	 冎卣 J554 三四期	 冎鼎 J200 四期	 冎甗 770 四期	 冎爵 J799 四期
 冎爵 7656 二期	 冎簋 E340 三四期	 冎簋 J377 四期	 冎鼎 J202 四期	 冎爵 7659 四期	 冎觚 J713 四期
 冎卣 4717 二三期	 冎父辛簋 3069 三四期	 冎爵 7658 四期	 冎方鼎 1162 四期	 冎爵 7660 四期	 冎觚 J712 四期

 □尊 5483 四期	 □卣 4718 四期	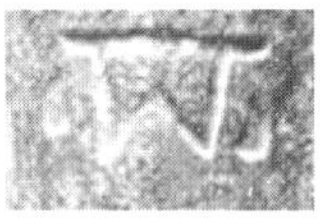 □矛 11426 四期	 □父己鬲 482	 □簋 2995	 □祖丁簋 3135 二三期
 □父戊尊 5641 四期	 □卣 J553 四期	 □父癸鼎 J239 四期	 □甗 769	 □簋 2996	 □父辛簋 3199
 □父辛尊 5658 四期	 嶲卣 5397 四期	 □父己鼎 1608	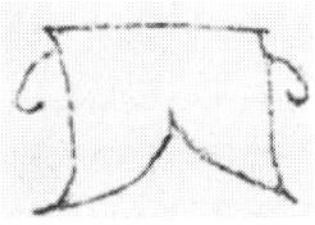 □簋 2994	 □簋 2997	 □爵 J800
	 □罍 J977 四期	 □父辛鼎 1647	 □父乙鼎 1541	 □簋 2998	 □爵 7661
 □卣 4714 四期	 □罍 9757 四期	 □鼎 1159	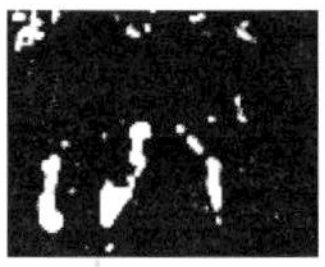 □父乙鼎 1542	 □簋 2999	 □爵 7662

 亞冈爵 7826	 冈爵 7655	 冈父己觚 7127	 冈尊 5485	 冈父辛壺 9505	 冈卣 4719
 冈乙爵 8005	 冈祖癸爵 8366	 冈觶 6073	 冈尊 5486		
 冈乙爵 8006	 冈父己爵 8572	 冈觶 6074 三 期	 冈尊 5487	 冈卣 4713	 冈卣 4715
 冈己爵 8041	 冈母己爵 8738	 冈父辛觶 6306	 冈祖癸尊 5611	 冈卣 4712	
 冈祖辛爵 8353	 冈觚 6763	 冈尊 5484 二 三期	 冈父癸尊 5673	 冈卣 4716	 冈丁卣 4828

3〓

〓祖癸卣
4899

〓父乙卣
4920

〓父己卣
4966

〓父辛卣
4973

〓己觥 9263

〓盤 10015

〓父乙鼎
1543

〓父己鼎
1609

〓父己鼎
1610

〓父己鼎
1611

〓爵 7666

〓祖丁父乙
爵 8993

〓父己卣
4965

〓木父辛冊
卣 5166

〓鐃 377 二期

〓鐃 378 二期

〓鐃 379 二期

〓尊 5446 二
期

〓鉞 11720 二
期

〓父癸爵
8675 二三期

祖辛禹方鼎
2111 三期

 祖辛禹方鼎 2112 三期	 黄簋 3114 三四期	 黄祖己角 8337 三四期	 黄父癸鼎 J236 四期	 黄父癸方鼎 1670 四期	 齊婦鬲 486 四期
 黄簋 2941 三期	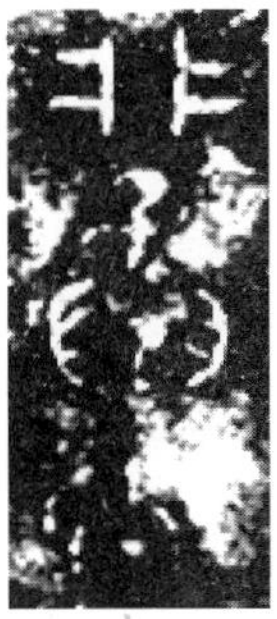 黄父乙角 8381 三四期	 黄父辛角 8608 三四期	 黄父乙方鼎 1524 四期	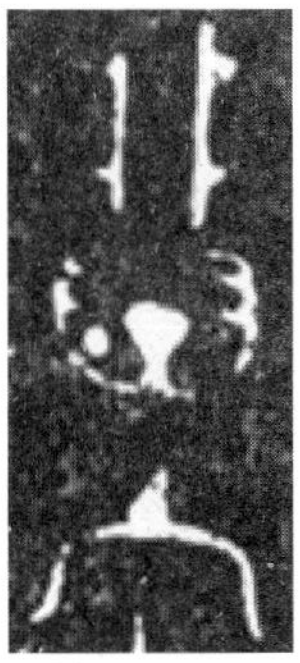 黄父癸鼎 J237 四期	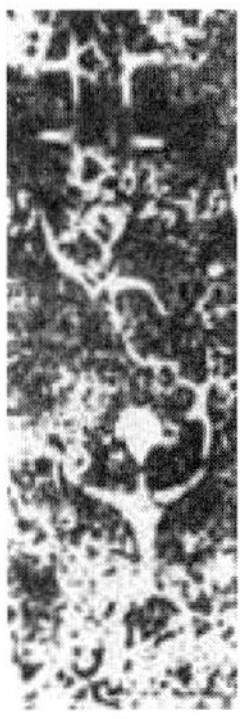 黄叡甗 796 四期
 黄卣 J545 三期	 黄父癸爵 8673 三四期	 黄叡鼎殘片 E182 四期	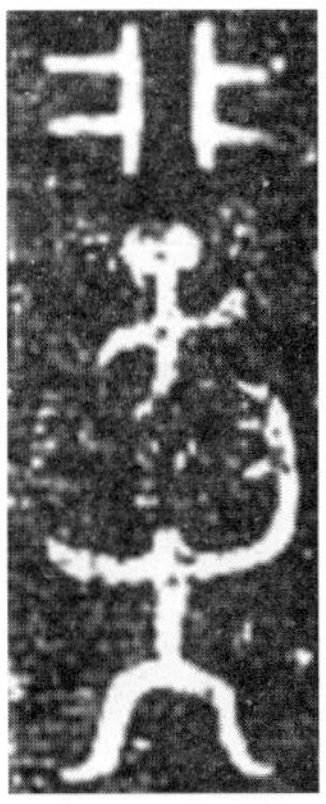 小臣缶方鼎 2653 四期	 黄父方鼎 E198 四期	 商婦甗 867 四期
 黄父己爵 8540 三四期	 黄觶蓋 6023 三四期	 黄父己鼎 1603 四期	 黄父己鼎 1604 四期	 黄叡鼎 1380 四期	 黄父乙簋 3147 四期

 黄䖑簋 3112 四期	 黄父癸豆 J540 四期		 黄䖑角 8169 四期		 黄䖑斝 9176 四期
 黄父丁簋 3169 四期	 黄父癸爵 8674 四期	 婦闒角 9092 四期	 黄䖑觚 6918 四期	 黄䖑觶 6187 四期	 黄[illegible]斝 9175 四期
 小子冔簋 4138 四期	 黄䖑爵 8167 四期	 黄父丁角 E798 四期	 黄䖑觚 6919 四期	 黄父丁方觶 6255 四期	 婦闒斝 9247 四期
 黄䖑豆 4652 四期	 婦闒角 9093 四期	 黄父戊角 8517 四期	 黄亞次觚 7180 四期	 黄父癸觶 J663 四期	 黄父丁尊 5629 四期

 黄母己尊 5679 四期		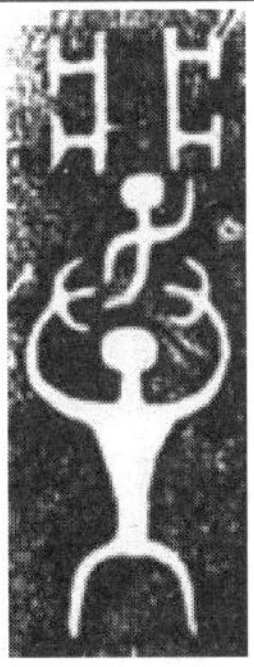 黄父辛卣蓋 4980 四期	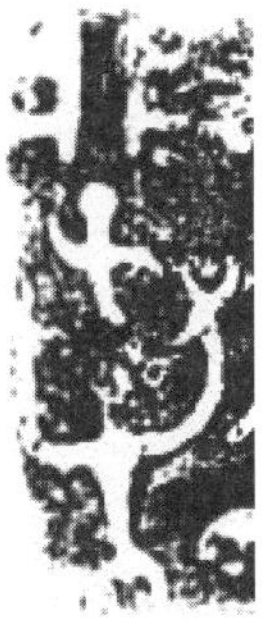 黄䖒方卣 4878 四期		 小臣兒卣 5351 四期
 子啟尊 5965 四期	 黄父己卣 4960 四期	 黄父己母癸 卣蓋 5163 四 期	 黄䖒卣 4879 四期	 婦闖卣 5349 四期	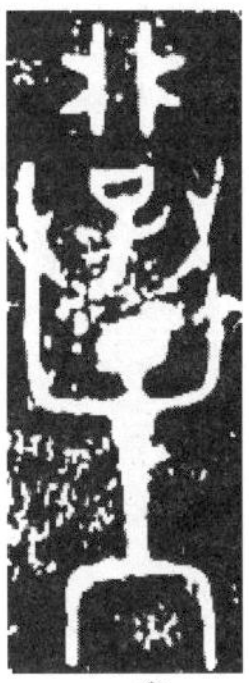 小子畚卣 5417 四期
 黄祖癸尊 5610 四期					
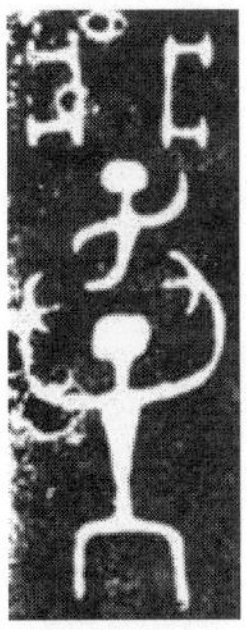 黄父乙卣 4926 四期	 黄父己卣 4961 四期	 黄䖒卣 4877 四期	 黄祖辛卣 5201 四期	 態卣 5362 四 期	 婦闖卣 5350 四期

	 文嫊己觥 9301 四期	 [非大]黴鼎 1490 商末周初	 祖辛禹罍 9806 商末周初	 [非大]父丁鼎 1572	 [非大]兄戊父癸 鼎 2019
 小子售卣 5394 四期	 [非大]獻罍 9770 四期	 [非大]父辛觶 6301 商末周初	 [非大]父甲鼎 1521	 [非大]父丁鼎 1573 四期	 [非大]母㕣父癸 鼎 2020
	 [非大]父乙方鼎 1523 商末周初	 [非大]父癸觶 6326 商末周初	 [非大]父乙鼎 1525	 [非大]父丁鼎 1570	
 [非大]父乙觥 9269 四期	 [非大]父乙鼎 1526 商末周初	 [非大]父乙尊 5618 商末周初	 [非大]父乙鼎 1527	 [非大]父丁鼎 1571	 小子[罒共]鼎 2648

 作歲婦方鼎 2140	 黃雔甗 795	 黃父乙簋 3145	 黃爵 7418	 黃朩辛爵 8799	 黃亞□爵 8771
 婦闖鼎 2403	 黃簋 2942	 黃父乙簋 3146	 黃父己爵 8539	 黃每爵 8134	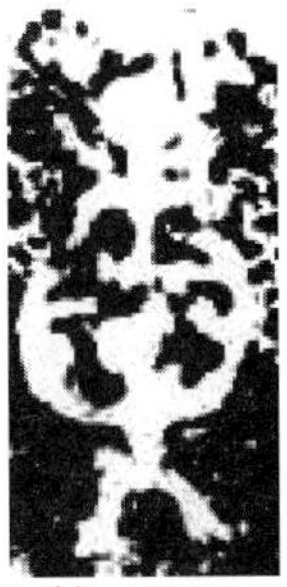 黃亞□爵 8772
 黃登鼎 1491	 黃父丁簋 3170	 黃父乙簋 3148	 黃父庚爵 8587	 黃婦爵 8135	 黃亞□爵 8773
 黃母鬲 461	 黃母辛簋 3224	 黃逋簋 3113	 黃父辛爵 8607	 黃叡爵 8168	 黃亞□爵 8774

黄逐母丙爵 8977

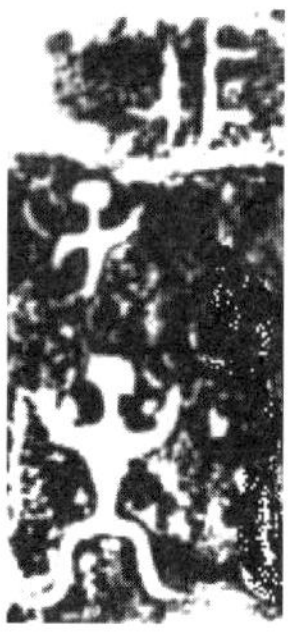
黄父乙角 8379

黄父乙觚 7093

黄父乙觚 7094

黄父乙觶 6218

黄父癸觶 6327

麇婦爵 9029

黄父乙角 8380

黄父辛觚 7140

黄父丁觚 7109

黄父辛觶 6300

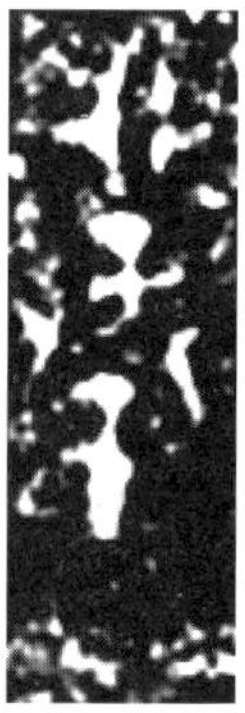
黄母己觶蓋 J664

麇婦爵 9030

黄觚 6538

黄觶 6022

黄父戊觚 7121

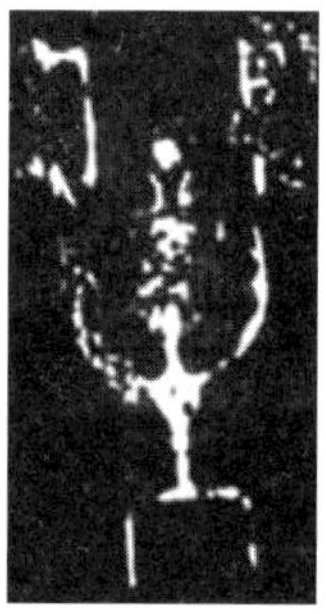

黄角 7420

黄父乙觚 7092

黄觶 6024

黄父庚觚 7137

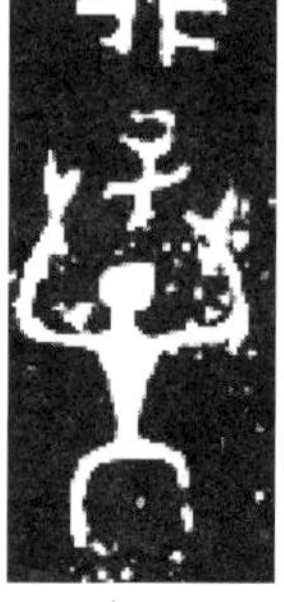
黄母辛觶 6345

黄兄辛壺 9507

 黄父癸斝 9219	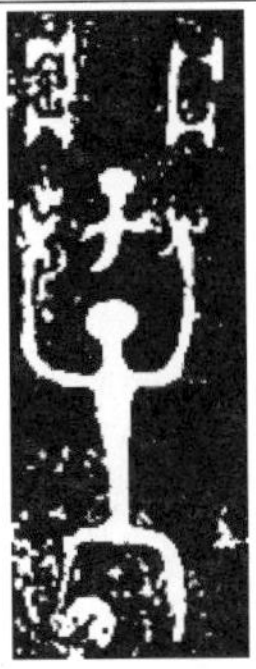			 作父辛卣 5171	
 婦闔斝 9246	 黄卣 4759	 黄父丁卣 4938	 黄作父乙卣 5148 四期	 黄父乙觥 9270	 黄婦卣 4844
 黄尊 5447 四 期					
 黄父癸卣 4998	 黄祖癸卣 4900	 黄母己卣 5000	 黄[illegible]卣 5011 四期	 文父丁觥 09284	 黄徽卣 4876

黄叔父辛卣
5167

黄父癸卣
5172 四期

窺豊卣 5360

婦娅罍 E889

黄父庚盉
4967

婦闖罍 9820

黄𠭯盉 9327
商末周初

黄婎鐃 393

黄婎鐃 394

黄戈 10648

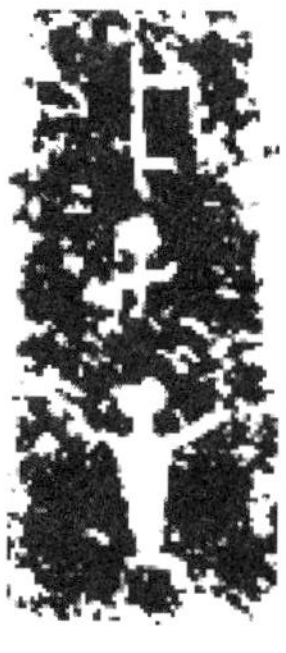

黄矛 11413

黄戈 10647

黄父丁器
10520

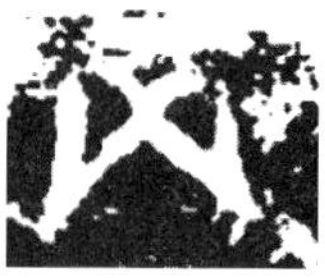

青爵 E741
三四期

青觚 7198
三四期

青觚 7200
三四期

青觚 E671
三四期

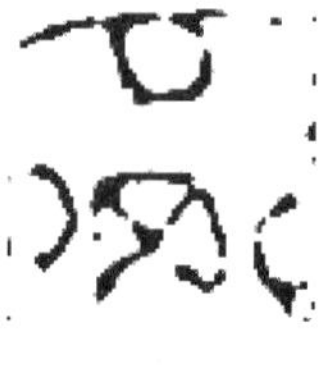

青斝 9194
四期

5

6

鼎 1765

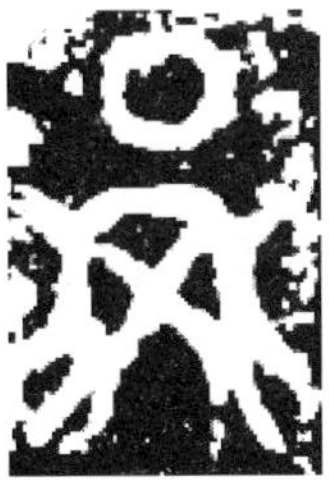
爵 8793

爵 8794

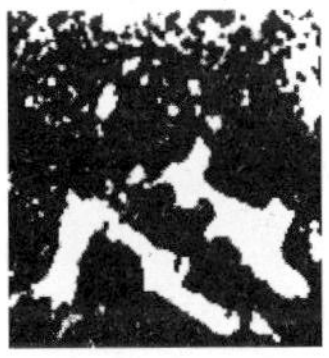
觚 7199

壺 9471 二期

父癸爵 8718 三四期

觚 6762 四期

爵 7697 四期

鼎 1153

爵 7698

父甲鼎 1522

父乙觚 7090

父己卣 4953

觚 6604 二期

爵 7457 二期

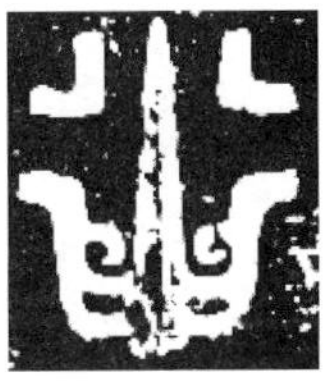
觶 E593 三期

戈 10778

斧 11764

弓形器 11867

斧 11765

車器 12003

冊父甲觚 7222

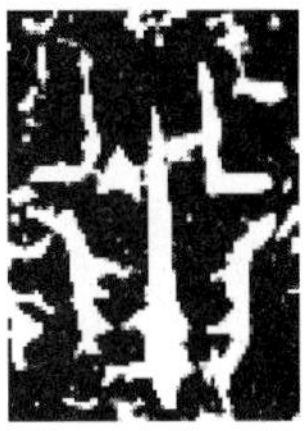
冊車器 12017

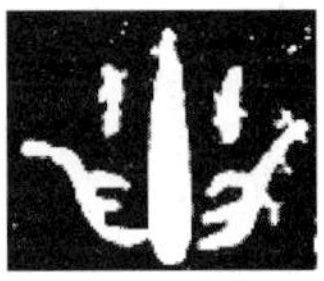
冀母父癸鼎 2020

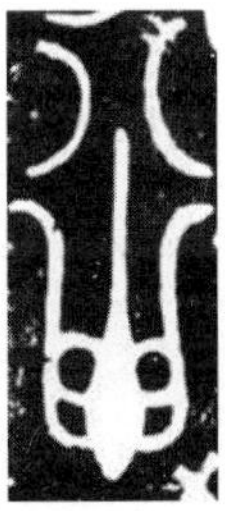
冀母父癸卣 5172 四期

弓戈 10878

7 ⊛ 8 ○ 9 ◇

 ⊛斝 9148 二期	 ⊛爵 7717	 ○鼎 1065	 ◆鼎 E129 二期	 目◇民爵 8815 三期	 ◇爵 7748
 ⊛簋 J376 三期	 ⊛觚 6753	 ○卣 J551 四期	 ◇斝 9149 二期	 ◇簋 J387 四期	 僭◇爵 8165
 ⊛盤 10010 三四期	 ⊛觚 6753		 ◇簋 2951 三期	 ◇大中爵 8166 四期	 ◇竝爵 8181
 ⊛鼎 1151	 ⊛戈 10746		 ◇箙卒觚 7188 三期	 ◇ㄐ父戊爵 8527 四期	 ◇ㄐ爵 8278
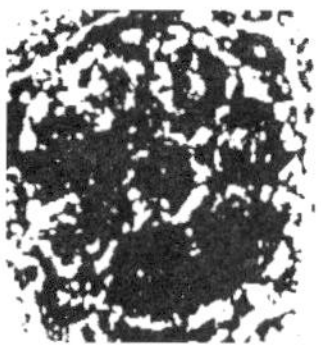 ⊛鼎 1152			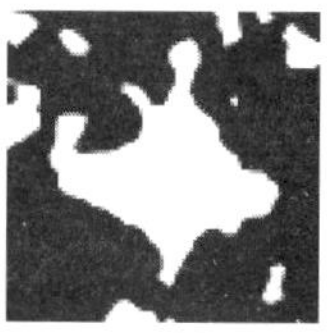 ◇箙卒爵 8814 三期	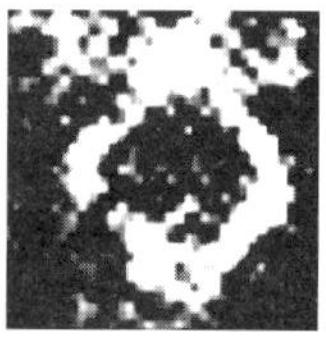 ◇戈 E1043 四期	 ◆ㄧ父丁簋 3429 商末周初

	10 ∞	11 目	12 日	13 □	14 □
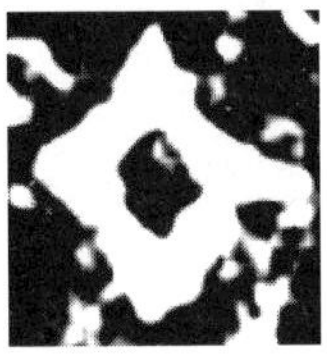 ◇羍箙父乙簋 3302	 子∞觚 6900 二期	 目爵 E691 四期	 日勺 9908 三四期	 □鼎 J177 二期	 □爵 E687 二期
 ◇爵 7747	 子∞觚 6901 二期	 目爵 E692 四期	 日戈 10771	 □文爵 8272 二期	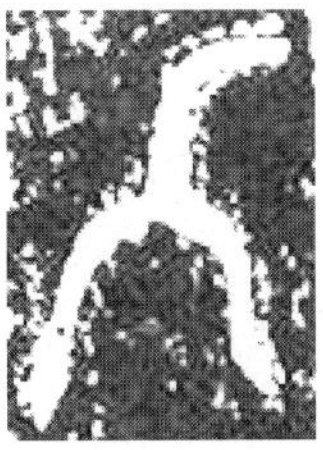 □爵 E688 二期
	 ∞干首 11913		 日戈 10772	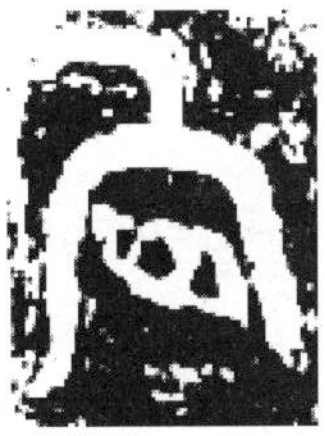 □爵 7696	 □觚 E640 二期
 子◆□父甲盉 9387 筆者以為◇與◆是一字之異。	 亞□∞爵 8786			 □戈 10669	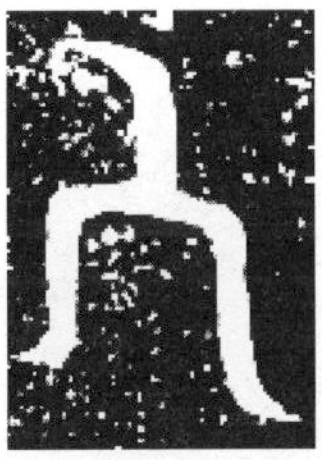 □鍑 4765 二期
					 □戈 E1046 二期

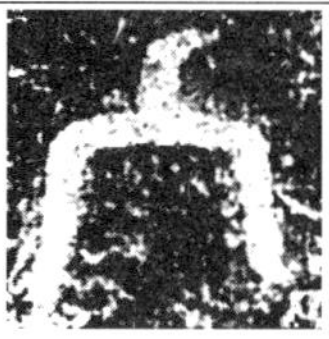 𠆢鼎 1157 二期	 𠆢己鼎 E178 三期	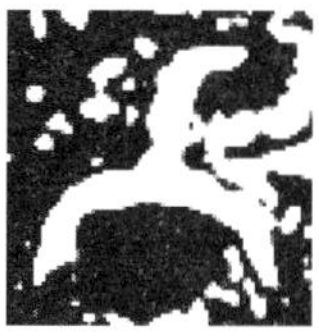 𠆢卣 4764 四期	 龔𠆢斝 9175 四期	 𠆢觚 6765	 𠆢爵 7691
 𠆢簋 2990 三期	 𠆢丁觚 6832 三期	 𠆢乙爵 E729 四期	 𠆢尊 5493 四期	 𠆢觚 6766	 𠆢爵 7692
 𠆢簋 2991 三期	 𠆢爵 J798 三四期	 𠆢父丁簋 3174 四期	 𠆢父辛簋 J397 商末周初	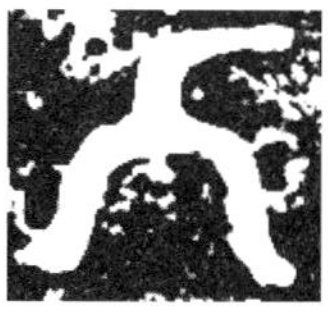 𠆢尊 5494	 𠆢父乙罍 9786
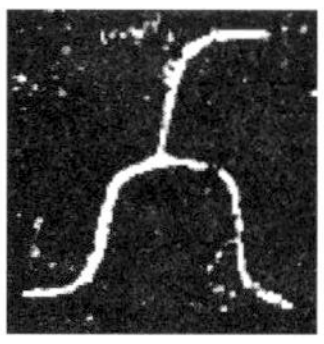 𠆢簋 2992 三期	 𠆢父丁爵 8491 三四期	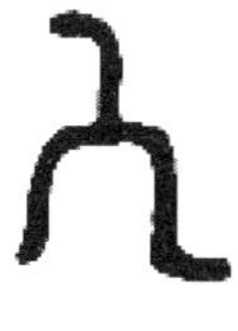 𠆢父辛尊 J619 四期	 𠆢鼎 1155	 𠆢爵 7689	 𠆢父丁器 10519
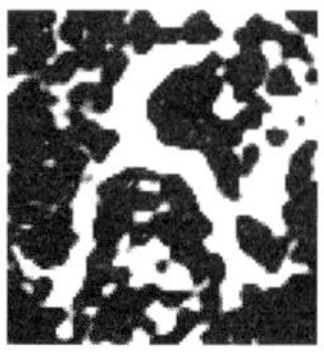 𠆢器蓋 J1056 三期	 𠆢觚 6767 四期	 𠆢戔父丁觚 7237 四期	 𠆢爵 7688	 𠆢爵 7690	 𠆢父丁爵 8492

15 丯

凡己爵 8037

凡父乙簋 3152 四期

凡父乙爵 8417

凡父乙觶 6233

凡父乙觶 6234

凡父辛鼎 8655

凡父癸鼎 1672

凡父癸鼎 8729

凡祖乙爵 8316

凡祖乙爵 8317

凡父己爵 8575

凡父己觚 7129 三四期

凡父辛觶 6308

凡祖丙觶 6202

凡祖癸爵 8365

凡安卣 4881

凡父辛卣 4983

丯尊 5507 二期

丯父己觚 7136 二期

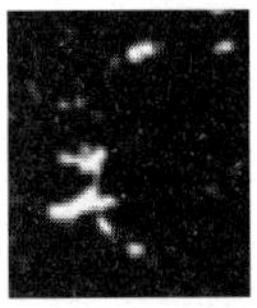
丯父己觶 6283 三四期

丯乙鼎 1284 四期

丯乙觚 6820

丯己爵 8034

丯己觚 6836

16

戈 10596

戈 10597

戈 10598

戈 10599

戈 10600

戈 10601

戈 10602

戈 10603

戈 10604

戈 10605

戈 10606

戈 10607

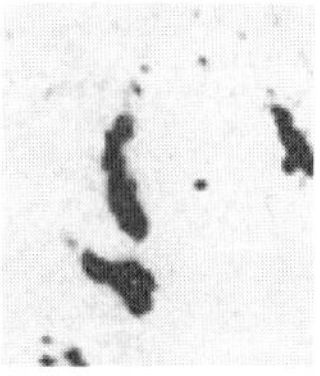
戈 10608

戈 10609

戈 10610

戈 10611

戈 10612

戈 10613

戈 10614

戈 10615

戈 10616

戈 10617

戈 10618

戈 10619

戈 10620

戈 10621

戈 10622

戈 10623

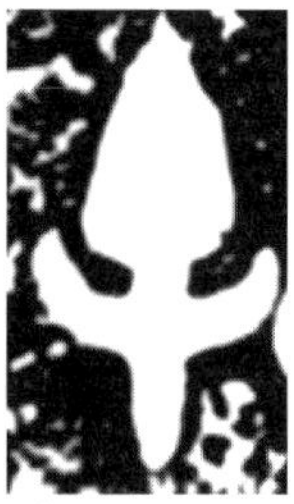
戈 10624

戈 10625

戈 10591

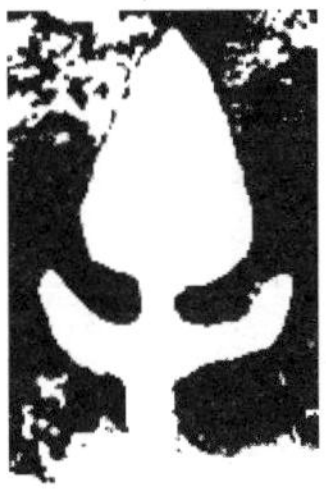
戈 10592

戈 10593

戈 10594

戈 10595

戈 10626

戈 10627

戈 E1053

17

戈 J1062 二期

鉞 11754 二期

18

鐃 360 二期

戈 10759

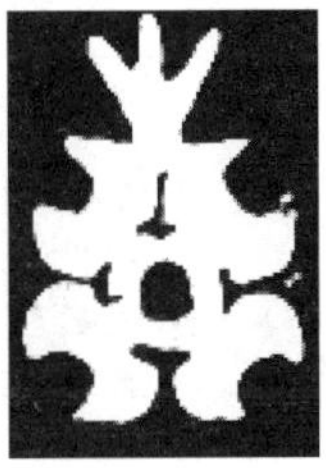
戈 10760

戈 10761

此字或是壴字。

19

鼎 1138

爵 7701

觚 6745

20

橐卣 4796

橐尊 5502

橐爵 7766

21 〓	22 ↑	23 〓	24 〓	25 寘	
 〓觚 6795	 ↑爵 J778 二期	 〓觚 6944	 谷〓父爵 J907 四期	 亞寘鼎 1423 三期	 亞寘止簋 J407 三期
 〓觚 6796	 ↑斧 11770 二期	 〓白觚 7187	 谷〓父爵 J908 四期	 亞寘止鼎 1424 三期	 亞寘角 7793 三期
 〓戈 10726	 ↑爵 J791 四期	 〓爵 7704		 亞寘聞〓方鼎 1944 三期	 亞寘角 7794 三期
	 ↑鐮 11823	 〓爵 7705	 谷〓卣 4866 四期	 亞寘止鼎 J247 三期	 亞寘址鼎 J245 三期
	 ↑器 10492		 谷〓告觶 6359	 亞寘止鼎 J246 三期	 亞寘觚 6986 三期

				26 	27 
 亞㠱觶 J652 三期		 亞㠱鼎 2427 四期	 亞㠱止鐃 J116	 爵 7601	 觚 J703 二 期
 亞㠱址斝 J924 三期	 亞㠱皇祈卣 5100 三四期	 亞㠱父丁觚 7293 四期	 亞㠱矛 11444	 爵 7602	 觚 6757 二 期
 亞㠱止鐃 J114 三期	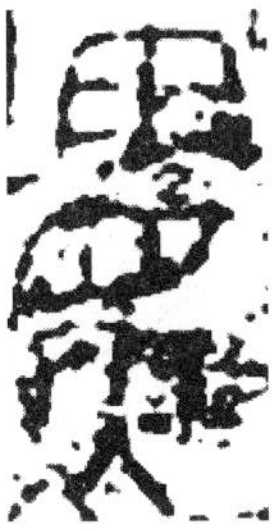	 孤竹亞㠱罍 9793 商末周 初	何景成释 "害夫"。		 罍 9749 二 期
 亞㠱止鐃 J115 三期	 亞㠱父丁卣 5271 三四期	 亞㠱爵 8777			 癸觚 6841 二期
 亞㠱鄉宁鼎 2362 四期	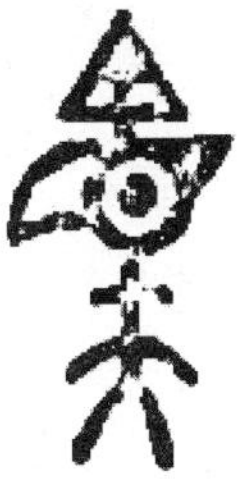 亞㠱孤竹鼎 2033 四期	 亞㠱鐃 386			 母鼎 2026 二期

尊 5491 二三期

父丁鼎 1579 三期

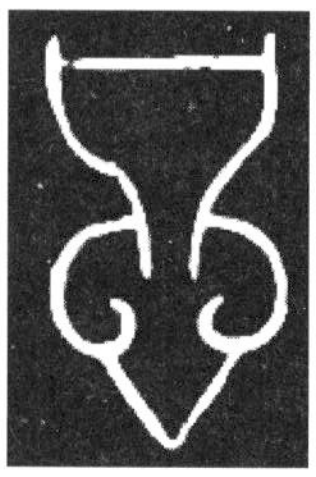

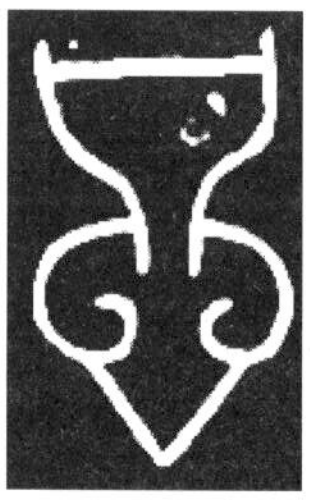
父丁卣 4949 三四期

父戊盤 10042 三四期

馬父辛觶 5749 三四期

簋 3016 四期

簋 3017 四期

爵 J796 四期

婦丁尊 E559 四期

万父丁鬲 499 四期

鼎 1191

爵 7594

爵 7595

戈 10751

爵 7596

爵 7597

爵 7598

觚 6758

器 10496

戈 10750

戈 10752

戈 10753

戈 10754

丁冊爵 8791

父丁鼎 1578

父丁鼎 1580

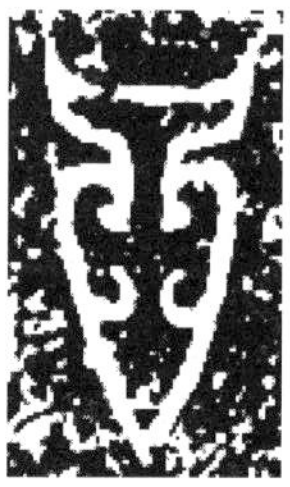
父丁尊 5632

父丁爵 8488

28  29 

 祖丁爵 8326	 爵 7600 三四期	 爵 7674 二期	 爵 7676 二三期	 父丁爵 8481 二三期	 鼎 1179 三期
 双正 罍 5696	 冊爵 J862 三四期	 瓿 9945 二期	 簋 3009 二三期	 父癸爵 8726 二三期	 辛鼎 1389 三期
 父庚觶 6294	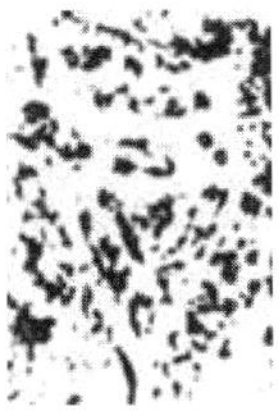 匕 966	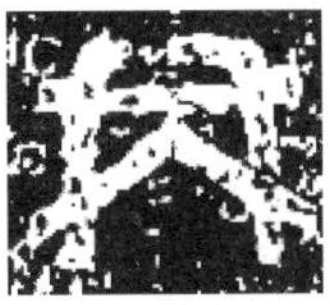 辛觚 E651 二期	 簋 3010 二三期	 父癸爵 J885 二三期	 辛鼎 1390 三期
 父癸鼎 1680		 戊爵 8262 二期	 戈 10714 二三期	 鼎 J203 三期	
		 癸簋 3089 二期	 丁壺 9484 二三期	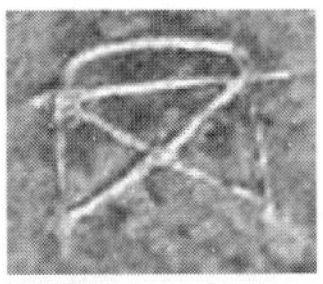 鼎 E132 三期	 癸乙方彝 9874 三期

 己簋 3088 三期		 丁尊 5549 三四期	 父戊爵 8533 三四期	 鼎 1178 四 期	 觚 E624 三 四期
 癸鼎 1392 三期	 乙卣 4823 三四期	 丁觚 6831 三四期	 父戊爵 8532 三四期	 鼎 1181 四 期	 尊 5488 四 期
 乙尊 5546 三四期		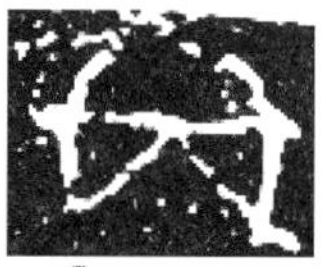 父癸爵 8723 三四期	 亞皀觶 6356 三四期	 簋 J379 四 期	 卣 4729 四 期
 乙爵 J817 三四期	 丁盤 10026 三四期	 父癸爵 8724 三四期	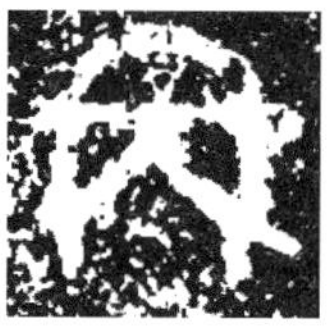 鼎 1176 四 期	 爵 7678 四 期	
 己爵 8040 三四期	 戊觶 6177 三四期	 父辛鼎 1652 三四期	 鼎 1177 四 期	 爵 7681 四 期	 卣 4730 四 期

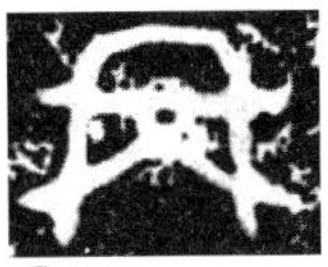 □卣 4731 四期	 □癸觚 6843 四期				
 □乙簋 3086 四期	 □父乙觚 7100 四期	 □父辛卣 4986 四期	 劦冊□觥 9283 四期	 □癸卣 4838 商末周初	 □鼎 1182
 □丁簋 3087 四期	 □父乙尊 5620 四期		 □鼎 1180 四期	 □丁觶 6176 商末周初	 □甗 774
 □丁尊 5547 四期	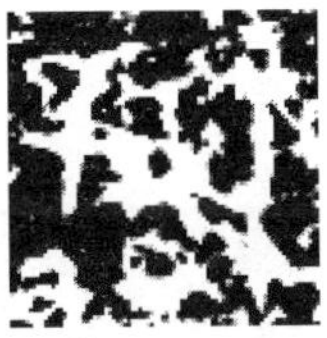 □父丁鼎 1575 四期	 □示觚 7065 四期	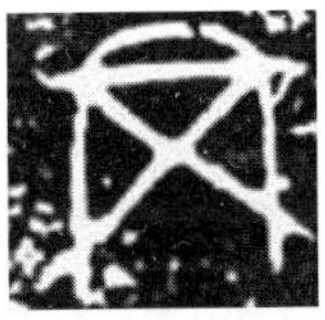	 □觶 E597 商末周初	 □簋 3008
 □己鼎 1388 四期	 □父己爵 8571 四期	 □婦姃鼎 1709 四期	 □父己卣 4963 商末周初	 □父辛鼎 1651 商末周初	 □簋 3011

 冉爵 7675	 冉爵 7684	 冉斝 9155	 冉戈 10715	 冉乙觚 6827 二三期	 冉丁鼎 1386
 冉爵 7677	 冉爵 7685		 冉乙鼎 1385	 冉乙觚 6828	 冉丁爵 8021
 冉爵 7679	 冉觚 6768	 冉卣 4727	 冉乙爵 8007	 冉丙爵 8015	 冉丁爵 8022
 冉爵 7680	 冉觶 10607	 冉卣蓋 4728	 冉乙爵 8008		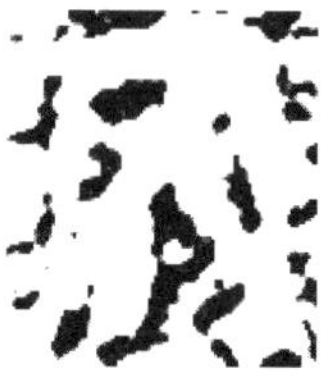 冉丁爵 8023
 冉爵 7683	 冉罍 9756	 冉盉 9319	 冉乙爵 8009	 冉丙卣 4824	 冉丁爵 8024

 冈丁爵 8019	 冈己尊 5551	 冈辛觶 6178	 冈癸鬲 467	 冈祖乙爵 8313	 冈父乙爵 8425
 冈丁爵 8020		 冈辛斝 9188	 冈癸爵 8061	 冈祖乙爵 8314	 冈父乙爵 8427
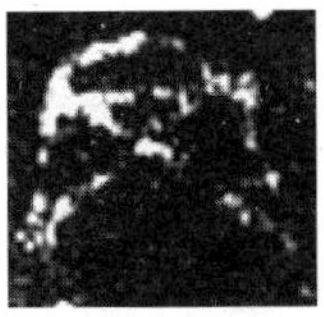 冈丁觚 6830 三四期	 冈己卣 4833	 冈辛卣 4834 四期	 冈癸爵 8062	 冈祖丙爵 8321	 冈父乙爵 8428
 冈丁尊 5548 二三期	 冈辛爵 8056	 冈癸鼎 1391	 冈父丁爵 8480	 冈父乙鼎 1545	 冈父乙斝 9208
 冈丁卣 4827	 冈辛爵 8057	 冈癸瓿 9954	 冈父丁爵 8483	 冈父乙簋 3154	 冈父丁觚 7112

父丁觶 6267

父己簋 3191

父己簋 3192

父己爵 8569

父己觶 6275

父己爵 8570

父己斝 9215

父辛爵 8644

父辛斝 9216

父辛斝 9217

父辛爵 8646

父辛爵 8647

父辛爵 8648

父癸鬲 483

父癸爵 8725

父癸爵 8727

父癸尊 5671

祖丁尊 5600

祖癸觚 7084 四期

亞若癸觶 6430

娸串觚 7196

夫麇爵 8813

婦觶 6147 四期

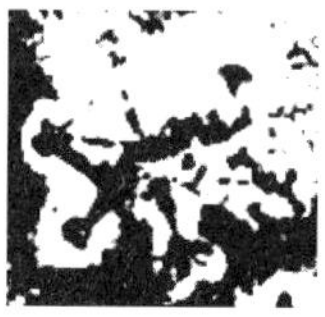
觚 6927 四期

集母乙觶 6450 四期

31

 ✻蔺甗 804 四期	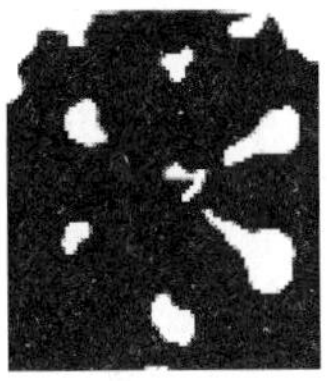 ✻父乙斝 9206	 鼎 1171 二期	 父癸鼎 1681 二期		 父丁鼎 1581 四期
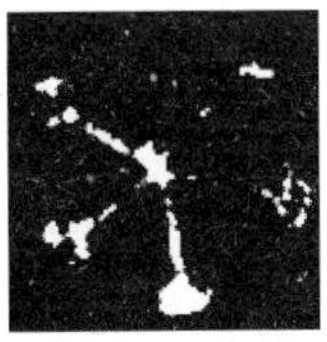 ✻蔺父戊罍 J984 商末周初		 鼎 1173 二期	 簋 3007.三期	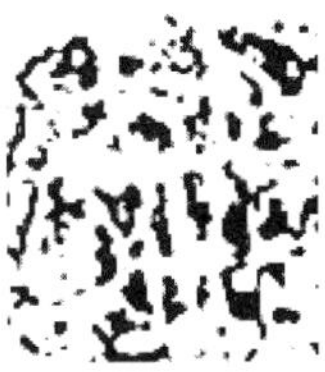 父丁觶 6266 三期	 鼎 1169
 弔父丁爵 8905 商末周初		 尊 5480 二期	 尊 5481 三期	 田辛爵 J894 三期	 鼎 1170
 ✻XX鼎 J225 商末周初		 尊 5482 二期		 田觚 J741 三期	 爵 7767
 ✻作父癸觶 6426		 父丁尊 5634 二期	 父乙觶 6238 三期	 鼎 1172 三期	 爵 7768

32

□觚 6755

□觚 6756

□斝 9137

□斝 9138

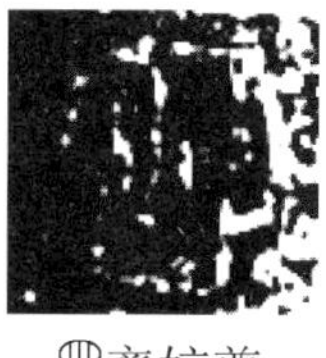

□齊婝尊 5686 四期

□勺 9907

□戈 J1064

□父乙觶 6237

□父乙盉 9347

□聝鼎 1470

□尊 5495 二期

□鼎 1163 三期

□鼎 1164 三期

□罍 9748 三期

□鼎 1165 三四期

□卣 4800 三四期

□角 7756 三四期

□角 7758 三四期

□觶 6050 三四期

□豆 4651 四期

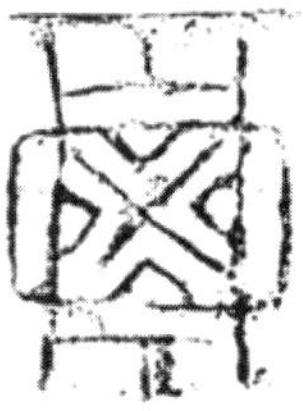

□卣 4799 四期

□方彝 9843 四期

33 田

34

簋 3001

簋 3002

觚 6725

觚 6726

角 7757

觶 6051

斝 9139

瓿 9941

尊 9250

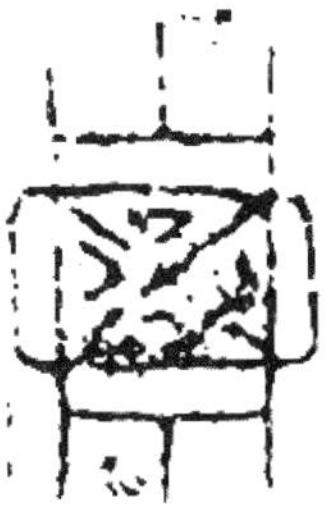
盉 9314

卣 4801

戈 10718

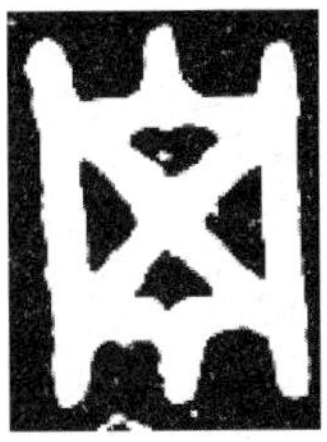
戈 10717

犬父乙爵 8867

㚔父癸爵 8970

鼎 E179 四期

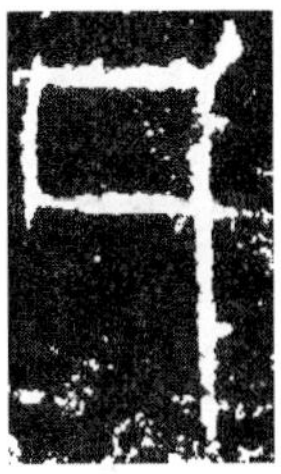
鼎 E179 四期

35	36	37	38	39	40
 胄 11887	 耒鉞 11755	 亞戈 10844 三期	 戈 10774 中 商	 戈 10767	 戈 10719

41 	42 	43 	44 	45 U	46 
 壶 J944 二期  器 10494	 器 10491	 父己方罍 9788 商末周初	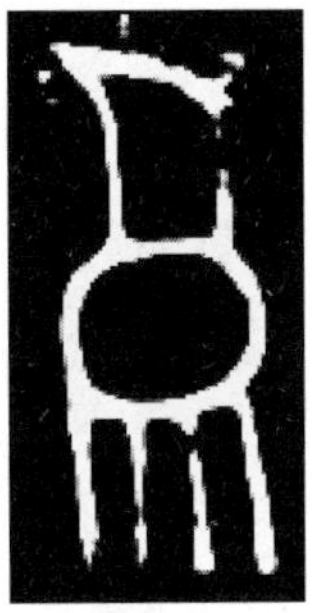 雨觥 9254 二期	 U父己爵 8578 四期  山U父辛斝 9232	 斝 9144 二三期

47	48	49	50	51	52
 亞父己爵 9015	 爵 J791 四期	 亞父乙爵 8853	 父癸爵 8713	 爵 J803 三四期	 父庚爵 8592

53	54	55	56	57	58
 亞爵 7829	 祖辛爵 8352	 卒爵 8263 或即“絲”字。	 刀爵 8238	 冢爵 8213 三四期	 何爵 8164

59	60	61	62	63	64
 癸爵 8067	 癸爵 8064 二期	 乙爵 8011	 爵 7771	 爵 7724 二期	 爵 7706

65	66	67	68	69	70
 爵 7730	 爵 7731	 爵 7732 三四期 或即“皇”字。	 爵 7745 三四期	 皿爵 J863 三四期	 爵 7769

71	72	73	74	75	76
 爵 7608	 爵 7342	 父癸觚 7159	 父癸觚 7156	 戈觚 7033	 亞觚 6975  亞戈 J1090 三四期

77 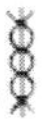	78 	79 	80 	81 	82 
 禾觚 7052	 目觚 7054	 豩觚 7055	 觚 7061	 觚 7061  子爵 8074 四期	 刀觚 7069

83	84	85	86	87	88 辛
 乙觚 6829 三四期	 斝 J916 二期	 觚 6801	 觚 6788	 比觚 9616  比觚 9617	 辛觚 6778

89	90	91	92	93	94
 尊 E555 四期	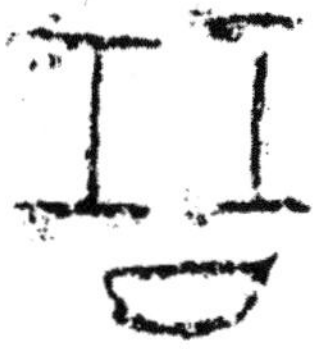 尊 E555 四期	 觚 6720	 觚 6727 三四期	 觚 6761 或即“壴”字	 觚 6760

95 	96 	97 	98 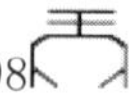	99 	100 
 父己觶 2110	 息尊 J614 四期	 祖丁觶 6206	 亞父辛尊 5745 三四期	 父壬尊 5664	 尊 5509 四 期

101	102	103	104	105	106
 尊 5508 四期	  天冊父癸卣 5173	 因爵 E739 三期	  父癸卣 4989 三四期	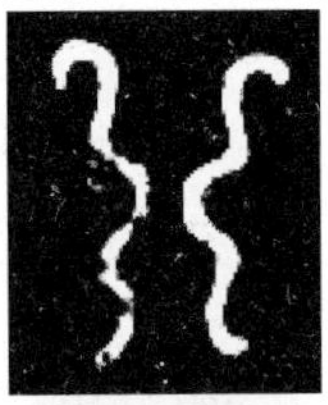 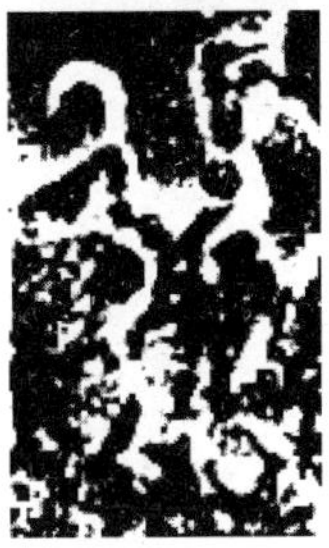 父乙卣 4925 三四期	 戈卣 4869

107	108	109	110	111	112
 冊父乙簋 3303	  卣 4863 四期	 般作父乙鼎 2114 四期	 日戊鼎 2124	 冊父癸鼎 1898 四期	 亞父己鼎 1865 四期  亞父己鼎 1866

113 	114 	115 	116 	117 	118 
 簋 2953 四期	 簋 3033 二期	 簋 3038	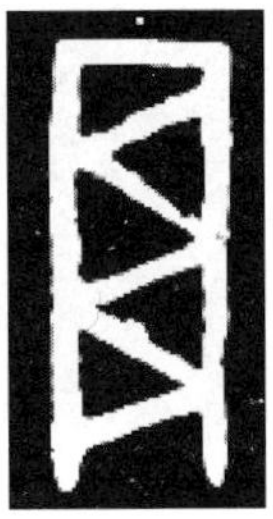 簋 3044 四期	 簋 3118	 父癸鼎 1694

119	120	121	122	123	124
 癸鼎 J227 三期	 鼎 1237 四期	 亞鼎 1446	 己鼎 1471	 鼎 J192 二期  斝 9145 三期	 鼎 1129 二期  卷爵 8802 四期

125 	126 	127 	128 	129 	130 
 鼎 1137 三期	 甗 778 三四期	 甗 785 四期	 甗 786 中商	 母辛鬲 484	 鼎 1238 四期

131 	132 	133 	134 	135 	136 

凵鼎 1224 二期	亇亇鐃 391 二期	㔾力鐃 387 三四期	乀觚 6803 四期	耳日丬鼎 1752 二期	畄父辛甗 E106 四期
		謝明文先生隸爲害丮。			

137 □

 嵛□旂爵 E759 二期	 子□卣 4848 三四期			 子□爵 8112	 子□單爵 8761
 □賈觥 9256 二三期	 □屰爵 8148 三四期	 子□父辛觶 6410 四期	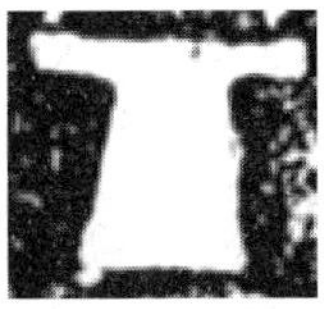 □萬盉 E823 四期	 子□觚 6910	 子□單箕 E969
 子□單爵 8760 三四期	 子糸□刀簋 E366 四期	 子眉鬲 487 四 期或周早	 子□戈 10854	 子□戈 10853	 子□糸刀觚 7255
 子天□單勺 E906 三四期	 子父癸鼎 2136 四期	 子□乙觶 J665 四期	 子□戈 10855	 子□乙辛爵 8987	 子□糸刀父 己爵 9055
 子□目爵 8762 三期	 子□爵 8111 四期	 子□萬爵 8764 四期	 子□鉞 11752	 子眉□觚 7175	 子□止簋 3234

				138	139
 子□萬爵 8763	 子□木父癸 爵 9022	 □啟爵 8274	 □壘爵 8203	 □簋 3042 商 末周初	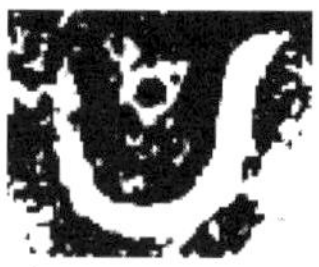 甗□簋 3123
 □萬爵 3117	 子□冊木觚 7256	 □甗觚 7021			
 子眉□父乙 簋 3420	 □斿爵 8147	 □旃觚 7022 三四期			
 子□卯爵 8765 四期	 □敎爵 8190	 □庚爵 8048			
 □萬父乙爵 8868	 □敎方罍 9774	 □丁爵 8146			

140 	141 	142 	143 	144 	145 
 𦁓作父乙簋 4144 四期	  亯卣 4860   亯卣 4861   亯卣 4862	 箙卣 J596 商末周初	  祖己父己 卣 5145 三四 期	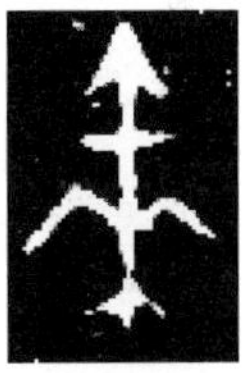 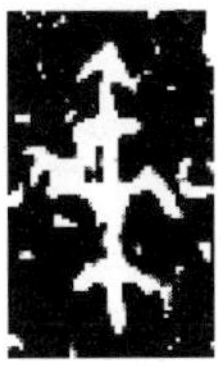 窛嵫作父癸 卣 5360  婦姃罍 E889	 二祀邲其卣 5412 四期

146 	147 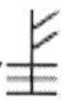	148 	149 	150 	151 
 二祀𠨘其卣 5412 四期	  六祀𠨘其卣 5414 四期	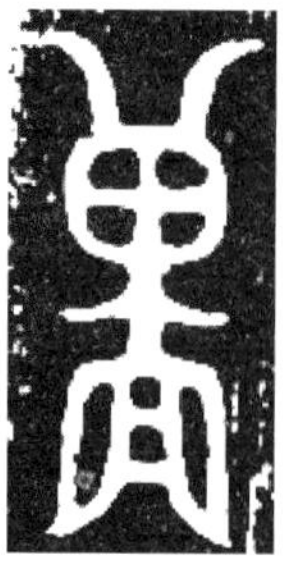 天□御尊 5687 四期  □戈 10775	 亞□尊 5564 四期	 子□父己觶 6399	 箙□父乙觶 6386

152 ⿰角丨角	153 丨丨丨	154 ⿰丬⿱丝夊	155 ⿱𢆶⿰羊卄	156 ⿴口⁚⁚	157 弓
 ⿰角丨角觚 6804  ⿰角丨角玐戈 10849 四期	 受川觚 6936	  ⿰丬⿱丝夊保⿱㔾口觶 E621 商末周初	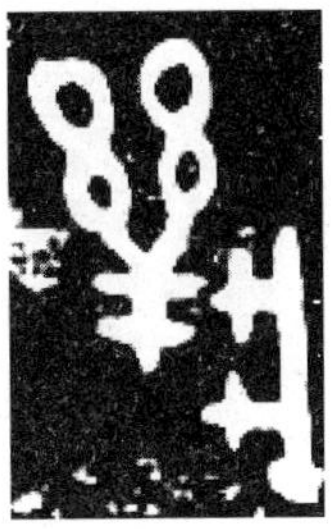 亞㝬聞⿱𢆶⿰羊卄鼎 1944	 婦⿴口⁚⁚觚 6871	 弓口觚 6844 二期

158 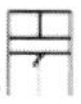	159 	160 	161 	162 	163 
 父庚甗 J753 四期	 甲母甗 7165 四期  甲母甗 7164 四期	 婦甗 7287	 曾中見甗 E683 四期  曾爵 E782	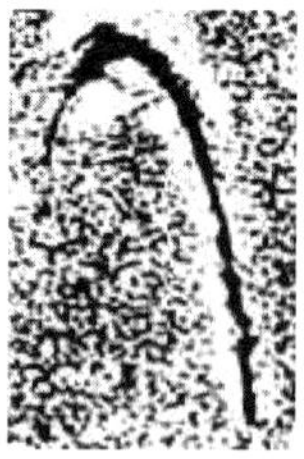 爵 7755 中商	 子爵 E736 四期

164 	165 	166 	167 	168 	169 
 子爵 8101	 子爵 8102	 子母爵 8756 二期	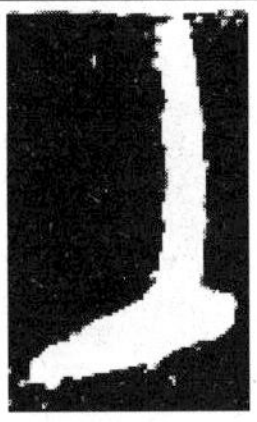 竹爵 8270	 爵 8260	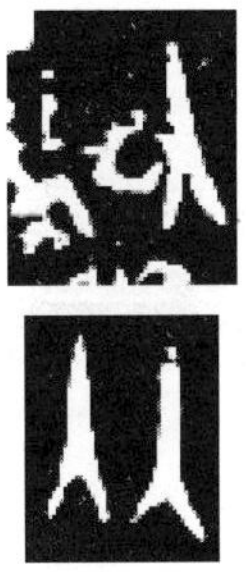 亞鳥父丁盉 9403 商末周初
		 子母爵 8757 二期			
		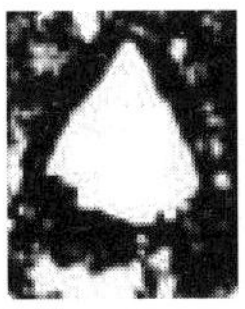 子母爵 8758 二期			
		 子母爵 8759 二期			
		 叀爵 E747 四期			

170 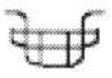	171 	172 	173 	174 	175 
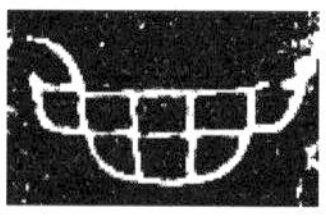 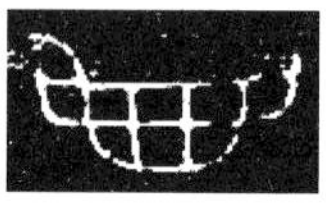 子◇父 甲盉 9387	 子爰爵 8766	 父戊爵 8526  𦥑尊 5893   𦥑卣 5266	 乙斝 9185	 宗妣爵 8803	 作父丙鼎 2118

176　　177 亞矣

<table>
<tr>
<td rowspan="4">
刀 11807 四期</td>
<td>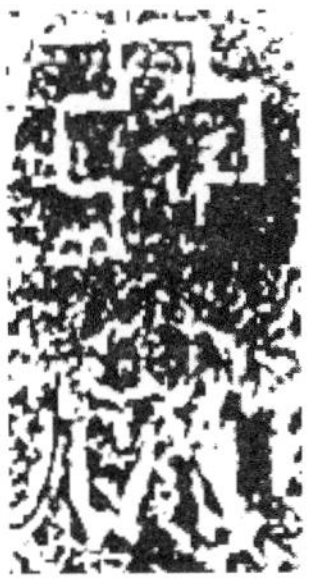
亞矣鼎 1430 二期</td>
<td>
亞矣鼎 7776 二期</td>
<td>
亞矣觚 6965 二期</td>
<td>
亞矣尊 5570 二期</td>
<td>
亞矣盤 10023 二期</td>
</tr>
<tr>
<td>
亞矣卣 10344 二期</td>
<td>
亞矣爵 J842 二期</td>
<td>
亞矣觚 E672 二期</td>
<td></td>
<td>
亞矣鐃 380 二期</td>
</tr>
<tr>
<td>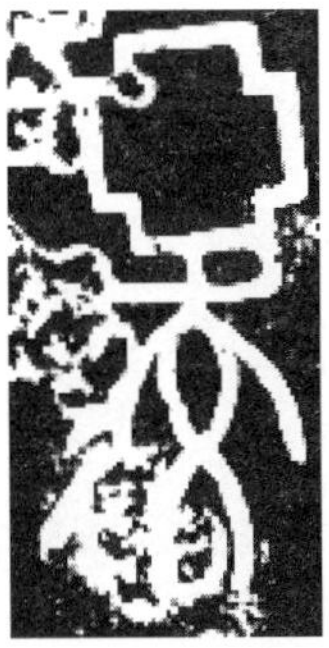
亞矣簋 3090 二期</td>
<td>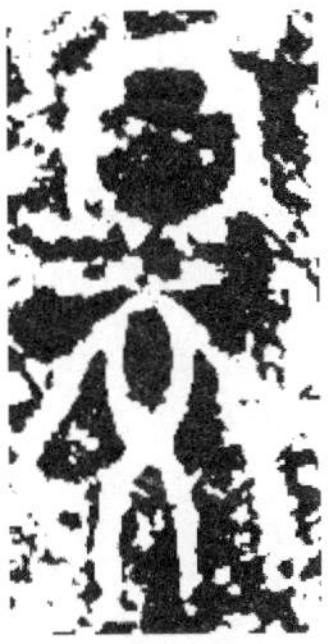
亞矣觚 6960 二期</td>
<td>
亞矣斝 9157 二期</td>
<td>
亞矣卣 4813 二期</td>
<td>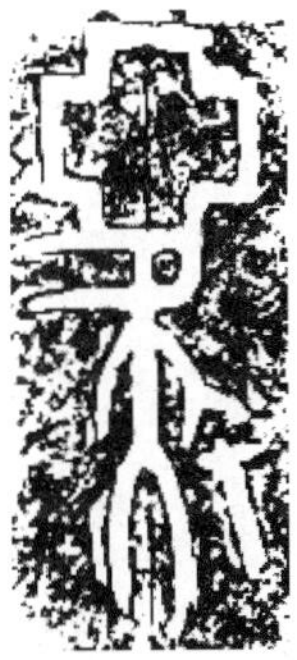
亞矣鐃 381 二期</td>
</tr>
<tr>
<td>
亞矣爵 7772 二期</td>
<td>
亞矣觚 6963 二期</td>
<td>
亞矣斝 9158 二期</td>
<td>
亞矣方彝 J991 二期</td>
<td>
亞矣鐃 382 二期</td>
</tr>
</table>

 亞矣鉞 11744 二期	 亞矣斝 9156 三期	 亞矣鼎 1427	 亞矣甗 789 二期	 亞矣爵 7774	 亞矣爵 7782
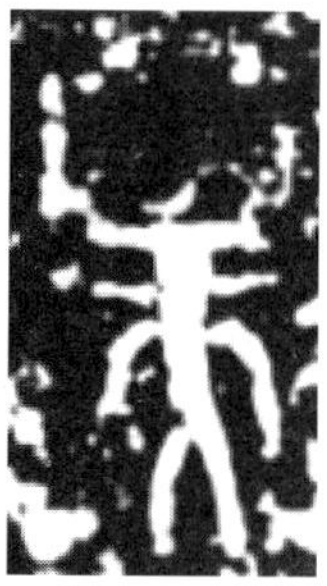 亞矣鉞 11745 二期	 亞矣盤 10022 三四期	 亞矣鼎 1431	 亞矣簋 3091	 亞矣爵 7775	 亞矣角 7777
 亞矣鉞 11746 二期		 亞矣鼎 1432	 亞矣豆 4653	 亞矣爵 7778	 亞矣觚 6959
 亞矣鼎 1426 三期	 亞矣方彝 9845 四期	 亞矣鼎 1428	 亞矣爵 7773	 亞矣爵 7779	 亞矣觚 6961

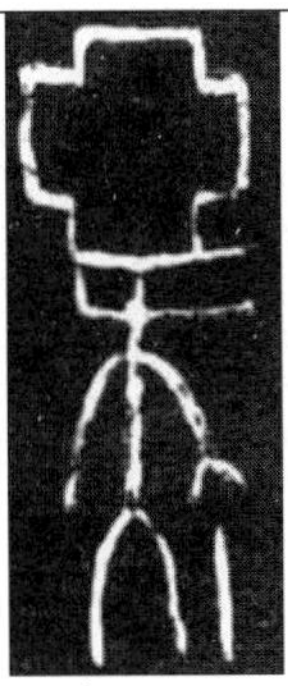

亞矣鈴 413

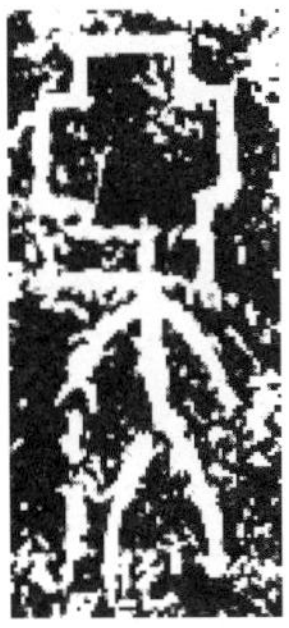

亞矣盤 10021

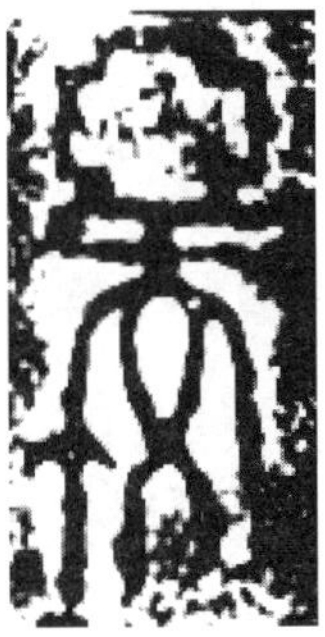

亞矣鈴 414

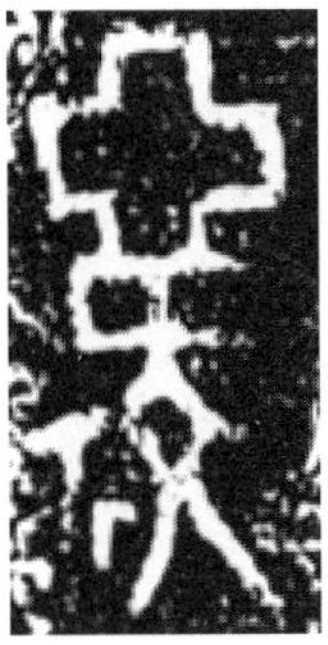

亞矣刀 11813

鴞婦亞矣罍

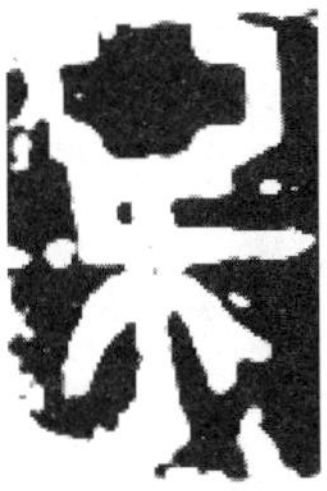

亞矣罍 9762

亞矣鈴 415

亞矣戈 10831

亞矣觚 6962

亞矣鐏 11831

亞矣瓿 9948

亞矣矛 11436

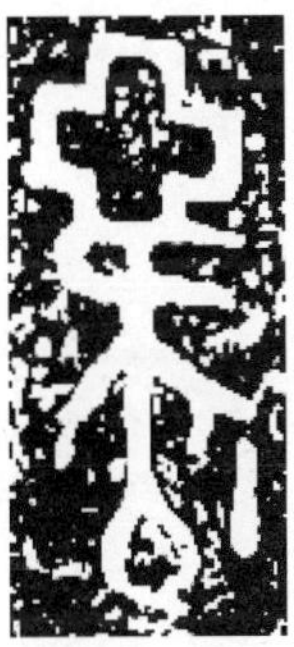

亞矣觚 6964

亞矣斧 11775

亞矣觚 6966

二期

亞矣矛 11437

亞矣戈 10830

亞矣戈 10832

亞矣斧 11776

亞矣鋳 11779

亞矣罐 9984

亞矣箕 10393

亞矣戈 10835

亞矣矛 11433

亞矣矛 11434

亞矣矛 11435

亞矣戈 10833

亞矣戈 10834

亞矣戈 10836

亞矣銅泡 11852

亞矣銅泡 11853

亞矣爵 7780 二期

亞矣爵 7781 二期

亳斝 9245 四期

小臣邑斝 9249 四期

亞矣鼎 1429 四期

亞矣鼎 1428

亳鼎 2262

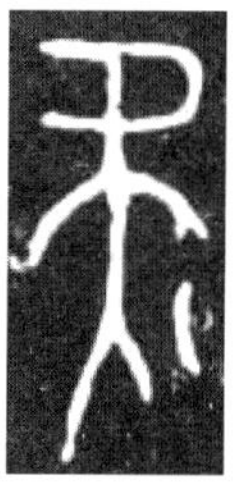
亞矣觶 6156

矣父辛觶 6298

亳爵 9075

			178 	179 	180 
 亹觚 7297	 亞矣其卣 5015	 亞矣鋅 11795	 爵 7400 二三期	 觚 6555	 鉞 11732 二期
 亹觚 7298	 亞矣罍 9761	 亞矣鑿 11801	 父己盤 10043		
 亹尊 5888	 亞矣鏄 11831				
	 矣斧 11762				
 亹卣 5295	 矣斧 11763				

181	182	183	184	185	186
 戈 10640 三期	 簋 J366 三期  盂 10300	 斝 9118 二期	 父己爵 8542	 祖癸爵 8360	 衔爵 8173

187 	188 	189 	190 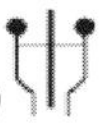	191 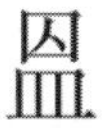	192 
 爵 7382	 爵 7383	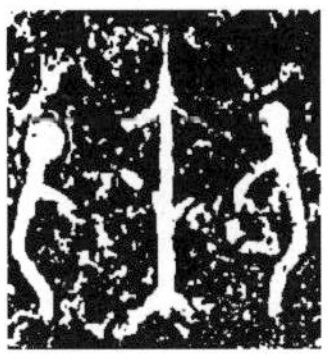 觚 6787	 爵 7407	 癸爵 8068	 箙爵 8140 二期

193	194	195	196	197	198
 爵 7322	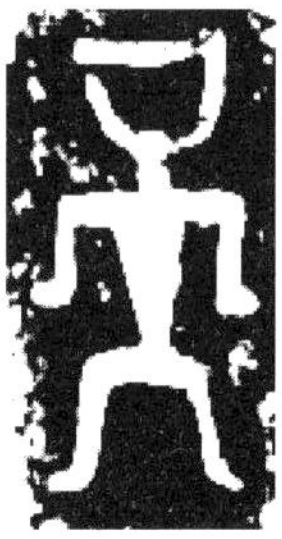 爵 7323 二期	 爵 7329	 爵 7330	 觚 6575 二期	 爵 7345 三四期

199 	200 	201 	202 	203 	204 
 觚 6573 或即“䣋”字。	 觚 6574 四期	 父壬尊 5806 四期	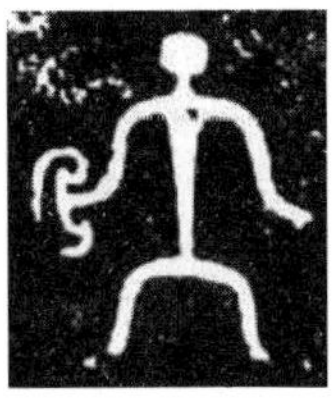 父癸尊 5670 或即“取”字	 冊父乙尊 5724 三四期	 尊 5444 二期 或即“祼井”二字

205	206	207	208	209	210
  父辛卣 4972	 父辛卣 4975	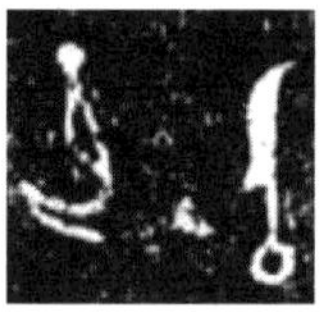 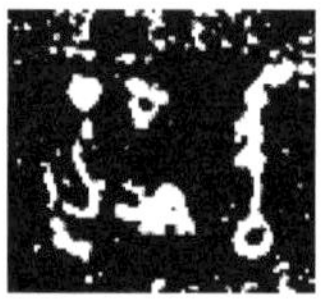 祖己卣 5048	  祖乙卣 4890 三四期	  祖戊卣 4893 四期	 父乙卣 4919 四期 或即“党”字

211 	212 	213 	214 	215 	216 
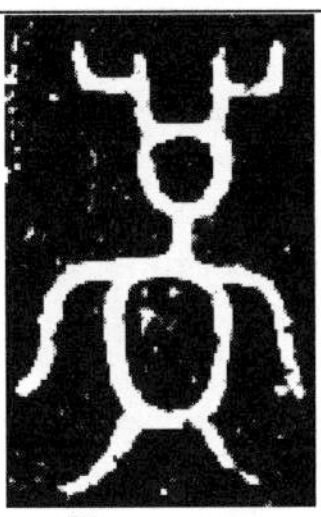 父己簋 3195 二期	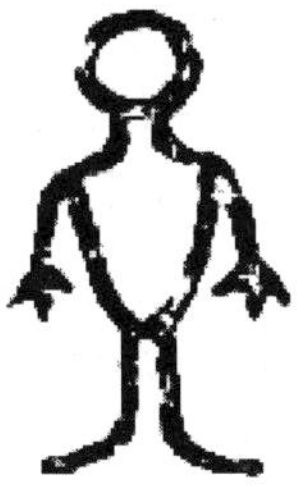 卣 4773 二期	  己卣 4832 三四期	 冊宅鼎 1737	 甗 777	 鐃 391 二期

217 	218 	219 	220 	221 	222 
 聑□鼎 1462  聑□簋 2920 三期	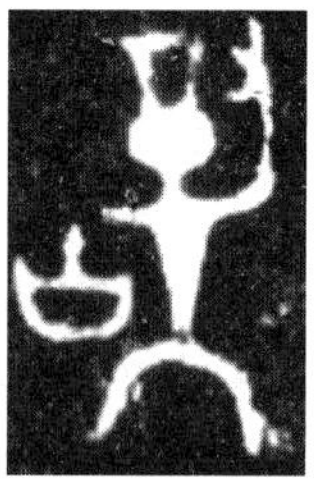 □父己尊 5643	 子□尊 E552 四期	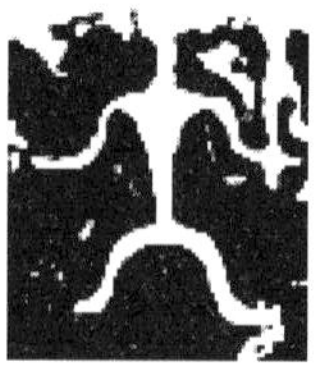 □父己爵 8538	 □保□觶 E621 商末周初	 □作父丁觚 7307

223 	224 	225 	226 	227 	228 夅
 子爵 8072	 子爵 8073	 觚 6709	 父癸爵 8681	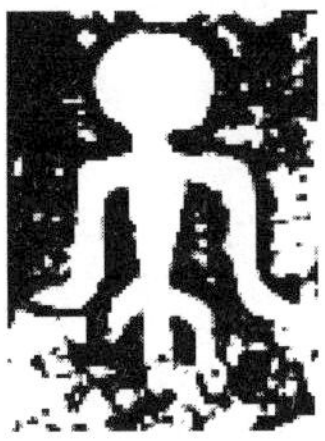 亞爵 8777	 夅獸戈 10848

229 

冊亯方尊

5689 四期

冊亯觚

7167 四期

冊亯觚

7168 四期

冊亯觶

6358 四期

冊亯觚

7170

230 

冊亯器

10526

冊亯觚

7169

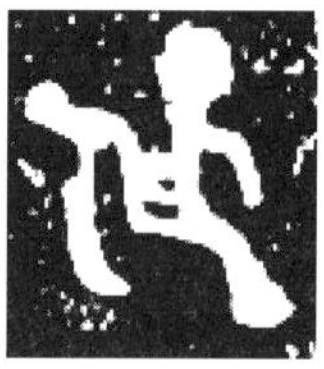

車鼎 1456

車觚 7041

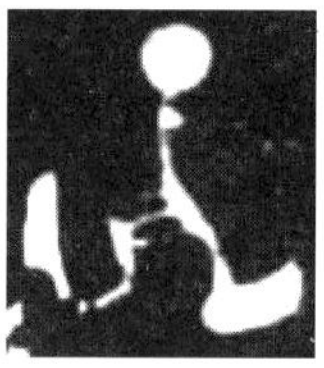

車斝 9197

車罍 9776

冊爵 8280

或即笮字

231 

父辛鼎 1634

三期

爵 7346 三四期

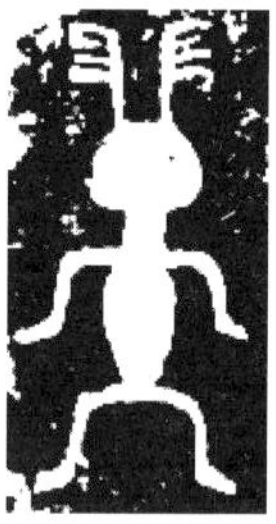

父辛觚 7141

四期

觚 6556

232 

父癸尊

5668 二期

卣 4770 四期

爵 7329

233 

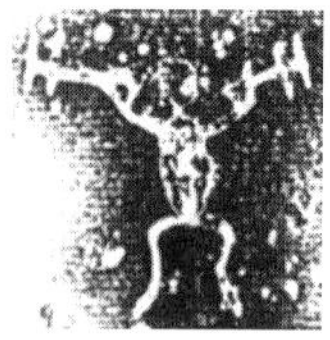

父癸鼎

1668 四期

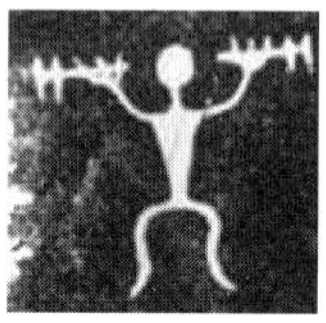

父癸簋

3215 四期

父癸卣

4996 四期

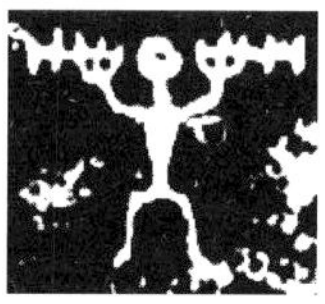

鼎 1012

234

觚 6543 二期

父癸觚 J746 三期

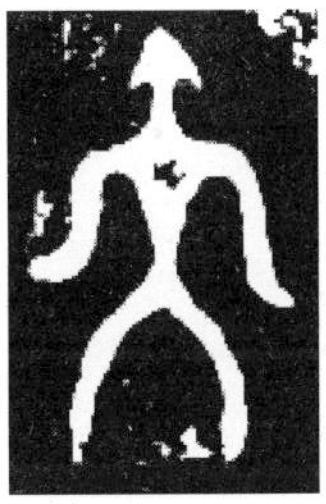

觚 6542

鑾鈴 12064

235

父辛尊 5802

236

亞父辛爵 8941 三四期

亞父辛爵 8942 三四期

戈 10642

237

祖丁觚 7077 三四期

238

爵 7364 二期

戈瓿 9950 二期

鼎 1013 三期

簋 2929 三期

瓿 9942 三期

239 ⿱北大

周⿱北大父己爵 J900 三期

240 丱			241 昗	242 	243 
 丱父丁爵 8445 四期	 丱爵 7332	 丱爵 7331 四期	 子昗簋 3076 三期		 觚 6553 二期
 亞丱觶 6157 四期	 丱爵 7333	 丱父癸爵 J887 四期		 尸卣 5280	 觚 6554
 丱丁鼎 1288	 丱觚 6540	 丱觚 6539 四期		 尸壺 9576	
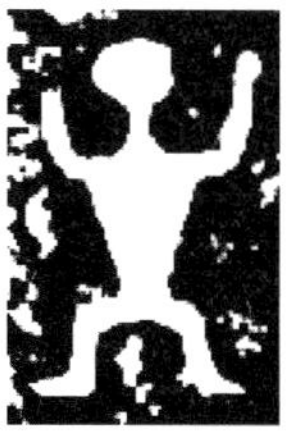 丱[illegible]日戊鼎 2124	 丱觚 6541	 丱觶 6026 四期 以上四形據同出器物銘文看有可能是[illegible]的簡省。			
 丱父己爵 8537					

244 □	245 □	246 □	247 □		248 □
 □丁爵 8149 二三期	 □□簋 3119 二三期	 □簋 2925 二三期	 聑□婦□觚 7254 四期	 聑□婦□鼎 1904 四期	 鳥□簋 J413 四期
 □方彝 9828 三期	 □□卣 5017 三四期	 □卣 4843 三期	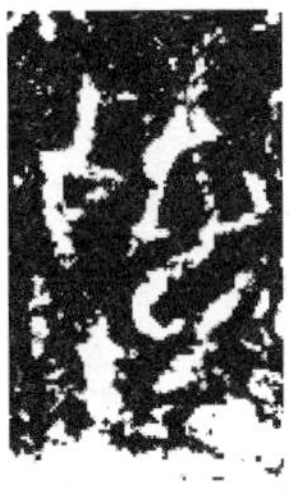 聑□婦□爵 8982 四期	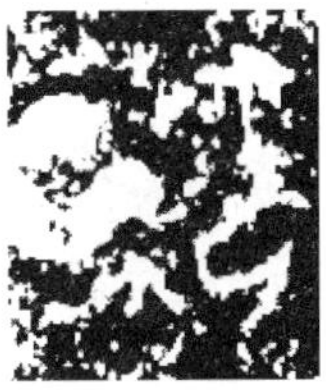 聑□婦□簋 3345 四期	
 □鼎 1034	 □□爵 6925 三四期		 聑□婦□爵 8983 四期	 聑□婦□卣 5098 四期	
 □父辛尊 5654	 □□斝 9189			 聑□婦□尊 5760 四期	
 亞□言瓿 9956			 聑□婦□角 8984 四期		

249

簋 3114 三四期

250

婦鼎 1341 商末周初

婦鼎 1342 商末周初

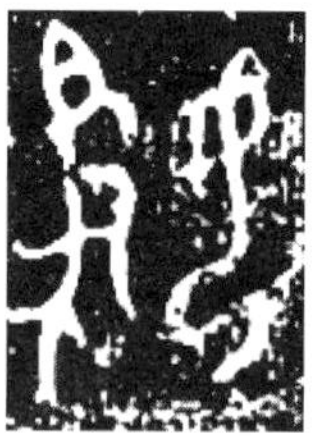

婦鼎 1343 商末周初

婦鬲 463

251

木爵 8273

爵 7469

252

父乙爵 8391

父乙爵 8392

253

斝 9151

254

父癸鼎 1687 四期

255 

鳥□觚 7056 二期

□鼎 1098 三期

□卣 4783 三期

□錛 11790 三期

日辛□爵 8800 三期

亞覃尊 5911 四期

亞覃尊 5949 四期

□執爵 8199 四期

□罐 9983 四期

□父乙簋 3149 四期

亞□父癸簋 3339 四期

亞□叙父丁角 9008

亞□覃父乙簋 3419

亞□辛梱 10476

亞□覃父甲鼎 1998

亞□祖乙父己卣 5199 四期

亞□父癸鼎 1892

256 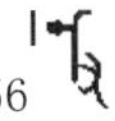

父乙觶 6228 三四期

父乙尊 5617 四期

父乙卣 4932

257 

父乙卣 J567 四期

盉 9312 商末周初

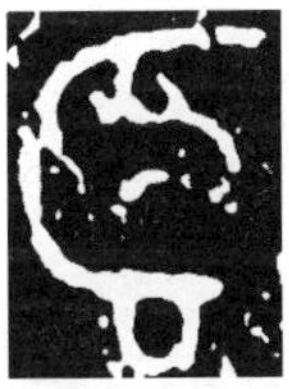

父癸簋 3211

258

父乙爵 8390

父癸尊 5676

亞畀 9162

亞父爵 8775

盉 9307 商末周初

爵 7368

尊 5557

器 10504

父乙尊 5721

父乙尊 5722

259

父爵 J907 四期

父爵 J908 四期

卣 7458

卣 4866 四期

告觶 6359

260

正爵 8200 四期

鳳觶 J671 四期

261 	262 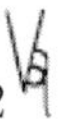	263 	264 	265 	266 
 戈 10685 四期	 爵 7453 二期  罍 9741	 父乙爵 8870	 作父癸爵 9023	 父己爵 8550 或即“史”。	 父乙爵 8398

267	268	269	270	271	272
 豕爵 8214	 爵 7467	 丁觚 E669 三四期  弔觚 7051 三四期  丙觚 6793	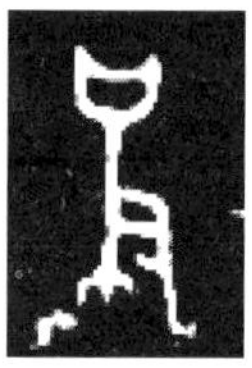  父乙卣 4930 或即“史”。	 觚 6941 二期	 司觚 6890

273 [illegible]	274 [illegible]	275 [illegible]	276 [illegible]	277 [illegible]	278 [illegible]
 史[illegible]爵 E781 四期	 [illegible]戈 10867	 子[illegible]爵 3798	 [illegible]勺 J1027 三 四期	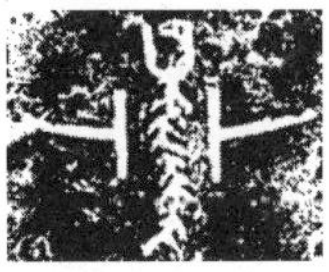 [illegible]壶 9467  [illegible]爵 7566	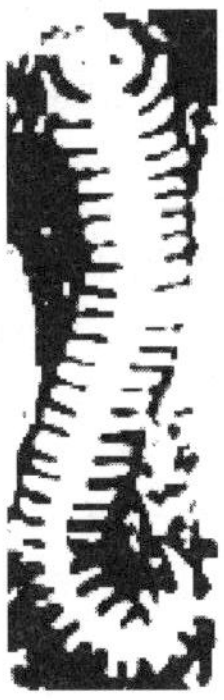 [illegible]爵 7567

279	280	281	282	283	284
 爵 7523	 爵 7565	  父己卣 4957 四期	 祖丁癸鼎 1813	 子 盉 9332 四期  子 爵 8097	 豆鼎 E259 四期  串 父丁卣 5069 商末周初  䀢其 斝 9226   䀢其 卣 5012

285 286 287

⿰臣舌其鼎 1959

串戈 10861

串父丁豆 4658

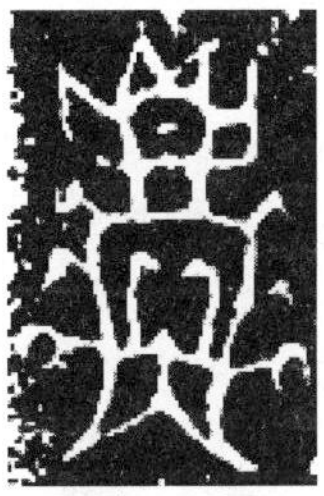
串父丁卣 5068

登父丁觶 6443

父辛尊 5802

癸爵 J826 二期

癸觚 6842 二期

觚 6665 二三期

爵 7521

爵 7522

鼎 1143

罍 9745

戈 10712

觚 6664 四期

觶 6069

耒觚 7202 二期

耒鼎 1760 二期

羊乙爵二三期 8789

耒方彝 9869 二三期

爰觶 6180 三期

父丁爵 8731

鼎 1466

羊鼎 1467

羊乙觚 7160

羊父丁簋 3313

羊父丁簋 3314 商末周初

未爵 8805

鼎 1381 二期

鼎 1382 二期

鼎 1383 二期

卣 4856 四期

卣 9855 四期

戈 10708

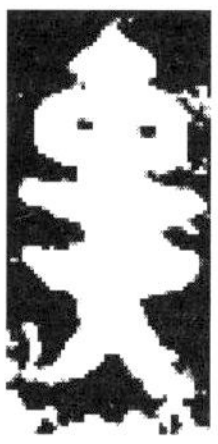

戈 10709

戈 J1071

觚 6682

戈 10707

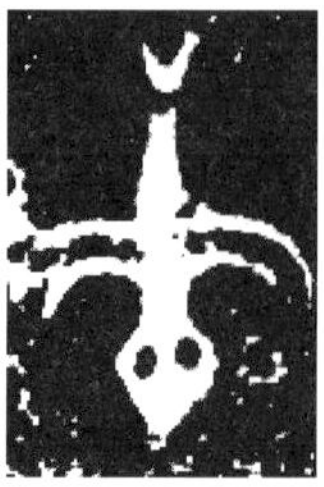

卣 4857

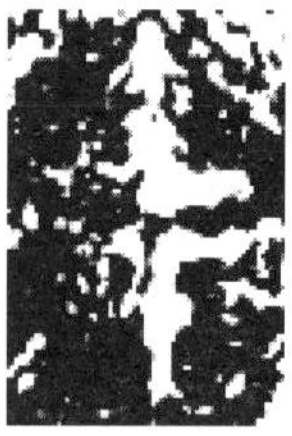

觚 7064

觶 6179

丁卣 5009 商末周初

冊鼎 1356

			289	290	291
 鼎 1384   卣 4751	 父乙鼎 1830  父乙觶 6383 商末周初  父丙觶 6389 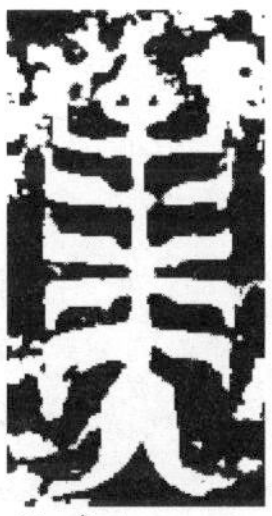 父丁觶 6394  父丁簋 3316	 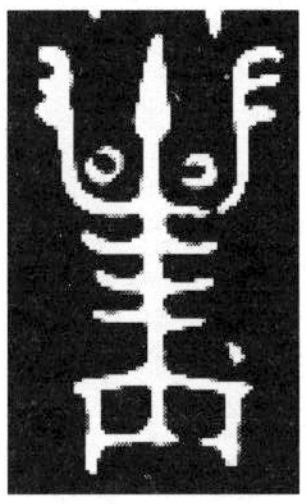 父乙簋 3602 商末周初	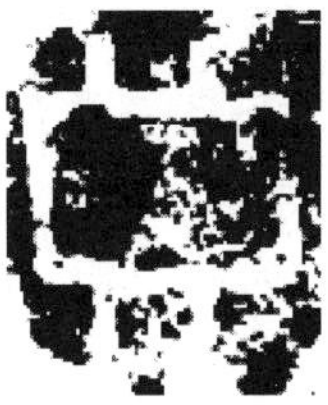 卣 4782 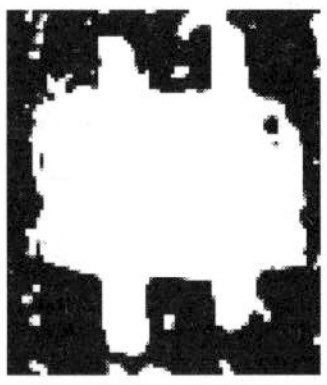 爵 7765	 盾父庚尊 5744 四期	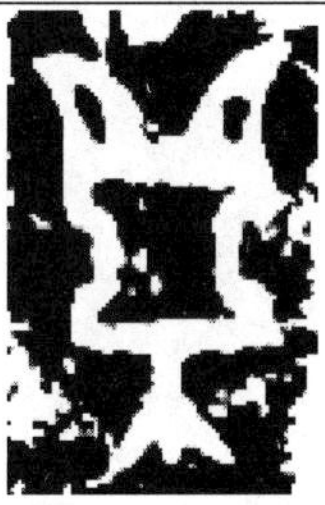 父乙觶 6231 或即“干”字。

292	293	294	295	296	297
 簋 3039 二期  爵 7720  爵 7721  觚 6791	 父癸爵 8707	 祖辛簋 3141 四期  爵 7713  乙簋 3232	 祖辛觚 7216 二期  箙卣 5101 三四期  尊 5466 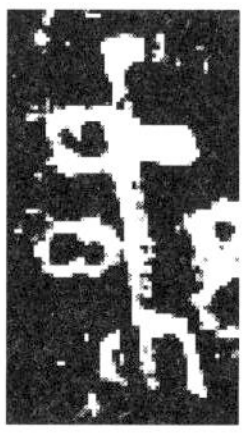 父乙觶 6224  箙父癸甗	 祖辛觚 7216 二期  旅爵 8179  免爵 8154 三期  免觚 7067 三期 周忠兵認這此是“笮”。	 刀 11803 二期

298

刀觚 6719 四期

鼎 1218 商末周初

299

西單爵 E763 四期

300

父癸爵 8715 四期

301

父辛尊 5802

302

鼎 1140 二期

尊 5498 二期

觚 6733 二期

爵 7587 二期

觚 6735 二期

保 鼎 E659 二期

觚 6736 二期

觚 6737 二期

鐃 395 二期

	 ⿱亼介鼎 E134 四期	 ⿱亼介爵 7583	 ⿱亼介觚 6734	 ⿱亼介觚 E622	 ⿱亼介戈 10743
 □⿱亼介鐃 396 二期	 ⿱亼介鼎 E135 四期	 ⿱亼介爵 7584	 ⿱亼介觚 6728	 ⿱亼介尊 5499	 ⿱亼介辛器 10512
	 ⿱亼介父己尊 5650 四期	 ⿱亼介爵 7585	 ⿱亼介觚 6729	 ⿱亼介戈 10741	 ⿱亼介父乙卣 4934
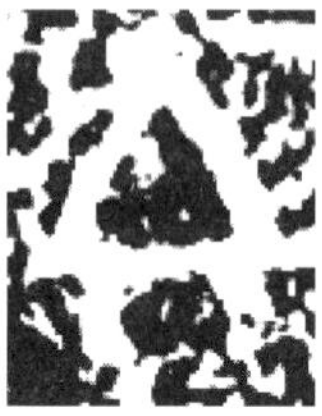 □⿱亼介鐃 397 二期	 ⿱亼介爵 7581	 ⿱亼介爵 7586	 ⿱亼介觚 6730	 ⿱亼介戈 10742	
 □⿱亼介保爵 8769 三期	 ⿱亼介爵 7582	 ⿱亼介觚 6732	 ⿱亼介觚 6731 三四期	 □⿱亼介觚 7050	 ⿱亼介父丁盉 9351

303 			304 	305 	306 
 夰父己鼎 1614	 保夰爵 8171	 夰尊 5500 四期	 亣父己鼎 1613 二期	 亣犬犬魚父乙鼎 2117 四期	 小臣俞尊 5990 四期
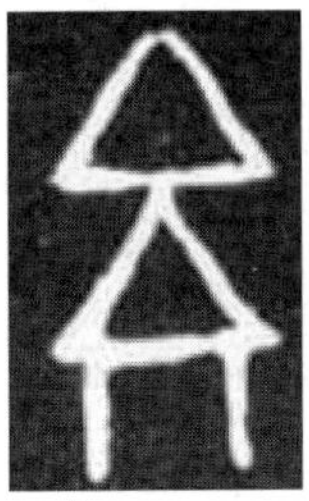 夰父己鼎 1615	 夰保爵 8770		 亣癸爵 8070 四期	或即"亭"字	
	 夰戈 10867	 夰卣 4747 四期	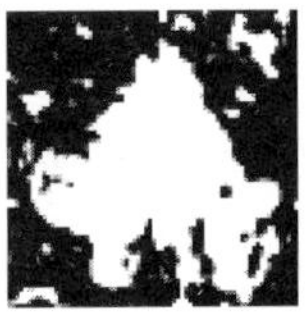 亣鼎 1466		
 夰兄辛觶 6355	 子册父乙爵 9049	 夰祖己尊 5604 四期			
 保夰鼎 1350	 口夰祖己觶 6370	 夰卣 4748			

307 	308 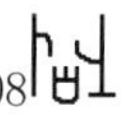	309 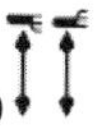	310 	311 	
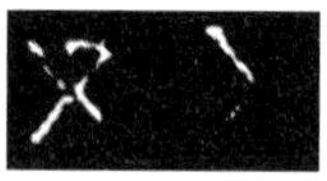 ✻XX鼎 J225 商末周初  XX正⌓罍 5696	 ✻觚 6927 四期	 爵 7479	  𢆶卣 5397 四期	 祖辛禹鼎 2111 四期  祖辛禹鼎 2112 四期   黃祖辛卣 5201 四期  黃祖辛方罍 9806 四期	  黃卣 5011 四期  黃亞爵 8771  黃亞爵 8772  黃亞爵 8774

字 頭 總 表

正編

001 一　002 元　003 天　004 上　005 帝　006 旁　007 示　008 祝

009 祀　010 祖　011 三　012 王　013 皇　014 玉　015 璧　016 琮

017 璋　018 珏　019 中　020 串　021 中　022 芺　023 蓐　024 若

025 茻　026 莫　027 小　028 八　029)(　030 公　031 曾　032 釆

033 牛　034 犅　035 牽　036 牢　037 告　038 口　039 吹　040 名

041 君　042 召　043 咸　044 右　045 周　046 唐　047 各　048 由

049 單　050 止　051 歸　052 [illegible]　053 [illegible]　054 [illegible]　055 [illegible]　056 [illegible]

057 登　058 步　059 徙　060 此　061 正　062 [illegible]　063 [illegible]　064 述

065 過　066 進　067 [illegible]　068 逆　069 遘　070 返　071 邐　072 逋

073 达　074 [illegible]　075 [illegible]　076 得　077 律　078 御　079 微　080 [illegible]

081 [illegible]　082 [illegible]　083 建　084 行　085 衡　086 [illegible]　087 [illegible]　088 衞

089 齒　090 [illegible]　091 [illegible]　092 疋　093 [illegible]　094 品　095 龠　096 冊

097 嗣　098 [illegible]　099 [illegible]　100 [illegible]　101 舌　102 [illegible]　103 [illegible]　104 干

105 屰　106 商　107 句　108 丩　109 古　110 十　111 廿　112 信

113 詋　114 譱　115 竟　116 僕　117 収　118 丞　119 弄　120 龏

121 具 122 共 123 ⿱大廾 124 ⿱罒廾 125 ⿱襾廾 126 畀 127 ⿱乑廾 128 興

129 𦥑 130 融 131 鬻 132 ⿱𩰲鬲 133 丮 134 埶 135 ⿰戈丮 136 ⿰亻丮

137 ⿰井丮 138 ⿰王丮 139 ⿰鼎丮 140 又 141 父 142 ⿱爫叉 143 尹 144 叡

145 叟 146 及 147 秉 148 反 149 取 150 友 151 叉 152 ⿰木叉

153 扶 154 ⿰𠂤又 155 ⿰礻叉 156 抹 157 柀 158 ナ 159 厷 160 史

161 ⿰由攵 162 ⿰糸聿 163 ⿰糸叉 164 聿 165 叓 166 臤 167 臣 168 ⿱口臣

169 敵 170 專 171 啓 172 敄 173 牧 174 ⿰羊攴 175 鼓 176 ⿰臣攴

177 卜 178 用 179 甫 180 庸 181 爻 182 爾 183 目 184 智

185 ⿱罒犬 186 ⿰目⿱罒犬 187 ⿱罒目 188 䀠 189 ⿱䀠又 190 ⿱䀠豕 191 眉 192 省

193 盾 194 自 195 者 196 智 197 百 198 奭 199 隹 200 隻

201 巂 202 雍 203 雁 204 奞 205 雚 206 舊 207 蔑 208 羊

209 ⿰糸羊 210 美 211 羌 212 ⿰彳羌 213 ⿱羊月 214 羍 215 雔 216 集

217 鳥 218 鳴 219 鳳 220 鳶 221 ⿱癶鳥 222 舄 223 ⿱舄寸 224 ⿱自廾

225 ⿱白豕 226 ⿰幺鳥 227 冓 228 叀 229 ⿱叀口 230 玄 231 𠬪 232 爰

233 受 234 ⿰歺又 235 ⿱爫⿱工又 236 ⿰石⿱爫⿱工又 237 冎 238 贏 239 刀 240 㓞

241 ⿰刀又 242 刹 243 ⿰索刂 244 丰 245 耒 246 角 247 竹 248 箙

249 其 250 ⿱𠙴丌 251 巽 252 典 253 曆 254 曰 255 曹 256 乃

257 迺 258 兮 259 羲 260 乎 261 亏 262 壴 263 彭 264 豆

265 豊 266 豐 267 虎 268 虤 269 ⿰虎虎 270 ⿰木虎 271 ⿱山虎 272 ⿰⿸虍豆攴

273 皿 274 盂 275 盥 276 盤 277 盍 278 盃 279 ⿱旡皿 280 ⿰皿丮

281 ⿱大皿 282 丶 283 主 284 丹 285 青 286 井 287 皀 288 ⿱冖皀

289 既 290 飲 291 爵 292 ⿱罒爵 293 鄉 294 ⿱宀食 295 餗 296 合

297 倉	298 入	299 内	300 缶	301 矢	302 射	303 侯	304 [illegible]
305 知	306 高	307 [illegible]	308 亳	309 京	310 就	311 亯	312 [illegible]
313 覃	314 厚	315 畐	316 [illegible]	317 良	318 [illegible]	319 啚	320 嗇
321 來	322 夔	323 夆	324 夆	325 [illegible]	326 [illegible]	327 [illegible]	328 木
329 杞	330 栩	331 榮	332 果	333 柔	334 樂	335 析	336 休
337 [illegible]	338 [illegible]	339 梌	340 [illegible]	341 東	342 林	343 壘	344 在
345 桑	346 師	347 出	348 [illegible]	349 南	350 丰	351 乇	352 東
353 [illegible]	354 囗	355 圖	356 因	357 困	358 圂	359 囝	360 [illegible]
361 [illegible]	362 [illegible]	363 貝	364 賓	365 責	366 賈	367 賞	368 買
369 貺	370 賊	371 [illegible]	372 [illegible]	373 旬	374 朋	375 邑	376 [illegible]
377 [illegible]	378 [illegible]	379 日	380 昃	381 [illegible]	382 㫃	383 旅	384 旋
385 [illegible]	386 [illegible]	387 [illegible]	388 [illegible]（[illegible]）	389 放	390 [illegible]	391 [illegible]	
392 [illegible]	393 [illegible]	394 族	395 參	396 月	397 屮	398 明	399 囧
400 盟	401 夕	402 夗	403 多	404 甬	405 齊	406 束	407 鼎
408 鼒	409 [illegible]	410 [illegible]	411 [illegible]	412 克	413 彔	414 禾	415 積
416 [illegible]	417 年	418 [illegible]	419 兼	420 臽	421 宀	422 家	423 宅
424 [illegible]	425 室	426 向	427 寶	428 宰	429 安	430 守	431 宜
432 寢	433 [illegible]	434 宋	435 宗	436 [illegible]	437 [illegible]	438 [illegible]	439 [illegible]
440 [illegible]	441 [illegible]	442 [illegible]	443 [illegible]	444 [illegible]	445 [illegible]	446 [illegible]	447 [illegible]
448 [illegible]	449 疾	450 冂	451 冃	452 [illegible]	453 帚	454 [illegible]	455 帛
456 白	457 黹	458 人	459 保	460 企	461 伯	462 仲	463 伊
464 倗	465 何	466 [illegible]	467 付	468 [illegible]	469 係	470 伐	471 役

472 弔　473 免　474 化　475 [illegible]　476 從　477 比　478 北　479 望

480 重　481 監　482 襄　483 壽　484 尸　485 舟　486 俞　487 朕

488 般　489 [illegible]　490 [illegible]　491 [illegible]　492 方　493 兒　494 允　495 兄

496 [illegible]　497 兓　498 [illegible]　499 皃　500 先　501 見　502 [illegible]　503 面

504 丏　505 首　506 [illegible]　507 彤　508 彡　509 彣　510 文　511 司

512 卩　513 卬　514 令　515 卷　516 卲　517 印　518 辟　519 旬

520 畏　521 山　522 [illegible]　523 屾　524 危　525 長　526 豕　527 毅

528 豩　529 [illegible]　530 [illegible]　531 [illegible]　532 [illegible]　533 [illegible]　534 [illegible]　535 彖

536 易　537 象　538 馬　539 馭　540 [illegible]　541 廌　542 灋　543 鹿

544 麌　545 麋　546 麗　547 [illegible]　548 [illegible]　549 [illegible]　550 [illegible]　551 [illegible]

552 [illegible]　553 犬　554 臭　555 獻　556 狽　557 獏　558 [illegible]　559 光

560 [illegible]　561 [illegible]　562 [illegible]　563 大　564 [illegible]　565 [illegible]　566 夷　567 亦

568 夨　569 吳　570 夭　571 交　572 奏　573 壺　574 㚔　575 執

576 [illegible]　577 [illegible]　578 [illegible]　579 [illegible]　580 圉　581 [illegible]　582 亢　583 奚

584 夫　585 立　586 竝　587 心　588 息　589 念　590 恖　591 [illegible]

592 溫　593 汝　594 洹　595 沚　596 㴔　597 侃　598 瀼　599 [illegible]

600 涉　601 巟　602 州　603 [illegible]　604 [illegible]　605 冬　606 雨　607 靁

608 雩　609 需　610 云　611 [illegible]　612 [illegible]　613 魚　614 漁　615 [illegible]

616 [illegible]　617 鯀　618 [illegible]　619 龍　620 翌　621 不　622 至　623 西

624 户　625 門　626 [illegible]　627 [illegible]　628 耳　629 耴　630 聞　631 聝

632 [illegible]　633 廳　634 聑　635 [illegible]　636 揚　637 [illegible]　638 拳　639 脊

640 女　641 娸　642 婦　643 妊　644 嫣　645 母　646 姑　647 妣

648 媚 649 好 650 奴 651 奸 652 姦 653 姒 654 妥 655 婛

656 媓 657 姃 658 嬣 659 嬉 660 ⿰女凡 661 ⿰女川 662 ⿰女虐 663 ⿰女复

664 嫊 665 ⿰女絲 666 嫂 667 ⿰女止 668 ⿰女酉 669 ⿰女呆 670 ⿰女禾 671 嬓

672 ⿰女朋 673 姛 674 ⿰女瓦 675 娉 676 妙 677 妹 678 幾 679 ⿰女攵

680 姪 681 民 682 弗 683 戈 684 肇 685 戎 686 ⿱癶戈 687 戍

688 或 689 武 690 ⿰言戈 691 戔 692 ⿰酉戈 693 ⿰大戈 694 ⿱山戈 695 ⿰夫戈

696 戒 697 戟 698 戉 699 ⿰口戈 700 ⿱戈兄 701 戚 702 我 703 義

704 亡 705 乍 706 無 707 匚 708 匿 709 曲 710 甗 711 弓

712 弴 713 發 714 ⿰弓彡 715 彈 716 弱 717 ⿰弓斤 718 ⿰弓大 719 ⿱弜絲

720 孫 721 系 722 ⿱⿰山山⿰幺幺 723 彝 724 ⿰日彝 725 紟 726 紉 727 率

728 尤 729 虫 730 蝠 731 ⿰虫壴 732 龜 733 黽 734 ⿱大黽 735 二

736 凡 737 土 738 封 739 址 740 壴 741 ⿱壴土 742 堇 743 田

744 黃 745 力 746 劦 747 協 748 ⿱劦皿 749 鑊 750 鈴 751 幵

752 勺 753 且 754 新 755 斝 756 車 757 輂 758 𠂤 759 ⿱𠂤一

760 ⿰𠂤巿 761 陸 762 ⿰阝悤 763 ⿰阝盧 764 四 765 宁 766 亞 767 五

768 六 769 七 770 九 771 ⿰𠂤直 772 ⿱囟十 773 禽 774 萬 775 禹

776 嘼 777 獸 778 甲 779 乙 780 丙 781 丁 782 戊 783 己

784 ⿱己共 785 庚（⿸广⿱大丙） 786 康 787 辛 788 辥 789 壬 790 癸

791 子 792 ⿱𠂤子 793 㝃 794 字 795 季 796 孟 797 孳 798 孤

799 羞 800 寅 801 卯 802 辰 803 巳 804 以 805 午 806 未

807 申 808 酉 809 酒 810 ⿰酉卩 811 欶 812 次 813 酓 814 ⿰酉彡

815 酋 816 奠 817 尊 818 亥 819 敢 820 ⿱夲丰 821 ⿴囗冊 822 丨

合文

1 二朋 2 五朋 3 十朋 4 廿朋 5 上下 6 南門

7 無終 8 北單 9 西單 10 西單[illegible] 11 西單盾 12 隻西單

13[illegible]典 14[illegible]冊 15[illegible]辰 16 子[illegible] 17夲旅 18 正終

19 正侯 20[illegible]侯 21 來盾 22 耳[illegible] 23 北子 24 北覃

25 北西 26 羊[illegible] 27[illegible]何 28 亞[illegible] 29 亞雔 30 亞車

31 亞舟 32 豕癸 33 丯徵 34 丩盾 35 六六六 36 七六八

附錄

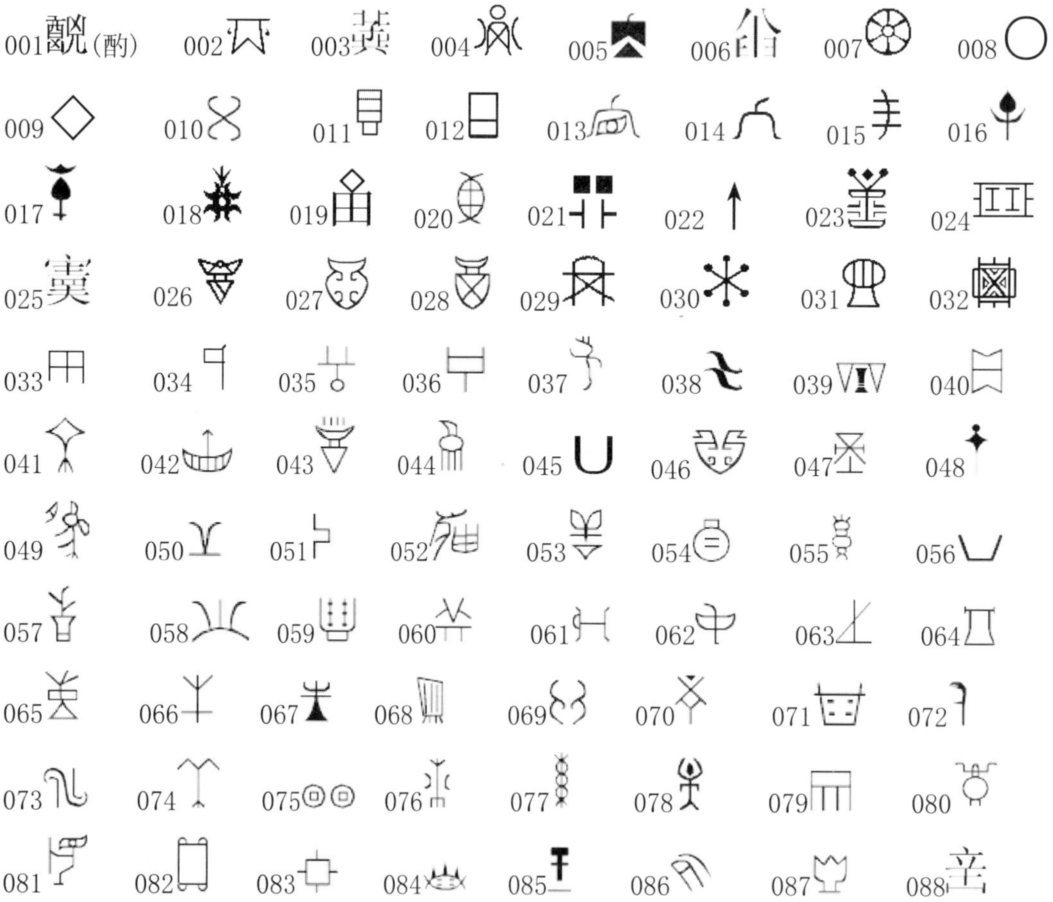

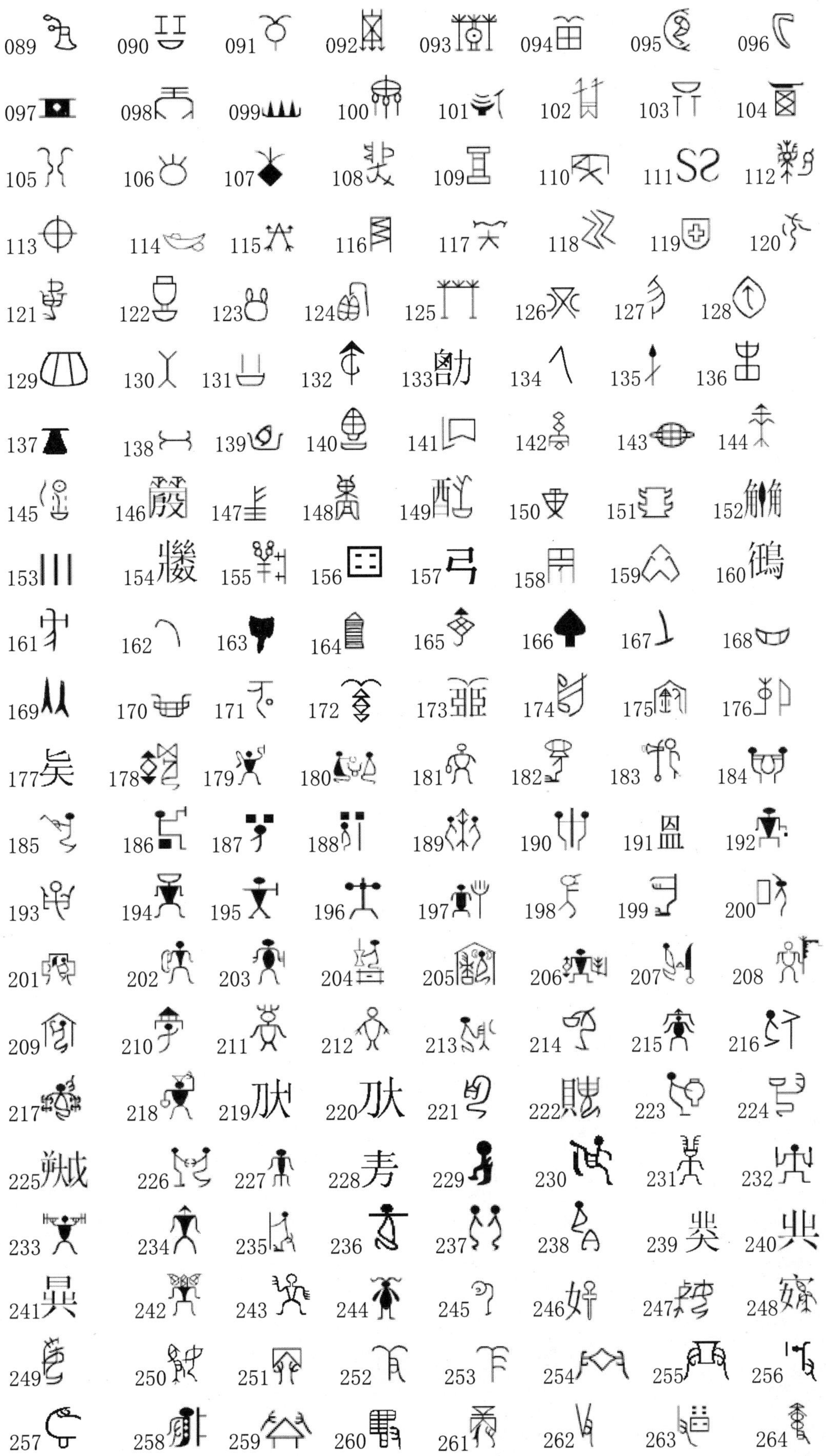
089 090 091 092 093 094 095 096
097 098 099 100 101 102 103 104
105 106 107 108 109 110 111 112
113 114 115 116 117 118 119 120
121 122 123 124 125 126 127 128
129 130 131 132 133 134 135 136
137 138 139 140 141 142 143 144
145 146 147 148 149 150 151 152
153 154 155 156 157 158 159 160
161 162 163 164 165 166 167 168
169 170 171 172 173 174 175 176
177 178 179 180 181 182 183 184
185 186 187 188 189 190 191 192
193 194 195 196 197 198 199 200
201 202 203 204 205 206 207 208
209 210 211 212 213 214 215 216
217 218 219 220 221 222 223 224
225 226 227 228 229 230 231 232
233 234 235 236 237 238 239 240
241 242 243 244 245 246 247 248
249 250 251 252 253 254 255 256
257 258 259 260 261 262 263 264

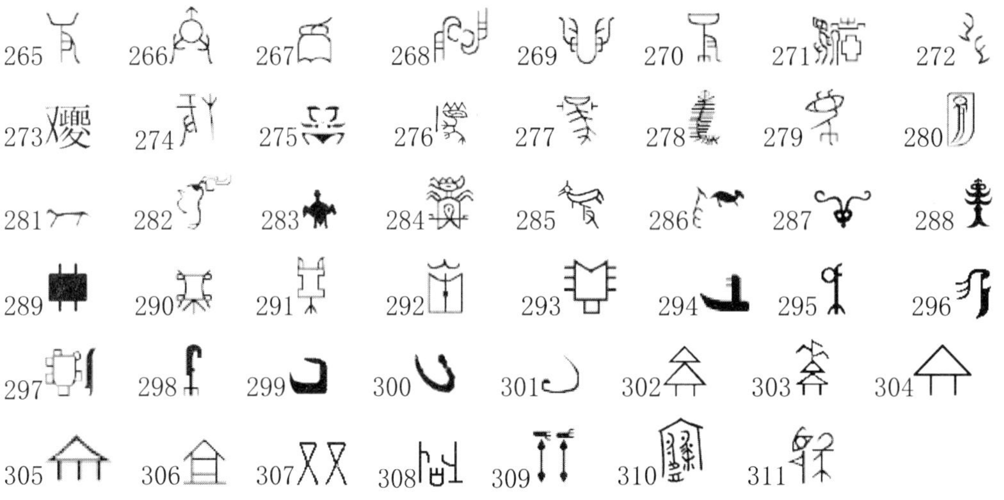
265 266 267 268 269 270 271 272
273 274 275 276 277 278 279 280
281 282 283 284 285 286 287 288
289 290 291 292 293 294 295 296
297 298 299 300 301 302 303 304
305 306 307 308 309 310 311

部　首　檢　索

部首筆畫檢索

一畫

二畫

三畫

四畫

五畫

六畫

七畫

八畫

九畫

十畫

十一畫

十二畫

十三畫

十五畫

十六畫

十七畫

001. 一部

001 一　002 元　003 天

002. 上部

004 上　005 帝　006 旁

003. 示部

007 示　008 祝　009 祀　010 祖

004. 三部

011 三

005. 王部

012 王　013 皇

006. 玉部

014 玉　015 璧　016 琮　017 璋　018 玨

007. 玨部

018 玨

008. 丨部

019 中　020 串　822 丨

009. 屮部

021 屮　022芺　023 蒷　024 若　025莘　026 莫

010. 小部

027 小

011. 八部

028 八　029)(　030 公　031 曾

012. 采部

032 采

013. 牛部

033 牛　034 犅　035 牽　036 牢　037 告

014. 口部

038 口　039 吹　040 名　041 君　042 召　043 咸　044 右　045 周

046 唐　047 各　048 由

015. 吅部

049 單

016. 止部

050 止　051 歸　052 [illegible]　053 [illegible]　054 [illegible]　055 [illegible]　056 [illegible]　057 登

058 步　059 徙　060 此　061 正　062 [illegible]　063 [illegible]　433 [illegible]

017. 辵部

064 述　065 過　066 進　067 [illegible]　068 逆　069 遘　070 返　071 邐

072 逋　073 达　074 [illegible]　075 [illegible]

018. 彳部

076 得　077 律　078 御　079 [illegible]　080 [illegible]　081 [illegible]　082 [illegible]　083 建

019. 行部

084 行　085 衡　086 [illegible]　087 [illegible]　088 [illegible]

020. 齒部

089 齒　090 [illegible]

021. 足部

091踬

022. 疋部

092 疋　093⿰⿱白豆疋

023. 品部

094 品　095 龠

024. 冊部

096 冊　097 嗣　098⿰允冊　252 典　821 ⿴匚冊

025. ⿱吅吅部

099嚚　100⿰嚚攴

026. 舌部

101 舌　102 ⿰舌卩

027. 干部

104 干　105 屰

028. ⿵冂⿱丷口部

106 商

029. 丩部

107 句　108 丩

030. 古部

109 古

031. 十部

110 十　111 廿

032. 言部

103䜅　112 信　113 説　114諅

033. 音部

115 竟

034. 菐部

116 僕

035. 収部

117収　118 丞　119 弄　120 龏　121 具　122 共　123乔　124畀

125畁　126畀　127弅　128 興　129臼

036. 鬲部

130 融　131 鬻　132 鬻

037. 丮部

133 丮　134 執　135𠃨　136 佣　137 㼌　138 丮　139 鼎

038. 又部

140 又　141 父　142 受　143 尹　144 叡　145 叜　146 及　147 秉

148 反　149 取　150 友　151 叉　152 叔　153 扶　154 叺　155 叙

156 抹　157 㪿　158 𠂇　159 厷　160 史　161 㪅　162 肄　163 叙

039. 聿部

162 肄　164 聿　165 㚸

040. 臣部

103 䜅　166 臤　167 臣　168 𦣞

041. 寸部

170 專

042. 攴部

169毃 171 啓 172 敉 173 牧 174⿰羊支 175 鼓 176敺 189⿱䀠攴

272⿰⿸虍豆支 819 敢

043. 卜部

177 卜

044. 用部

178 用 179 甫 180 庸 404 甬

045. 爻部

181 爻 182 爾

046. 目部

183 目 184 ⿱知目 185狊 186⿸厂狊 187⿱罒目 191 眉 192 省 193 盾

047. 䀠部

188䀠 189⿱䀠攴 190⿱䀠豕

048. 眉部

191 眉 192 省

049. 盾部

193 盾

050. 自部

194 自 195 者 196 智 197 百 198 奭

051. 隹部

199 隹　200 隻　201 巂　202 雍　203 雁　204 奞　205 萑　206 舊

215 雔　216 集

052. 奞部

204 奞

053. 雈部

205 萑　206 舊

054. 苜部

207 蔑

055. 羊部

208 羊　209 絴　210 美　211 羌　212 ⿰亻羌　213 [illegible]　214 𦍌　799 羞

056. 雔部

215 雔　216 集

057. 鳥部

217 鳥　218 鳴　219 鳳　220 鳶　221 ⿱弁鳥　222 ⿱鳥⿰亻丂　223 ⿱鳥寸　224 ⿱鳥廾

225 ⿱鳥豕　226 ⿰幺鳥

058. 冓部

227 冓

059. 叀部

228 叀　229 ⿱叀口

060. 玄部

230 玄　235 ⿱爫⿱幺又　236 ⿰石⿱爫⿱幺又

061.爰部

231爰　232爰　233受　234奴　235爰　236䅌

062.奴部

234 奴

063.冄部

237 冄

064.肉部

238 羸　639 脊

065.刀部

239 刀　240剸　241刅　242刹　243剢

066.丯部

244 丯　245 耒

067.角部

246 角

068.竹部

247 竹　248 箙

069.其部

249 其　250㒺　251 冀　784 㠷

070.曰部

253 曆　254 曰　255 曹

071.乃部

256 乃　257 迺

072. 兮部

258 兮　259 羲　260 乎

073. 亐部

261 亐

074. 壴部

175 鼓　262 壴　263 彭

075. 豆部

264 豆　265 豊　266豐

076. 虎部

267 虎　268 虩　269 虤　270椃　271⿱止⿸厂几　272⿸厂⿰虎攴

077. 虤部

269 虤

078. 皿部

273 皿　274 盂　275 盥　276 盤　277⿱聿皿　278盃　279⿱⿰方其皿　280⿰皿卂

281盇

079. 丶部

282 丶　283 主

080. 丹部

284 丹　285 青

081. 井部

286 井

082. 皀部

287 皀　288 㿝　289 既

083. 食部

290 飲　293 鄉　294 餮　295 餗

084. 𣪊部

291 爵　292 爵

085. 亼部

296 合

086. 倉部

297 倉

087. 入部

298 入　299 内

088. 缶部

300 缶　343 罍

089. 矢部

301 矢　302 射　303 侯　304 矤　305 知

090. 高部

306 高　307 亳　308 亳

091. 京部

309 京　310 就

092. 亯部

311 亯　312 章

093. 旱部

313 覃　314 厚

094. 畐部

315 畐　316 𩲘

095. 亩　部

318 亯　319 啚

096. 㐭部

320 嗇

097. 來部

321 來

098. 夂部

322 夒　323 夆　324 夅　325 夊　326 㣅　327 夆

099. 木部

328 木　329 杞　330 栩　331 桀　332 果　333 柔　334 樂　335 析

336 休　337 𣐺　338 柩　339 梌　340 朩　341 東　342 林　344 在

345 桑

100. 叒部

345 桑

101. 帀部

346 師

102. 出部

347 出

103. 市部

348𣎵　349 南

104. 生部

350 丰　397㞢

105. 毛部

351 乇

106. 朿部

352 朿　353⿱朿冃　811 欶

107. 口部

354 囗　355 圖　356 因　357 困　358 圂　359 囝　360⿴囗乙　361⿴囗旬

362⿴囗十　375 邑

108. 貝部

363 貝　364 賓　365 責　366 賈　367 賞　368 買　369 貺　370 賊

371⿱丰貝　372⿰丨貝　373⿹勹貝　374 朋

109. 邑部

375 邑

110. 𦎫部

376𦎫　377⿰𦎫反　378⿰𦎫支

111. 日部

379 日　380 昃　381 ⿰日真

112. 㫃部

382㫃　383 旅　384 旋　385⿸㫃單　386⿸㫃气　387⿸㫃畢　388⿸㫃⿱田止（⿸㫃止）

389放　390旃　391旒　392旞　393旄　394族

113. 晶部

395 參

114. 月部

396 月　398 明

115. 囧部

399 囧　400 盟

116. 夕部

401 夕　402 夗　403 多

117. 齊部

405 齊　411齍

118. 束部

406 束

119. 鼎部

407 鼎　408 鼒　409鼐　410鼏　411齍

120. 克部

412 克

121. 彔部

413 彔

122. 禾部

414 禾　415 積　416秉　417 年　418龝　419 兼

123. 臼部

420 𦥑

124. 宀部

421 宀　422 家　423 宅　424 定　425 室　426 向　427 寶　428 宰

429 安　430 守　431 宜　432 寑　433 𠤩　434 宋　435 宗　436 寀

437 宯　438 壼　439 索　440 寓　441 宊　442 姣　443 寵　444 窮

445 𡨴　446 寢　447 襄　448 宫

125. 疒部

449 疾

126. 冂部

450 冂　451 冃

127. 网部

452 𦋺

128. 巾部

453 帚　454 帰　455 帛

129. 帛部

455 帛

130. 白部

455 帛　456 白

131. 黹部

457 黹

132. 人部

458 人　459 保　460 企　461 伯　462 仲　463 伊　464 倗　465 何

466 ⿰犭可　467 付　468 ⿰亻再　469 係　470 伐　471 役　472 弔　473 免

474 化　475 ⿰亻冉　476 從　804 以

133. 比部

477 比

134. 北部

478 北

135. 壬部

479 望　480 重

136. 臥部

481 監

137. 衣部

482 襄

138. 老部

483 壽

139. 尸部

484 尸

140. 舟部

485 舟　486 俞　487 朕　488 般　489 ⿰亻尋　490 ⿰舟尹　491 ⿰舟夭

141. 方部

492 方

142. 儿部

493 皃　494 允

143. 兄部

495 兄　496 觬

144. 旡部

497 兓　498 ⿰兓攵

145. 皃部

499 皃

146. 先部

500 先

147. 見部

501 見　502 ⿱冖見

148. 面部

503 面

149. 丏部

504 丏

150. 首部

505 首

151. 須部

506 ⿺辶頁

152. 彡部

507 彤　508 㐱

153. 髟部

509 髟

154. 文部

510 文

155. 司部

511 司

156. 卩部

512 卩　513 叩　514 令　515 卷　516 邲　517 印

157. 辟部

518 辟

158. 勹部

519 旬

159. 由部

520 畏

160. 山部

521 山　522 [illegible]　523 屵

161. 户部

524 危

162. 長部

525 長

163. 豕部

526 豕　527 縠　528 豩　529 [illegible]　530 [illegible]　531 冡　532 彖　533 豢

534 彘　535 彖

164. 易部

536 易

165. 象部

537 象

166. 馬部

538 馬　539 馭　540 騶

167. 廌部

541 廌　542 灋

168. 鹿部

543 鹿　544 麋　545 麇　546 麑　547 麝　548 [illegible]　549 盤

169. 㲋部

550 㲋　551 [illegible]　552 [illegible]

170. 犬部

553 犬　554 臭　555 獻　556 狽　557 獏　558 [illegible]

171. 火部

559 光　560 [illegible]　561 燮　562 [illegible]

172. 大部

563 大　564 夲　565 杕　566 夷　583 奚

173. 亦部

567 亦

174. 矢部

568 矢　569 吳

175. 夭部

570 夭

176. 交部

571 交

177. 夲部

572 奏　820 𡘲

178. 壺部

573 壺

179. 㚔部

574 㚔　575 執　576 𢊁　577 𡙈　578 𢿌　579 𡆨　580 圉　581 𡚁

180. 亢部

582 亢

181. 夫部

584 夫

182. 立部

585 立　586 竝　620 翌

183. 竝部

586 竝

184. 心部

587 心　588 息　589 念　590 恖　591 慧

185. 水部

592 溫　593 汝　594 洹　595 沚　596 湡　597 侃　598 瀼　599 汱

600 涉

186. 川部

601 巟　602 州

187. 泉部

603 ⿱朿泉

188. 永部

604 ⿰永皮

189. 冫部

605 冬

190. 雨部

606 雨　607 霝　608 雩　609 需　610 云　611 ⿱夂雨　612 ⿱雨木

191. 魚部

613 魚　614 漁　615 鱻　616 ⿱魚廾　617 鯀　618 ⿱日魚

192. 龍部

619 龍

193. 不部

621 不

194. 至部

622 至

195. 西部

623 西

196. 戶部

171 啓　624 戶

197. 門部

625 門　626 闌　627 [illegible]

198. 耳部

628 耳　629 耴　630 聞　631 聝　632 [illegible]　633 廳　634 聑

199. [illegible]部

635 [illegible]

200. 手部

636 揚　638 拳

201. 女部

640 女　641 娸　642 婦　643 妊　644 嫋　645 母　646 姑　647 妣

648 媚　649 好　650 奴　651 奸　652 姦　653 姒　654 妥　655 娘

656 媓　657 娫　658 嬣　659 嬉　660 [illegible]　661 [illegible]　662 [illegible]　663 [illegible]

664 嫊　665 [illegible]　666 [illegible]　667 [illegible]　668 [illegible]　669 [illegible]　670 [illegible]　671 嬓

672 [illegible]　673 姛　674 [illegible]　675 娉　676 妙　677 妹　678 幾　679 [illegible]

680 [illegible]

202. 民部

681 民

203. 丿部

682 弗

204. 戈部

683 戈　684 肇　685 戎　686 [illegible]　687 成　688 或　689 武　690 戠

691 戔　692 [illegible]　693 [illegible]　694 [illegible]　695 [illegible]　696 戒　697 戟

205. 戊部

698 戊　699 [illegible]　700 [illegible]　701 戚

206. 我部

702 我　703 義

207. 亡部

704 亡　705 乍　706 無

208. 匚部

707 匚　708 匿

209. 曲部

709 曲

210. 瓦部

710 甗

211. 弓部

711 弓　712 弴　713 發　714 [illegible]　715 彈　716 弜　717 [illegible]　718 [illegible]

212. 糸部

719 [illegible]　720 孫　721 糸　722 [illegible]　723 彝　724 [illegible]　725 紟　726 糿

727 率

213. 尤部

728 尤

214. 虫部

729 虫　730 蝠　731 [illegible]

215. 龜部

732 龜　418 [illegible]

216. 黽部

733 黽　734 奄

217. 二部

735 二　736 凡

218. 土部

737 土　738 封　739 址　740 疐　741 [illegible]　742 堇

219. 田部

743 田　744 黄　821 疐

220. 力部

745 力　746 劦　747 協　748 [illegible]

221. 金部

749 鑊　750 鈴

222. 幵部

751 幵

223. 勹部

752 勹

224. 且部

753 且

225. 斤部

754 新

226. 斗部

755 斝

227. 車部

756 車　757 輦

228. 𠂤部

758 𠂤　759 ⿱𠂤一　760 ⿰𠂤木　788 辥

229. 阜部

761 陸　762 ⿰阝悤　763 ⿰阝盧

230. 宁部

765 宁

231. 亞部

766 亞

232. 九部

770 九　771 馗

233. 内部

772 ⿱㐫十　773 禽　774 萬　775 禹

234. 嘼部

776 嘼　777 獸

235. 子部

791 子　792 孯　793 㝃　794 字　795 季　796 孟　797 孽　798 孤

236. 酉部

808 酉　809 酒　810 酉卩　813 酓　814 酉彡　815 酋　816 奠　817 尊

237. 欠部

811 欶　812 次

238. 庚部

785 庚　786 康

239. 數字

001 一　735 二　011 三　764 四　767 五　768 六　769 七　028 八

770 九　110 十　111 廿

240. 干支

778 甲　779 乙　780 丙　781 丁　782 戊　783 己　785 庚　787 辛

789 壬　790 癸　791 子　800 寅　801 卯　802 辰　803 巳　805 午

806 未　807 申　808 酉　818 亥

自 然 檢 索

人體

003 025 081 121 177 178 179 180
181 182 183 184 185 186 187 188
189 190 191 192 193 194 195 196
197 198 199 200 201 202 203 204
205 206 207 208 209 210 211 212
213 214 215 216 217 218 219 220
221 222 223 224 225 226 227 228
229 230 231 232 233 234 235 236
237 238 239 240 241 242 243 244
271

動物

160 273 275 276 277 278 279 280
281 282 283 284 285 286 287 288

建築

125 302 303 304 305 306

兵器

289 290 291 292 293 294 295 296
297 298

女形

246 247 248 249 250

又形、手形

006 251 252 254 255 256 257 258
259 260 261 262 263 264 265 266
267 268 269 270 271 272 273 274
285 286

止形

308 309 310

片形

003 154 155 258

器用

007 016 018 024 032 080 082 087
091 092 093 097 125 151

其他

002 004 005 008 009 010 011 012
013 014 015 017 019 020 021 022
023 026 027 028 029 030 031 033
034 035 036 037 038 039 040 041
042 043 044 045 046 047 048 049
050 051 052 053 054 055 056 057
058 059 060 061 062 063 064 065
066 067 068 069 070 071 072 073
074 075 076 077 078 079 083 084
085 086 088 089 090 092 094 095
096 098 099 100 101 102 103 104
105 106 107 108 109 110 111 112
113 114 115 116 117 118 119 120
122 123 124 126 127 128 129 130
131 132 133 134 135 136 137 138
139 140 141 142 143 144 145 146

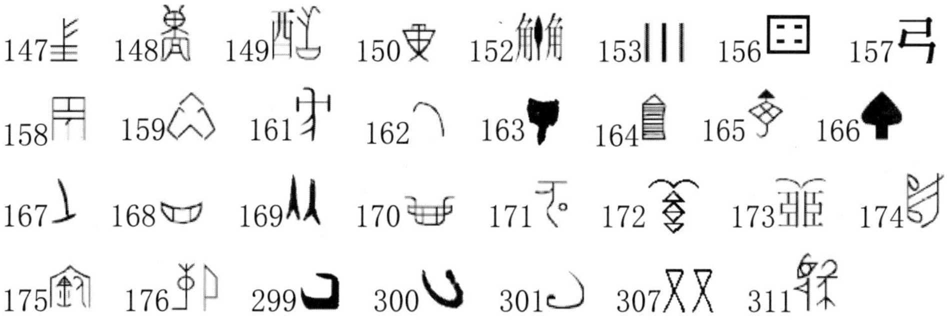
147 148 149 150 152 153 156 157
158 159 161 162 163 164 165 166
167 168 169 170 171 172 173 174
175 176 299 300 301 307 311

筆畫檢索

624 户 683 戈 728 尤 767 五 768 六 789 壬 804 以 805 午

五畫

007 示 014 玉 042 召 044 右 048 由 061 正 092 疋 096 冊 107 句

109 古 160 史 178 用 183 目 230 玄 237 冎 260 乎 273 皿 283 主

301 矢 347 出 362 囗 402 夗 414 禾 456 白 467 付 478 北 495 兄

508 㕘 511 司 513 叩 514 令 517 印 523 屳 585 立 605 冬 645 母

650 奴 681 民 682 弗 698 戉 705 乍 743 田 753 且 764 四 765 宁

778 甲 780 丙 782 戊 801 卯 806 未 807 申

六畫

040 名 047 各 053 㱏 060 此 073 达 075 过 084 行 101 舌 105 屰

118 丞 122 共 136 仴 164 聿 167 臣 194 自 197 百 208 羊 231 叒

245 耒 247 竹 296 合 300 缶 324 夆 325 夅 336 休 340 朩 342 林

344 在 356 因 359 囝 382 疒 403 多 406 朿 417 年 423 宅 426 向

429 安 430 守 433 㱏 448 亘 460 企 462 仲 463 伊 470 伐 471 役

485 舟 500 先 519 旬 522 㐭 524 危 559 光 564 子 566 夷 567 亦

571 交 593 汝 601 㐬 602 州 622 至 623 西 628 耳 637 寿 649 好

651 奸 661 姍 676 妫 685 戎 687 成 709 曲 714 引 716 弜 718 㢭

721 糸 729 虫 746 劦 751 幵 758 㠯 772 𤰔 794 字 812 次 818 亥

七畫

009 祀 020 串 032 采 036 牢 037 告 039 吹 041 君 058 步 070 返

081 休 082 征 119 弄 123 夻 129 臼 153 扶 154 叚 179 甫 211 羌

234 奴 246 角 264 豆 287 皀 304 叔 305 知 317 良 323 夆 329 杞

352 朿 357 困 363 貝 375 邑 399 囧 404 甬 412 克 434 宋 437 宯

441 宂 461 伯 465 何 473 免 475 俈 499 皃 501 見 507 肜 516 邲

526 豕 569 吳 595 沚 599 汏 629 耴 635 叵 643 妊 647 妣 653 姒

654 妥 660 妠 667 妕 674 妡 693 妖 694 戋 696 戒 702 我 717 斫

739 址 756 車 759 𠂤 787 辛 802 辰 808 酉

八畫

018 玨 022 芺 024 若 045 周 054 竌 064 述 083 建 102 卲 121 具

125 弅 135 㚇 137 耓 138 玐 147 秉 149 取 155 㕛 156 抹 165 叓

166 臤 173 牧 195 者 199 隹 228 叀 233 受 249 其 252 典 267 虎

274 盂 281 盇 285 青 309 京 321 來 332 果 335 析 341 東 374 朋

380 昃 389 放 398 明 413 彔 416 朿 420 臽 431 宜 435 宗 453 帚

455 帛 493 兒 497 兓 515 卷 525 長 536 易 565 杕 574 卒 589 念

597 侃 606 雨 625 門 646 姑 657 姃 670 妹 673 姛 688 或 689 武

691 戔 699 戕 700 凫 726 紉 747 協 766 亞 785 庚 795 季 796 孟

798 孤 821 畑

九畫

005 帝 008 祝 010 祖 013 皇 043 咸 052 㞢 067 逭 068 逆 077 律

094 品 098 龥 112 信 145 叟 161 敂 172 敄 187 盲 191 眉 192 省

193 盾 210 美 232 爰 235 叒 242 刹 257 迺 262 壴 280 皿 288 宧

289 既 303 侯 311 亯 314 厚 315 畐 333 柔 349 南 361 囿 372 貝

373 旬 425 室 442 姣 444 窃 459 保 466 炣 469 係 480 重 486 俞

502 冟 503 面 505 首 520 畏 529 豼 530 豿 535 象 538 馬 550 皂

572 奏 594 洹 632 耶 652 姦 679 放 738 封 748 召 775 禹 790 癸
810 卽 815 酋

十畫

006 旁 026 莫 046 唐 072 逋 086 衎 087 衙 152 叔 163 叙 174 羖
184 智 185 哭 188 䀠 200 隻 217 鳥 227 冓 240 鄭 278 盇 297 倉
302 射 306 高 308 亳 330 栩 338 柜 345 桑 346 師 358 圂 383 旅
386 旃 394 族 419 兼 422 家 424 宔 428 宰 449 疾 464 倗 487 朕
488 般 490 𦨈 491 䑠 509 彭 533 豙 554 臭 556 狽 579 罔 583 奚
586 竝 588 息 600 涉 604 被 638 拳 639 脊 668 婳 669 娛 695 鈇
708 匿 720 孫 760 帥 761 陸 793 挽 799 羞 809 酒 814 彭 820 桒

十一畫

025 莘 055 𡴀 059 徙 065 過 066 進 076 得 106 商 115 竟 124 冔
126 𢍉 134 埶 142 受 157 敕 170 專 171 啓 180 庸 204 奞 229 害
255 曹 271 虎 293 鄉 318 亯 319 啚 339 梌 384 旋 395 參 436 柬
468 偁 476 從 479 望 532 彖 539 馭 543 鹿 558 埶 575 執 580 國
581 羣 590 悤 608 雩 611 侖 613 魚 620 翌 641 娸 642 婦 655 婛
672 㛘 677 姝 680 姪 692 酨 701 戚 712 弴 725 紟 727 率 742 堇
771 馗 784 異 786 康 800 寅 811 欶 813 畬 819 敢

十二畫

016 琮 031 曾 034 犅 035 牽 049 單 056 歮 057 登 078 御 113 説
127 舁 168 畺 196 智 203 雁 209 絴 212 徉 214 羍 216 集 243 剺
263 彭 270 椃 290 飲 310 就 313 覃 326 衡 368 買 369 覞 393 旽

407 鼎 440 寪 452 㝵 457 黹 496 䑨 498 㷉 534 堯 537 象 577 敎

596 湡 634 聑 636 揚 648 媢 656 媓 663 嫂 686 㚏 690 戠 697 戟

706 無 713 發 722 𢆶 733 黽 744 黃 755 畢 773 禽 774 萬 797 孳

816 奠 817 尊

十三畫

069 遘 080 徣 097 嗣 103 䁦 144 䖒 169 毃 175 鼓 202 雍 218 鳴

219 鳯 220 鳶 224 𦤎 265 豊 277 盍 316 福 320 嗇 365 責 366 賈

370 賊 371 貴 381 䁍 400 盟 439 索 518 辟 541 鳫 557 獏 573 壺

592 溫 644 嫋 664 嫀 678 幾 703 義 750 鈴 754 新 762 隱 785 腐

792 孯

十四畫

023 蓐 079 微 091 䟴 116 僕 162 緈 176 敺 182 爾 186 㷆 189 叟

207 蔑 213 葥 248 箙 250 與 266 豈 272 殿 331 榮 355 圖 364 賓

388 旒 391 旅 405 齊 432 寢 438 室 445 寇 454 歸 481 監 483 壽

528 豩 561 燮 576 風 578 廒 609 需 612 宷 614 漁 616 奐 630 聞

631 聝 662 嫭 675 娉 684 肇 740 疐

十五畫

017 璋 089 齒 198 奭 221 鷟 222 鳿 223 鼻 226 鴢 236 䃗 276 盤

279 蕰 295 餗 312 章 334 樂 337 虢 353 亶 367 賞 390 旌 408 鼒

560 骯 618 舄 665 孌 666 嬇 715 彈 730 蝠 757 輦 776 罾

十六畫

085 衡 114 諐 128 興 130 融 139 鼐 215 雔 251 冀 253 曆 259 羲

268 虩 269 虪 275 盥 307 臺 376 章 415 積 447 褰 489 儇 545 麋

603 棗 619 龍 734 黿 788 辥

十七畫

093 歐 095 龠 190 罿 205 雚 206 舊 225 豪 291 爵 294 饔 327 畬

482 襄 527 縠 531 冢 544 麋 607 霝 626 闌 658 嬣 659 嬉 731 韎

732 龜

十八畫

015 璧 051 歸 088 衡 201 巂 385 旜 392 旞 410 鼎 506 謜 551 象

617 鯀 723 彝 763 𨼆

十九畫

062 𧓊 063 豐 120 龏 238 羸 377 斁 378 敼 388 旟 546 麑 548 𣀎

552 魯 777 獸

二〇畫

074 𨘢 090 蠢 099 嚚 418 龜 427 寶 549 盤 555 獻 591 𢤵 598 瀼

710 甗

二一畫

322 夔 343 罍 542 瀍 547 䠶 562 楚 741 壘 749 鑊

二二畫

071 邐 387 旞 411 齋 443 寵 719 𦆵

二三畫

292 爵 409 鼎 446 隰

二四畫

100⿰𠾅攴　131⿱⿲弓者弓鬲　724⿰月⿱彑奉

二五畫

633 廳

二八畫

540⿰馬⿱⿰𠃌𠃌馬

二九畫

627⿵門⿱豩豩

三〇畫

132⿱⿲弓虍弓鬲

三七畫

615鱻

後　記

這是筆者的一部舊稿。

2003 年筆者以“商代青銅器銘文研究”為題作博士學位論文，因研究需要對商代青銅器作年代斷代，而著錄的商代青銅器銘文中有很大一部分只見銘文而不見器影，這給銘文的斷代帶來不小的困難。除對銘文內容分析進行斷代之外，筆者以為以可斷代的青銅器銘文的文字形體作依據，庶幾可以對無器之銘進行斷代。這就要求對商代青銅器銘文字體的年代變化特徵有一個比較明確的構勒與把握。所以筆者在對銅器器形進行分期斷代的基礎上，對商代青銅器銘文的字體進行了全面的梳理排隊，妄圖將所有商代青銅器銘文都納入一分期體系，結果雖小有收穫，有些字形，例如戊、辛等字有年代性的軌跡可尋，但很多銘文卻未能如願進行更細緻的年代區分。這大概也是研究的願景與實際之間存有差距的無奈吧。

這本字編的編寫在學位論文之後才陸續完成。編寫字編是一項煩瑣的工作，在那段時光裏，筆者的無聊時間皆付于此，時光過得也快了。2010 年字編編寫完畢，筆者也想獲得機會將其出版以供學林。出版申請寫了幾份，但無果者居多，筆者一度將其放下。後來偶然又有回光，再次申請出版，以為可以進入程序，不意主管部門人事變動，拙稿遺落杳旯，蒙塵積年。時光飛逝，新作變成舊稿。近年雖又有商代青銅器銘文新鮮問世，但筆者倦意橫生，已無心再作增補。

在申請出版過程中，蒙劉一曼先生、曹定雲先生鼎力推薦，筆者感激滿懷。

編寫這樣的字編，只是一個花時間的體力活。筆者學識淺陋、見識粗鄙，正好做這種形而下的工作。對筆者來說，“不為無聊之事，難遣有涯之生”，此之謂也。雖然，尚祈此編對學界相關研究略有助益。於我自己，則是生命過程中又完成一個小小的句號而已。